いちき串木野風土記

――西薩に生きた人々の記録――

いちき串木野市
郷土史研究会 編

南方新社

まえがき　～読むとためになる話～

「竹の綱で綱引きしたよ」と94歳のお婆がいいました。「竹の綱で？えっ、トゲが刺さるのでは」とびっくり。今から20年ぐらい前のこと。80歳代の方は覚えていません。10歳違ったら、わからないのです。覚えていたとすると10歳の頃からでしょうから、明治30年ごろまではあって、大正時代にはなくなっていたのでしょう。あとで聞くと川上から大里にもあったといいます。

初めて、「竹の綱」を見たのは、大隅の根占でした。「鳥居引き」といって、鳥居になる木を山から下ろしてきて、神社近くで、みんなで引く。みんなの鳥居を造るためです。太さが5、6センチ、長さ20メートルほどのキンチク竹の綱、みんな、おとなも子供も素手で引いていました。「ああ、トゲは刺さらないのだ」と「竹の綱」を見つめていました。

それからというもの、ガールフレンドより婆（バ）ールフレンドの方がよくなりました。いろいろ知っていますからね。

カゴッマ弁がわかりますか。わかる人はお爺・お婆とよくお話をしている、父ちゃん・母ちゃんだけで、お爺・お婆と話をしないと、カゴッマ弁はわかりません。それに、なくなった行事・祭りもわからないものですよ。

県外に出てお祭りを見ているとき、ふるさとの祭りのことを聞かれて、説明ができないとき、あなたはどう思うでしょうか。外国に出て日本のことが説明できない人は、あなたを日本人と思ってくれるでしょうか。

私達がふるさとの記録を残そうと、調査・研究したものを会誌にまとめて、今年で30年・30号になりました。でも、初期のものは、在庫が底をついていますし、また、全体で２２００ページ余り。これでは、多くの方に気軽に読んでもらうには無理があるのではと、この30号を節目に、これまでの記録の中から、みんなに知っておいてもらいたいものを選んで一冊にまとめようと、考えました。

明治から現代のものが主体で、明治維新から大きな大戦を3回も経験した激動の時代のふるさとの風土・文化が満載です。

また、現代文に加え、明治の漢文物・カゴッマ弁どっぷりの語り等々、バラエティに富んだ内容になっています。

ふるさとのことを知ることは楽しいですよ。ここにある話を読んで、自分で探して調べるともっと楽しいですよ。それを目指して、この本をつくりました。楽しんで読んでください。

平成28（2016）年12月

編集委員　いちき串木野市郷土史研究会
所﨑　平・石堂　次美
安藤　義明・祐下　和美

目次

3　信仰

4　戦争・災害

◇　◇　◇

◇　◇　◇

（注）いちき串木野市郷土史研究会の会誌創刊号～30号に寄稿・掲載されたものを主体に編集しているため、寄稿・掲載号・年が分かるよう、各本文末の（　）内に記載してあります。

編集においては、古文書などから引用された文章はそのまま記載し、それ以外は、○数字はなるべく算用数字に　○和暦西暦併記の場合は和暦を主にし西暦は（　）内に横文字で記載　○難しい漢字には（　）内にひらがなを追加する　等の処理を行いました。

◇　◇　◇

1

海での営み

天保時代の鰹漁

所崎　平

　通称『横目日記』と言っている、麓の奥田家（栄之進→又一郎・貞三郎）にあった文書は、故入枝基（もとい）先生が、風呂の火にくべるところを危く取り上げたなどと、いくつかのエピソードを持つ文書である。

　その天保12年（1841）の中に、鰹船を造るのに、藩庁が50両貸し付けた記録がある。浜浦に4艘、羽島浦に7艘、計11艘である。どちらかというと、藩の方から造らせたようで、そして、5年年賦で返納させている。年10両の返金は大変な額だが、また、鰹漁がそれだけもうかる産業だったのだ。

　この頃は、調所笑左衛門の天保度の財政改革が順調にいっている時代で、藩の鰹船造船も調所の政策の一つかもしれない。『県史3』603ページには、「藩費助成貸付は造船に対しても与えられ、同じ時（明治4年7月）造船貸付金は銭54万4千貫文（金1万7千5百48両余）を計上している」と、明治初であっても造船に力を入れている。別に鰹船を造る助成金とは書いてないので、明治まで鰹船を造らせていた、とは言えないが、「助成貸付」とあるので、民間の造船にずいぶん力を入れていたことは間違いない。ちなみに、50両の鰹船なら350艘できる金額である。

　薩摩の鰹節の評価は、大坂市場では、土佐節に次ぐ良品とされ、薩摩節と言われていた。黒糖や生蝋など、領内外に売る品の内、海産物としては、鰹節が名声高かったので、鰹船には特に貸付けて造らせたのであろう。

　鰹釣りの漁場は、下潟（しもがた）つまり野間岬の手前で縄延（はえなわ）船（かじき・鮪釣り）と同じ場所で釣っている。縄延船には別に貸付はしてないようだ。

　鰹船は20人乗以上の船に、餌取り船がついていて、まず網を使って雑魚（ざこ）と言われるカタクチ鰯を取り、現在と同じように生き餌で釣った、と思われる。『県史2』472ページには「坊泊浦の鰹餌雑魚場は、坊泊・赤水浦長瀬の専用だが、弘化元年（1844、天保12年より3年後）には、天草および串木野より5艘、鹿籠より2艘　計7艘、同2年春は6艘、同3年は3艘の漁船が来り、餌雑魚場差支（さしつかえ）と」なり、金を出せ、とあるので、野間岬手前でなく、越えて漁をしている。もっとも好鰹漁場は屋久島・口永良部島近海で、『県史2』472ページには「領内諸浦及び他領よりも出漁」とあるので、串木野の鰹船もそこまで行ったかもしれないが、鰹節を造るのに鮮度が悪ければ、いい鰹節とはならないので、基本的には日帰りできる漁場の下潟（しもがた）（羽島では向潟＝むかいがた、という）が適当であった。だから、好漁場近くの屋久島・七島の臥蛇島・悪石島の鰹節が最上で、七島産鰹節は年々将軍へ献上したという（『県史2』746ページ）。

さて、前述、入枝基先生の実家が羽島漁協北側近くにある。天保の前、文政の記録が残っている、鰹漁・鰹節製造の親方の家であった。釣った鰹の数量や鰹節の販売数や代金、水夫（かこ）への銭の貸付、入用品などの出費の記録がいくつか横折（よこおり）帳としてあった（現在あるか不明）。

まず、いちばん古い文政13年（天保元年＝1830）正月の記録『寅歳鰹水名并売払帳』から水揚げ量と売り払い代金についてのぞいてみょう。

旧3月17日から旧5月21日の2か月間に4664ひき、旧6月10日～9月5日の約3か月間に2904ひき釣っている。

旧3月17日	40献	旧3月25日	158献
18日	23〃	27日	34〃
19日	233〃	28日	47・5〃
20日	358〃	旧4月2日	50〃
23日	215〃	4日	17・5〃
24日	208〃	5日	67〃

という具合に、釣った鰹の数が克明に記されている。0・5献という数は、どういう鰹であろうか。鰹以外にも「島たら」と「しび」があるが、とりわけ「島たら」の数が多い。島たらとは現在の何の魚だろうか。

中には、「秋、一、銭壱〆200文　此壱行仁才中かんたら魚代と〆書置候。以後、次郎右衛門方へ□□之内よりさし引筈也」とあり、「かんだら」を「こっそりと盗む魚」という全国共通の解釈に当てはめて考えると、ちょっと変な一行で、獅子島で聞いた「余分を公平に配当する魚」なのであろうか。

『横目日記』の鰹船造船に名が上がっている次郎右衛門は、天保5年3月『午年鰹船乗組江跡貸并ニ雑用帳　入枝太郎右衛門』の弟かもしれない。その次郎右衛門は船を4艘（鰹船だけとは限らないが）持っている。「船改（ふなあらため）の負担金」の項に「一、銭6百8文　4艘分（天保5年6月5日）」とある。船改は、天保9年2月18日にもあり、古い船鑑札を「立木摺消シ」といって表面を消して（カンナで削るのか）、新たに書き込むのだろう（『横目日記』91枚目）。

「鰹舟網子」というのは、雑魚餌の網引きの技術者なのか、天保9年5月4日の覚で、わざわざ天草郡赤瀬村から、作太郎以下11人も雇入れている（『横目日記』93枚目）。翌10年も4月8日から10月8日までの6か月間、「鰹舟網子」雇下が許可されているので（107枚目）、鰹漁期に毎年藩の許可を得て天草から呼んでいたのだろう。串木野の技術には、劣っているところがあったが、11人も雇える経済力で、効率を上げたのだろう。

さて、「売払座」にあるのは、「生鰹」「生頭」「大頭」「大節」「小節」「きす節」などを売って、夏期は521貫152文、秋期は525貫507文、計1046貫659文、139両分の売り上げである。

大変な金額なのだが、使う分も大きいので、これぐらいないといけないのかもしれない。

鰹節を数えるには、一つ二つ、一連二連、一束二束とあり、10個が一連、10連が一束のようである。

買い手には、名前だけの者、例えば、亀次郎、源助、おちよとの、ハるきく、すへなどというのは、羽島近隣の人々であろう。女の人が200~500文、一連六ッなど買う。枕崎の鰹節売りのように、羽島の婦人も鰹節売りをしたのだろうか。坂元貞右ヱ門、秋目之長左ヱ門、浜浦之傅五郎、湊町之仲五郎殿、小瀬之栓太郎など、あちこちの浜浦や町から買いに来ている。中には浦役所が買いに?きているが、銭の部分が空白なので、ただでやったのだろう。

支払いの方では、なんといっても焼酎代がずばぬけている。他に、米・煙草・針金・碗・莫蓙・茶など。個人で借りた中で下帯（ふんどし）が多く見られ、首をひねるものに「御馬追方」という、川内市寄田の野牧の馬追い（二才駒を捕える行事）に、42文、21文と借りている。

汐祭というのが4月や5月にあって、毎年一定していないので、エビス祭のように大漁祈願をするのか、巫女に185文払い、焼酎10盃（1盃は2合5勺か?）代に262文、そして他に148文使っている。

また、算用祝（さんにゅゆえ）といって、一区切の計算をして船子達に給与を支払う日に飲めや歌えやのお祝いがある。甑島の地引網の親方の算用祝には、黒砂糖飯かかしわ飯を炊いたというが、羽島の鰹船親方はどういうことをしたであろう。焼酎は35盃（代946文）と汐祭の3・5倍も飲み、白米1斗1升（代824文）と飯もたらふく食ったに違いない。

この他に、祝いとして、「薪売祝」「米打祝」「跡祝」「掛落祝」と様々な祝いが見える。「米打祝」は、籾を白米にするために、女衆へ出す焼酎振る舞であり、「掛落祝」は「掛銭」を落札して、模合（もえ）のお金が入った祝であろう。「薪売祝」とは、薪を売りに行った祝のように考えられるが、実際には、薪はかなり買って、薪代はばかにならない。鰹節造りには、薪が大量にいるので、薪など売りに行く余裕はないはずで、「薪売祝」には首をひねる。「跡祝」もわからない。とにかく、「祝」のたびに焼酎を振る舞っている。

船子には、飲ます、食わす、というのがしょっちゅうあったようだ。時には神楽（笛・太鼓の音楽だけのこと）などしたり、と、とにかく祝も多く、出費も多く、親方というのは、いろいろなことに気を使わないといけなかったらしい。


（掲載：創刊号＝1987）

私の思い出　―マグロ漁―

神崎恵二（明治28年5月～昭和59年6月）

安藤義明　編

1　小学校の頃

　私の家庭は非常に貧忙（乏）な生活をして居られましたので、私が5、6才の頃だったと思ひます。毎日の様に（宮内家昼間はおばあさんが1人、平江荒川方面からはお客様は多かった様です）私は夕方になれば、袋を以（持）つて米、麦、粟など夕食になる分を貰ひに行きました。私も毎日の様な事で、おばあさんが気強い人でしたので、又、今日何を貰ひ（に）来たかと云われるのが恐い様な気持ちがして、戸口には入らずに、庭先に立って居る事が御座いました。其の時となりの馬越スエマツおばあさんが声をかけて、私のおばあさんに、私が来て居る事を知らせて下さいました。そんな事は度々でした。そんた（な）時はなんとも知れない嬉しさでした。その時、スエマツおばさんが「恵二どん、学校何時（いっ）からか、誠にてんがらか子だ」と、ほめられました。今に（で）もあの頃の事が思ひ出されてなりません。私のおばあさんも口にはどなり乍ら、帰る時は必ず小使いを1厘か2厘宛下さいました。あの頃は、私の内はとても生活に困って居られた事と思ひます。

　私も小学校（に）出校する様になり、お陰様にて成績も好く、小2年1等賞、小3年1等賞、他に日置郡教育会より金一封30銭を頂きました。本浦小学校にて4年生の小瀬清一君と2人でした。小4年優等賞、高小1年優等賞でした。

　其の頃、高等小学校に出校する人は、本浦小学校からもわずかでした。然し私たちの同級生からは其の頃としては1番多かった様に思ひます。私も宮内の祖父母の進めもありまして。高小に出校する様になったので御座います。

　2年生になった夏の事でした。其の年は父たちが朝鮮ツヤ（対州）島【注1】（に）行き、好い漁をして帰港しました。其の頃（は）旅【注2】から帰港したら、必ず船掃地（すり）が有ったものです。計算【注3】の有った明朝、船スリの行き帰りには船主の内には、オハギ・ダンゴ等造って御地馳（馳走に）なり、それが若者には一つの楽しみでもあったそーです。私の父は甘とうの方で、大変好きでした。然し、其の日は好きなものも食べずに、体の具合が悪いと云ふて帰って来て、寝込んでしまいました。私共は今年こそ好き漁が有ったし、父子温泉に行ったらと云ふ事で準備して居りました。其の時の配当が20円でした。父の病気は以外にひどく、寝たきりで身動きも出来ず、非常に痛さに苦しみ、発病以来37日で亡くなってしまいました。病名は腎臓だったそうです。今でもあの時の苦しまれる（様子を）考える時、今頃で有ったら、まあ少しは何（と）かなったのではないかと、つくづく考（えさせ）られます。

　私たち残された家族に取っては、生活の道をたゝれた訳です。我々には農家の様な田畑はなく、只、沖に行って漁をする様に外に道はない訳です。それには、私も学校を退学するより道なく、学校を止めて、船に乗る事に決めました。其（の）時、学校側より指宿彦名先生、四元親男先生、両先生が御出で頂きまして、天気の好い時は沖（に）行っても時化の時丈でも是非登校しては何（どう）か、と云ふて下さいました。授業料、学品代等は一切我々の方で出資して下さる、との事でしたので、私も時々は通学致しましたけれど成績は下がる一方で、遂々止めてしまいました。然し指宿先生が高2を卒業する分丈お支払ひ下さいました。其（の）時の授業料（今の月謝）1月25銭でした。

　確か6ヶ月分だったと思ひます。其の御恩を忘れる事は出来ません。夫れから私も青年になり、何時も心に思ひ乍ら仕事に追われ、先生は転勤になって居られて、遂々（とうとう）、夫れから御会ひする事もなく、今になって、其の事を考へると、胸の痛む様に（な）思（い）が致します。今頃なら、県教育長（庁）あたりに問（い）合わせすれば、すぐ判明する事だったのに、其の頃は未知で有り、仕事に一生懸命働くばかりが能であったろーと思ひます。

　話が意外にそれてしまいました。又、話は元に戻りまして、私の家庭では、夫れより未だ大きな問題が残って居りました。と申しますのは、生活が苦しい為に、模合を組み立て（て）貰ふ事でした。夫れに20人加入して頂いて、1回の掛金4円、1年4回と伝（云う）掛金でした。夫れを座元の私の處が一番先に掛けた分を私の内（に）貰ふ訳です。其（の）時の掛金を8万円（80円か）頂いた訳です。其（の）時、私の両親が話合いをするのを（聞いて）居りましたら、何んとか借金丈は返済する事が出来た、と云ふ事を聞いて、子供心に、非常に嬉しく思ひました。けれども、その模合が終わらない内に父が亡くなり、其の後の掛金に困った訳です。其（の）事に付いて、幾度か親族会議がなされた様です。

　其（の）結果、母方より半額、後の半額を、父方の親類より掛けて頂く様になった訳で御座います。其の時の1回拂ひが4円10銭宛だったと思ひます。其の10銭と云ふのが利息です。それ程迄して、皆様に援助して頂き、育てられて来ました。人の情（け）と云ふものが身に沁みて、自分の人生も人に対して情（け）と云ふものが何如で（に）大切で有るかと云ふ事（を）深く感じ、「情（け）は人の為ならず」と云ふ気持ちで、一生を過ごした積（もり）です。

　私も遂々其の頃の大船に乗せて頂く様になりました。一番先に、寺山船（大寺の持船）、其の次が源吾（船倉休一）、源吾船に8年余り乗船させて頂きました。未だ下船する積り（は）有りませんでしたが、丁度其（の）頃、本浦漁業者が2分されまして、私は反対側の方でしたので、下船する事になりました。

　私は徴兵検査に甲種合格でした。そして、入営前に船が長崎港に入港致しましたので、串木野へ汽船にて帰って来ました。其(の)頃、母は病身でしたので、肝付篤先生（医者）が私を呼ばれまして、君が今兵隊に行ったら、母は死んでしまう。又、後の子供の生活にも困るだろうから、私が延期願いを出す様にしてくれるから、私に任せよとの事で肝付先生…………………（ここで切れ）。

2　幸栄丸に乗る

夫れだから少し位の小使い等は貸して頂いたのですが、私は1本も（鮪を）水揚げせず、相談する気（に）なれず、鶴吉丸（乗船）時代、油津で問屋をして居られた松岡様の所に行（き）、5円丈貸して頂きました。其の金にて野菜等を買ふて積（み）込んだ訳です。

私も今度種々と考へた末、外（他）の船は夕刻より（から）夜7時頃より（に）皆出航してしまいました。私共は明夜出港しました。其（の）当時は鳥（都）井岬迄行った（て）沖へのコースを定めるのが定（決）まった様なものでした。私共も其の積（り）で各船の方向へと思ってコースを取り、航々（行）しました。其の日はとても好天にて、好凪ぎでした。各船は機械を止め、漂泊して居りましたので、各船何隻かの船に話を聞（き）、コースや航行中の時間を聞きました。漁は全く無かった様子でした。然し汐がだいぶ小速い様な模様でしたので、我々は全速力で汐上にと思って走りました。夜中頃より、大分風が荒れて来ましたけれど、夜明より投縄して、速く（縄を）引揚に掛かりました處、ボツボツ縄に入って（釣れて）居りましたので、其の1縄にて32本鮪を漁獲しましたの（で）帰途（に）付き、明朝早く外の浦港（宮崎県）に入港しました處、各船は港内一杯帰港して居りました。各船全く漁なく、2、3本漁獲した船が何隻か有ったとの事でした。

私共が市場に水揚（げ）する時は、市場一杯の見物人でした。其（の）時の鮪1本、平均50貫位の、夫れこそ丸々太った、自分乍（ら）ホレ〲する様（な）好い鮪だったので、割合ひ眞段（ねだん）も好く3千2～300円になりました。

其（の）時、串木野の漁業組合宛に電報にて通知が有り、送金して来た船が100円から2～300円宛だったそーです。然し私共幸栄（丸）2,000円と云ふ事で、何かの間違ひではなかろうか、と云ふ事で外の浦の方に問い合わせ、確任（認）してから渡したなら（と）云ふ事で、一日保留する事になったそーです。其（の）頃、本浦地区には電話が波村仁太郎様方しか有りませんでした。然（し）、それも昼間は外の浦辺（り）迄は通じなかった様です。夜12時頃、波村様方より電話して、今日の水揚（げ）船の模様が解り、萩元の内にも知らせて下さったそーです。私の内にも波村様家内（私の為には従姉）のオユイ姉さんが教へ（て）下さ（い）ましたので、夫れから親類の方々へも皆知らせて廻り方だったそーです。夫れから萩元の内に親類の方々や叔父上の友達が大勢集（ま）って、大よろこびで泣いたり笑ったり、夜明（け）るまでだったそうです。明日（翌日）はいよ〲金子（きんす）も受取（る）事が出来、伯父上も涙を流して喜こび、其の日の一日は佛前（に）上げておかれたそーで、其（の）頃までは旧正月をする頃でした。金子（を）受取られたのが旧12月28日だったそーです。其（の）時の事（は）、親類の方々はもとより、一般の方々から（も）喜んで頂き、後々迄も語りぐさとなったと云ふ事です。

3　第三鶴吉丸の船長になる【注4】【図1】

夫れより先、私が第三鶴吉丸を（に）始めて船長を（と）して乗船した年でした。其（の）時は、高知県（土佐）清水港を根拠地として働いた時でした。何分にも始めての事にて、漁場も好く知らず、各船の人たちの話を聞いて操業する様な次第でした。そして、春鮪漁に移る時でしたので、我々もそれにならって鮪漁の準備（を）いたしました。

最初の漁場（は）鵜戸山沖だったそーで、各船は昼頃からボツ〱出航しました。餌は皆メチカ（ソーダガツオ）の冷凍物の様でした。（土佐）清水からは毎日、小型船のメチカ釣船が出沖致しますので、我々は其の鮮（あたら）しいメチカを買ふ（て）出航致そ（う）と思ひ、待って居りましたけれど、其（の）日（は）全く漁なく、仕方なく冷凍メチカを積んで出航しました。

各船より何時間も後（遅）れましたので、夫れこそ全速力で続航致しました。幸い明日（翌日）は好い凪（なぎ）で、いくらか救われた感じでしたが、鵜戸山沖迄は日暮れで、各船は皆操業して居りました。我々は暗くなってから、灯のない様な合間に投縄しました。投縄して（終えて）間もなく引揚げに掛かりました處、縄半分位引上げた處、14本の漁獲が有りましたが、夫れより先（の）縄は切られて居りましたので、其（の）引き上げた縄を（最初）投縄した様な位置と思ふ様（場所）に空縄を投縄して、夜明けと同時に引揚げ終る様に致しました。夜明と同時に風は次第に強くなり、然し2、3時間見廻って、ようやく旗を1本見附ける事が出来ましたので、其の旗を引揚げてみました處【注5】、自分（船）の旗で有りましたので、誠（に）嬉しい事でした。そして、其の縄に11本の鮪が食ふて居りましたので、25本の漁獲になりました。然し、其（の）時はミミツ（美々津）岳（日向市）を西に見る様な處迄流されて居りました。夫れに風は相当吹いて居り、此處より汐上りする事もなか〱難ヶ敷（と）思ひ、眞（値）段でも売り上げると思ひ、其（の）儘清水港に向（け）帰港致し、水揚げ致しました。

其（の）明くる日、2日操業した船が全船が満船状態で、デッキの上に（鮪を）並べて帰港して来ました。眞（値）段も却って昨日より好く、夫れを見聞きして何如に（も）残念に思い、脳の痛む様な思ひでした。此の返事は、1日でも他船より早く操業して、取り戻さなければと思ひ、其（の）夜、空模様は少し好くなりましたけれど、風は時々ヒウ〱吹くし、雲はコブシの様な綿雲が飛んで行くし、大分沖は時化て居る事とは思ひましたけれど、1日の事が待ちきれない様な気持ちで、陸に上がって居る船員を集合し、船を形（片）付けて、（午前）1時（に）出航致しました。其の日、銭湯に行って聞いた話では、鵜戸山沖で獲れた鮪なら必ず足摺岬沖で獲れると云ふ話を、陰乍（かげながら）聞いて居りましたので、それをたよりに出航した訳です。處が港口迠出ました處、ウネリの大きな事、何んとか引き返したい（と）思ひますけれど、船を廻そー（と）して、横に向けたら最後だと思ひ、暫く我慢して、港外に出る事が出来ました。風は未だ西よりの風で、大分時化て居りました。南南西（に）向（け）9時間走り、投縄して、其（の）辺を4日操業して、54本の（鮪を）漁獲しました。魚形が大きく52～3〆廻りでしたので、船槽には入らず、機関室の両側と胴の間（デッキ）に並べて帰港しました。水揚げ金3千2～300円だったと思ひます。其の時、我々の後から島平の竜生丸と云ふ船が1隻丈出沖したそうです。其の船は7時間走った處で2日操業して40本漁して帰港したそうです。我々も水揚げして、其の晩8時頃出航しました。其の航海に4日操業して、52本の漁獲でした。然し、其の航海、魚形は小さく、48〆平均位でしたので、魚槽外に只1本丈、デッキに出した丈でしたので、少しだれ気味で帰港し、縄を干してから、市場に着けようと云ふ事で、縄干（し）をして居りました處、問屋さん（が）来られ、漁模様（を）聞かれましたので、漁獲の事を話しました處、「それは本当ですか、縄干す處ではない、速く市場に船を廻しなさい、今朝、漁（水揚げ）をした船はほとんどない」との事で、早速市場下に行って水揚げした訳です。そして、眞（値）段も非常に好く、前航海とほぼ同額位の仕切りで有りましたので、其（の）時は非常に嬉しく感じました。是れでこの前々航海の（を）取り戻した様な感じでした。

其の夜、又、8時頃出航し其の航海も4日操業して27本の（鮪を）漁獲して帰港しました。其の航海は、各船全く漁なく、いつの間にか高知県、大分県等の船も故郷に帰港し、土佐清水もひっそり（と）なり、船もまばらでした。其の月は三月だったと思ひますが、私共が其（の）月の（土佐）清水（港）水揚料が1番多かったそーです。

夫れから黒汐を乗り越（え）21時間走り、漁場迠行き、3日操業して11本（鮪を）獲り、それが最終にて終了した訳であります。其の時の船員1人（の）配当が430円余りでした。そして、油津根拠地の船は、最高330円余りだったそーで、私も（土佐）清水根拠の鮪漁は始めての事でしたので、いささか心配して居りましたけれど、幸（い）にして、好い漁に恵まれ、誠に嬉しく存ずる事で、其（の）時鹿児島県に鶴吉丸在り、と鹿児島県の鮪船の存在を見留（認め）られる様になった訳です。是も皆、人様の話を聞き（ま）して、夫れを実行して漁が出来た訳です。何もかも人様の御蔭げ様です。その様な事で、年間漁に恵まれ、前に申し上げました様に、幸栄丸よりも（からも）私の乗船（の）要望が有った訳です。幸（い）にして、旧12月28日1日操業で、かってない1日操業で3千2～300円の仕切りを水揚げし、私の名前が広がったのです。

夫れから、其（の）次の航海に15本の漁獲でした。鮪漁は余り鮪が縄に入ると、縄を沈めるものだと聞く事が有りました。そうした話を聞いて、自分たちも一度位そんな事に会ふてみたいと内心思って居りました處、夫れが現実に、其（の）次の航海に現れた訳です。

一日操業して漁（な）く、汐が速いようた（な）模様でしたので、汐上に上（のぼ）り、一心にて、向（い）風に（が）少し吹いて居りました。日暮れ迠汐上りして、其の儘汐上に向って投縄しました。終わる時は真暗でした。夕飯も交態（代）で（とり、縄を）引揚げ始め、すぐ手答え（応え）が有って、（鮪）５本獲る迠は無難でしたが、夫れから先が全然引揚（げ）が出来ぬようになった訳です。夫れから種々な方法をしてみました。其（の）当時は、瀬物の１本釣りに行く頃で、縄を沈む時（は）電信ハリガネの様な大きなハリガネに重りを附けて沈め（て）居ったものです。夫れ（に）ビシノカタ（を）附けて居りました。其のビシ（ノ）カタを引揚中の縄を回して、大きな重りを2、3個附け釣釘（針）を3、4本宛ククリ附けたものを、そのビシノカタの廻り（に）附けて流してみますけれど、何回も〱もやってみても駄目でした。そうする度に、かへって縄は沈んで行く一方で、只、船（員）一同掛（か）りて引揚げに専念するばかりでした。そして、全速にて船を（前へ）進め、少し縄先が後に行った（なった）よーにみへますけれど、其（の）都度一生懸命引揚げ様としてみますけれど、少しも揚がる気配なく、丁度夜明けと共に縄が切れてしまいました。丁度悪夢におそわれた様な思ひでした。遂々夜は明け、一隻の船も見当らず、其（の）周辺を何回か見廻りしましたけれ（ど）何にも見当らず、其（の）儘帰港致しました。誠に残念な事でした。それから、串木野に帰港、半月位遊んでしまいました。其の事がなければ最高の漁をする事が出来たのにと、悔やまれてなりません。然し、外之浦根拠の船１２０～３０隻でし（た）のに丁度10番目位の漁でしたので、先づ〱の漁でした。

縄を捨てた時の事を後から考へてみますと、私が（の）気持ちが充分汐上り出来て居らないと云ふ気持ちだったものですから、やはり汐上（かみ）に向って投縄したのが悪かったのではないかと考へられます。汐横に投縄して居れば漁獲の有無は別として、縄の引揚げが出来ないような事はなかったろーと思ひ、何事も一時が大事と云ふ事をつくづく考えました。

兎に角、外之浦を終了し、帰港致した訳ですが、夫れから２か年間、幸栄丸にて働き、萩元一族の方々も喜ばれ、私も乗船した甲斐が有って、好かったと思ひました。たま〱其（の）頃、萩元家には２人の好い年頃の子供が（いた）訳ですので、余り永く私が乗船して居っても都合が悪ひと思ひ、今こそ自分で兼ねてより念願で有ります自分自身で船主（に）なりたい希望を実現したいと思ひ、母に相談しました處、私の母は大反對でした。御前には兄弟もないし、他に力になって下（く）れる人も居らないのに、体を悪くする様な事が有れば大変な事で、もう夫れ迄で終わりだと云って、なか〱聞き入れてくれませんでした。私もどれ丈け悩んだか知れませんでした。夜もねむれない晩が幾晩続いたかわかりませんでした。然し、私も漁師になる時の一つの夢でしたので、思（い）切って決心して、中古船を買い求める事にしました。其の頃は魚問（屋）あたりから金を借りるのが常識みたいなものでした。然し、1隻（の）船（に）対して1,000円から1,500（円）位が普通の様でした。それは長崎の問屋、山田屋【注6】からの普通の貸付金です。然し、私に対しましては、今までの実績も有りましたので、心好（快）く2,000円御借（貸して）頂きましたので、他の金策についても、先方から借らないかと云ふて借（貸）して下さった人も有り、割合と金も出来、3,600（円）にて、25馬力、頓数不明（を）購入する事が出来ました。（その船は）小瀬の林盛丸でした。初めての船乗りだからと云ふて、古縄など沢山頂きました。大助かりでした。船名は天祐丸と命名致しました。

昭和12年7月、第一天祐丸の代船建造、第二天祐丸と命名、38頓82、70馬力、市川鉄工所（下関市）。

4　中古船第三天祐丸購入

昭和14年、中古船第三天祐（丸）購入。この船は肱岡新一殿が大阪湾にて回船業をして居りましたけれど、串木野鮪模様が好かったので、私宛（に）帰って来るから、株に加入させ（て）下（く）れとの事で、手紙が来たのですが、私（は）不賛成で、漁仕事は非常に出来、不出来が有るから、今働いて居る仕事が安定して1番好くはないかと、好く、ま一度考えてみて（は）どうか、と云ふ風に手紙を出したのですけれど、直（ち）に帰国して帰って来ましたので、私も仕方なく上新太之助様所有の中古船を買ひ求め、私が其の船に乗り、新一殿と一緒に乗って働いた訳です。種々税金等の都合も有り肱岡新太郎の名義にて、第三天祐丸と名付けた訳です。

5　第二天祐丸は陸軍に徴用【注7】

昭和16年12月には、第二天祐丸は陸軍に徴用され、ビルマ方面に行く事になりました。昭和17年、第三天祐丸の代船として第五天祐丸の建造許可を得て、起工式（生駒造船所現、串木野市北浜町126～127、141～142一帯）を致しましたけれど、戦争が益々激しくなり種々を（な）物資が地方に出廻る様になり、何も彼も、手形丈は許可され乍（ら）船の造船状況も進まず、殊に燃料タンクを（の）材料が入取（手）出来ず、知人を頼って、大阪・神戸方面に3度行き、其（の）頃は普通、1分5厘の鉄板を使ひおった物を暫く2分板にて製造して頂き、何とかして竣工する迄になりました。然し、其の時はすでに燃料が配給制度になり、1隻に対し極僅かの油しか配給はなく、船は皆港内に繋留して居りましたので、船主総会を開催、其の結果、全船の燃料を何隻かの船に積込（み）、1航海するよう致しました。私の記憶では3分（の）1程度の船が出航する様になりました。私の天祐丸も出航する事になりました。配分については出航船7、不出航船3と云ふ風だったと思ひは（ます）。しかし、其（の）頃の時期、鮪の盛漁期（は）終（わ）り、沖縄の久米島方面の黒皮（カジキ）漁が主体だったと思ひますが、余りた（い）した漁もなく、引揚げて来て失敗に終（わ）りました。

夫れから、戦争は益々激しくなり、徴用に取られる様になり、私の所有船、第五天祐丸も18年8月頃だった（と）思ひます。其（の）時、5、6隻の船が徴用され、ニュウギ（ニ）ア方面に行った事はわかって居りましたけれど、夫れより先は、終戦になる迄は全く不明でした。終戦と同時に、ニュウギ（ニ）アホーラジャにて沈没の広報が有り、船員は全員不明。船の代金5万円。しかし、肱岡新太郎名義にて、1万5千円の火災保険に加入して居りました為、其の1万5千円差し引かれ（た）後、3万5千円の証書を貰ひましたけれど、夫れも後5か年間凍結と云ふ事で、なかなか生活に苦しい次第（時代？）を迎へた訳です。

6　小舟を買う

其の頃で1本釣の小舟を1隻買い求め、其の日〳〵（の）生活をしておったのですが、前々から長崎根拠の時分に、山田屋（問屋）に水揚（げ）する船丈の船主で組合を造って居りましたので、普通、山田組合と呼んで居りました。そして、積立金が少し有りましたので、それを配分すれば、600円位でしたので、其の金を配分せずに、何か事業を始めてみたらと云ふ事で、刺網鰯漁をやってみら（よう）と云ふ風に決定し、中古鰯網を買い求めて廻ったのです。

其（の）頃、若い時の友人にて、指宿宮ケ浜に飲食店、ツケアゲ、カマボコ等の仕事をして居りましたので、其の人をたより、生見、宮ケ浜、この一帯の鰯網を大分入取（手）しました。この刺網漁と云ふものは、以前から流行しておりましたが、何分、冬の1番寒い時期で、是れ程難儀な仕事はないと云ふて、人がいやがって居った仕事でし（た）。夫れで、我々船主同士で、とても仕遂（げ）られる様を（な）仕事ではないと云ふて、種々陰口等も聞かされましたけれど、折角決心して始めたので、1本釣（り）の大きい方の船を4隻借受け、操業を始めました處、思いの外、漁好く港外から30分位走った處で操業出来、其の年は年末でしたけれど、年明けてから段々漁模様も好くなり、刺網の大漁【注8】が4、5年続いた様に思ひます。其の鰯漁によって、串木野全態（体）が大いに助かりました。其（の）節は、農家（と）いわず商家の軒下あたりに、メザシを干してない處はない程で、食（糧）難時代にて、北九州あたりからも買（い）求めに来る様な有様でした。余り大漁の為、送（り）先もなく、鹿児島市方面からもトラックを頼む事が出来ず、肥料にした日も何回も有りました。

此処で書き添へておきたい事は、私共が最初入手した網は、元湾内（鹿児島）にて漁をしておりました網で、鰯の形が小さく、網目が細かったので、串木野で漁の有った鰯は大羽鰯で、網に掛った鰯も船に揚げる時、がら〴〵（と）海中に落ちて、漁が少なかったので、それから又、網買（い）求（め）に壱州（壱岐・対州）物を唐津迄買ひに行って、まずい網でしたけれど、それを少し買求め、又、天草方面、阿久根と方々廻りましたけれど、思う様な品物は入取（手）出来ず、其の唐津より買ふて来た網の修理を、甑島の其の当時、漁労長をして居られた方が、私が時々顔を合わせて知って居る仲でしたので、其の人に御頼みして頂きました。其の子息の方とは、現在に於ても、御附（き）合（い）して居ります。

1度恩義になった方に対し、其の御返礼をすると云ふは、何如に大切な事で有るかと云ふ事は、誰でも同じだろーと感じます、私は一生そう云ふ気持ちで生きてきた人間です。

注　釈

【注1】ツヤ島（対馬、済州島近海の島＝特定不可）

参考資料　明治30年（1897）「遠洋漁業奨励法」公布。朝鮮海峡に出漁する漁業者に「朝鮮海通漁組合」を組織させ、漁業者を保護し、国庫から奨励補助金交付。初代組合長、折田金次郎（串木野）。釜山と巨文島に漁業根拠地を前進基地釜山（牧の島）に県が事務所を置き、監督官を、串木野村から事務官が駐在し、不正を取り締まる。

【注2】旅（漁期　春のサバ漁、秋のカジキ漁）

参考資料　串木野漁業者の「腕と肚」、遠洋漁業奨励法の制定（明治31年）によって、明治33年ごろから全国的に朝鮮海への出漁が増加した。明治40年には36道府県から最盛時3、233隻の釣漁船や網漁船がサバ、カジキ、タイ、イワシ、クジラなどの漁に出漁していた。そんな中、串木野の漁業者は**五丁櫓の帆船**をあやつり、伝統の「腕（技術）と肚（度胸）」でサバ漁とカジキ漁に従事し、断然、他県の漁業者を圧倒する成績をあげていた。

【注3】計算（漁期終了時の配当計算）

【注4】第三鶴吉丸船長になる～人様のお陰様です。

土佐清水港根拠地とした漁撈の様子、当時の漁場の状況を記述した資料。

参考資料　**日向沖漁場の開拓**（油津・外之浦根拠地時代）

（土佐沖・日向沖への展開）　長崎に根拠をおいた五島・東シナ海のカジキ延べ縄漁が続く一方で、昭和の初め頃から、進取の気性に富んだ本浦の漁業者達は、高知県の土佐清水市を根拠地として数年間、カジキ漁閑期の1月から4月にかけて、ビンチョウ（鮪）を追った。そして日向沖に豊富なまぐろを発見、昭和3年ごろから次第に根拠地を日向の油津に移し、1月から4月ごろまでマグロ漁に出漁するようになった。しかし油津港では、油津漁業組合と串木野漁業者との間に、手数料や食料・燃料などで、漁業者個々の折衝では解決できない問題が山積していた。

（串木野漁業者が団結－油津から外之浦へ）

昭和6年（1931）、串木野の漁業者達は「鹿児島県鮪延縄出漁組合」を組織し、油津漁業組合に「①従来の問屋の廃止②手数料の引き下げ③食料品の共同購入④燃料入札の毎月実施」を要求して交渉を申し入れたが、油津漁業組合は応じなかった。

そこで南郷村の外之浦栄松と交渉、４項目の要求が容れられたので、串木野船の大半は油津港から外之浦に移った。串木野漁業者は、長い伝統に輝く船団出漁方式により培われた連帯意識で、「団結の力」を示したのであった。

この後、串木野船は外之浦を根拠の中心に、油津港との両根拠地からの出漁をつづけた。油津には他県船も多く集合していたが、外之浦では串木野船が他県船を圧倒していた。

【注５】縄は切（ら）れて ～ 其の旗を引き揚げてみました處、

揚げ縄中に縄が切れていた時は、付近の海域を捜索し自船の旗を探します（夜間ならサーチライトで）。発見できない時は、既に引き揚げ済みの縄を餌なしで、相当数、再投縄して、暫くして其の縄を引き上げ、潮の流れを調べます。それによって切れた縄の流れた方向性を予測し捜索にあたります。

【注６】長崎の問屋、山田屋

参考資料　山田氏は長崎市の人で、家業は機船底引き網漁業や鉄工業。船木氏は下関市で魚介・塩干魚・肥料の問屋と貿易商を営業。両氏は明治12年以降の串木野船のサバ漁業やカジキ漁業漁獲物の海上輸送・魚価の団体取引に協力した。また、当市に山田屋組合・船木組合を設立して、出資金や動力船建造資金の融資を惜しまなかったと顕彰碑文に記されている。

（顕彰碑は恵比須神社境内裏に建立）

【注７】第二天祐丸は陸軍に徴用

参考資料　戦局の拡大と悪化に伴って物資輸送が困難になり、昭和15年ごろから漁船を徴用して運搬船に転用するようになった。本浦船の徴用船は58隻、島平23隻、羽島３隻、20トン級以上の串木野漁船は根こそぎ徴用された。「串木野漁業史」には総数１０４隻、トン数３千７０６・36トン、徴用者８８０名、帰還11隻、未帰還93隻と記されている。

【注８】刺網の大漁

参考資料　終戦直後の漁業資材不足の中、串木野の漁業者たちは沿岸での釣漁業やイワシ漁に取り組み、漁獲は好成績をあげた。昭和21年３月には本浦漁業会後援の「漁願相撲」も復活した。昭和23年から25年にかけては、毎年大豊漁。特に25年新春は連日大漁が続き、１月25日は12万７，５００トンを水揚して近年のレコードを作った。当日、北薩・西薩・南薩の各港から串木野沖合いに集まった刺網船は、実に３００隻に達した。

参考資料『写真に見る１００年　串木野漁業協同組合のあゆみ』

この「私の思い出」は現神崎水産（株）の創業者である故神崎恵二氏が生前、自分の思い出として、幼少の頃、戦前、戦後の激動期を漁業者として生きてこられた様子を書き留めておかれた資料です。同氏の没後、この資料の存在が判り、神崎俊夫氏（同水産代表者二代目）が保存されておりました。当時の漁業者の進取の気性や伝統の船団の様子、戦後の鰯漁のことなどその史実の一端を知る貴重な資料として同氏に、本会へのご理解とご協力をいただきました。

　故神崎恵二氏の略歴

神崎水産（株）初代代表者・串木野市漁業協同組合理事12年、昭和53年黄綬褒章授章

（掲載：24号＝2010）

【図１】鮪延縄（マグロはえなわ）

　一本の長いロープに針をたくさん垂らして魚を釣る方法。幹縄から餌と釣り針のついた多数の枝縄を垂らして海に投入、数時間後に、かかったマグロ、カジキを引き上げる。縄の長さは150キロにも及びます。

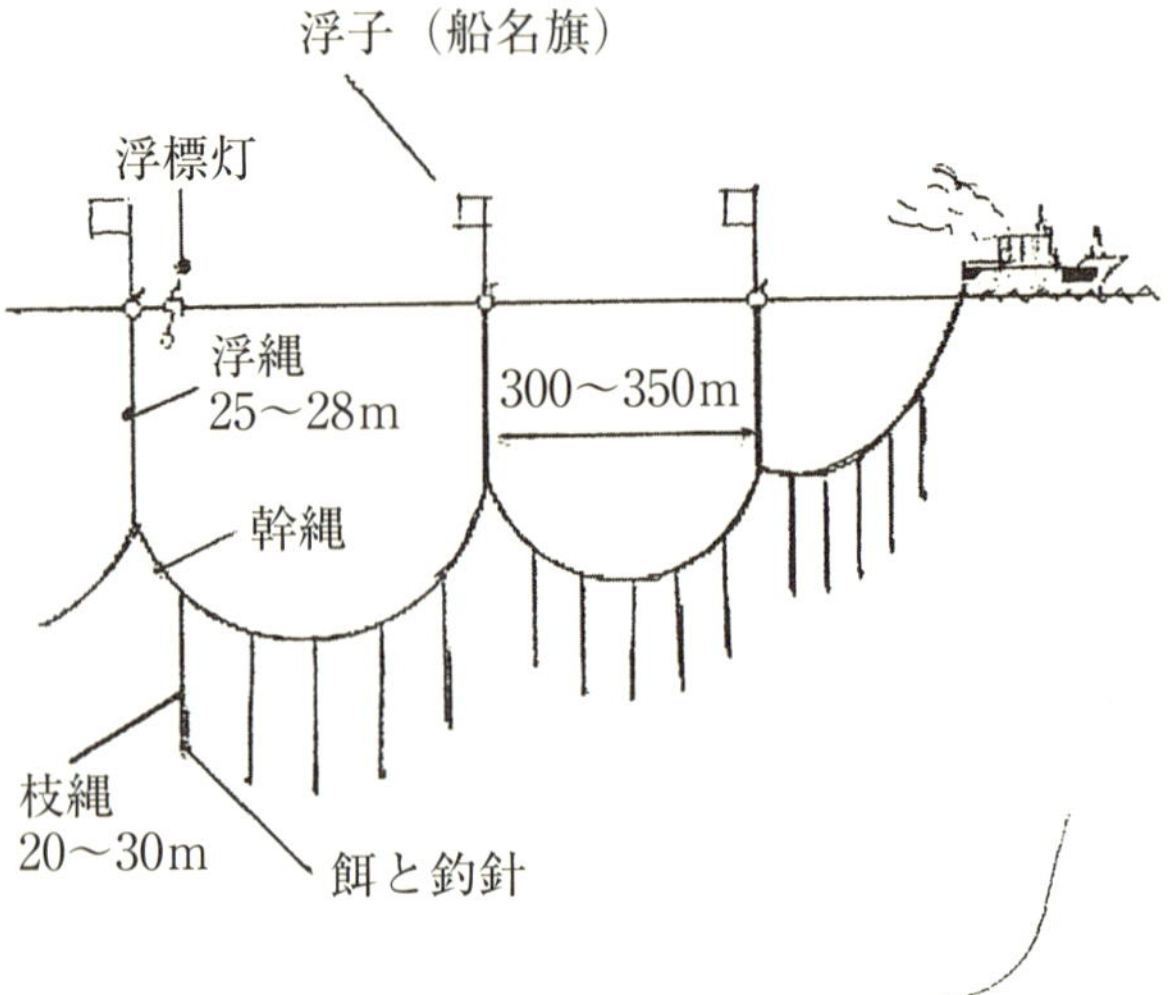

「鮪延縄巻き上げ機」

天秤つりの用具

海中に沈めて縄を探索する引っかけ用具（イメージ図）

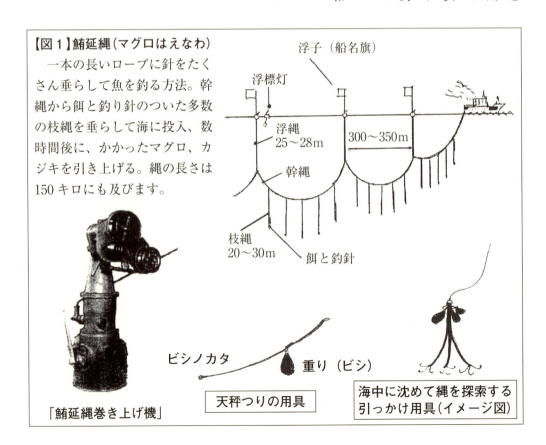

本浦のこと
～故　勘場武次氏のテープを起こす～

安藤義明編

はじめに

この記録は、現ダスキン内村の山田仁司氏の亡父勘場武次氏が、明治、大正、昭和の3代を経て自分が実際に見分し、体験したことなどをカセットテープに録音し、何かの機会に役立てればと残されたものです。テープには随所に昔の本浦の様子などをうかがい知る史実が語られ、大変貴重な資料であります。資料は昭和44年に下書きしたものをその10年後に録音したものです。

紙面の都合でその全部を掲載できませんが、次号に続編として掲載したいと思います。

本誌郷土史研究会の機関紙への掲載にご理解をいただきました山田氏に感謝とお礼を申し上げます。

なお、テープ起こしをする中で特定できない地名やことば、語られる人物の名はカタカナで表示しました。また、句読点、読みガナはこちらで付けました。

勘場武次氏の略歴（1898～1987）

氏の生後8か月で父が病死。5歳の時、母が再婚、第2の父も小学3年生の時他界。5年生から1本釣りに小舟で出漁、魚商の母を支える。13歳より漁師として乗船、17歳で大型帆船の漁業に、23歳まで従事。漁船の動力化への始動期、知人を頼り釜山―博多で機関士の修業。長崎で勉学、機関士の免許取得後、各種の船舶の機関長を経験。大阪に出て30代後半までに曳き船3隻を運行。大阪曳き船組合副組合長、日本水上小運送業海運組合理事を歴任。終戦後、3家族と家財道具一切をハシケに乗せ、第13たけ丸で曳航し串木野に帰る。

肉屋のこと

明治37～43年までは、串木野村には肉屋は1軒もなく、月に何回か現在の矢野風呂（春日町）の先祖「牛殺しげんどん」と呼んでいた人が、現在の串木野高校の北西にあたる松林の中で、牛を殺して販売しておったもので、牛を殺した時は、現在の風呂屋の前に赤い旗が上げられ知らされたものであった。

祖父は夕方になるとその旗を（私に）見にやり、旗が上っておればその牛の肉を買ってくるように自分に言いつけるのが常。当時は秋の終わりごろから3月ごろまでしか牛肉は取れなかった。氷があるでなし、従って、冷蔵庫など思いもよらない時代であってみれば無理もない実情である。

第二の父との思い出

8～9歳の頃でもあったか、浜崎（集落名＝夷ヶ丘の北側）の西村ゼンゴロウ様の家は、出漁資金（現在の漁協信用部の資金）である。この資金は明治の初期、今村太平次氏達によって朝鮮の釜山沖にサバの魚場を開発（拓）され、それに対する補助金を積み立てて、出漁資金として当時は活用された。この資金が成長して現在の信用部となったものと自分は解している。後には久保長太郎氏方（久保タクシーの本家、三善君の父）にこの信用組合の事務所が置かれてあったことを記憶しておるが、これはそんなに古い話ではない。信用組合は漁業組合よりも以前から発足しておったもので、漁協と一緒になってからはその管理に組合長を核に、野下チョウノスケ氏（クニ子様の父君）が職を定年で退かれるまで務めておられたように思う。話が横道にそれたが、ある夏、朝鮮サバ釣りの計算のとき、前潟の父が木綿の袋に20円金貨1枚を入れて「これを浜崎（夷ヶ丘の北側）の西村に持って行って小銭と替えて来い」と自分に命じた。船員達が「子どもをやらなくても大人をやったら」と提言したが、父は大丈夫というようなゼスチャーをして笑いながら自分に渡した。ところが先方には時のお偉方が5、6人集まってしきりに計算しておられたが、私の申し出を聞いて「ワイガ　コヨ　モッテキタッカ」（お前が子どものくせにこんな大金の両替にきたのか）と驚いたような表情で笑われた。その中の1人、長者サンジロウ叔父様が「武次ユウキタユウキタ　テンガラモンジャッタ」（武次よく来たよく来た賢い子だ）と連発され、子ども心にいっぺんに嬉しくなって両替を済ませ走って帰った。現在の10円硬貨より少し小さいくらいのものだった。帰りには1銭、5銭、10銭の小銭と化したので袋が大分重たく感じられたが、今もこの右手に残っている感じがする。その時の嬉しそうな父の顔。

5～10歳までの間、父は大型船の船長として1年のうち半年ぐらいは家に居らず、5～6年間ではあったが忙しそうに縁側で釣り道具を作っておられた。夜ダキ（夜釣り）に出かける直前でもあったろうか正午過ぎか「トト　船を作ってくれ（おとうさん船をつくってください）」とやかましくせがんだ時、父が「今　ソイドコイジャナカ（今は忙しい）」と激しい口調で叱ったことがあった。それが後にも先にも一度だけ父に怒られた記憶である。

残念ながら父は自分の実子が2人とも女子であったこともあってか、私武次を前潟家の長男にするようにと母とも相談して、役場方面にもいろいろ手を尽くしたようだけども、勘場センタロウの長男すなわち戸主である関係上認められなかった。父が旅先（出漁基地）からのみやげに呼子傘、当時は秋太郎（バショウカジキ）の縄はえ（操業）の基地は佐賀県の呼子港か唐津港であったので、その呼子でできる傘、呼子傘なる学校傘に、太字で前潟武次と記名したものをもってきてくれたことからも、父の自分に対する愛情の一端を伺えると思う。

当時、山下と呼ばれていた場所のこと

明治40、41年ごろ、我々親子3人の生活が始まった。当時、現在の木屋（集落）の萩元ユリコ方は、故萩元ゼンジロウ方であり、当時ここの辺りは、俗に山下と呼ばれていた。その頃までは浜崎通りと木屋通りとの間には南北に流れて山があった。主にクロッノッ(くろっの木)が生えており、エツキ竹、ニガ竹などが生い茂っておった。

古老達の間に「長（おさ）ドンの山からトッコ鳥が鳴ッガ、オサノ出テ見レ、ナオドンジャナカヤ」。この山をオサドン山と呼び昼間でもフクロウが鳴いていたことから先の方言が生まれたものと思う。要約すれば「長どんの山からフクロウガ鳴くよ、オサノ（女性名）出て見よ、ナオ（男性名）殿ではないか」となる。当時の素朴な恋歌のようなものの一節かもしれない。この山の名残はつい最近、終戦以前までは多少残っておったように記憶する。

現在の萩元家と有川医院との間に階段式の道路が新設されているが、右の長ドン山を切り開いて木屋通りと浜崎通りとを連結させたもので、その以前は、寺の下馬場から現在の後夷（清龍丸）方の前の道路を通るより他はなく、中間には上下を結ぶ道路はなかったのである。

ついでに、長ドン山、長ドン馬場の由来を少し記しておく。現在の有川医院の少し北側の道路の東側に古くから井戸があった。この井戸を長ドン井川と呼んでいたが、その井戸の北側に土壁の古い塀があり、安田チョウベイ様方になっておった。この家が明治以前は麓の長殿の倉庫になっておったところから、この長ドン山、長ドン馬場なる名称が生まれたものだ。浜崎、寺の下方面の人、木屋向き（集落）の人達の唯一の水源地がこの長ドンの井川であった。

この長ドン山の北にかやぶきの日当たりの悪いうす暗い家があり、これが現在の萩元家の先代とも言えるところであるが、その当時この家には先記の伊勢チョウジロウ叔父さんが1人住んでいたので、前潟家を出た我々3人は一応ここに身を寄せたように思う。

イカマッ（花見）のこと

自分が5歳のとき、母が自分を連れて、前潟キュウノスケ様と再婚した。前潟に母と2人で行った前のこと（再婚前？）のようでもあるが、今で言えば4～5月の頃の或る日、母がこの山下の家の上がり口に姉と自分を腰掛けさせて「コレガ、キュノ、イカマッ、ジャッド（これが今日の花見のごちそうだよ）」と言ってツケアゲの2つ切りのものを2切れと白米のにぎり飯を1個ずつ分け与えて、母はどこかへ仕事に出かけていった。

世間の人は1家揃って年に1度か2度しかない花見に行くのに、そのごちそうを作る銭もなければ閑もなく、多分萩元の叔父方から貰ってきたごちそうであると思われるが、嬉しいようなうら寂しい思い出でもある。

珊瑚船のこと

自分が12～13歳ごろ、明治42～43年ごろかと思うが、この前よりも宇治群島付近で珊瑚とりを甑島の手打ち方面の人達が盛んに行っていた。それで串木野の港も出かけるようになり、ひと頃大盛況を呈したものであった。初夏か春の終わり頃のように記憶しているが、叔父達の所有船もこの珊瑚獲りに行っていたので、それはほんの見学に1航海船に乗って出かけたことがある。道具としてはノートと鉛筆、消しゴム等を持参したのを覚えているが、天候が悪く珊瑚曽根の近くまで行って、途中から引き返して野間池に入港した。

この港は中に入ると池の中に入ったような良い港だと思った。その後この野間池港には残念ながら寄港する機会がなかったが、子供心にも深く印象付けられたことは、初めて見た広い海原に点々と散在しておる鷹島、津倉島、そして宇治群島（海図参照）などの島々、珍しい形とどこまでも澄みきった海、陸地近くの海の色は青々としておるのに比べて、沖に行くほど青海が紫色に変化している事だった。深海になるほど海の色は、この色が濃くなるのだと叔父達が教えてくれた。今にして考えると、この時から自分が遠海上で漁師として働くことの第一歩でもあったように思われる。この珊瑚獲りに関連した事柄は沢山記憶に残っているが後日書くことにする。

日露戦争のころ

明治37～38年の日露戦争は、自分が小学1年生の頃から始まったことになるが、記憶にあるのは、旅順や奉天、遼陽等々は我が陸軍の手によって次々と落とされた時、その都度串木野でも毎晩のように大勢の人が集まって、ちょうちん行列で賑やかに夜がふけるまで万歳万歳と叫びながら祝福したものであった。わけても、日本海海戦の報道は海岸地区であり、そのうえ串木野漁船の1漁場の近くの海域での出来事でもあった関係もあり、大変な話題でもあった。この日露戦争はわが国の大勝利のうちに終戦を迎えたこととて、その凱旋祝いは本浦の小学校であった。

当時の花嫁様たちがその祝いのおどりのけいこを、木屋（集落）の現在の萩元の家、俗に山下の家と呼称されていたところであったのを覚えている。萩元のゼンジロウ叔父の妻女サカ様も、その花嫁様の1人であったのだろう、その関係でこの家を使用する事になったもののように思う。

現在でも時々聞かれるラッパ節が、この頃流行したものか、踊りの一つにこのラッパ節が取り入れられていた。自分は親戚の家でもあった関係上毎晩のように見物に行ったものであった。踊りの先生は、岳釜（集落）の安田センジロウさまの嫁様のサオ様だったように記憶している。「雪はしんしん降り積もる、障子あくれば銀世界、さぞや満州は冷たかろう、思えば涙が先に出る。トトトット」、「たおれた兵士を抱き起こし耳に口あて名を呼べば、にっこり笑って目に涙万歳となえる口の中。トトトット・・・」このようなラッパ節の文句であったことを覚えている。その時の踊り子達の中に前潟善太郎様の妻女佐尾様もおられたように思う。前潟景三君の母親であり、寺田キンゾウ君たちの叔母様に当る人である。

自転車節もその頃流行したもののようで、当時日本海の沖ノ島（串木野の人達はイワシ山とも呼んでいる）沖合いで輸送船の日立丸が敵艦に打ち沈められたもようを歌っている。「船に十字の記章をつけ、乗り組み船は日立丸、出て行く先は玄海の灘で無残や沈没し、その時看護婦手をあげて天皇陛下ばんざいと、唱えし声のいさましや」というのがある。日露戦争後本浦地区より出征せられた人達の氏名を記憶にあるだけ付記しておこう。海軍、後夷スケタロウ、ハヤタチュウノスケ、陸軍、岡田キュウタロウ、南竹サタロウ、岡野サタロウ、内田シチタロウ、大里キンジロウ、安田キンタロウ、柳元シンスケほか。

小学校のこと

明治38年4月1日、新入学当日はたぶん萩元の祖母キヨさんに連れられて入学式にいったように記憶している。読本はイス・イシから始まってスズメ・タマゴと言うぐあいの1の巻きであったように思う。石盤、石筆それらが主な学用品であり、鉛筆とかノートなどは1年生で使った記憶はない。この小学校では男女共学制で1学級40、50名ぐらいであった。自分たちの受け持ちの先生は、上野ヘイジ先生で20歳くらいの若い先生であった。ピアノはおろかオルガンさえもなく、山口リョウイチ先生の胡弓1丁が本校唯一の楽器であった。この上野先生はのち、羽島の小学校の校長先生になって長い間串木野におられたように聞いたが、それは自分が漁船に乗って働くようになってからのことで、学校を終える前に転勤され、他の学校に行かれてから1度も面会した記憶はない。上野先生は評判のきびしい先生でもあった。自分には本当に恐い先生でもあり、親切な先生でもあった。1、2年と2年間、上野先生のお世話になったが、2年のあるとき3か月間先生が兵隊に行かれた。そしてその間、これも18～19歳の若い先生で平石キワ先生の受け持ちとなった。この先生は上名の俗に金ぐらが通称の人で、今でもその金蔵は現存していて、平石三郎市議はこの先生の兄様の子供ではないかと思う。この平石三郎様は4、5年前、かやぶき屋根の修理中に誤って屋根から落ちて、もっていた屋根バサミが腹部にささって死亡されたと同志の二町三郎議員から聞いた。話がすぐ横道にそれて恐縮に思うが、ともあれこの平石キワ先生が子ども心にも美しい女の先生でもあり、やさしい先生で、よく南竹セイイチ君を校庭で背負って、子守のまねをされた情景を覚えている。この平石先生が軍人様の奥様になって学校をやめられたのは、自分たちが3年生の頃でもあった。現在でも4月8日になると「センソウン馬」があるが、自分たちの子どものころは、10組も15組ものセンソウン馬が農村の各集落からたくさん出て賑やかなものだった。ある年、友達がセンソウン馬に平石先生が付いておられると知らせたので、懐かしさの余り4、5人連れでそのウン馬の行方を探して、ようやく東馬場でそのウン馬と、先生を見つけた。ところが恥ずかしい、照れくさいとのことで誰も先生に声をかけようとせず、ようやく1人が「平石先生」と大声で呼んだ。「日本手ぬぐい」を姉さんかぶりにしていた先生は、「手ヌグイ」をとって自分たちのところにきてくれた。そして、目にいっぱい涙をためて「似ていますか、あれは私の姉でした」、「姉は病気で亡くなりました、姉を覚えていてくれてありがとうございました」と1人々々の頭を丁寧になでられた。先生が学校におられた頃の優しく頭をなでてくださったことを思い出して、子ども心に何か熱いものがじーんとこみあげてくるのをどうすることもできなかった。東馬場のソイヤ風呂、エトウ風呂の前であったことを今でもはっきり覚えている。

本浦尋常小学校の校舎は南側に運動場をもち、校舎は東西に長方形の2階建ての1棟であり、校舎の東西に出入り口があり、1方は階下の廊下に通じ、片方は2階への階段になっており、上下（1、2階）とも部屋の北側が廊下になり、それぞれが教室の出入り口に通ずるようになっていた。上下とも3教室ずつあり、階下の東と西の2室が教室に、中間の部屋が教員室になっておった。階上も同じく3教室で、西側の部屋が式場兼唱歌室に当てられ、東と中間の部屋が上級生3、4年生の教室に当てられていた。祝祭日や卒業式などの場合は部屋と部屋との間の板戸を取り外して、3室を通しにした広間に転用する仕組みであった。2階の中間の組が体操の時間を利用して、他の組の唱歌の時間に当てるように、授業時間割にも苦心がはらわれておったように思う。

校舎の北側に裁縫室と小使い室のある1棟の平屋があり、これが本浦尋常小学校の全部であった。

この学校は一名ヤクザ（役座）の学校とも老人たちは呼称していた。おそらく以前は海岸地区の連絡所のような公の建物があった後ではないかと自分なりに考えている。

この学校は小瀬、勘場、夷の下、木屋、新潟、浜崎、寺の下、野下、土佐、岳釜、尻釜の各集落（当時は向き）の如く呼称されておったところに居住する、漁師の子ども達の学校であった。従って、同地区に住んでいても、他の業種の子どもは、すべて大原の学校、すなわち現在の串木野校に通学しておったものである。当時3、4年生になれば、昼食後も授業があり、水・土曜日の他の日は弁当持参と言うことになるが、小瀬、土佐、勘場方面の子どもだけが弁当持ちで、そのほかの学校近くの子どもは、みな昼食は自分の家に帰った。そして授業開始の鐘が鳴るまでは勝手に校外で遊んだり、家の手伝いをしたりして、鐘が鳴れば一散に走って学校に行ったもので、現在のように小中学校がみな給食のことを考え合わす時、ここにも今昔の感を深くするものがある。

現在では子守をしながら学校に行くことは、殆んど見かけないが、当時の3、4年生にもなれば、女の子どもだけでなく、男の子どもまでが弟や妹を守して登校するのは珍しくなかった。授業中にお母さんが子どもを連れてきて、女生徒の娘に子どもを預けて、用たしに行くのも幾度となく見かけた。同級生達の名簿を作成するに当たり、この人も子守をしていたナーと、当時の姿が目に浮かんできて、本当に懐かしく思われた。ごたぶんにもれず、自分も妹を守して通学した1人であってみれば、その感はなお深いものがある。

日露戦争直後のことと今も歌われている「ここはお国の何百里の歌」の流行もこの頃からであったように思う。2、3年生の頃、学校の唱歌の時間に教わったことを覚えている。同時に3年生頃であったが、「垣根につるを巻きつけて、咲いたあさがお赤や白、しぼりの花も美しく、赤白しぼりどの花も今日はひるまで咲いていて、あした又咲けあさがおや」この唱歌で、最高の甲の点をもらったことを、うれしい思い出として思い出すことがある。

3年生の秋頃、前潟の父が死去した。そして4年生の1学期の頃には、すでに前潟家を出て、木屋の中潟フナエモン方の俗称釜小屋を無料で貸していただき、そこに親子3人の生活が始まった。4年生になると、もっぱら妹シカ子を守しての通学となり、3年生までは学期末には全甲になり、当時の優等生3、4人の中に入っていたものが、4年生の学期末には乙が1つあって1等賞に下がり、5年生になれば欠席が189日、6年生には僅か17、18日しか出席できず、学用品も本も山口リョウイチ先生のご好意と友達の親切によって、20日足らずの6年生を終えて、卒業証書だけの中身のない小学校6年卒業生と言えよう。この頃を境にして自分の通学の状態も一変したことになる。子守と船乗りの稽古が相半ばしたのがこの頃からである。ちなみに、小学校が6年制になったのは自分たちからで、それまでは4年制であった。我が母校本浦尋常小学校は、自分たちの4年生の時まで存続され、5年生からは現在の串木野小学校に合併されて、その合併に備えて建設された2階建ての校舎は、最近まで校門を入って右側に残っておった。

【註】本浦尋常小学校（4学年制）があった場所は、（続編予定の項に）現在の浜町の旧市場あとと語られている。

台風に遭遇

現在のように気象通報などが発達して、ラジオ、テレビ、新聞などで毎日報道されておったら、これから書く台風での惨事は起こらなかったかも知れない。この出来事は自分が15歳位の時で、大正2年ごろの9月の或る日のことだった。当時は前記の中潟の小船から1本釣りに、その朝6時ごろ川港（五反田川）から出港した。天候は曇り日和で、今で言うなら東風が3～5メートル位吹いておったが、自分たちの船と夷の下の上夷センタロウ船と左右に2隻並んだような状態で、センタロウ船は次男のセイキチ君（16歳）が、中潟船は自分がトモ艪（船尾の艪）を漕いで出ていった。

自分たちの船は船長のフナエモン（中潟）様と安田チョウベエ叔父様と3人乗り組み、上夷船はセンタロウ様（セイキチ君の父）、次男セイキチ君、後夷ケイジ君（17歳）と3人乗り組みであった。なお、このケイジ君は後夷のり子さんのおじにあたる人でもある。

上夷センタロウ様方は自分の母方の近い親戚であった関係で、お互いに大声で話し合いながら出港したものであったが、不幸にして、この朝がセイキチ君たち親子との永遠の別れでもあった。

現在でも小船は帆船が多いようであるが、その頃は大型船もすべて帆船であった。1本釣り船の漁場は、その日の風向きによって場所（漁場）を定めることになっておった。今も帆船はそのようにして出漁することと思う。

当日は東の風であったので、南の方に出漁した。丁度、神之川の沖合いのところ、久多島の近くでイトヨリ（鯛）釣りであった。時間は午前10時過ぎとおぼしき頃になると、東の風は益々強くなり、加えて空模様も悪く、雲の流れも早くなってきた。我が中潟船長は、今日の天候は普通の雨風とは異なると判断したか「ヨイ（みんな）、今日は諦めて早く帰ろう、この天候はどうもおかしい」次に「早く錨を上げろ、チョウベエ何をぐずぐずしているか、エビ等捨ててしまえ」ときびしい口調で怒鳴られた。後始末もそこそこに錨をあげて、東の風を右舷より受けて本帆（親帆ともいう）を8分目くらいにして帆走した。風はたちまちに強くなり、波も益々高くなり、串木野港（五反田川港）前の平瀬近くまで来ると、船が波間に入ると冠岳の西岳山が見えなくなる有様だった。帰途について僅か1時間半位の時であったが、もう本格的な台風の風波であった。

平瀬の根元へ打ち寄せる大波を船尾から受けながら海岸近くになる。遠浅のため艪は海底につかえて用をなさず、竹竿で突っぱって進むよりすべはなく、ようやくにして波打ち際までたどり着くと、7、8名の男の人達が、頭から大波をかぶりながら、船を抱きかかえるようにして川口へ引き入れてくれた。船底が浅くなった海底にずしんとつかえるのを体に受けた時、初めてこれで助かったと、生きた心地によみがえったと言うのが、その時の実感であった。

前記の上夷センタロウ船の他にも、木屋のマスヤマ船、ハヤタ船、東馬場の中村船など、多くの犠牲者を出した。上夷船の乗組員の1人、後夷ケイジ君は翌日の夕方、転覆した船に1人生き残っているのを助けられた。マスヤマコウベエ様たちも全員行方不明。このマスヤマコウベエ様の娘スミさんは現在も昔の生家のところに健在にしておられる。伊勢の東隣にあるハヤタ船の船主は、上夷ケイジ君の祖父にあたる人である。ちなみに、上夷センタロウ様の長男セイイチさんは、現在も夷の下の旧本家の場所に健在で、松栄丸の船主上夷セイゾウ君たちの父親である。

この時、川口に波をかぶって救助に当たってくれた人達の中に、我が萩元スケタロウ叔父が加わっていてくれたことは、自分に二重の喜びと安心感を与えてくれた。中潟のヨメ様、ナオタロウ様の妻女が、今にして考えると、くず湯のようなものを持ってきて食べさしてくれたが、身も心も冷えきっておったこととて、このくず湯の味が今も口中のどこかに残っているように、そして気持ちの良い若かりし頃のオエイ叔母様の面影が、懐かしく偲ばれてならない。

周年漁業のこと（漁願相撲も）

当時の大型船の年中の出漁実態は、1月～3月末頃までは宇治群島、草垣島、黒島、竹島、永良部島（口永良部島）近海の瀬魚釣りに出漁していた。4月になって羽島祭りの頃より黒島南方の、俗に梅吉曽根（魚礁）のサバ釣りに従事し、この漁が5月中ごろまで続く。魚の成績（漁獲量）や風の方向などで、串木野に帰港する船、または鹿児島に入港する船といろいろであったように思う。

5月末ごろより梅雨の期間中を、朝鮮の釜山港を基地としての朝鮮サバ釣りに行き、7月中旬頃、串木野に帰港する。そして夏の間9月の初頃までは、串木野港で船の修理や機関の整備、秋漁に備えての漁具の準備などがなされた。この期間の2か月位が一応休漁期とも言える時期でもあって、青年達が入来、市比野、さては湯之元、高城等の温泉に2～3週間ずつ行ったもので、青年達にとって一年に1回の慰安の時でもあったろう。

8月末～9月初頃より、対馬の厳原港や佐賀県の呼子港などを基地として羽魚（カジキ、秋太郎ともいわれる）大形魚のはえ縄漁が（当時この漁はアッ太郎縄はえと呼んでおられた）11月初頃までの漁期であった。

この頃の漁願相撲は、この漁が終了して全船が帰港した際、旧暦の10月にスモンバ（相撲ン場）という場所で行われた。現在の浦和地区が以前は砂丘の高台であり、そこに実に立派な天然のグランドがあった。このスモンバは一名オッボンガタ（大久保ン潟）とも呼称されており、串木野村小学校の秋の運動会も競馬もこの場所で行われておった。本浦の海岸地区で育った当時の人達には、いろいろな意味で懐かしい思い出の多い場でもある。11月でのこの行事、漁願相撲が終わればまた三々五々母港を離れて、前記1月頃の漁場に連結されて、毎年毎年これらの漁業を営むのが、当時の串木野漁船の実態であった。朝鮮サバつりだけは作業が年少者にも一応適している関係上、14～15歳からの子どもが、主に船主の子ども、船主の親戚の子ども達が、この期間中だけ大型船に乗ってゆくのであった。

〔串木野市漁業協同組合創立百周年記念誌より引用〕

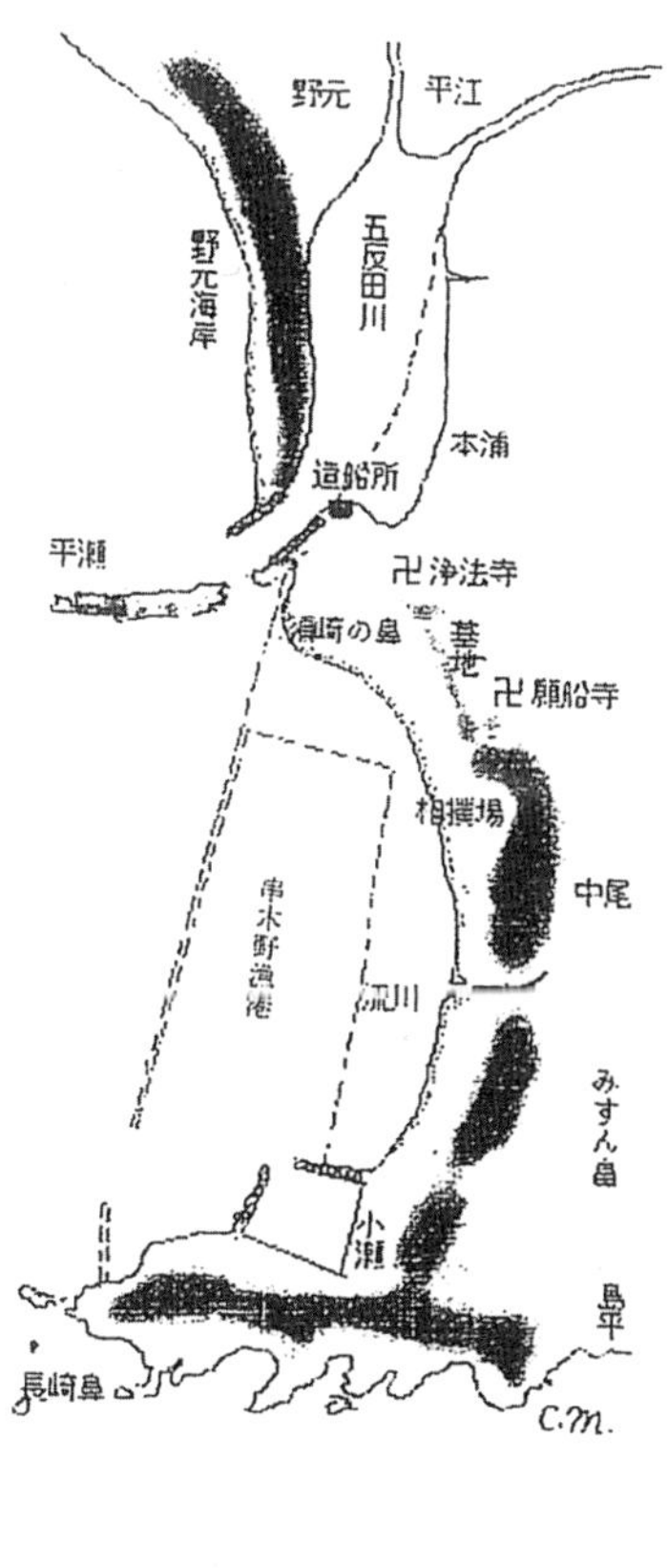

朝鮮サバ釣りに行った（文末の地図参照）

自分が8、9歳の頃でもあったか、萩元の叔父達も小瀬の大里キンジロウ様方の下船（中古船）を買い入れて出漁した。のち自分が10歳位の頃、勘場の愛甲エイタロウ造船所で新船を造り、その頃では珍しく「大和丸」と言う船名がホダナ（舳先の用具室）の前の上の横木に彫り込まれてあった。この大和丸から、13歳の年と14歳の年との2か年間、朝鮮サバ釣りに連れて行ってもらった。当時の我々親子3人住まいは前記の中潟の釜小屋であった。母が40歳か41歳、妹のシカ子が8歳という頃であったと思う。2か月間食い盛りの男の子の食費だけでも、姉が助かることだろうと思って、叔父達の好意で連れて行ってくれたことと思う。

最初の13歳の年、朝鮮に行く途中、対馬のほりきりの瀬戸を櫓をこいで通過した。対馬の風景など略。景色に酔いながら瀬戸を通過すると、左岸にタケシキ（竹敷）軍港があり、この港で飲料水を積み、シシミ（鹿見）港に入港。この港には以前、鶴崎キンスケ船が、対馬サバ釣りに来たことがあって、鶴崎船の船宿に我々も世話になった。何よりのごちそうは風呂だった。船宿のつくりの豪華さなど略。この港も1晩限りの宿で明朝の順風を利用して出港、海1つ渡れば朝鮮の本土である。おそらくその翌日、目的地の釜山港へ入港したように思う。

親の手元を離れたのも、船旅をするのも、そして更には鹿児島いや串木野の近く以外には、はじめて旅することだし、ことに朝鮮と言う外国のような感じのするところ、風俗の異なった言葉の違った人種の土地、実に見るもの聞くものすべてが珍しかった。汽車なるものもはじめて見るものであったことは言うまでもない。朝鮮人の白一色の服装、1メートル近くもあるような長いキセルのサオに焼酎を飲むチョコぐらいの大きなハチ（タバコをつめるところ）のキセル、女はハタハのようなものを着用、上着や袖の細い上着の下からは乳房が見えているような服装をし、男は木靴を履き男よりも女の方が精力が強いような情景等々、はるか向こうのなだらかな丘には白一色の洗濯物が地べたにじかに干してあり、遠目にみればおそらく朝鮮でもなければ見られぬ風景でもあった。

自分たちの魚問屋は、マキノシマのスサキにある東マツタロウという人のところであった。その東マツタロウ様は確か山口県萩市の出身で、明治20年ごろ朝鮮に渡り、釜山にたどり着いた時は、懐中に5銭白銅貨1枚しか持ち合わせていなかったとのこと。そして東さんは魚の行商を始め、人知れぬ苦労を、しかも言葉とても通じぬ朝鮮の寒空のもとで努力に努力を重ねて、明治34年頃は釜山港の大市場内での仲買業者の代表者を務め、マキノシマの本宅は日用品荒物などの商売を、その隣に銭湯を、マキノシマの東部の海岸線に製塩工場を経営するというように多角的な事業体制を整え、閑があれば風呂屋の番台にも座るというありさまで実に偉い人であった。

この年のある日、上夷セイイチ兄と白石シュウイチさんと3人連れで汽車と停車場、並びに12時のドン大砲を打ち出す台場を見物に行った。駅の屋上に大きな時計が設けてあったが、余りに大きいので田舎者の3人の少年は、本物の時計とは予想もつかなかった。3人して動く、動かないと議論が始まった。ちょうどその時大時計が10時20分位のところを指していた。もの珍しい様に汽車を見て、レールを見、荷物の積み下ろしを見物して大砲のある台場に12時少々前にたどり着いた。12時のドンが鳴るのを１００メートル離れたところでかたずをのんで、耳に指を突っ込んで聞いたものだった。そして帰りに問題の駅の時計台を見上げると、大変大変、化け物のようなくだんの時計は、12時45分位のところをちゃんと指しているではないか、３人の子どもが目を白黒させて、しげしげと時計台を見上げ直したものであった。また、ある夜、釜山市でも1番賑やかな、俗に本町と呼称されているところに、夏場は毎晩夜店が出て賑やかな所であったので、乗組員総出で夜店見物に出かけた。洋品店のウインドウの中に色とりどりの風船が20~30個入っており、上にあがっては下へ降り、又吹き上げられるありさまが実にきれいでもあり不思議でもあった。串木野の大人たちでさえ未だ扇風機を知らない時代のこと、まして田舎の漁師の子どもが知る由もない。上がり降りする風船を飽くこともなく見とれておった。

　自分たちの大和丸に木屋の高浜ゼンタロウ様が乗っておられ、当夜も一緒に見物に行っておられた。ゼンタロウおじさまが大声で「ヨーイ来テ見レ、ハヨ(早く)キテミレ」と皆を呼び寄せられたので、或る呉服屋の店先にみんな集まった。「ないごっじゃ(何事ですか)」、と尋ねると「メズラシカ、ヨカシナガ、ウトチョイガ、聞イテ見レ(すばらしい美人が歌を唄っているから聞いてみよ)」と言い、その美人は何処にいるかと聞くと、ゼンタロウ様はすました顔で、「あのラッパの中から唄っているようだ」と言っておられた。誰かが「オマヤ、ヨカシナジャッチユタガ、ソノ女子ヲ見タッヤ（あなたは美人と言ったがその女子を見たのか）」と聞くと、ゼンタロウさまは真顔で「声ガヨカロデ、ベッピンジャロゴタイガ（声が良いから美人であろう）」とのことだった。声のする所をよく見ると、四角の箱の上にアサガオ形の大きなラッパが取り付けられてあった。これがその晩８、９名の者達が生まれて始めて見聞する蓄音機であった。明治44年6月頃の或る晩、釜山の夜店での出来事である。

　それから３、４年してから、現在の浜町の栗山百貨店の西側の路上で１人２銭也の料金をとって、円筒形の蓄音機の盤をかけて、お医者さまの聴診器のようなもので聞かしたのを見聞したのが串木野では始めてであった。

　昭和15年頃でもあったか大阪在住の頃、朝日新聞に明治37~38年の日露戦争当時、大山元帥と乃木中将が陣中で吹き込まれた円筒形のレコードが発見されたという記事を読んだことがあったが、その時自分は思った。すでにその時から蓄音機なるものがあったのか、自分が朝鮮の釜山で見たのは明治44年とすれば5、6年前に、日本人が吹き込んだことになるなあ、としみじみ思ったことであった。

　朝鮮の梅雨時期で一番嫌な思い出は、それこそ一寸先も見えない

ような濃い霧が、何日も何日も晴れることなく降り続くことだった。マキノシマの灯台は昼夜の別なく、霧笛を吹き続けて船の安全を図り、下関と釜山間を毎日航行する関釜連絡船も、この霧には度々悩まされ、出入港時間が遅れることも、そんなに珍しくないぐらいであった。その霧の濃い天候は梅雨時期であってみれば、霧の中の夜のサバ釣りも当然のことであった。当時は、まだガスランプも出現しておらず、石油ランプを7、8個ぐらい（左右）両舷に灯してのサバ釣り。今から考えると薄暗い中での、そしてたちこめた霧の中での夜間作業ということになる。うっかりして灯りに後を向けて船外を見ようものなら、西郷さんの銅像よりも大きな海坊主がウヨウヨと動いている。慣れないうちは、知っておりながらもびっくりしたものだった。これは濃い霧に自分の影が灯りの作用で、影絵のように拡大されて映るのである。自分の船のほんのまじかを他船が通過しても、船べりに打ち寄せる波の音は聞こえて、人の話し声も聞こえているのに、人影どころか船影も見えない有様で、大きなホラ穴の中にでも入って仕事をしているような感じともいえよう。あまり大きな船でもないのに船首にいる人が、船尾からは見えないことがしばしばあった。この霧は海面より10メートルぐらいの高さまでが一番濃く、その上部は大したことはないようで、濃い霧ができる時は、真っ黒い土手のような、10メートルぐらいの高さのものが、押し寄せてくるような感じである。帆柱の上5～6メートルのところに、日光がさんさんと照り注いでいるのに、甲板上では息苦しいような濃い霧に、一日中閉ざされているという毎日でもある。当時の漁船の人達は判りにくいことがあれば、霧かけ日和だなどといったものだ。実にどこも、何物も見えない、うっとおしい朝鮮の梅雨空であり仕事でもあった。

霧そして雨の中での、夜もすがらなサバ釣りの作業、9～12名の乗組員が一晩中釣り上げるサバの数量は、多い時で3、０００尾、少ない時で7００～8００尾ぐらいのものであった。夜が明けたら、釣り上げたサバを1尾ずつ背割にして、洗い上げて塩漬け作業が待っている。1、5００尾～2、０００尾も釣った日などは、午後2、3時ごろまでもその作業が続く有様。夜明けとともにサバ釣りの作業が終了すれば、昨日の夕食の残りをお茶漬けで、サバ、サバ、サバの中にうずくまりながらすばやくかき込んで、塩漬けの作業にとりかかるので、朝食とも昼食ともつかぬ飯を食うのは午後1、2時ごろである。

サバ釣り（漁）は流し釣りである。釜山近海の潮流は、南から北の方向に流れているので、夕方までは帆走して、南の方の汐の上流へ移動する。幸いにして、風向きが北よりの風ならまだしも、南よりの風の場合は空き腹をかかえて何百メートルもの錨綱を引き揚げて、帆走しながらの移動になる。帆船が横風を受けて走るとき、船は風下の方に傾き、波は横波で船は激しくローリングする。時々大波が容赦なく船内に打ちかぶさるといった有様。最大の楽しみにしておったサバのすき焼きも、かんてき（七輪）の炭火は波のいたずらで消える。鍋は船と一緒に傾いて汁はこぼれるという状態、おまけに雨、霧の降る天候であった時は、食事時間はまるで戦場のような有様を呈する。そして昼寝の時間もあるやなしやで夕方を迎える始末。本当にあの頃の漁師に従事した人でなければ理解できない実情であった。

かくして、60日間ぐらいの期間に大漁した船で30、000尾位、少ない船は17、000～18、000尾位の水揚量であった。上新梅三（故人）氏の記憶によれば明治42年頃の朝鮮の物価は、白米1升が10銭5厘、白砂糖100匁が6銭5厘、酒1升が30銭、タバコ100本の箱入りの1箱が17～18銭程度、塩サバ1尾の値段は1銭5、6厘程度。雨霧風にさいなまれての作業60日間の1人当りの配当金が最高30円、少ない船は20～25円程度であった。

当時、朝鮮のサバ釣りで30円もの配当になった大型船は、木綿を赤く染めた長さ5尺5寸（鯨尺）ものをのぼりの形にして、船員の人数より2～3本ぐらい多いぐらいの数ののぼりを、船側に立てて入港したものである。これをアカネと呼称されており、このアカネの下に日本テヌグイ1本ずつを縫い付けてあり、赤地に白地の日本タオルの色の調和が取れた実に美しいものであった。海岸地区の人達は、思いがけない喜びに接すれば「チャンシモタ、アカネカブッタ」と嬉しいときの感情を表現するものだった。ちなみに、朝鮮のタバコ、塩、砂糖などが内地に比べて半額ぐらいの値段で市販されておったのは理由がある。朝鮮の場合はすべて関税が免除されておった関係から、こんなに安価で購入できたのである。我がヤマト丸の朝鮮サバ釣りの成績は、中の上位の成績であったように記憶している。

帰りに（串木野へ）最終航海のサバを塩付けして、それを売るべく福岡の博多港に入港した。当時から九州の東京と言われておった都会だけに、見るものすべてが物珍しく少年の目に映ったことはいうまでもない。前途に帰郷という楽しみを控えての博多見物は、大人子どもの別なく嬉しい見物の2、3日でもあった。ある晩、大人の人達に連れられて、有名な柳町の遊郭見物に出かけた。12～13歳の男の子が、大人たちと一緒に遊郭を1軒1軒見物して回る情景は、実に奇異な感じがしたことだろう、中居の女の人達からうちわで自分の頭を、行く先々でポンポンと叩かれたものだった。

博多を出港していよいよ帰途に就いた。

旧の6月12、13日頃でもあったろうか、60日ぶりに懐かしい母が妹が待つ串木野に帰ってきた。陸に上がって第1に感じることは、家の中がうす暗く、見る人見る人達の顔色が青白く感じられることであった。潮風に吹かれて風雨にそして炎天にさらされて、船人達だけしか見ておらないので、そんな感じがしたのだろうが、会う人毎に大きくなったと口々に言われるのが、何か嬉しいような反面照れくさいような気持ちであった。

魚のツイゴン（合算水揚）

萩元の叔父の船ヤマト丸は売船となり、自分は15～16歳の2か年間は、小船からの1本釣りに従事したことになる。その間、現在の天龍水産の社長後潟善太郎氏方の船から、木屋の後潟チョウジロウおじ様、上新ゲンジロウおじ様と自分を加えて、4人乗り組みで出漁した。この2人のおじ達は、亡父勘場センタロウと青年時代の同年輩でもあり親友でもあった関係上、よく父の噂もして聞かしてくれた。この3人の方々から漁師としてのいろいろなことを、自分の弟子のように教わったもので、後青年に成長してからの仕事の上で、本当に大きく役立ったものであった。以来、この後潟親子を肉親のおじか兄のように慕うようになった。チョウジロウ様は長命で昭和34〜35年まで生存せられた。この人も自分にとっては恩人の1人であった。

ある秋の終わりごろか初冬の頃であったか、島ん地の小鯛釣りに行って、かねての3倍くらい沢山の小鯛を釣ったことがあった。上新セキおば様、後潟サヨおば様、それに自分の母などが須ノ崎の鼻に迎えに来ておって、それぞれの釣り道具、カラト、沖テゴ（魚入れ籠）、魚かごに入りきれない魚は縄でくくり担いで帰っていった。自分は船の道具を持ってそのあとからチョウジロウおじ様と2人で船長の家に行った。ところが上新のおばも、自分の母もサヨおばさまもそこに居て、4人分の魚を一緒に大きな魚桶に入れて洗っている最中だった。その様子を見てチョウジロウ船長が「お前たちは家に帰らずにここで何をしているのか」と言われた。3人の女性はけげんな顔つきで「魚を持ってきたのですよ」と返事。そして曰く「今日はツイゴン　ジャッドガ（今日は皆で合算水揚するのでしょう）」とのこと。1年の内、何回か1人は櫓を漕ぎ、あとの3〜4人が魚を釣る。釣った魚は一緒にして売る。そして金銭を平等に分配する場合がある。男達は一言もなんとも言わなかったのだが、あまりにも沢山釣れていたので、てっきり共同漁業と早合点して一緒にしたということになる。チョウジロウ船長こそ本気で怒るわけにはいかず、大声で笑いながら「馬鹿ドガ、エシレンコトカエテ（要らぬことをしやがって）」と言った。幸いにして今日は大漁で4人とも同じくらいずつの漁であったから良かった。「今日は武次も大人並に良く釣った」と言い、そして母に向って「オタカ、武次も1人前に釣れるようになって良かったネー」と素足で上がり口に腰掛けてしみじみと母と子を前に喜んでくれた。

桜島大噴火の時

（大正3年1月12日は旧暦大正2年12月7日のできごと）

この日の串木野沖海域は冬場には珍しく、小春日和のような好天候であった。当時、自分は浜崎（現、本浜町）の宇都スエタロウ様所有の小船べサ（船名？）から、船長宇都スエダロウ、後夷サンジロウ、それに同僚の前潟カイチロウ、自分の4名乗船で出漁していた。

朝方は東の風4〜5mぐらいの風が吹いていたが、風向きの関係上、久多島（海図上に表示）の西南沖合いで漁をすることになった。

天気は晴天なのに神之川の上に見える桜島は、濃い霞《かすみ》につつまれたようでかすかに見えていた。久多島と向こう側（吹き上げ浜側）の山々とのアテ（方位）を見るのには、はっきり見えないぐらいまで暗く霞んでいる有様だった。好天候の例にもれず昼前には東の風もなくなり、一時無風状態のような天候になった。今まで濃い霞に包まれていた桜島も付近の山々も、いつものようにくっきりと見えるようになったが、桜島から白い噴煙のようなものが噴き上げられているのに気がついた。

午後2時ごろから帰途に就いたが、その時はすでに西風が吹いてきていた。3枚の帆に左舷からの西風を受けて帆走していたが、風が弱いためドウの間（船の中間の甲板部）の左舷の5丁櫓と、右舷側の4丁櫓、2丁を4人でかわるがわる漕いで帰ることになった。船は北東に向ってはしっているので、右舷の4丁櫓を漕ぐ人は満開（真正面）に桜島を眺める位置にある。午前中は深く霞み、正午頃は白い噴煙を噴き上げていた桜島は、午後3時ごろともなれば真っ白い綿のような煙がもくもくと吹き上げられて、それが日光に照らされて実に綺麗というか壮観というか、ちょうど真夏の空に見られる綿雲が、上へ上へとうずくまるようにして上っていくような情景であった。そして、その噴き上げられる噴煙の量が益々多くなっていった。

本浦の川口（五反田川）に入ってみると、村の人たちはこの桜島の事変は、誰も知らない様子であって何事もなかった。

夕食後、明日の魚の餌になる沖エビとりに舟で出た。えびの網曳きの場所は、荒川より少々手前より島平の方向に向けて曳くことになった。風がないのでトモ櫓（船尾の櫓）を1丁だけ漕いで、弱い北風を船尾から受けるように帆を揚げての作業が始まった。時間にして7時30分ごろとおぼしき頃、今まではさざ波さえもなかった海面が、急に小波が立ち始め、船底を下から突き上げるような感じがした。そして自分が漕いでいた櫓がはずれて、海中にひき込まれるような格好になった。陸の方では何か山鳴りのような異様な音が聞こえてきた。セイタロウ様かサンジロウ様が「ナエジャッド（地震だ）」「これは大きな地震だ、船がこれだけ感じて揺れ、波が立つようでは相当に大きな地震に違いない」と言われ、少々早めに作業を打ち切って帰途に就いた。港に入ると、どこの家にも明かりはなく真っ暗で、陸に上がって見ると、人々は皆戸外に出て、道路に空地に戸板を敷いておびえている有様。このあとゆり戻しの大きな地震がくるということでおののいた情景。そのうち、案の定かなり大きな地震が次々と起こった。かくして、12日の夜、不安の中、一晩中大小の地震におびえながら、実に長い一夜を過ごすことになった。

この当時の通信事情の中でも、夜明けと共に桜島噴火の模様が次々と知らされてきた。かねて鹿児島市内に女中奉公や中居などの仕事に、多くの女の人達が出稼ぎに行っておった。そういう人達が命からがらで帰ってきての情報が、主なものであったように思われる。現在の鹿児島本線の鉄道は、武駅（現在の鹿児島中央駅）より木場茶屋駅までしか開通していなかった。武駅より汽車に乗れた人達は、皆それぞれ知り合いを頼って、伊集院から串木野方面へ沢山の人が避難して来た。また汽車に乗れない人は、10里の道を徹夜で歩いて、ようやく串木野に着いた人も多くいた。

当時、本浦青年団は二才（ニセ）と呼称されていた。そして総出で芋の蒸したもの、或いは、飯、にぎり飯などを駅に運んで、避難してきた人達に配給をした。また民家の宿も世話すると言う有様。シオヤ（塩屋）町のオキノムラ（沖の村）遊郭の女達が、願船寺や浄宝寺に一緒に宿泊し、他はそれぞれの知り合いの民家に3人5人と私宿する有様で、串木野村の人口が、急に倍加したと言っても過言ではないような状況であった。

かねがね、若い女の人が殆んどいない本浦地区であってみれば、出漁中の大型船は全部帰港していた時期でもあり、実に賑やかなことであった。自分は大正3年の旧10月、二才入(青年入り)したので、この時は何らの奉仕作業にも従事しなかった。近所の北山キュウイチ氏、俣木トヨシ氏等は、下二才（初年者）で一番苦労をされたことと思われる。反面、本浦青年諸君は、男ばかりの大形漁船から出漁して、久しぶりに帰港していたところに、女、女、女の時ならぬ洪水に出会ったような有様で、皆それぞれ思いがけない楽しい幾日かを過ごしたことであった。後日、この頃の青年の人達20～30歳前後くらいの人達の思いで話は、多少掛け値はあったにしても、充分楽しく聞かされたものだった。

この頃の出来事に今も記憶に残っているのは、或る日、折からの北西の季節風が14～15メートルから20メートルくらいと吹き荒れる中、1隻の帆船が川みなと口（俗に川口）に差し掛かったとき、船を沖合いの浅洲にのりあげてしまった。西海岸でのこの風向きの時は、風も強いが波も非常に高く、遠浅の川口は高波のため、川の入口も見分けられない。船は折からの高波で今にも転覆しそうな有様。潮は満潮少々前ぐらいのように思われたが、海の若者達が勢ぞろいした時でもあり、たちまち「青年出れ」の知らせが海岸の全地区に出された。時をうつさず馳せ参じた海の若者達は、須ノ崎の鼻から海岸の野元側の方へ、ふんどし一つにシャツ1枚の身軽ないでたちで、大波の海中へ飛び込んだ。泳ぎに泳いで対岸へ、そして波打ち際の大波の下をかいくぐるようにして、難破船に飛び乗る有様は勇ましいというか、悲壮というか、陸にあって見物する大勢の避難してきた鹿児島の人達は、寒さに震えながらの見物であってみれば、若い人達の寒風の中に、しかも波の打ち寄せる中での救助作業は、見る人として異様な感じさえもしたことと思う。若人たちの努力によって船は無事川の中に曳きこまれた。

時を移さず婦人たちのお粥の接待の有様を見分した数多くの人達は、二重にも三重にもの驚きでもあり、感銘でもあったことと思った。遭難した船の乗組員達は、船着場の須ノ崎の海岸に次々と上陸せられ、心労と複雑な表情で言い合わせたように、砂浜に土下座して青年諸君の前に、頭を深々と、そしていつまでも下げておられた情景は、また陸上生活の人達には見られない美しい友情の1場面ではなかったかと思った。

後日聞いた話だが、当時の見物人の1人が、こんなに多くの人達が危ない救助作業に対する報酬はどれくらいかとの問いに、青年の1人が「船乗りはお互いさまです、私共もいつどこの人達に救助されるかわかりませんから、こんな場合の作業は無報酬です」と答えたとのことで、海上生活者のこの心意気に感激されたとのことだった。この人達の大部分はおそらく1か月ぐらいも串木野におられたように記憶している。

その当時の或る朝、木屋向き（現、木屋公民館）の自分の家から勘場の方面に行くと、後夷サンジロウ様方の木戸口の井戸のある道路を通りかかった朝の7時ごろでもあったろうか、井戸端には百花が一時に咲きそろったかのように、華やいだ色とりどりの長じゅばんに伊達巻姿の若い女性たちが、およそ12～13名くらい井戸水で洗面の真っ最中であった。まだ少年期の自分にはこの光景がなんとも奇異なものに見えてしかたがなった。

この桜島噴火があった当時は実にいろいろな笑い話が数多く伝えられていた。自分たちが船でエビ網を曳いていたとき、船上でも強く感じられた当日の夕方7時ごろの地震の時のことだろう、沖の村の遊郭のある店の若夫婦が自宅の風呂に入っていた時に、あの大地震が発生、驚いたお嫁さんは一糸まとわずの姿で屋外へ飛び出した。それを見かけた婿どのは、ふんどしを締めるのも忘れて、奥さまの腰巻を左手に、走りながらオーイ腰巻腰巻と叫びながら追っかけたとのこと。非常時の中でも見かけた人達を笑わした光景であったらしい。また、丁度その頃流行していた歌が真っ黒け節であった。この真っ黒け節に当時の様子を唄ったものが沢山あって、盛んに唄われたものであった。代表的な文句を1～2とりあげ記載しておこう。

「山の神、腹を立てたか桜島、10と2日の爆発に、鹿児島市中は真っ黒けのけ」

「10と2日の爆発に、家は倒れる灰は降る、鹿児島市中は真っ黒けのけ」

我が串木野地方でも風向きが南東の時は、晴天の日でも薄暗く、名実ともに灰色の灰かぶり、視界も悪く座敷の中までも灰が降り込んで、ざらざらしていたものだった。1本釣り漁船の唯一の目標が降灰のために見えず、当時は東風になると漁師達を困らせたものだった。桜島噴火の直後、自分は鹿児島に行って間近より当時の桜島を見る機会はなかったが、1年後ぐらいに漁船から鹿児島に入港した。その後いや3～4年後頃までも、袴越のあたりは1面に白い煙がもうもうと立ち上り、遠方から見れば大火事のあった後のようにさえ思われた。

この桜島の大爆発以来、以前は島は完全に鹿児島湾内に浮かんだ島であったが、溶岩が流出して、大隈半島側の1部は陸続きになってしまった。古老達の話によると、この瀬戸中では以前は瀬戸中シビと言ってシビ（まぐろ科の魚）が釣れたという。水深もかなり深い場所であったとのことである。桜島噴火のことは、沢山の本に資料が出ているのでここでは省略する。

以下、資料×4

（掲載：28号＝2014）

【串木野小型和船（帆船）】
（串木野漁業協同組合創立百周年記念誌より引用）

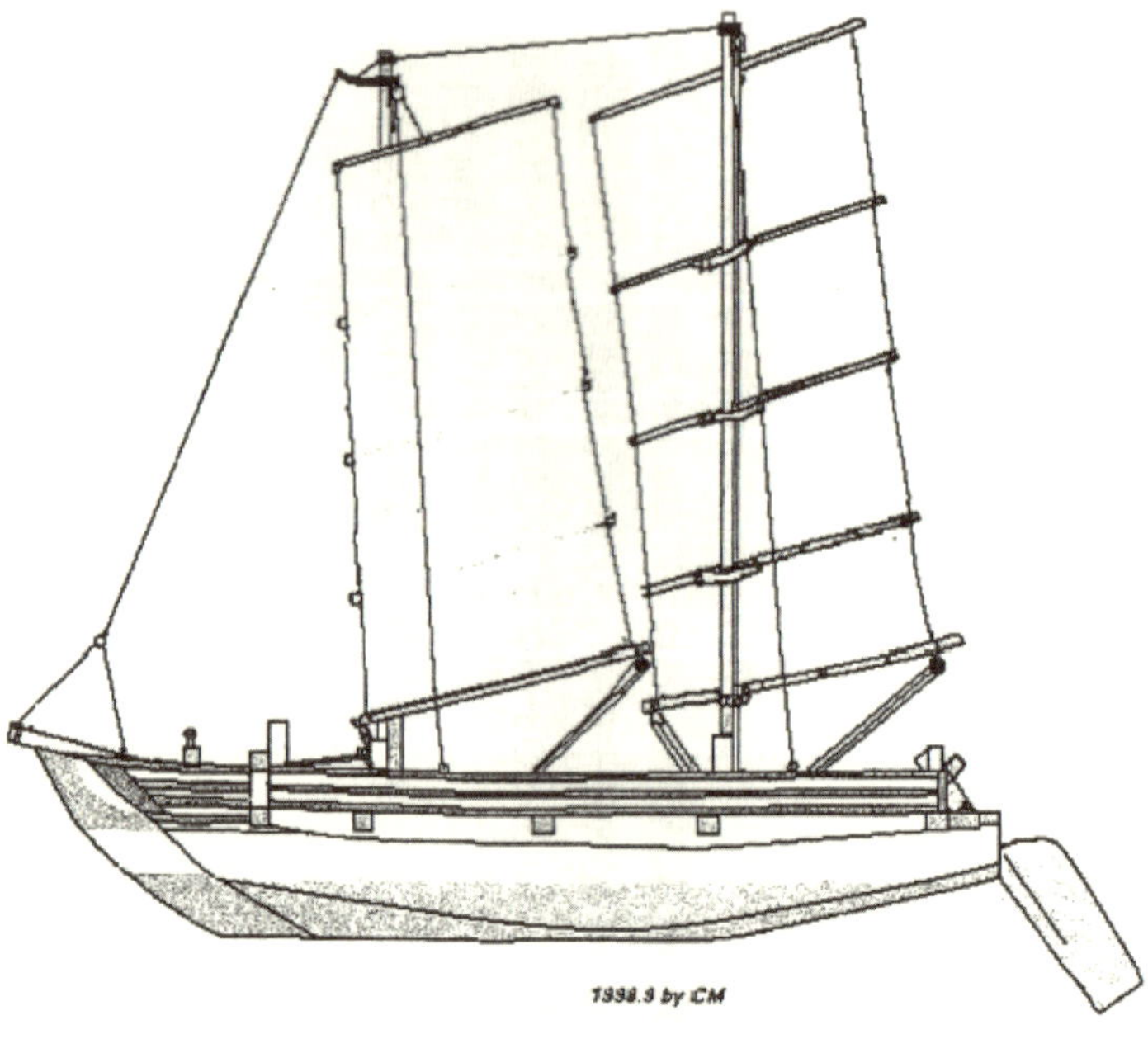

【船体の横から見た帆船図】
（「串木野今昔」誌より引用）

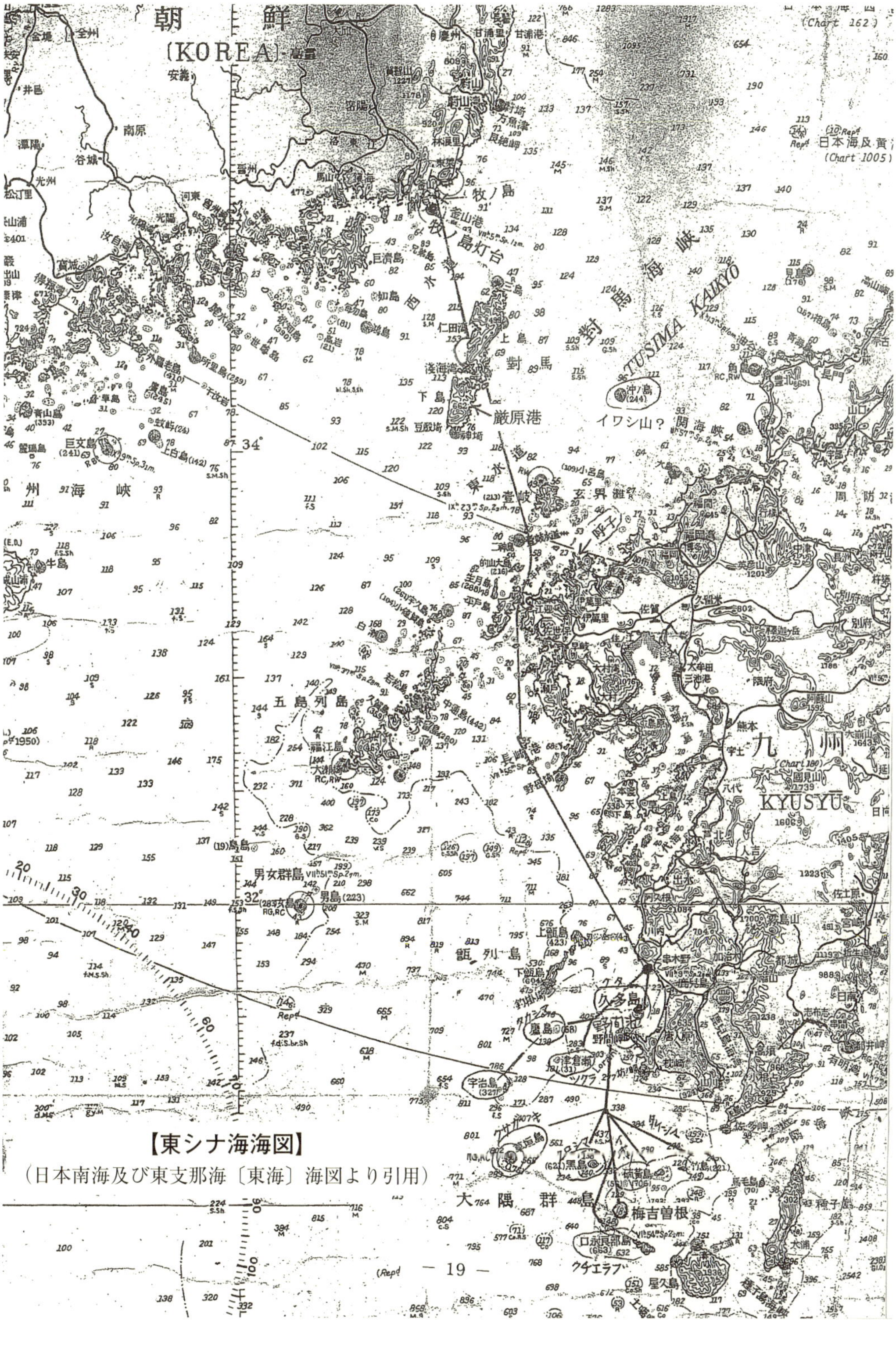

【東シナ海海図】
（日本南海及び東支那海〔東海〕海図より引用）

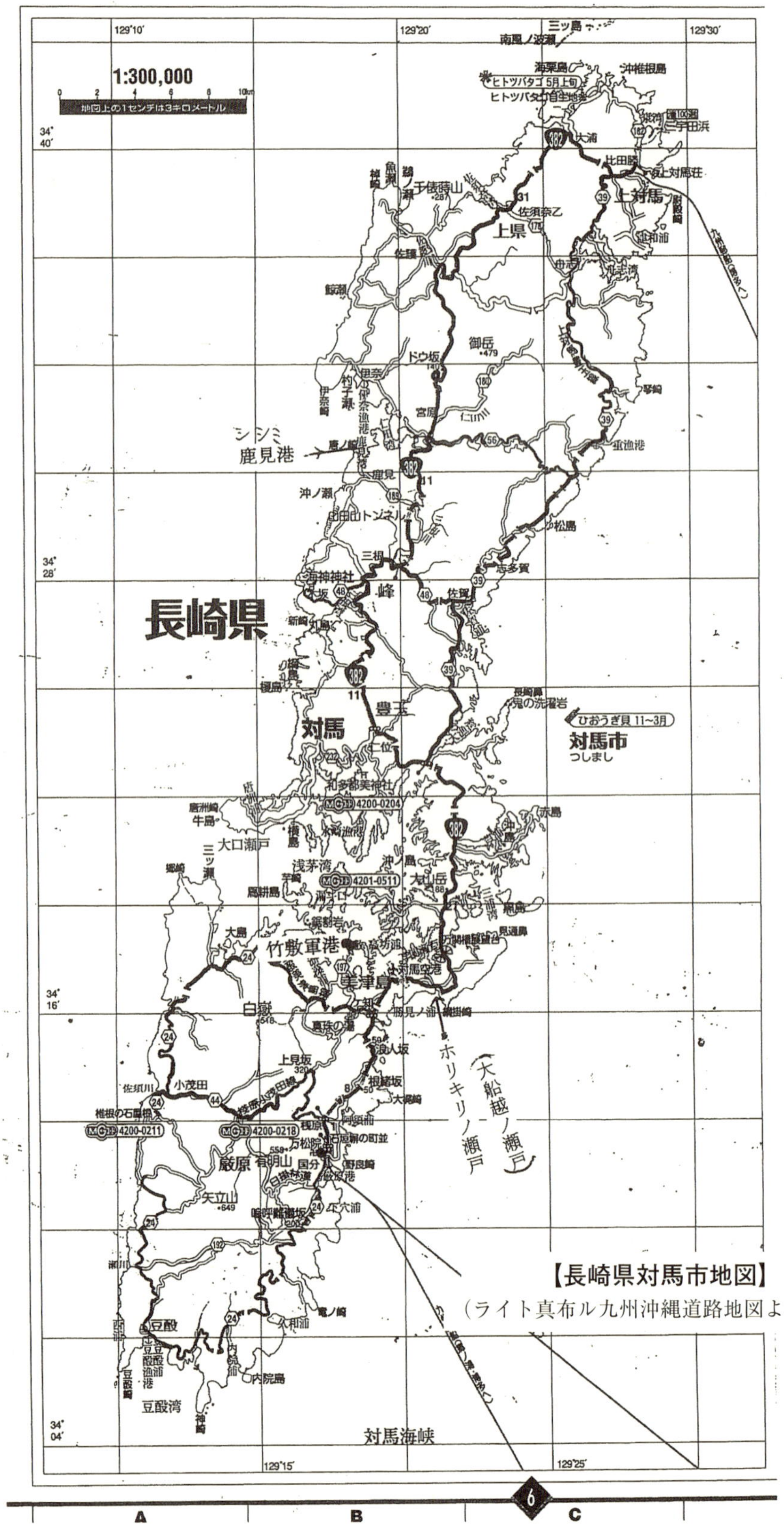

【長崎県対馬市地図】
（ライト真布ル九州沖縄道路地図より引用）

ラバウルで軍への魚取り

灰床利夫

昭和18年3月、私が乗船していた鮪漁船**第五宝栄丸**も**陸軍の徴用船**となりました。

4月10日、島平の港を出港して、翌日4月11日、鹿児島港に入港しました。ここでラバウルまでの石油、その他の必需物資を積込んだのです。そして、**4月13日**、これが最後の別れとなるかもしれない悲痛な思いの家族の見送りを受けて、**鹿児島を出港**しました。

行く先は、はるか赤道を越えたラバウルだったのです。水や食料の補給に、和歌山県の勝浦港に寄港し、また、伊豆の下田港にも寄港して、一路小笠原諸島を目指して南下しました。

小笠原諸島の父島に寄港した時、本浦の晃漁丸（本浦から晃漁丸・開洋丸、島平から宝栄丸・盛旺丸、羽島から豊漁丸の五隻船団）がエンジン故障で、ここ**父島に1か月位**いました。修理が済んでから、小笠原諸島を後にして、サイパン島に向かって出港しました。父島からは駆船艇が1隻護衛艦となって守ってくれましたので、気強い思いが致しました。

それからサイパン島・トラック島に寄港して、目的地ラバウルへと向かいました。赤道を越えてからでした。飛行機が1機、私たちの船団の上を旋回しているので、ラバウルが近くなったから味方の飛行機が迎えに来てくれたのだろうと、いい気でいたのですが、何回か旋回してから、各船に爆弾を投下し始めました。幸いどの船にも命中はしませんでしたが、今度は低空して来て、機銃掃射を始めたのです。羽島の豊漁丸の船員1人が弾に当たり、出血多量で死なれたということを、後で知りました。丁度昼飯時で、カツオの刺身がうまそうだったが、誰ひとり食べようともせず、早く夜になればよいのにと、生きた気がしませんでした。その飛行機も夕方になって、いなくなったので、ヤレヤレと安心した気持ちになることができました。

ラバウルに近い、ニューブリテン島に寄港して、守備隊に敵機の襲撃を受けた状況報告を、各船の船長が上陸して済ませ、死んだ人の検死と火葬をしてから、また、ラバウルに向かいました。

ラバウルに着いたのが、**18年8月中頃**でした。ラバウルの軍の命令によると、私たちは**陸軍貨物廠の管轄**で、**魚を捕って軍隊へ食糧補給する任務**でした。落着いてから、何回も漁に出て、カジキ鮪やサメを陸軍貨物廠に水揚げしました。

10月になってからは、ラバウルも大空襲を受けるようになりました。港内の艦船がやられて、黒い煙が空を覆い尽くして、昼なお暗い有様でした。周辺の飛行場も撤収されて、敵機来襲のサイレンが鳴っても、迎え撃つ飛行機もいない有様でした。ただ周りの山からの高射砲で応戦していましたので、戦況が悪くなったことを身近に感じていました。

忘れもせぬ**18年11月22日**、延縄を済ませて、敵機を避けてニューアイルランド島の島影に待機していたのですが、飛行機の音もしなくなったので、延縄を引き揚げに行く時、急に敵機が低空して来て、爆弾を投下したので、その直撃を受けたのです。木船ですので、命中した爆弾は炸裂せずに突き抜けたのでしょう。船は沈没をまぬかれて、水船となって浮いていました。私たちは、ああこれでもうダメだと思って観念していたのですが、隠れていた船室が水浸しになったので、生きているなあと気付きました。敵機もいなくなったので、水浸しの船内から外に出てみたら、船橋（ブリッジ）が200メートルくらい離れた所に吹き飛ばされて、浮いていましたので、声を限りに船長の名を呼びましたが、答えがありませんでした。船長は船橋で操舵中だったので、即死でした。船橋が船体から切れて、吹き飛ばされた時、頭を強く船橋の天井で打ったのでしょう、深い傷跡が残っていました。重傷者1人、他はみな無事でした。

日本人が2人でヤシ園を経営している、この島の宿舎にお世話になって、一晩を明かしました。夜が明けるのを待って、私と他の船員1人、道案内の現地人と、守備隊に報告に行きました。

守備隊本部について驚いたことには、僚船の豊漁丸も爆撃を受けて、船長が死亡して、ここで助けられたと言って、船員の人たちが昼食のところでした。私たちも昼食を頂きました。

隊長が私たちに付けてくれた準尉殿と一緒にヤシ園に帰り、その夜、船長の通夜をして、明くる朝、まだ暗いうち、敵機の来襲を避けて、船長の死体を火葬にしたのです。

船長の従兄弟の人がいて、骨箱を肌身離さずに持っていて、帰ってから肉親に渡すことが出来ました。

船がないので、漁に出られずにいました。**昭和19年1月15日、帰還命令**が出て、帰されることになりました。**3月2日、大阪に上陸**して、故郷に帰ることが出来ました。

ラバウルの戦地から帰還後、日本郵船株式会社の第七十二郵船丸（500トン）の艤装船長として、大分県佐伯市の造船所で終戦を迎えました。30歳、翌日の16日正午に理想に駆られて書いた文を次に掲げてみます。

決心はついた

晴天霹靂、驚天動地、予期せぬことであり、予想だにもしてならない事とのみ信じて、唯々自身は必勝道を天地理念に同一也としての信念を堅持把握して来たのであったが故に、15日のラジオ放送を人に聞いて、其の打撃は言語に絶して、感無量、魂なき空虚なる身の、それでゐて熱し、高鳴る鼓動、重き頭！　ウソであってくれと願ひ乍ら、どうしても本当であるのには、何人の望みも今迄の力も抜けてしまった！　嗚呼！の嘆息のみ語をついて出るのみ！　そして今日16日に知る、大元帥陛下の畏き大御心なる詔書。それにともなひ内閣告諭、中村県知事告諭、そして、又、大分合同新聞論説の「大詔を拝して」の諸論を熟読して、一昨日来の最後の最後迄、なぜ戦はざるやの感になる信念を又一掃して、ここに新たに決心する次第也。決心はついた。そして、其の決心たるや、将しく此の戦争を勝ち抜くまで戦ひつづけたであろう。その決心よりもはるかに強固なるものでなければならぬのだ。そして、戦ひに対しての死そのものよりも、もっともっと悲壮なる死を越えての、唯今からの生活建設の、国体護持でなければならぬのだ。嗚呼、昭和聖代の、この最大聖戦を、その名のままに戦ひ得ざりしを恨むとともに、あゝ！我々の国力は、其処までなかったのかを悲しむのだ！　情けないのだ！

魂かえりて皇国守らんと、護国の鬼と化せし幾万の英霊に対し、後に続くを喜び乍ら、決然として征ったあの勇士に対して、あゝ！我々は何とお詫びしてよいのか？

唯々、大御心を奉体して、素直にこれからの道を、此の日築きあげ得なかった皇国を、将来に築かんが為に活動あるのみだ。其の為への涙を呑んでの、今日の戦争終結だ。我々は此の意味をよく感受して、いつの日にか、真に日本精神文化を世界に作りあげねばならぬのだ。そうすることによって、今日以前の犠牲者に答えることが出来るのではなかろうか？

嗚呼、日本国民よ！　銘記せよ！　今日此の時を！

我々はこれらの苦難を乗り越えねば、真の日本精神文化は築くことは出来なかったのだろう！　之も亦天意か！と！

確信して与えられたる使命に向ふのだ！

（新聞を見て、三時記）

次に掲げるのは、青年団を退団する時の、挨拶である。昭和19年8月12日のものである。

退団に際して

本日、我々二十六名退団スルニ際シ、一言御挨拶申シ上ゲマス。大東亜聖戦ハ日ヲ追ツテ、愈々緊迫シタ情勢トナッタ。現在、昭和十七年以来、三十才迄デ延長サレタ青年団ヲ今日、此処ニ現在人員六名ヲモッテ退団スルニ付キマシテ、全ク感無量ニシテ、何ト申シ上ゲテヨイカ、適当ノ言葉ヲ知リマセン。誠ニ世ノ中ハ変リマシタ。過時ハ二百余名ノ堂々タル我ガ青年団デシタガ、今ハソノ十分ノ一ノ人員トナリマシテ、全ク当時ヲ想ヘバ淋シキ事限リアリマセン。然レドモ、青年団ノ理想ハ如何ニ戦局変更シマセウトモ、「厳トシテ」変ラナイモノト信ジマスレバ、今日少数人員ノ青年団デハゴザイマスガ、アクマデモ其ノ成ス動作、其ノ向フベキ理想ハ、ヤハリ郷土ノ中堅トシテ、此ノ戦局ノ任ニアタリ、増産ニ防衛ニ、大イニ御奮闘サレテ、ソノ昔ノ輝カシキ島平浦青年団ヲシテ、コノ際トイヘドモヨリヨク名声アルモノトサレンコトヲ、深ク希望致シマシテ、懐シキ皆様トオ別レ致ス次第デス。而シテ今後モ今迄ドホリ御交際ノ程ヲ宜敷ク御願ヒ致シマス。ホントウニ長年月ノ間、色々ト兄弟ノ交リヲナシ下サイマシテ、御厚情ニアヅカッタ事ヲ、厚ク感謝申シ上ゲマス。最後ニ、前線ニアル青年団員ノ武運長久ヲ祈リマシテ、甚ダ簡単ニシテ、其ノ要ヲ得マセンデシタガ、之ヲモッテ、退団ノ言葉ニ替ヘル次第デス。

入団中ハ何ニモ為ニナルコトモ出来ズニ、誠ニ申シ訳アリマセンデシタ事ヲ御詫ビ致シマス。

（掲載：10号＝1996）

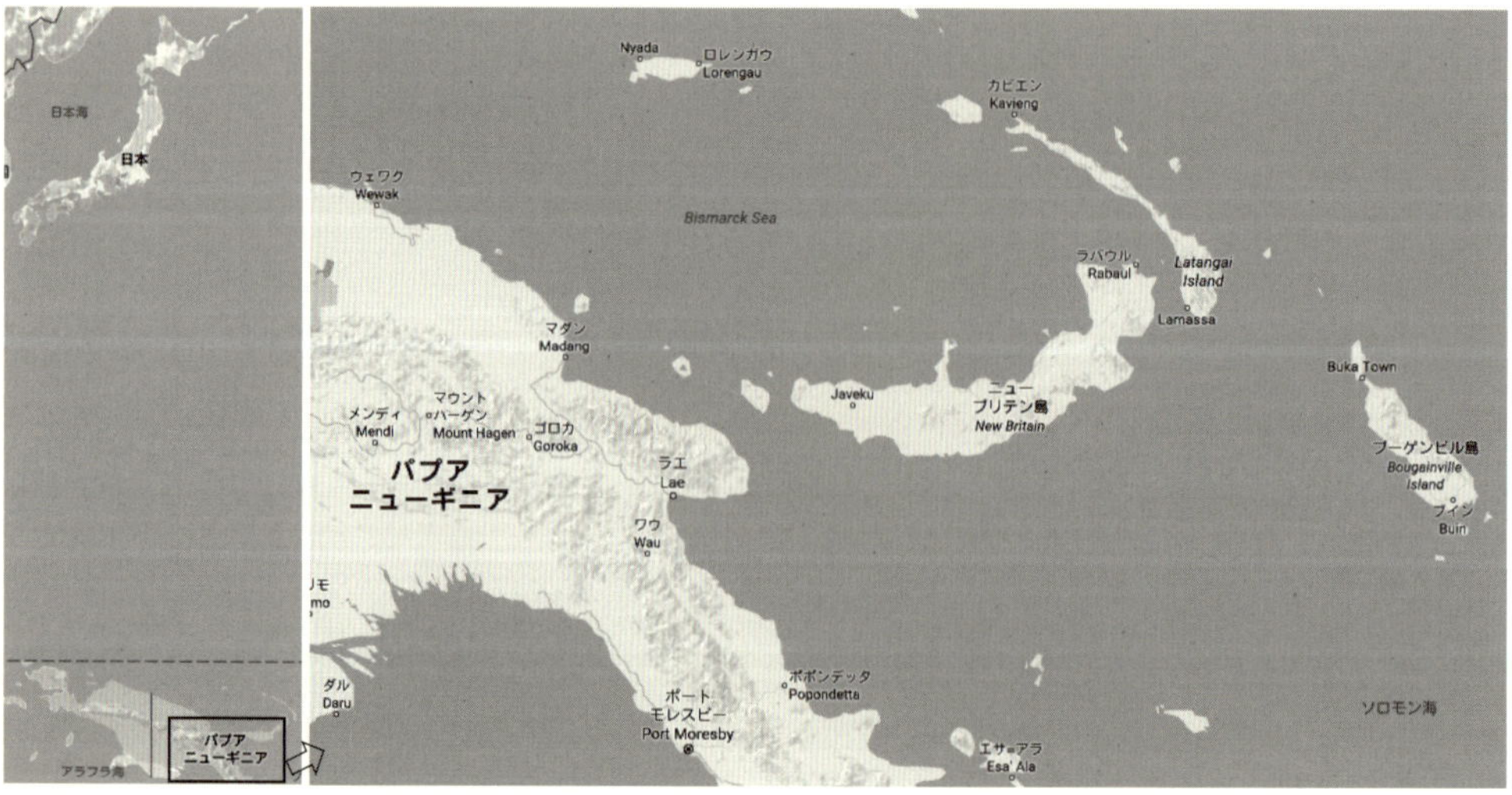

資料【ラバウルの位置】（引用元：Google マップ）

串木野の浅瀬と灯台の移り変り

調査者　小　野　義　文

調査期間　平成９年～平成12年12月

調査の動機

第２次世界大戦後、串木野の海の浅瀬がなくなっている所や、砂浜が消えている所があったり、灯台の数や種類が増えたりして、年々、海岸や海の環境も変化してきている。そこで、串木野にはどんな海の浅瀬や灯台があり、それらはどのように移り変わってきたのだろうかなど、調査してみる必要はないかと考えた末に、まず、どのような海の浅瀬や灯台があるのだろうかと、写真を撮っていった。そのうちに、私には今まで知らなかった新しいことが次々に分かってきた。

このことについては、もうすでに、ご存じの方も多かろうとは思ったが、後日の参考資料としてもぜひまとめておきたくて取り組んだのが、この調査を始めた動機である。

この調査をするにあたり、いろいろとご協力していただいた第10管区海上保安本部　串木野航路標識事務所の畑農昭二所長をはじめ所員の方々に感謝していることを付け加えさせていただく。

１　灯台の始まり

現在のように、灯台のない頃の大昔に、海に出て、目的地に行ったり、出発地に戻るためには、山の頂や特徴のある大きな木、岬の突端などの自然にある物体を目印にしていた。

船が遠くへ出かけるようになると、遠いところからもよく分かるように、自然物体以外の確実な目印を作ることが必要になってきた。

そのため、岬や島の上に石などで塔を建てて、焚き火をしたり、煙をあげたりして、船の目標とすることを考え出したのである。これが、灯台の始りである。

２　日本の灯台のはじめ

今から、約１３００年の昔、天皇の使いの船が唐（とう）の国（今の中国）に渡った帰りに、行方不明になることがあったので、船の帰り道にあたる九州地方の岬や島で、昼は煙をあげ、夜は火を燃やして船の目印にした。

これが日本での灯台のはじめといわれている。

３　江戸時代の灯台

徳川時代になると、日本式の灯台が建てられるようになった。その頃の灯台は「かがり屋」とか「灯明台（とうみょうだい）」と呼ばれており、石積みの台の上に、小屋を建てて、その中で木を燃やす仕組みのものだった。

慶長3（1608）年に能登国（現在の能登半島で石川県）福浦の日野吉三郎（ひのよしさぶろう）という人が、福浦港に建てた灯明台は、石造りの小さなもので、油紙を貼った障子の中で油を燃やして火を灯すものだった。

この灯明台が、日本で初めて油を使った灯台といわれている。

明治の初めまでに、殿様や港の商人たちが建てた灯明台は100以上になっていた。

4　串木野沿岸の浅瀬と灯台

1．瀬

（1）黒瀬　［串木野市下名別府の西側の海岸の近く］

①　八房川に近い瀬を、小黒瀬（こぐろせ）。

②　照島海岸に近い瀬を、大黒瀬（うぐろせ）と、土地の人々はよんでいる。

（2）三ツ瀬［串木野市長崎鼻の南方］

海岸に近い方から、岸ノ瀬・中ノ瀬・沖ノ瀬という。

土地の漁師仲間では、カッカッゼ・シオカラゼ・ヒアガイゼとよんでいる。

（3）平瀬　［串木野市五反田川河口の近く］

現在、ほとんど埋め立てられて「西浜町」となって、公園や魚市場などができている。でも、干潮の時には、西浜町の西側（五反田川より）に平瀬の一部が見えている。

以上は、海図に記載されている瀬であるが、名前のない小さい瀬はいくつもあるようである。

★　暗礁（あんしょう）［水面下に隠れていて見えない岩］

★　瀬［①　川の水が浅く人が歩いてわたれる所。あさせ。

②　川の流れの速い所。はやせ。

③　海流の流れ。潮流。］

★　浅瀬（あさせ）［流れの浅い所。川や海などの浅い所］

［以上、大辞林より］

2．灯台

灯台とは、航路標識の一つ。沿岸航行の船舶に目につきやすく建てられた塔状の構造物で、夜間は灯火を用いて、陸地の遠近・所在・危険箇所などを指示し、入港船舶に港口の位置を示す。

航路標識とは、船舶の航路を示し、船舶の安全をはかるために設ける標識灯台・灯標・浮標・立標・霧信号・無線方位信号などの総称。

［以上、広辞苑より］

★　航路標識には、

①　目に見える光りや形を利用した光波標識。

②　霧信号といわれる音波を利用した音波標識。

③　電波を利用した電波標識。

④　その他のもの。

などがある。

① 光波標識には、灯台・灯標（とうひょう）・灯浮標（とうふひょう）・照射灯（しょうしゃとう）・導灯（どうとう）・指向灯（しこうとう）など。

② 電波標識には、無線方位信号所（中波標識局・マイクロ波標識局）ロランC・デッカ・ディファレンシャルGPSなど。

③ 音波標識には、霧信号所。

④ その他には、船舶通航信号所・潮流信号所など。

☆［参考］航空標識とは、航空の安全を図るため飛行場・航空路に設置する標識。離着陸標識・航空灯台など。

○ 航空灯台は、灯光によって、夜間または悪天候における航空機に航空路を示して航行を援助する施設。

航空障害灯とは、夜間または、悪天候時に航行する航空機に向かって、灯火により、航行の障害となる建物や危険物の存在を認識させるための施設。　［以上、広辞苑より］

※ 串木野の白左衛門ケ岡のNHK、MBC、KTS等のテレビ中継局や、羽島の小ケ倉にある中継局などは、航空障害灯である。

串木野には、航空灯台は無い。

［串木野航路標識事務所長の話］

3. 灯標

灯標とは、航路標識の一つ。頂部に灯を掲げた立標（りっぴょう）。暗礁や浅洲の上に設け、夜間航行する船舶を安全に導くためのもの。　［広辞苑］

4. 立標

立標とは、航路標識の一つ。航路に接近した暗礁・浅瀬・露岩などの上、または、その付近に立てて船舶にその位置を標示するもの。　［広辞苑］

※ 串木野では、長崎鼻の南防波堤の南側の浅瀬の上に立ててある。

5. 照射灯

串木野では、長崎鼻の串木野港灯台に設置されている。この灯台の照射灯のキセノン電球で、三ツ瀬の副標に塗ってある蛍光塗料が反射して光るようになっている。

※ この照射灯の明かりは、三ツ瀬の副標の所で本の文字が読める明るさであるという。　［串木野航路標識事務所長の話］

※ キセノン［希ガス元素の一つ。元素記号Xe。原子番号54。原子量は131・3。無色・無臭の気体。キセノンランプに利用］　［広辞苑］

6．浮標（ふひょう）

浮標とは、船舶の安全航行のために設ける航路標識の一つ。暗礁や浅瀬あるいは、沈船などの存在を示すために海面に浮かしておく構造物。ブイ。［大辞林］

航路標識灯の設置等の年表

○は、航路標識灯台
☆は、参考施設

○昭和17（1942）年
串木野港北防波堤灯台［通称串木野港白灯台］（案内地図③）
※昭和26（1951）年3月31日［鹿児島県より公設移管］

○昭和17（1942）年
串木野港南防波堤灯台［通称串木野港赤灯台］（案内地図④）
※平成9（1997）年12月25日「串木野港第二防波堤灯台」と、名称変更

○昭和26（1951）年2月20日
串木野港灯台［通称長崎鼻灯台］（案内地図⑤）

☆昭和41（1966）年4月
NHKテレビ・MBCテレビ・KTSテレビの中継局完成

○昭和45（1970）年3月25日薩摩沖ノ島灯台（案内地図①）

☆昭和62（1987）年5月
串木野新港より、フェリーこしき・高速船シーホーク就航

○昭和62（1987）年11月19日
串木野港西防波堤南灯台（案内地図⑨）

☆平成2（1990）年4月1日
串木野漁港外港　使用開始

☆平成3（1991）年3月
串木野新港より超高速船「にっしょう」就航

○平成4（1992）年2月26日
串木野三ツ瀬照射灯
串木野港灯台の照射灯より、三ツ瀬の副標を照射する（案内地図⑥）

☆平成5（1993）年5月1日

串木野市の五大プロジェクト竣工祝賀会

［串木野新港・西薩中核工業団地・串木野漁港外港

公共下水道終末処理場・国家石油地下備蓄基地］

【参考資料】

（1）灯台記念日

明治初年、急速に日本の文化が発達した端緒は、西洋の技術を取り入れた灯台の建設にあったことを永く記念するとともに、先人の偉業をしのび、航路標識事業の周知を図ることとして、昭和24（1949）年に、**11月1日が灯台記念日**と定められた。また、この日は、日本最初の洋式灯台である観音崎灯台［神奈川県三浦半島の観音崎］に着手した日（明治元年11月1日）にあたる。

観音崎灯台の初点灯は、明治2年1月1日である。灯台を作った人は、ヴェルニーというフランス人である。構造は、煉瓦石造り四角形白色。現在の観音崎灯台は、過去2回の地震により3代目の灯台である。

（2）航路標識

海上保安庁［誕生は昭和23年5月1日］の航路標識事所が担当している。

※　海上保安庁組織図

運輸省─海上保安庁─管区海上保安本部┬航路標識事務所
　　　　　　　　　　　　　　　　　　└海上保安部─海上保安署

（3）海里（かいり）

海上距離・航海距離の単位。国際協定で、1海里は1852メートル。

（4）光度

光源の強さを示す単位。単位はカンデラ。

以下　資料

・灯台の案内図
・串木野港灯台・串木野港北防波堤灯台
・串木野港灯台の説明「案内板」
・串木野港南防波堤灯台
・その他の串木野の沿岸の灯台
・串木野の灯台一覧表［簡易標識灯は除く］

（掲載：15号＝2001）

灯台の案内地図（1／3）

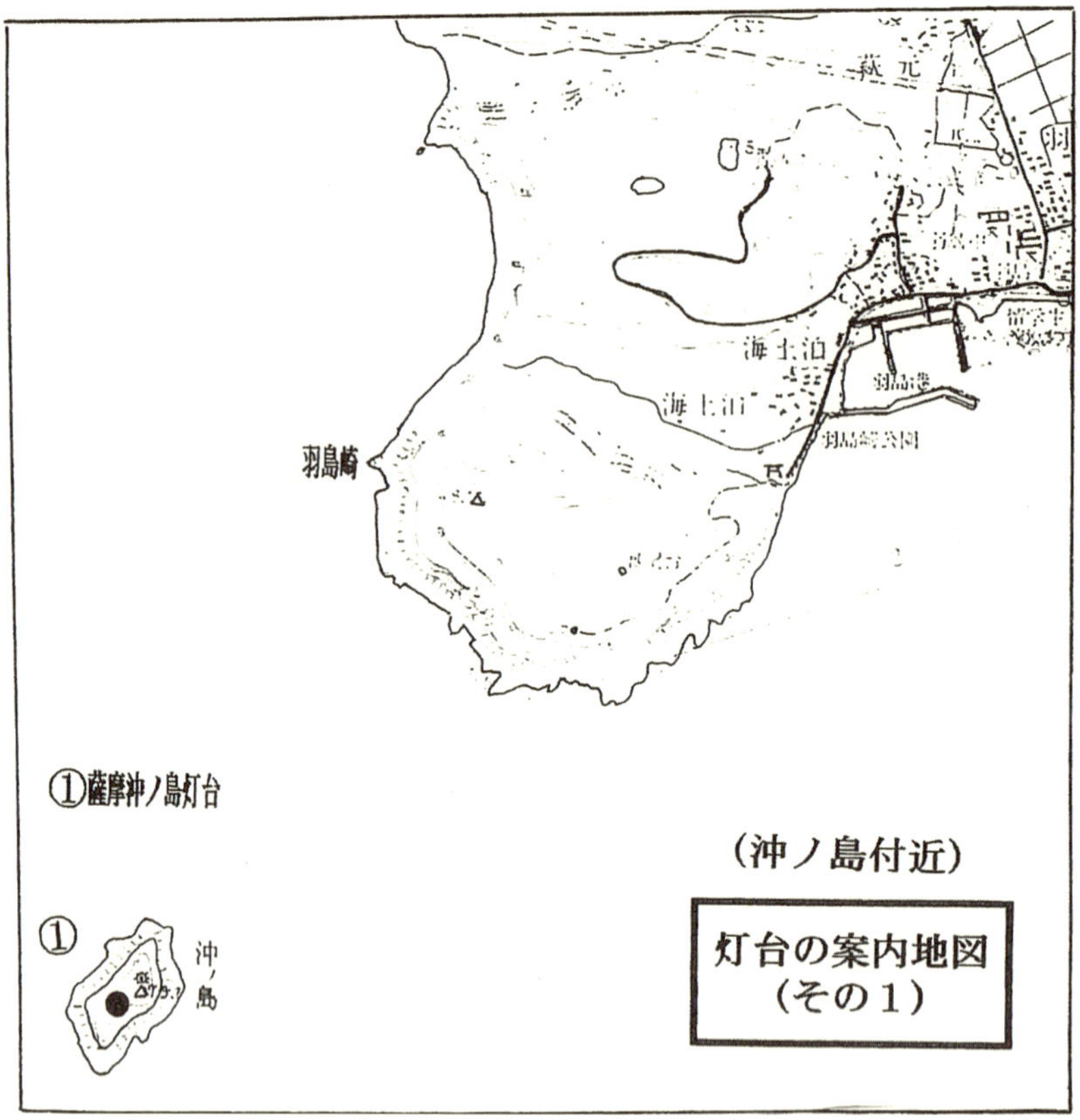
羽島崎
海上泊
①薩摩沖ノ島灯台
①
沖ノ島
（沖ノ島付近）
灯台の案内地図
（その１）

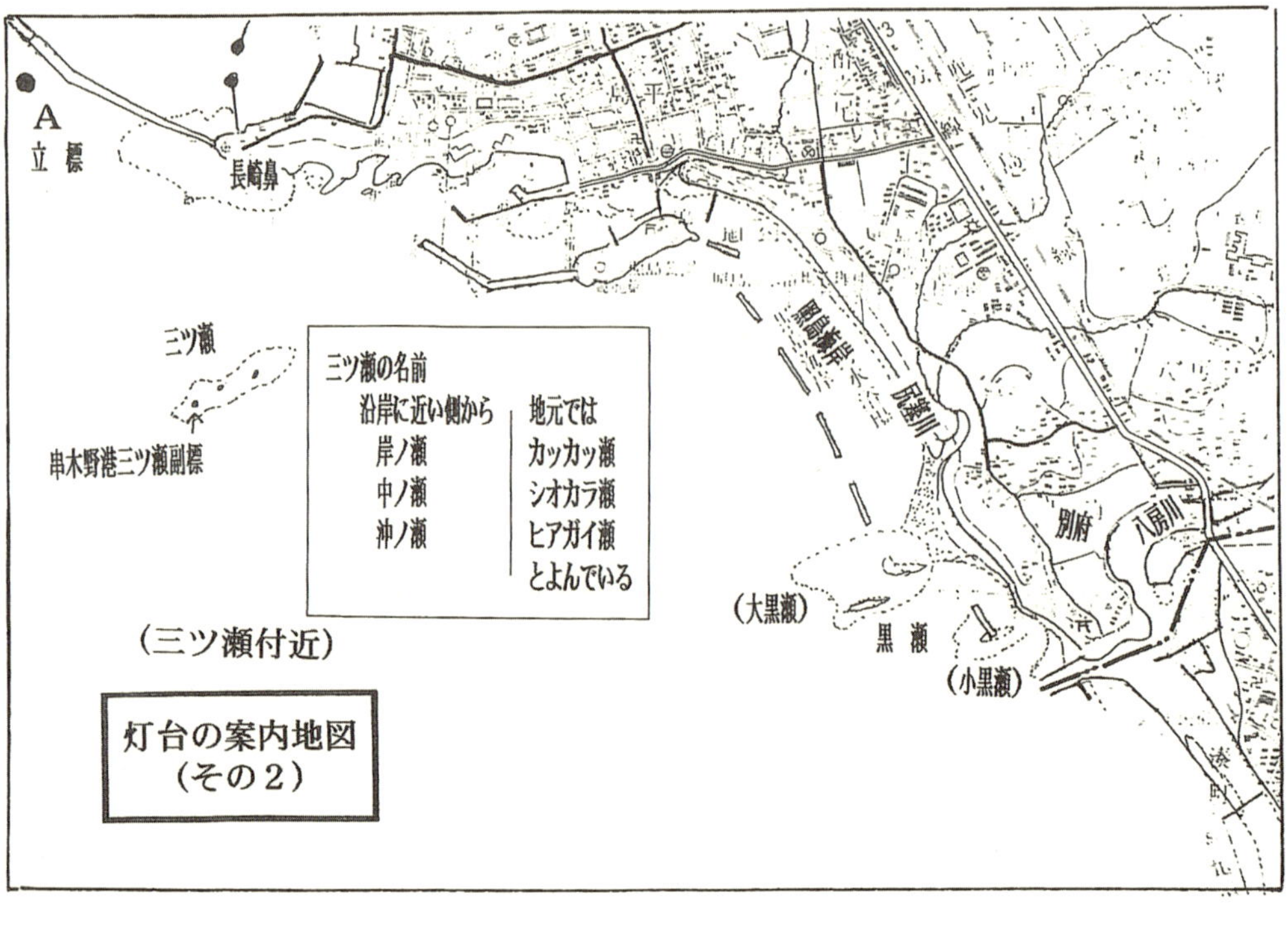
A
立標
長崎鼻
三ツ瀬
串木野港三ツ瀬副標
三ツ瀬の名前
沿岸に近い側から
岸ノ瀬
中ノ瀬
沖ノ瀬
地元では
カッカッ瀬
シオカラ瀬
ヒアガイ瀬
とよんでいる
黒島海岸
八房川
別府
（大黒瀬）
黒瀬
（小黒瀬）
（三ツ瀬付近）
灯台の案内地図
（その２）

灯台の案内地図（2）

灯台の案内地図（その3）　（串木野漁港付近）（串木野新港付近）

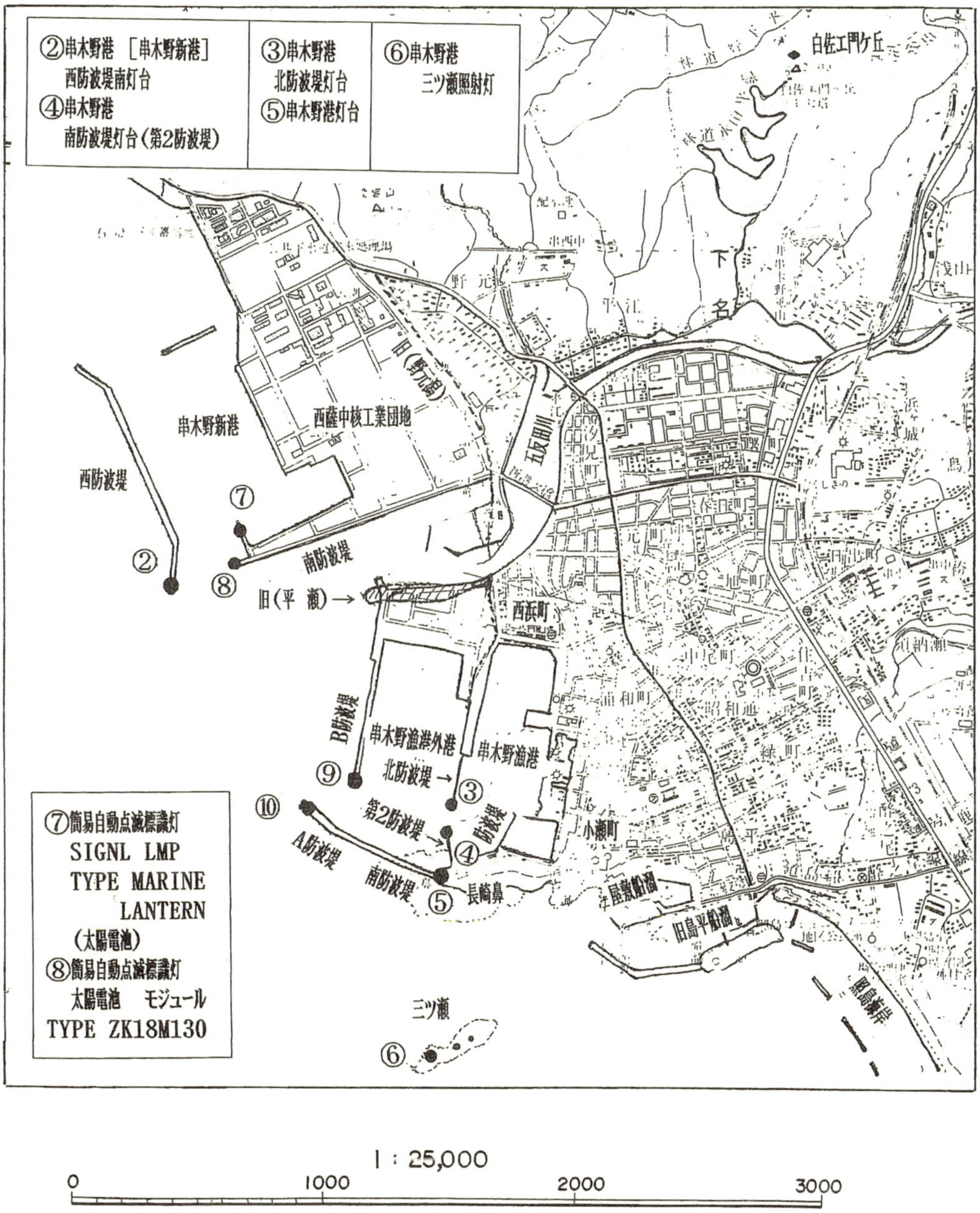

灯台の案内地図（3）

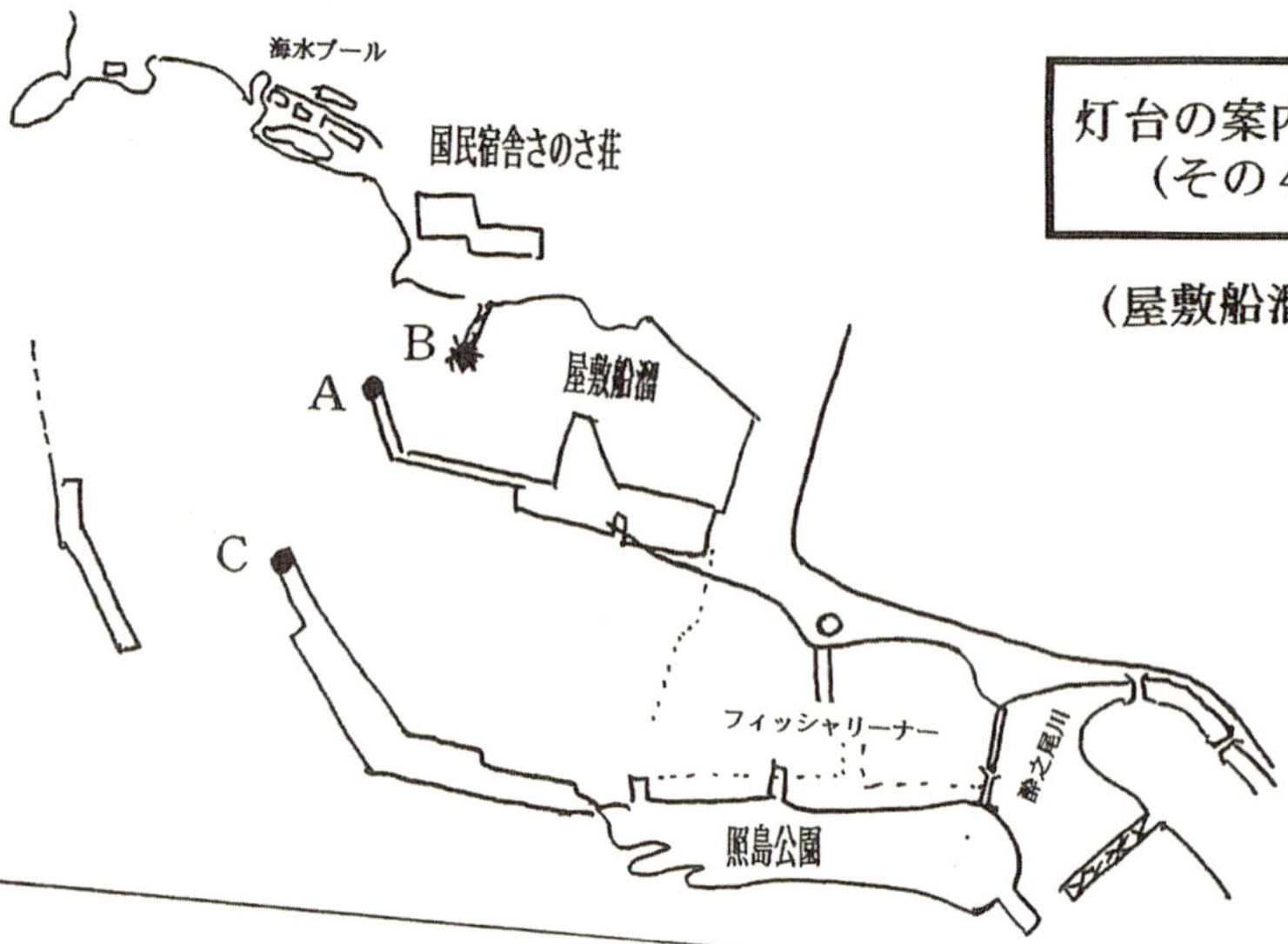

灯台の案内地図
（その４）

（屋敷船溜付近）

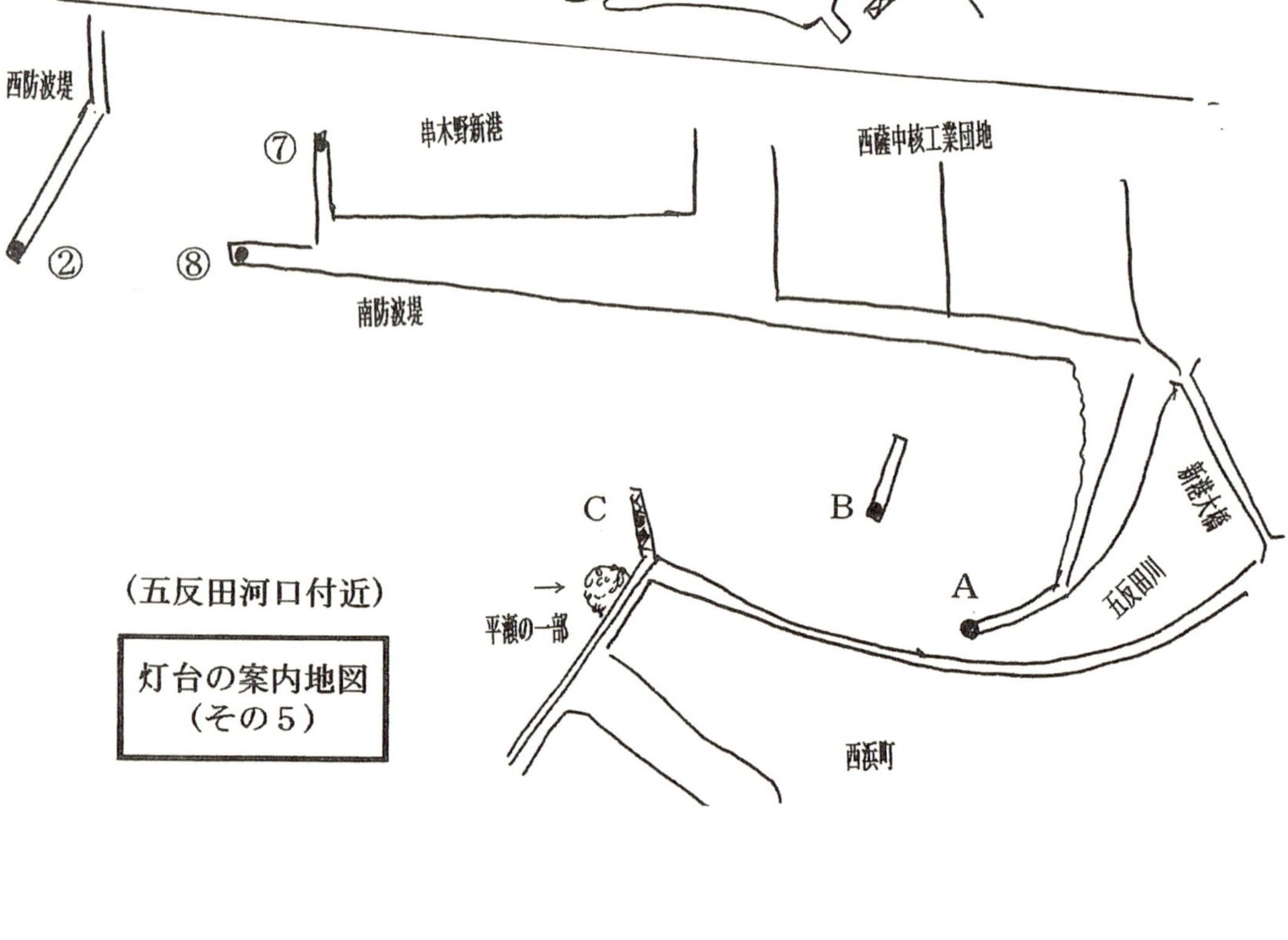

（五反田河口付近）

灯台の案内地図
（その５）

串木野港灯台・串木野港北防波堤灯台

串木野港灯台［串木野市長崎］
設置は，昭和２６年２月２０日

★この灯台の電源は購入電力
※この灯台の説明は次頁に記載

★　この灯台のキセノン電球を使用した照射灯は，三ツ瀬の副標を照らしている。

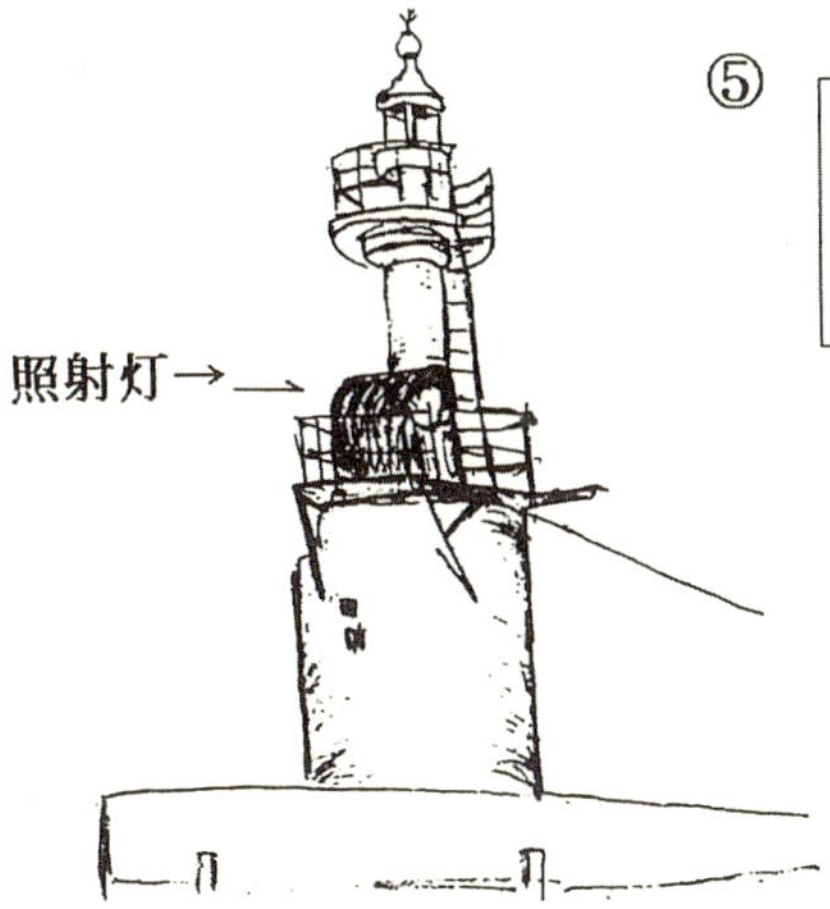

⑤

※所在地
灯台の案内地図
（その3）

↑北側（串木野漁港）より見た
串木野港灯台

③

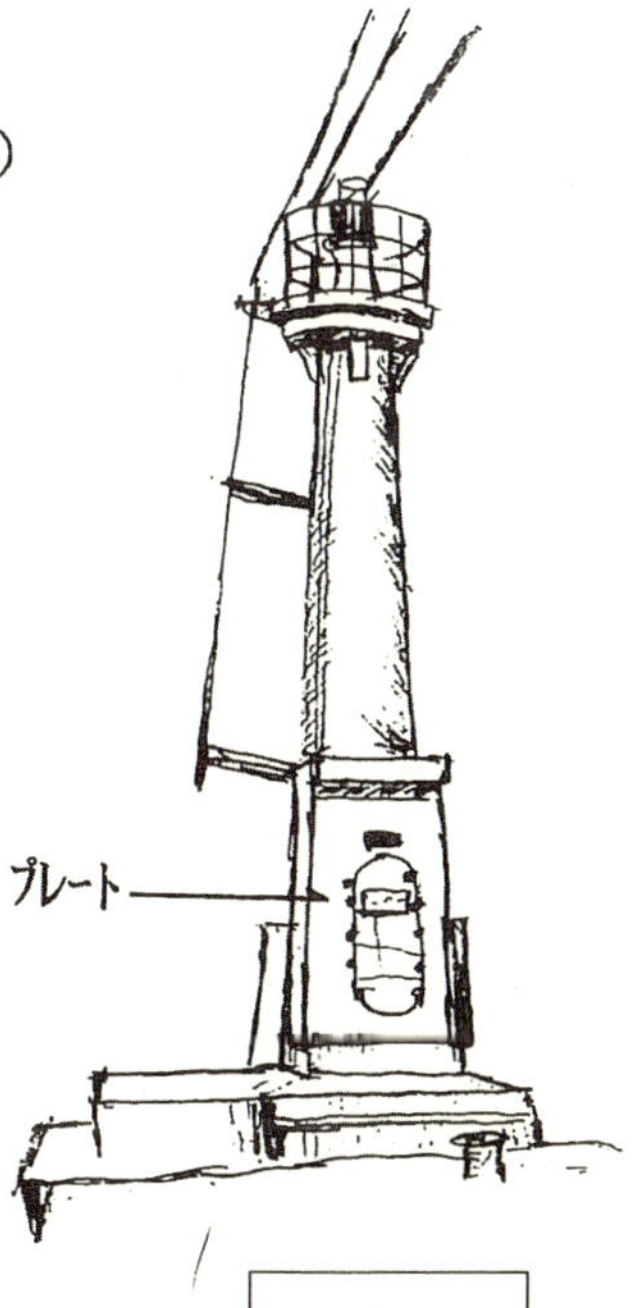

※所在地
灯台の案内地図
（その3）

串木野漁港の白灯台
灯台の正面のプレートに
下記の文字が書かれている。

串木野港北
防波堤灯台
初点昭和17年
改築昭和60年12月

★赤灯台には，文字は何一つ書かれていない。

設置管理者　第十管区海上保安部
串木野航路標識事務所
連絡先　0996~32~2362

★串木野航路標識事務所の資料によると『設置Ｓ．17年。Ｓ．26.3.31移管』と記載されている。
☆串木野郷土史P.544には，昭和１２年串木野漁港完成の時，港口の赤白二つの灯台はできた，と書いてある。

串木野港灯台の説明［案内板］

縦　約87センチ・横　約97センチの案内板には下記のようなことが書かれている。

串《くし》木《き》野《の》港《こう》灯《とう》台《だい》

県下一の魚類の水揚げ高を誇り、活気あふれた串木野漁港の玄関口である長崎鼻に県内初の無人灯台として、昭和26年２月20日に建設され甑島・薩摩半島野間岬方面を航行する船の重要標識として、利用されています。

また、この灯台の南方７百メートルにある三ツ瀬までの間は、浅瀬が広がっており、船に注意を喚起するために、灯台に照射灯を設置しその瀬を照らしています。

灯台と甑島のはるか彼方に沈む真っ赤な太陽は、長崎鼻から眺める夕焼けとして、雄大な景観を醸し出します。

夜間の灯火確認は事務所で把握し、施設の状況は、定期的に職員が巡回し、機能の保全に努めています。

施設の概要

位　　　置	北緯31度42分16秒 東経130度15分39秒
塗装及び構造	白色　塔形　コンクリート造
等級及び灯質	６等　明暗白光　明４秒暗２秒
光　　　度	１万５千カンデラ 照射灯　不動白光　1,800カンデラ
高　　　さ	地上～頂部　11.8メートル 水面～灯火　20.1メートル
管理事務所	第十管区海上保安部　串木野航路標識事務所 電話　0996～32～2362

灯台は船舶が安全に航行するための大切な施設です。

航海の安全のためみんなで大切にしましょう。

社団法人　燈光会

電話　03～3501～1054

この周知板は、モーターボート競走公益資金により財団法人日本船舶振興会の補助金を受けて設置したものです。

（数字は、漢数字から算用数字に変更してあります）

串木野港南防波堤灯台

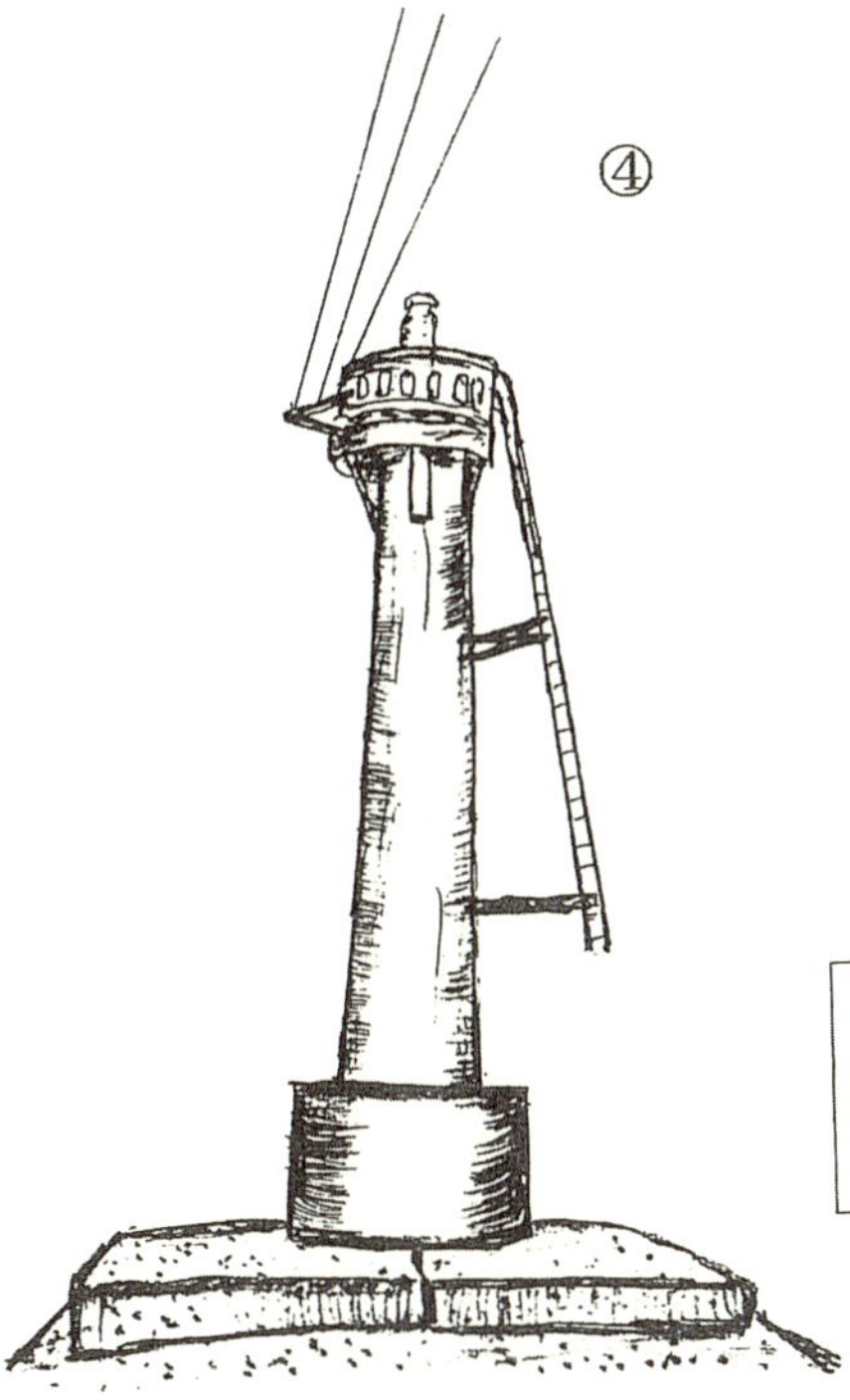

④

串木野漁港の赤灯台

串木野港南防波堤灯台
（第２防波堤）

※文字は何も無い

※所在地
灯台の案内地図
（その3）

その他の串木野の沿岸の灯台（１/ ８）

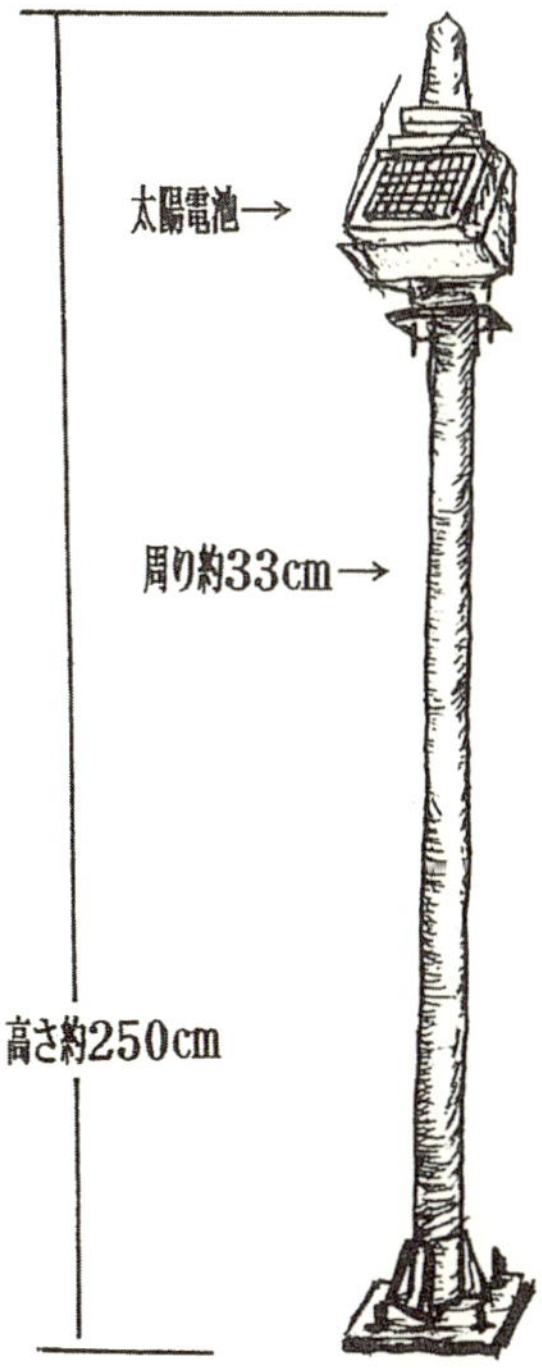

⑦

簡易自動点滅標識灯
所在地　串木野新港
［案内地図の⑦］
太陽電池の右側の文字

簡易自動点滅標識灯
SIGNAL LAMP
第207号
(M) 日本航路標識協会認定

※所在地
灯台の案内地図
（その3）

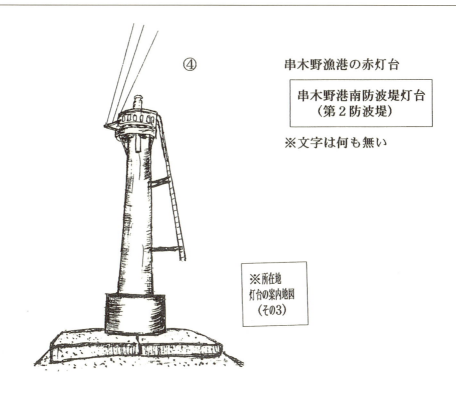

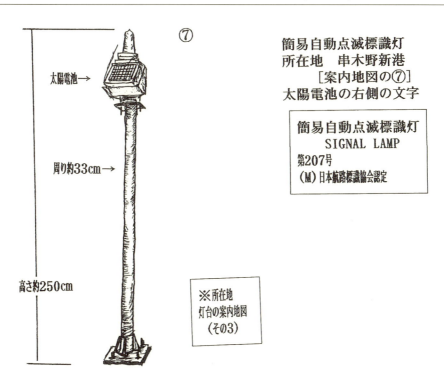

その他の串木野の沿岸の灯台（2）

（赤灯台）

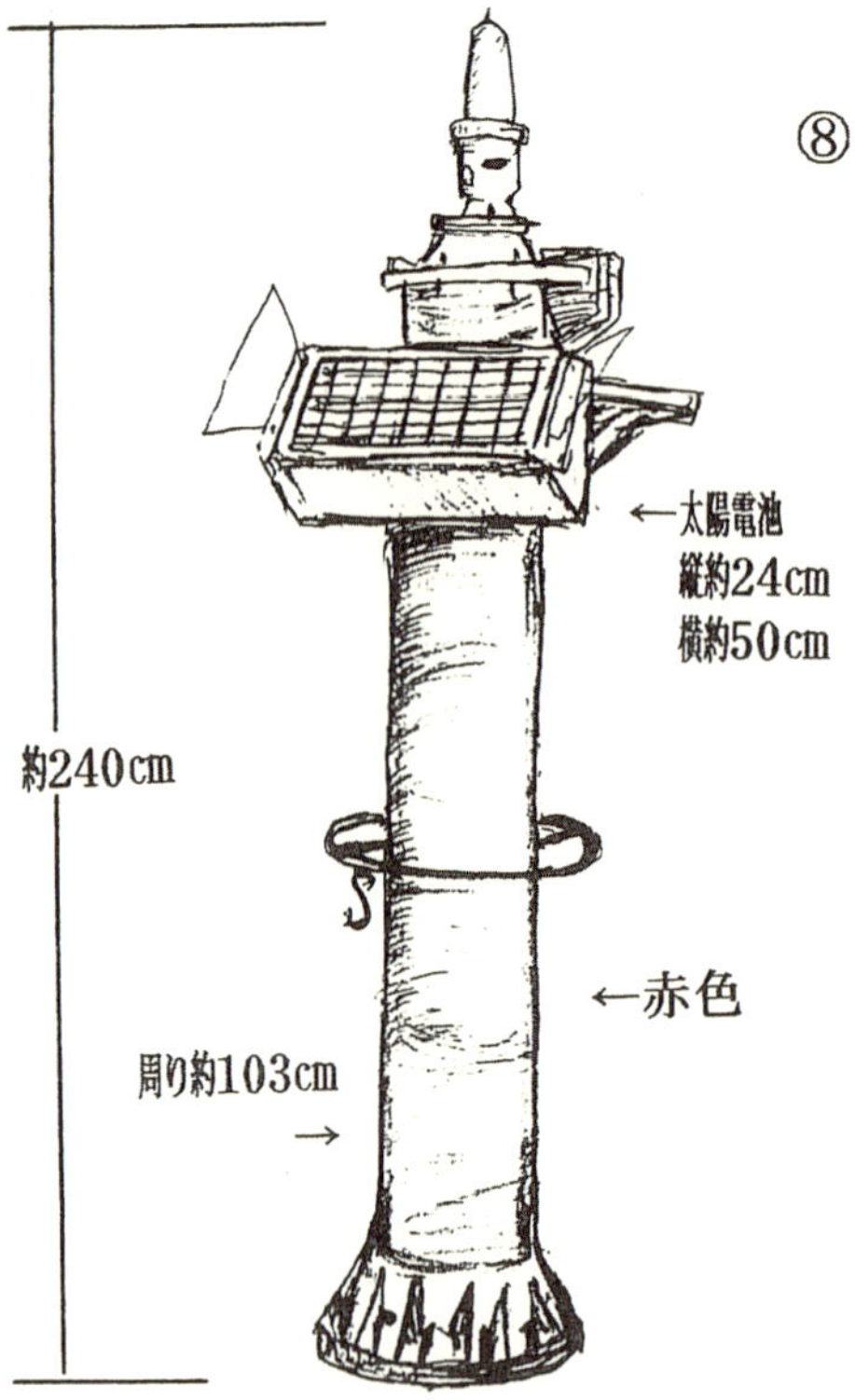

⑧

簡易自動点滅標識灯
所在地　串木野新港
［案内地図の⑧］
※太陽電池
モジュール
TYPE　ZK18M130

※所在地
灯台の案内地図
（その3）

（白灯台）

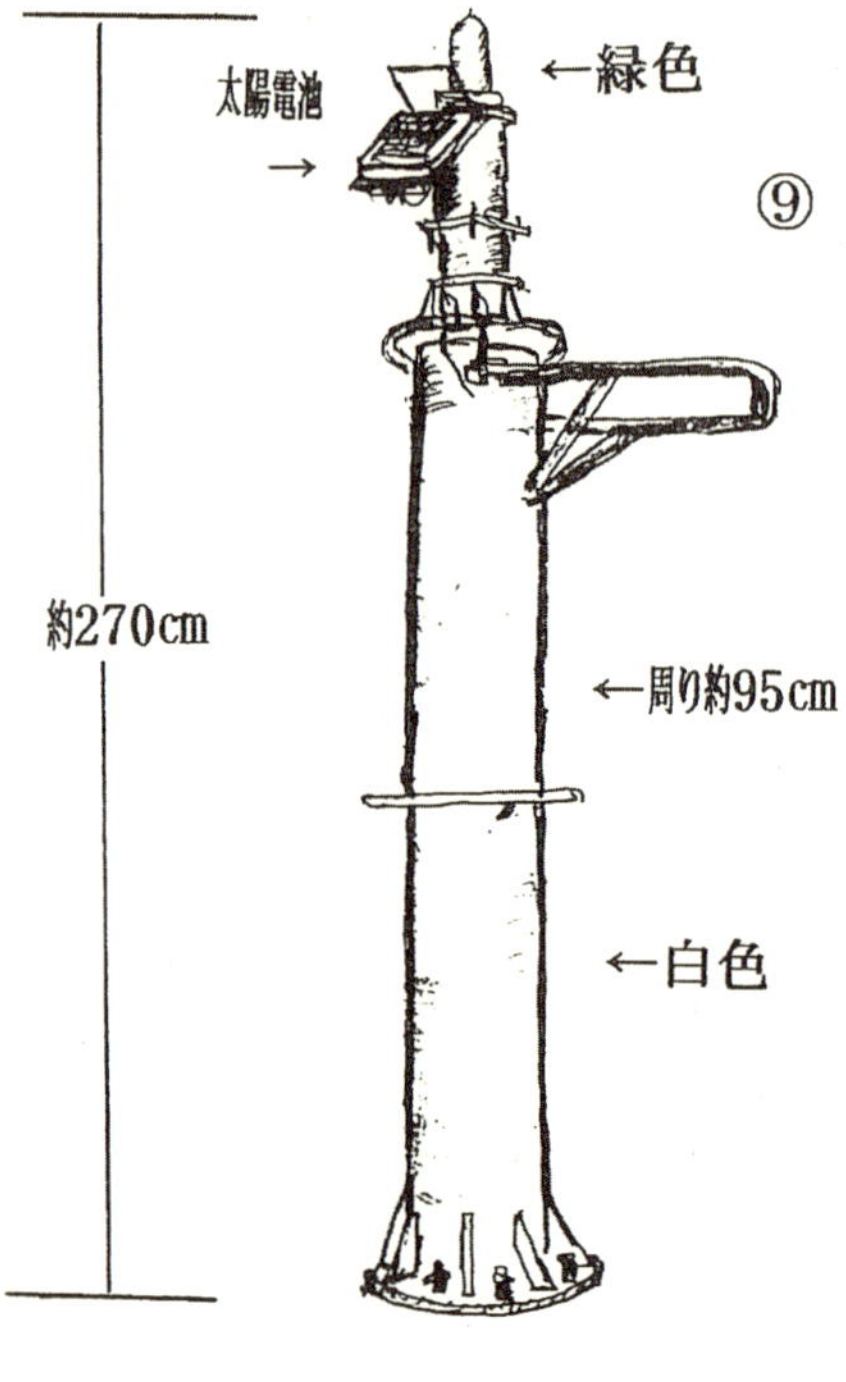

⑨

※所在地［案内地図の⑨］
串木野漁港外港
B防波堤
※太陽電池

※所在地
灯台の案内地図
（その3）

その他の串木野の沿岸の灯台（3）

（白灯台）

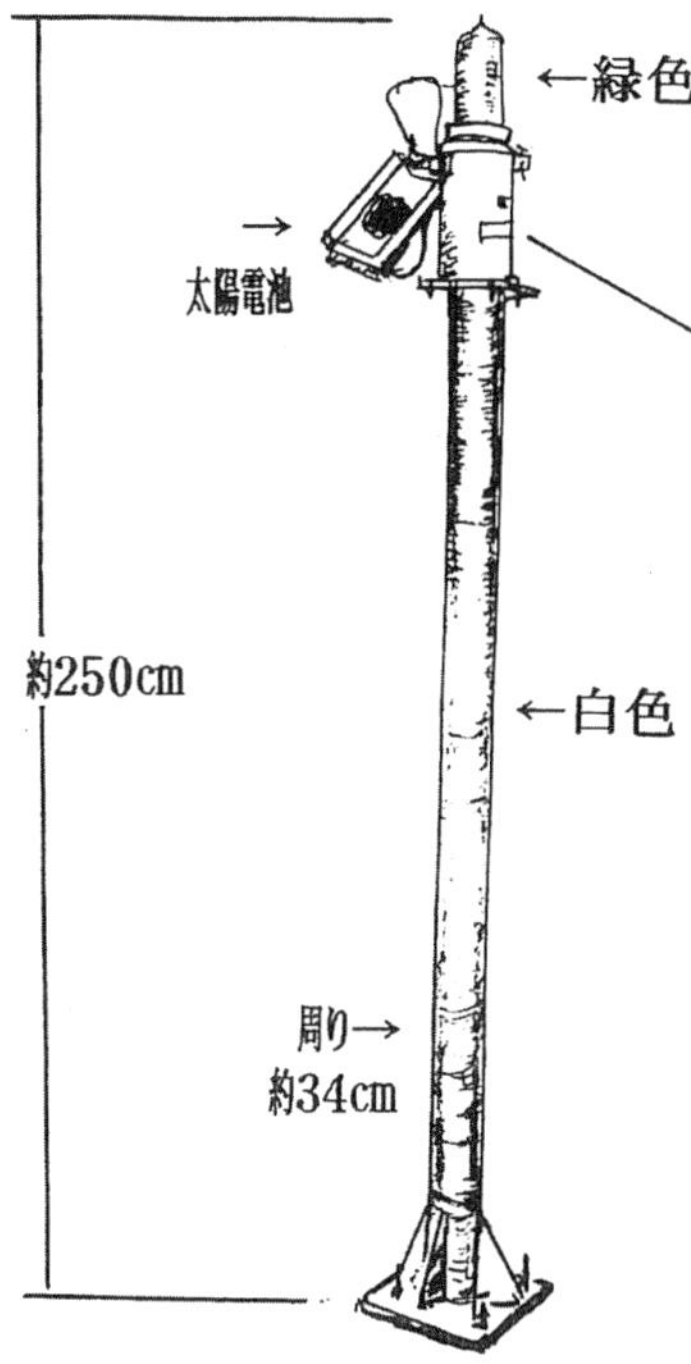

簡易自動点滅標識灯

※所在地
『灯台の案内地図
（その5）』
のA

所在地
（五反田川の河口）

第２０５号
竹安式　簡易自動点滅標識灯
SIGNAL　LAMP
TYPE　ラツコ

（赤灯台）

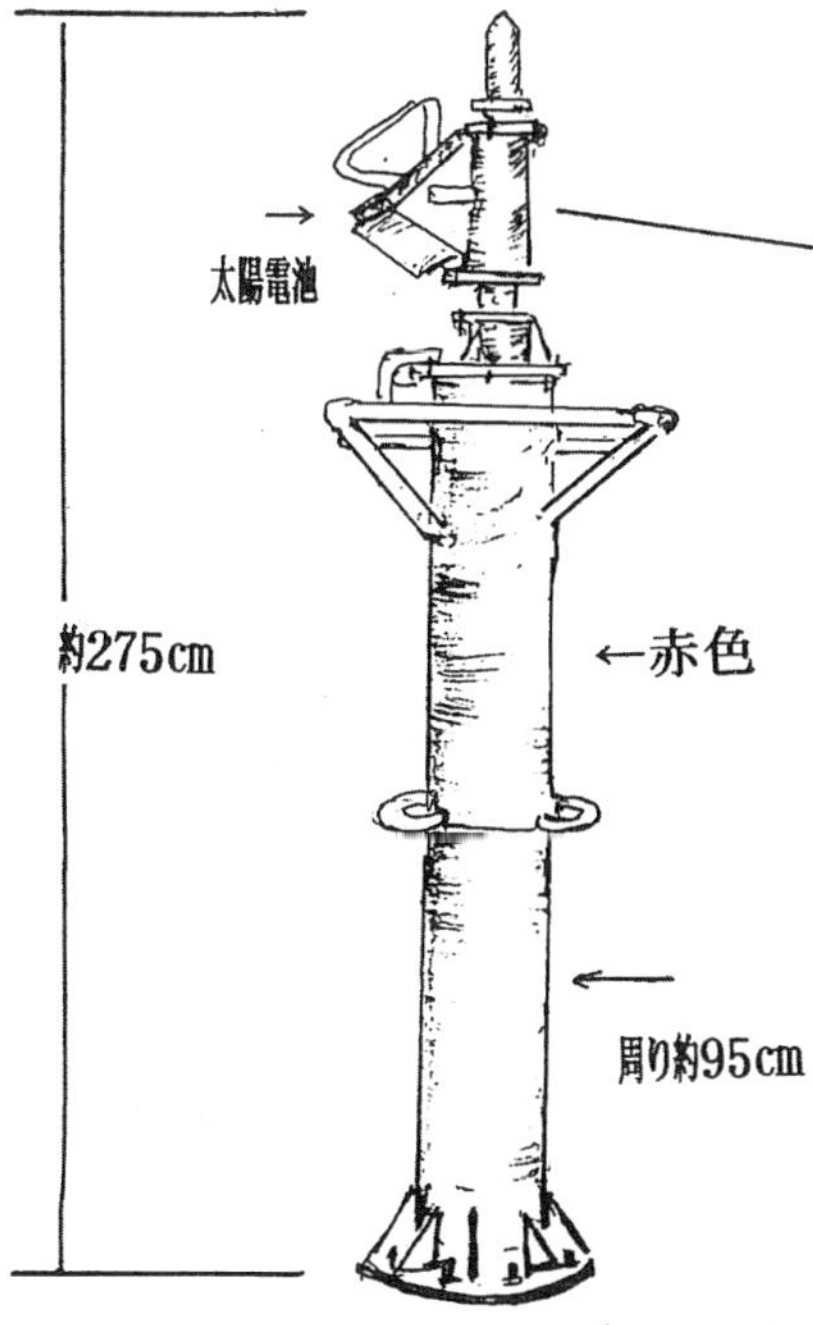

簡易自動点滅標識灯
※所在地
『灯台の案内地図
（その3）』の
串木野漁港外港
A防波堤の⑩

第２０５号
竹安式　簡易自動点滅標識灯
SIGNAL　LAMP
TYPE　ラツコ　Ⅱ

その他の串木野の沿岸の灯台（４）

所在地
（屋敷船溜の西方）

簡易自動点滅標識灯
※所在地
『灯台の案内図
（その４）』のＡ
※文字は見当らず

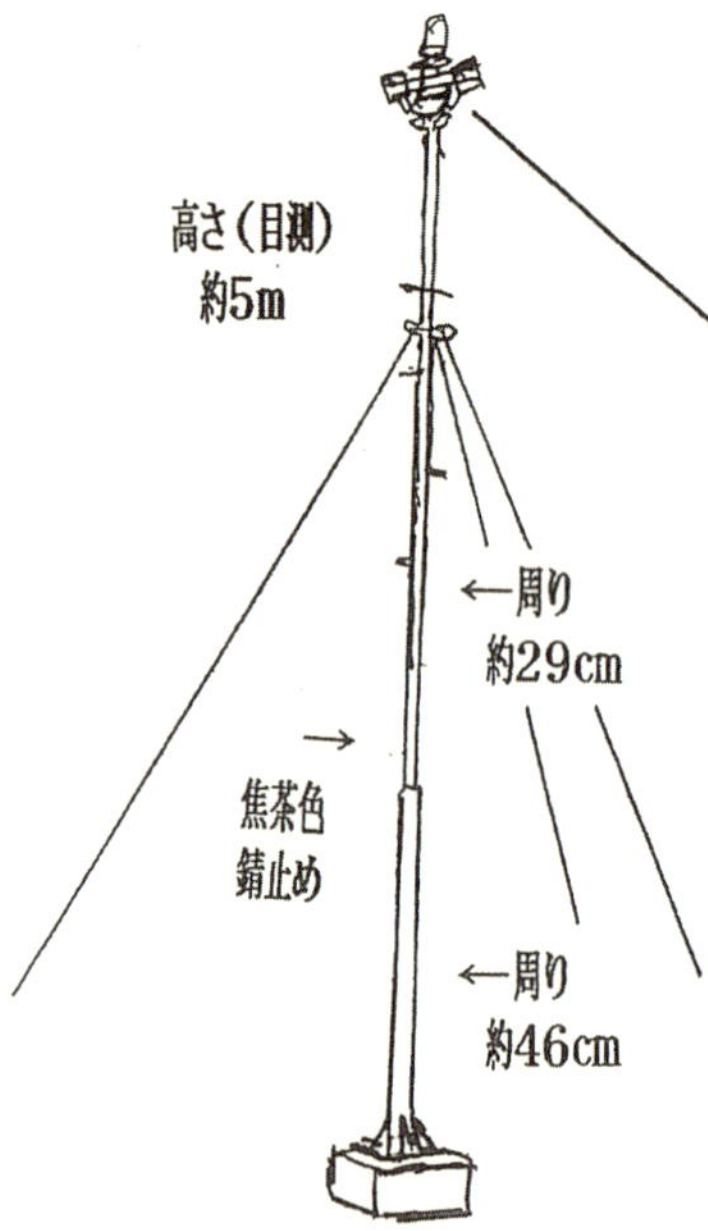

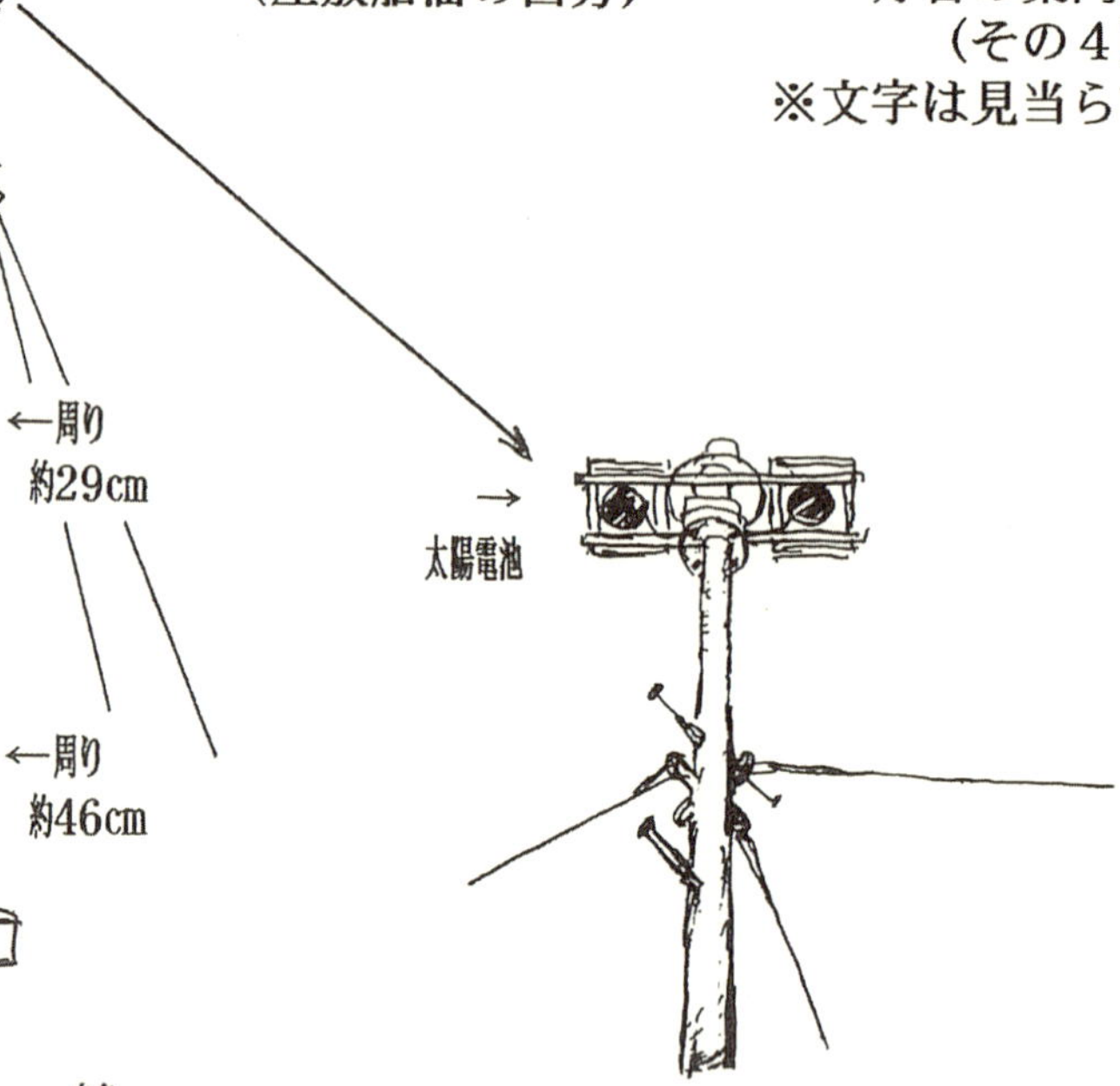

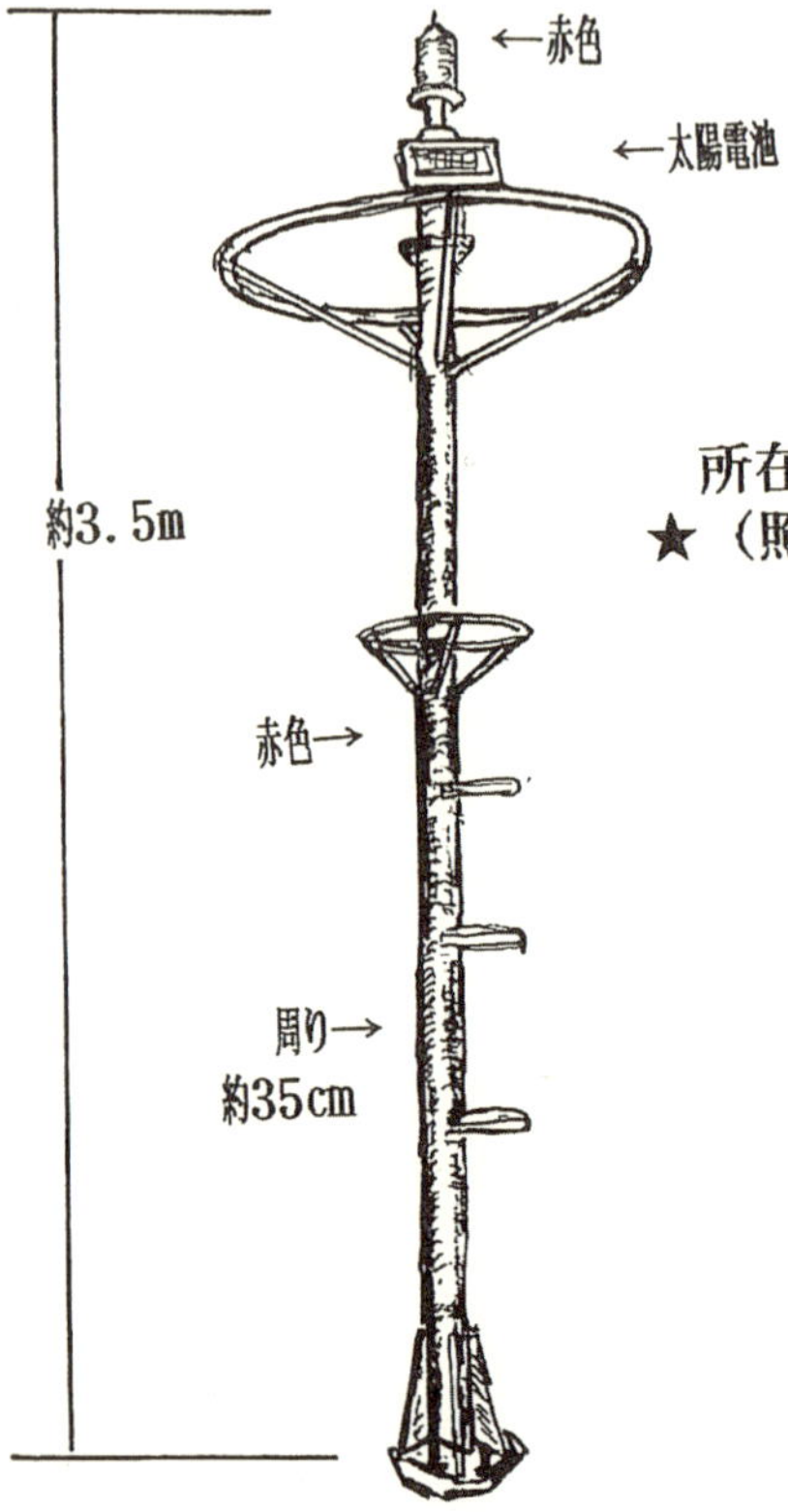

（赤灯台）

所在地
★（照島公園の西方）

簡易自動点滅標識灯
※所在地
『灯台の案内地図
（その４）　』のＣ

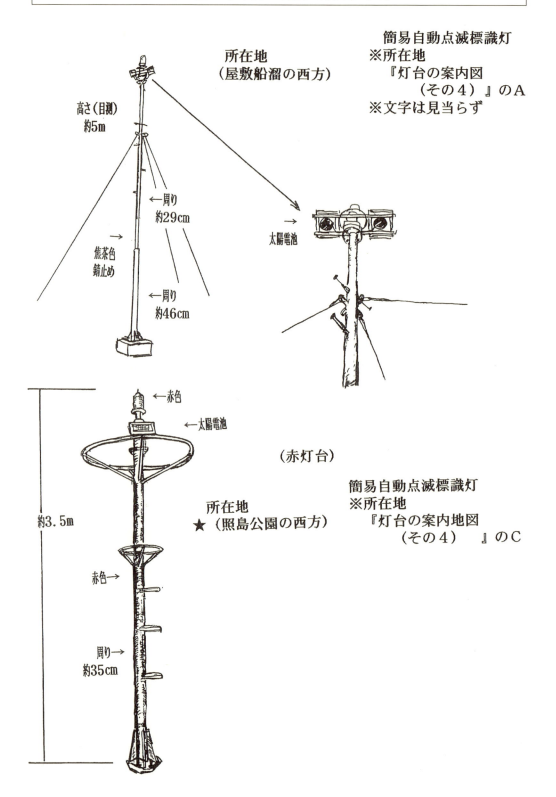

その他の串木野の沿岸の灯台（5）

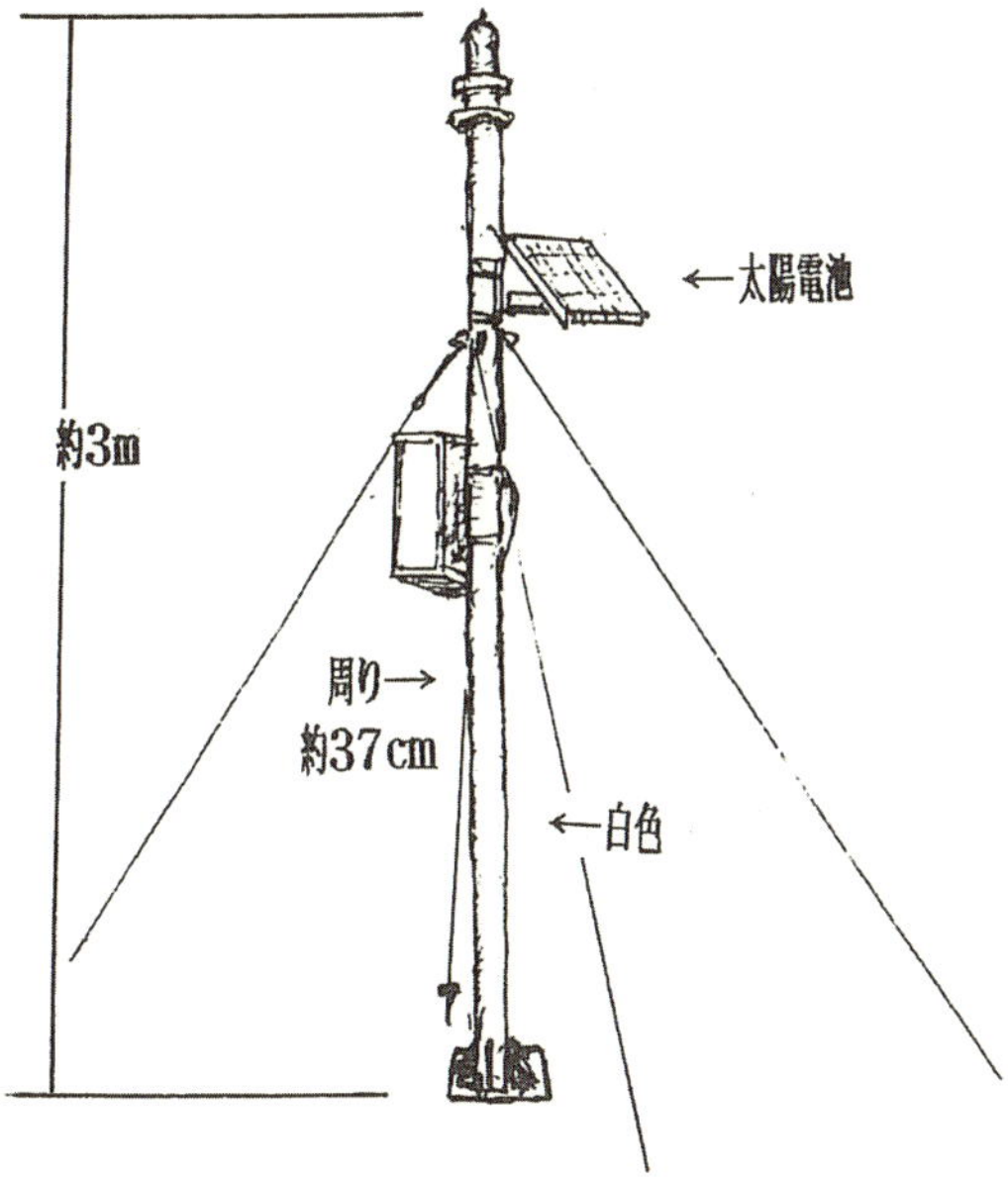

簡易自動点滅標識灯
※所在地
『灯台の案内地図
（その４）　』のＢ

（屋敷船溜の西方の
さのさ荘のすぐ下）

立　標

※所在地　（長崎鼻の近海）
『灯台の案内地図
（その２）　』のＡ
※立標の高さ（目測）
約３ｍ位

その他の串木野の沿岸の灯台（6）

※所在地　五反田川河口　（西浜町）
『灯台の案内地図
（その5）　』C
※　串木野新港の南防波堤より
200㎜望遠レンズで見たスケッチ

※所在地　串木野新港　西防波堤
『灯台の案内地図
（その3）　』の②
※串木野新港の南防波堤⑧より
200㎜望遠レンズで見たスケッチ

その他の串木野の沿岸の灯台（7）

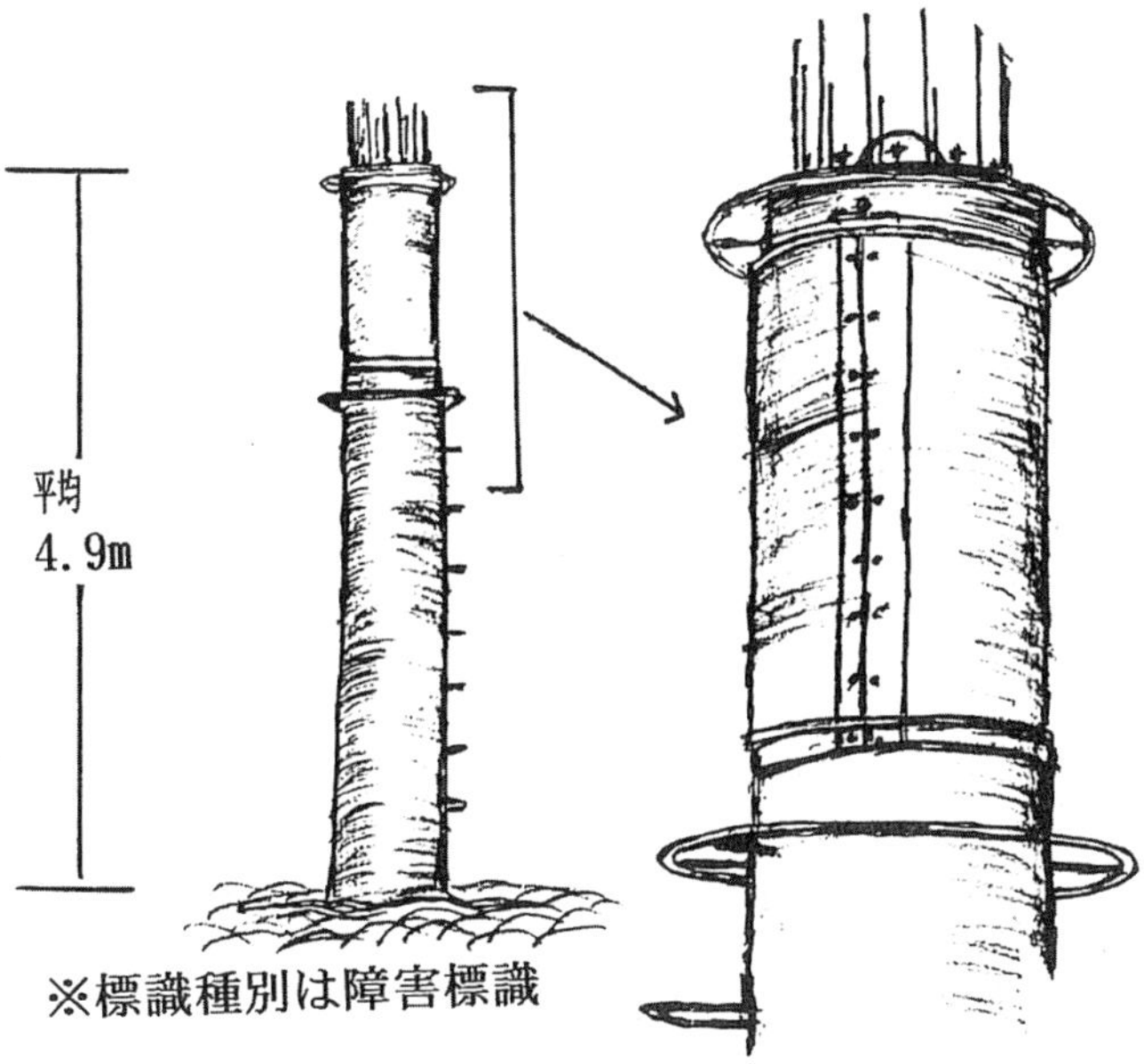

三ツ瀬の副標

所在地　灯台の案内地図（その2）を参照
三ツ瀬の沖ノ瀬にある

［航路標識事務所より資料を提供］
平成１２年１２月１６日

※標識種別は障害標識

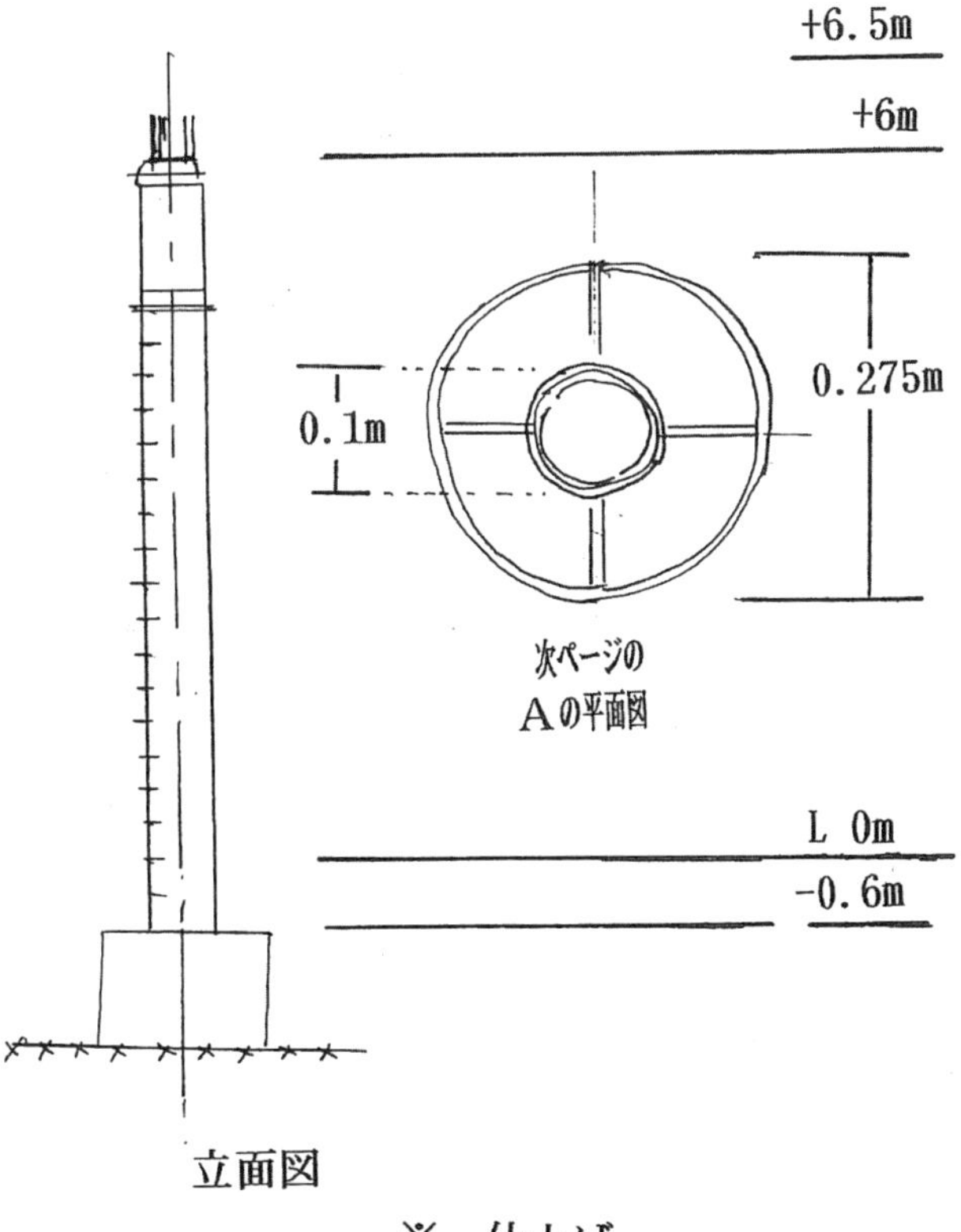

立面図

※　仕上げ

エポキシ樹脂　下塗り（1回）
仝　中塗り（1回）
ポリウレタン樹脂　上塗り　（2回）
塗色～赤

その他の串木野の沿岸の灯台（8）

薩摩沖ノ島灯台

所在地　灯台の案内地図
（その１）
串木野市羽島沖ノ島
構造［塔形　コンクリート造］
電源［太陽電池　154W
蓄電池　500AH］
標識種別［沿岸標識］

※この資料は串木野
航路標識事務所より提供

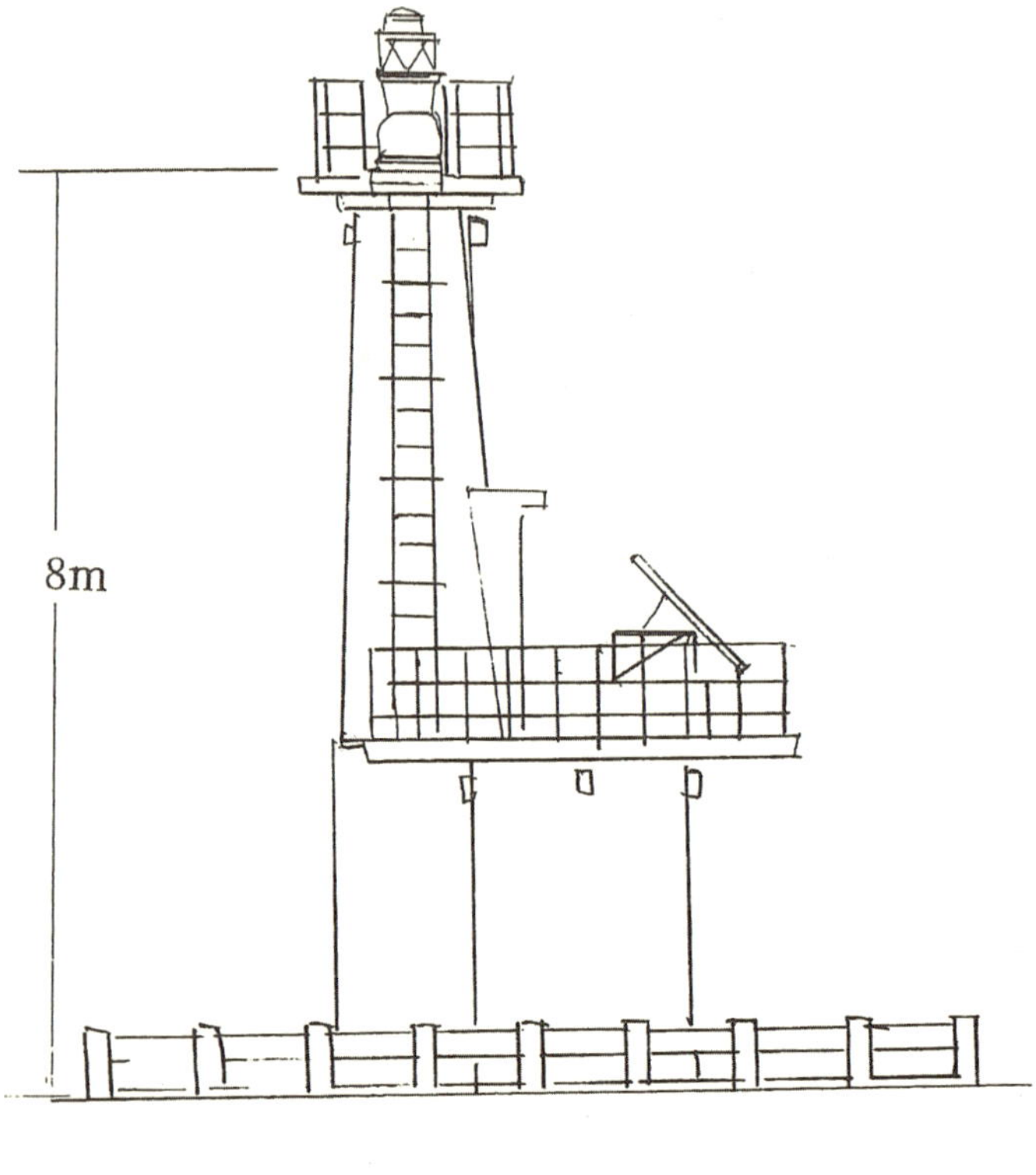

串木野の灯台一覧表　[簡易標識灯は除く]

所在地の番号	①	②	③	④	⑤	⑥
標識名	薩摩沖ノ島灯台	串木野港西防波堤南灯台	串木野港北防波堤灯台	串木野港第二防波堤灯台	串木野港灯台	串木野港三ツ瀬照射灯
所在地	串木野市羽島沖ノ島	串木野港西防波堤南端	串木野港北防波堤外端	串木野港第二防波堤外端	串木野市長崎町	串木野市串木野灯台
構造等 塗色	白	白	白	紅	白	不動白光
構造等 構造	塔形コンクリート造	塔形コンクリート造	塔形コンクリート造	円形コンクリート造	円形コンクリート造	備考欄に記す
光度（カンデラ）	3,500	190	F1　2,100 F　100	F1　3,400 F　170	15,000	1,800万
光達距離（海里）	17.0	8.0	F1　12.0 F　7.0	F1　12.0 F　8.0	14.0	—
高さ（メートル）（地上～頂部）	9.5（9.46）	11（10.82）	9.6（9.56）	9.8（9.80）	12（11.80）	
設置年月	S.45.3.25	S.62.11.9	S.17（S.26.3.31移管）	S.17（S.26.3.31移管）	S.26.2.20	H.4.2.26
電源	太陽電池154ワット蓄電池500AH	太陽電池35ワット蓄電池500AH	購入電力	購入電力	購入電力	購入電力
標識種別	湾岸標識	港湾標識	港湾標識	港湾標識	港湾標識	障害標識
港湾漁港名	—	串木野新港	串木野新港	串木野新港	串木野新港	串木野新港
備考	灯台の連絡先電話は0996-32-2362［以下同じ］		通称「串木野港の白灯台」	通称「串木野港の赤灯台」	通称「長崎鼻灯台」	この照射灯、串木野港灯台の南約700メートルの三ノ瀬の上の副標（白色柱形　平均水面から頂部までの高さ4.4メートル）を照らす。

☆③④の、F1、F2の補足説明

F1は、「閃光（せんこう）」で、F1　2,100カンデラは、閃光する光度も強く到達距離も、F（不動光）より遠くに達する。

『閃光とは、瞬間的に強く光る光。閃光燈（せんこうとう）とは夜間、灯台から発光する光で、一定時間を置いて光るもの。[以上　大辞林より]』

Fは、「不動光」で、F1より光度も弱く、到達距離も短い。

「不動光」とは多分閃光しない燈光のことではなかろうか。

串木野サノサの始まり
～カンカンノウから法界節→サノサへ～

所崎　平

「串木野サノサ」は串木野では「さのさ祭」という市を挙げてのお祭にまでなってきたが、以外と元の歌である「五島サノサ」のことには、無頓着である。そこで、「五島サノサ」とはどういうものか、調べかたがた、串木野の遠洋漁業との一番関連のある五島の玉之浦町荒川へと出掛けてみた。以下はそれらの報告も交えて書いてみる。また、「サノサ」のできてきた由来も調べてみると、意外なことがわかってきた。それらを含めてまとめてみることにする。

1　「串木野サノサ」から「さのさ祭」へ

「串木野サノサ」について、『串木野郷土史』997ページには、「祝いの座敷でなくてはならないのが磯節とサノサ」とあるので、昭和37年の頃には「サノサ」は祝いの座で歌われるものとなっている。

次に、「サノサ」の源流は「漁師たちが対州・五島方面から伝えたともいわれています」となっている。時代については「明治40年代にさかのぼるようです。現在80代の人たちの若いころになります」としている。また、全国に紹介したのが「昭和18～19年、NHKから本浦の船蔵光二・上新太吉氏などによって放送され、32年1月27日、鹿児島市中央公民館で赤坂小梅が歌った」とあるので、この頃には「サノサ」は串木野の歌として歌われていたことがわかる。その後、昭和46年の水害のあった年に「さのさ祭」が始まる。翌年には市中流しが行なわれ、それからずっと市中流しは続き、現在は串木野の一大イベントの夏祭となってきた。

2　「サノサ」を五島から習ってきた

『串木野郷土史』によると、明治12年から朝鮮近海の鯖を釣りに漁船9隻で行くことにし、鯖を5，100尾、1，428円の成績を上げたとある。

それで、対州（対馬）への鯖釣りが定着する。明治16年には30隻に増える。この頃から対州近海に芭蕉かじき（秋太郎）の多いのに気づき、延縄（はえなわ）で釣ることを考えた。串木野では延縄と言わず、「縄はえ」と言う。縄はえにはどうしたらかじきを多く釣れるか、工夫した。それが鯖の生き餌を使うことであった。明治32年のことである。生き餌を考えた人はだれだかわからない。そのため漁獲高はますます上がっていった。

この生き餌は釣った鯖を生け簀に泳がせておいて、縄はえを流す時に釣り針に掛け、長く生きているようにする。鯖には3か所の釣り針を刺す所がある。目の下、背ビレ、腹の上だそうで、専門に釣り針に掛ける人が1人おって、その人以外の者が扱うと、鯖はすぐ死んでしまうものであった。専門の人のは8時間は生きていた。

そこで、夜、鯖を釣り、昼縄はえをした。連日の労働なので、夜の鯖釣りは眠気がさし、船端から転落する危険さえあったので、眠気ざましのために、賭け歌を歌った。歌に負けたらケット巻きをおごる。ケット巻きというから、柏餅のようにアンコみたいなものを巻いたメレンゲのようなものだったのだろう。たいした賭けではなかった。

その時の歌に歌ったのが「サノサ」であった。この時の賭け歌は歌詞が続かなければ負け、つまり、歌詞が出てこなかったならば負け、だったので、即興で歌詞を考えて歌える歌でなければならなかった。それには「サノサ」がぴったりだった。「サノサ」が生まれたときから、そのように、どんな歌詞でも盛り込める歌だったからだ。サノサはその頃流行していた歌であった。発進地は長崎である。それが五島にやってきて、五島サノサが大流行であったのだろう。

3 「サノサ」はどこで覚えたのか

朝鮮付近から串木野まではかなりの距離があるために、魚揚げは長崎の方が都合がよかったので、最初の基地は五島だった。やがて長崎市になっていった。長崎市では山田屋、下関市では船喜商店をたよって、漁獲物の輸送から販売まで、さらに漁具など、また、資金援助も受けていた。朝鮮近海から串木野への道筋には五島があり、その南端が福江島の富江町や玉之浦町である。

この二つの港は奥深い湾や入江で、天然の良港であったので、串木野の漁船は、その二つの港を中継港としていた。そこの料亭で出会ったのが「サノサ」であった。玉之浦町荒川はよい港で、大正から温泉も出てきた。古い大きな料亭の家が数軒残っているので、かっては栄えていたことをしのばせる。串木野の漁師もその料亭あたりで「サノサ」を覚えたのであろう。

灰床利夫氏の『くしきのサノサ』には昭和4～6年頃玉之浦港（または荒川港）の料亭から流れる「五島サノサ」に魅せられて覚えてきた、とある。だから、最初は五島サノサの調子で歌っていたのだろうが、鯖釣りの船の中や串木野に帰ってから、仲間と一緒に歌っているうちに、五島とはまったく違うメロディーとなり、歌詞も五島のとはまったく違ったものとなり、現在の串木野サノサへと変わっていったのだろう。現在の串木野サノサと玉之浦町のサノサ、五島観光協会で出しているサノサとを聴き比べてみると、かなり違っていると素人の私には思われる。まったく同じメロディーは最後の囃子の「サノサ」という部分だけで、最後の一行も何やら串木野サノサと似ているメロディー、と思われる。

4 『ながさきの民謡』の「五島サノサ」

長崎新聞社が編集した『ながさきの民謡』は、1回新聞に発表したものを、編集し直してまとめたものである。「みんようのふるさと」「五島サノサ節」という特集記事で、半ページ以上を使っている。新聞には「サノサ踊」の写真も大きく出ているが、本の方には、それはなくなっている。新聞の方では「ただよう漁師の哀歓伝統受けつぐ長手部落」となっている。長手集落は福江市の南側にある。この新聞は、長崎県立図書館郷土資料室にある。コピー禁止の永久保存となっている。『ながさきの民謡』は福江市立図書館で見せてもらった。それには、次のように書かれていた。

「サノサ節は明治生まれの流行歌で、明治31～32年から大正にかけて最流行した。本籍は長崎」とある。

串木野の漁民が五島から仕入れてきたのなら、長崎市あたりから発生するのはうなずける。

5　かんかんのう節

ところが、「サノサ」は「かんかんのう節」から出てきたものだ、と書かれているので、私は「えっ」と驚いた。「かんかんのう節」なら、隣町市来町湊町のオギオンサアの「漢林王囃」にあるからだ。県の民謡調査の時に、録音した覚えがあり、メロディーも最初の方は歌える。なぜかといえば、この歌は幕末の時代劇によく歌われている。その後、テレビで4回ほど聞いたから、幕末の流行歌だったのだな、と感じていたからである。最近では、今年、平成14年4月30日のテレビKTSの午後8時からの役所広司主演『盤嶽の一生』「みちづれ」の中で、たぶん南野陽子（だと思う）が「かんかんのう」から「ぴやはーぴやはー」まで歌っていた。南野陽子は遊女役だったので、なるほどと思って聞いていた。できるなら録画をしたかった。

『市来町誌』には「長崎の唐人踊で、文化・文政の頃、江戸・大坂に流行したもの。市来湊唐人町の江夏某が長崎で習い覚えて、祇園祭の『漢林王囃』にした、と伝える」とある。

そこで、「かんかんのう節」を広辞苑で調べてみた。

「看看踊（かんかんおどり）」は「かんかんのう」云々の歌詞から、そう呼ばれる。唐人踊に同じ。

とある。唐人踊というからは、中国人から習ったものだ。長崎には唐人が多いのだから、なるほど、と思う。

そこで、「唐人踊」を引くと、

唐人の衣裳をつけ、鉄鼓・胡弓などの中国楽器に合わせて唐人唄「かんかんのう……」を歌いながら行う一種の踊り。江戸後期、文政の頃、長崎の中国人から伝えられ、江戸・大坂で流行。

とある。

長崎にはオランダ人を泊める出島があったが、それとは別に唐人のための唐人館が十善寺村にあった。もちろん、唐貿易のためにやってきた唐人の宿舎である。そこに唐人が「九連環」という歌を持ってきた。唐館の宴席には丸山の遊女を呼び、この歌を歌い、踊りを踊った。この踊りを「看々踊り」と言った。それは九連環の歌の出だしが「かんかんのう」で始まるから、そう言われた。

正式な名前は「九連環（きゅうれんかん）」という、清（しん）楽の曲名で、江戸末期、長崎に伝わり流行、「法界節」の母胎となった、という。

「法界節」はあとに回して、「カンカン踊」が長崎以外にないか、『民俗芸能辞典』を見てみると、群馬県多野郡上野村乙父（おっち）の貫前神社の神楽殿で4月5日に踊る、ということが書いてある。なるほど、かなり広く流行したのだ、ということがわかる。

歌詞は「かんかんのう　そら　きゅうのりす……」と長崎の「かんかんのう節」であることは間違いないが、満作踊に変わっている。受け入れる側の都合で、いろいろ変わるものだ。神楽殿で踊っているが、「かんかんのう節」の意味がわかっているのだろうか。『市来町誌』によるとかなりエッチである。「私の好きな次男さんの持ち物は太く、私のものもまた品は上等ですよ」と「かんかんのう節」のだいたいの意味を説明している。だから遊里でもてはやされ流行したのだろう。これは長崎丸山で盛んに歌われたに違いない。

『市来町誌』には、更に「安政5年（1858）の頃（文化元年は1804年なので、「九連環」が始まってから50年ぐらいたっている）、右のような中国語のエッチな替え唄が出来て、踊りと共に全国で大流行した。徳川幕府は風紀上よくないので、江戸町奉行に命じて禁止令を出したが守られなかった。坂本龍馬も長崎で好んでこの唄を歌い踊った、という」と書いている。エッチであったがために、それも意味不明のことばで歌っているところがよかったのではなかろうか。それで全国の遊里を通じて広まったのであろう。「これなんの歌か知っている」てな具合で、遊女から篤と意味の説明を受け、後は……てなことになる、かな。

6　法界節

「かんかんのう節」が「法界節」の母胎になっている、とあるので、次に「法界節」を調べてみることにした。

広辞苑には、次のように書いている。

　明治24～25年（1891～92）頃に流行した俗謡。清楽の九連環に基づいたもので、「ほうかい」という囃子を加えたのでいう。編笠をかぶり白い袴をはいた書生が月琴を鳴らして歌い歩くのを法界屋と呼んだ。

「九連環」は「かんかんのう節」の基になっている歌である。その「九連環」から「法界節」ができ、書生が月琴を鳴らして歌い歩く、という。この「法界節」がよくわからない。明治24～25年頃にできた、というのに、どういうメロディーなのか、私には見当がつかなかった。五島の「サノサ」に似ているのだろうか。

再び『ながさきの民謡』を見ると、「かんかんのう」は文化から明治の中ごろまで流行した。それが「法界節」となる、と。これでは、また、文化からとなっている。次に、法界節の歌詞が書かれている。

　一日も早く年明け主のそば、
縞の着物にしゅすの帯
似合いますかえこちの人、
素人（しろうと）じみたでないかいな
ササ　ホーカイ

「かんかんのう節」の歌詞と、長さからいうと、ずいぶん短い。次に「かんかんのう節」の歌詞を書く。

かんかんのう、きうれんす、
三升（さんしょ）ならへ　さああいほ、
ふみいかんさん、
めんこがおはおで　ひうかんさん、
さんとてつんるん、
かんかんのう、きうれんす、
きはきでせえ、さんしょならね、
さいほうちんかんさん、
めんこが十箱で、ひうどちゃん

これは長崎の「かんかんのう節」で、市来のものも最初は似ているが、少しずつ違っている。

さて、法界屋は門付けをした。『ながさきの民謡』には、「豆しぼりの手ぬぐいを首にかけ、富士山組とか浅間組などエリに染め抜いたハッピを着て、どんぶりの腹掛け、紺の股引きに紺足袋、藤倉草履ばきのイキな姿で、昭和6年の満州事変ごろまで浅草や新世界あたりにいた。／月琴伴奏は明治27年の日清戦争が起こると敵国の楽器だというので月琴がきらわれ、立琴や手風琴に変わってくる」と。法界屋は明治から昭和初期まで流行っていたようだ。広辞苑の格好、書生の白衿とはずいぶん違う。月琴というのは、バンジョーのように胴が月のように丸くて、琴の音ようであるから月琴というのらしい。（註／は段落）

7　サノサ節の初期

「サノサ節」は「法界節」から生まれ、明治31年ごろから大流行した、と前書に書れている。どうして「法界節」から「サノサ節」が生まれたのか、その経緯が書いていないし、最初の「サノサ節」のメロディーがどんなものかわからないので、想像もできない。

「サノサ」は法界屋の座付け歌であったようだ。元歌は「花づくし」とか相撲や歌舞伎の人気役者を折り込んで歌ったようだ。

山茶花　桜に水仙花
寒に咲くのは　梅の花
牡丹　芍薬ネー　百合の花
おもとの　ことなら
南天　菊の花　サノサ

相撲なら、鳳・大錦・栃木山
人気のあるのが　常の花

これらの歌を歌ったのち、法界節を歌って、ご祝儀や米などを貰って回ったのだろう。

この「花づくし」の歌詞は、串木野にも残っているし（商工観光課の歌詞集には載っていないが）、上甑島村にも残っている。

気になるのは、法界屋が生まれたのは、長崎市なのか、東京の浅草とか新世界なのか、がわからない。長崎市でも「法界節」が流行って、「さのさ」も流行って、それから、五島へと渡っていったのか。その出所がはっきりしない。『ながさきの民謡』の書きっぷりでは、長崎市に法界屋がいて、「サノサ」があって、それから五島へ渡っていったように、暗黙の了解があるようだ。

さて、法界節を歌う人たちは、流しの門付けをした。それを法界屋といった。現在NHK大河ドラマ「利家とまつ」に出演している中条きよし（利家の家臣奥村家福役）の父が法界屋で終戦後まで流しをしていた、と3月のスタジオパークで話していた。ここでは、流しを法界屋と言っているようであった。場所は大阪のような感じであった。

こうして「サノサ」は誕生し、長崎から五島へ渡り、それを串木野の遠洋漁業の漁師が鯖釣りの賭け歌として、メロディーをそっくり手に入れた。

8　五島サノサの概略

五島の福江市の隣町、岐宿町に民謡研究家の松山治氏がいる。電話で尋ねたので、これで言い尽しているのかは疑問だが、要約すると、次のようなことである。

「サノサ」は明治中頃爆発的にはやった。船が遭難し、後家が増えた。憂さ晴らしに、後家同士が大きな家や野原で歌い出した。夫や婿が死んで哀調がある。皆と別れ、家に帰って三味線を爪弾いて歌っていた。宴会でも歌われていたが、座を盛り上げる歌ではない。座を盛り上げる歌はハイヤ節や磯節であった。

五島サノサは漁村型・農村型・城下型の三つがある。漁村型は派手に明るく歌う。農村の方はゆっくりと歌う。城下型は漁村と農村との中間ぐらいで上品な歌い方であった。歌詞は20～40番ぐらいある。

現在は、歌の会で時々歌われる。また、踊もできている。

「明治中頃爆発的にはやった」というように、五島では「サノサ」は明治時代に入ってきている。広辞苑や『ながさきの民謡』のように明治30年、31～32年から大正時代に流行した、のであろう。

串木野のバショウカジキ漁はちょうどこの時期に発展していたので、料亭で歌われる流行歌を取り入れたのである。

9　サノサはいつ頃、串木野で盛んになったか

遠洋漁業の漁師たちが手に入れたのは、サノサではあろうが、長家喜代志氏・里村の小川三郎氏によると、戦前までは串木野でも甑島でも「サノサ」と言わず、「法界節」と言ったようだ。サノサではあったが、法界節の影響が強く、「法界節」と「サノサ」のメロディーはほとんど同じで、違うのは囃子が「ほうかいぃ」か「サノサ」だけ

のようだ。

最初に述べたように、灰床利夫氏『くしきのサノサ』に、大正末期でも「串木野さのさ」より「やすき節」の方が愛唱されていた、というので、昭和に入って定着してくるのではなかろうか。それは漁村の若者グループが相手のグループと歌の競争をした時、それぞれが工夫したことによることもあろう。

安来節（やすぎぶし）は大正3年に大阪で、大正6年に東京へ出、それから全国へ流行した、と広辞苑に書いてあるので、安来節はあっという間に串木野の漁師の心をつかんだのだろう。

昭和18～19年頃ＮＨＫから、本浦の船蔵光二・上新太吉氏などによって全国放送された。この頃から歌の頭に「ハアー」というものが付きだした、と長家氏が証言するので、それまでは「ハアー」なしで歌っていたらしい。「ハアー」と歌い出すのは、串木野サノサだけなので、串木野サノサの特徴になっている。

戦後は、昭和32年、赤坂小梅により「串木野サノサ」が鹿児島市中央公民館で歌われた。

若者が歌うサノサは長たらしい歌だった、ということからも、現在レコード化した時点で、メロディーが変わり、調子も早くなってきたようだ。最初は労働歌ではなく、お座敷の歌として入ったからであろう。

串木野サノサとして最も流行したのは戦後になってからだ、と長家氏は言うので、戦前までは漁師の間で歌い継がれていたが、レコード化をきっかけに、サノサが串木野の人々の心を捉え始めたのではなかろうか。

昭和30年には。竹原氏が踊を振付け、「サノサ踊」があちこちで練習された。

そして、決定的にサノサが定着するのは、昭和46年の大水害の年に、市民グラウンドで「さのさ祭」が行なわれ、翌年からいわゆる市中流しが始まることになってからだ。踊は2通りあった。現在も竹原氏の振付けの踊を踊っていることになる。

五島で歌われるのは「五島サノサ」と言い、里村で歌われるのは「里サノサ」と言わねばいけないのだろう。現在サノサが定着しているのは串木野以外にはない。

10　県内のサノサ

鹿児島県内では「サノサ節」がどこにあるかと言えば、五島との関連からか、甑島里村（27番）、上甑村平良（161番）、下甑村片野浦（2番）、知覧町（3番）、伊集院町（1番）、志布志町（2番）と六か所上がっている（『鹿児島県民謡調査集』・『志布志　民謡調査』『ふるさとの昔歌』上甑村から）。志布志のだけは、「サノサ」が付いてないので、メロディーを聞いて確かめなければいけないだろう。

何といっても串木野・甑島が「サノサ」の本場という感じがする。「串木野サノサ」と里村との共通の歌詞は「人は武士……」「歌なれば……」「梅干しは……」「わが恋は細谷川の……」「義理も捨て……」「あんどんに……」などで、やはりかなり多い。27番中6番と2割ほどである。

上甑村平良の「サノサ」は串木野とつながるのかもしれない。「百万の……」「落ちぶれて……」「夕空の……」「我が恋は……」「月の夜に……」「梅干しは……」などなど、161番中32番は同じか似たもの（一部違う）である。この歌詞集に漏れているものもあるので、実際はもっと重なる歌詞があるかもしれない。

里村小川三郎氏によると、池山一美氏は串木野に住んでいたことがあるという。それにしても歌詞の多さに驚く。

ところで、里村と上甑村平良では、里の27番中26番が上甑村平良とほとんど同じ文句である。1番だけが違う。もっとも、里と平良とは、同じ甑島ではある。これから考えると、里村の方も27番でなく、もっとあったのではなかろうか。里村でも平良でも「サノサ」は祝い歌で、「特に結婚式では、三三九度の歌として流行し」と『ふるさとの昔歌』に書いてあるので、結婚式を通じて広まったのであろう。なぜ結婚式に歌われるのかわからないが、恋の歌が多いからであろうか。

「結婚式は勿論、船の進水式祝、大漁祝、棟上祝、其の他祝の座付唄として、太鼓・三味線入りで賑やかに歌われた」し、日常歌っていることから、なおさら広まったのであろう。その中に、「五島サノサ」と「串木野サノサ」に「非常によく似ている」「五島近海の漁場へ出漁していた甑島の漁師たちが持ちかえったものと思われる」と串木野とは別ルートで伝えたことを述べている。

上甑村平良で、もう一つ特徴的なことは、「サノサ」の中に詩吟を入れていることである。これは「串木野サノサ」でも詩吟や、二節歌ってから、別の歌、「おーい舟方さん　舟方さんよ」が1番全部入ってから、後半の二節を歌う、のと、同じ系統である。

下甑村片野浦のは2番中「梅干しが……」の1番が合っている。知覧町のは3番中「人は武士……」の1番が合っている。伊集院町（1番）・志布志町（2番）のは合うのがない。

これから言うと、甑島とはかなり共通性があるので、お互いの行き来があったのだろう。

伊集院町や志布志町へは、どのような経路が考えられるだろう。伊集院町は串木野から伝えたのかもしれない。志布志町は甑島から定置網などが入っているので、もし「サノサ」であるならば、これは甑島の方から伝わったのであろう。

鹿児島市にないのが気に掛かる。串木野オゴジョという、いわゆる「女中奉公」のいちばん多い場所は鹿児島市のはずである。だから、鹿児島市は特に「串木野サノサ」が伝わっていそうなものだ、と思うが、どうであろう。

11 「串木野サノサ」はまだまだ続く

「五島サノサ」は、簡単に聞かれなくなってしまったようだ。長崎市が本籍なら、長崎市にも何か片鱗が残っていそうだが、これも見られなくなったのだろう。

日本全体には、どれほど伝わったのか、よくわからない。浅草や新世界とやらでは歌われてないのだろうか。法界屋がさまよい歩いたのはいったいどこあたりだったのだろう。

「サノサ」が、残っていて、発展しているのは「串木野サノサ」だけなのかもしれない。

参考文献

『串木野郷土史　補遺改訂版』　郷土誌編集委員会　昭和59年3月31日

『くしきのサノサ』　灰床利夫

『広辞苑』

『民俗芸能辞典』　編者仲井幸二郎・西角井正大・三隅治雄　平成8年　東京堂

『ながさきの民謡』　昭和44年　長崎新聞社

『市来町郷土誌』　郷土誌編集委員会　昭和57年

『里村郷土誌』

『志布志　民謡調査』

『鹿児島県の民謡―民謡緊急調査報告書―』　県教委昭和59年

『(上甑村平良) ふるさとの昔歌』　池山一美　昭和60年

(掲載：16号＝2002)

別府の塩田と吉村焼酎屋の盛衰

吉村春洋

別府の塩田

串木野には、明治の終わり頃まで、大きな塩田が2か所あった。その一つは、串木野駅下方の五反田川沿いで、今も地名が塩田として残っている。そして『串木野郷土史』にも記述されている通りである。もう1か所が、別府地区にあり、大字が下名、**小字が吉村前**である（図①）。現在は全て水田化され、その面影は残っていない。当時の海水を導入する溝の石垣がコンクリート壁・底になり、水門が改修され、水田に海水が流入しないようになっている。現在の水路は、雨水の貯水と生活排水が流入しているが、メダカや鮒が住める水路で、稲作に利用され、水量の調節に水守りがいる。

吉村前の製塩はいつ頃から始まったか知る人はいないが、平成5年9月現在で、90歳を越した2人が、製塩に小学校時代に手伝いとして経験している。90歳の方が小学4年まで手伝ったことから、明治44〜45年あたりで、塩田は閉鎖されたようである。（岩元イ子さん　90歳島平須賀、西別府ミネさん　96歳　下名別府）

この2人に会い、当時の製塩について聞き取り調査の結果を記述する。

下名字吉村前の製塩方式は、**揚げ浜式塩田**であった（図②③）。塩田に砂をまき、砂に海水をかけて乾燥させ、また、海水をかけては乾燥させ、これを繰り返して、塩を付着させて、その砂を集めて、**塩しめ桶**に入れ、海水をかけて濃度の高い塩水をとり、これを**釜**で煮詰め、塩を焚き上げていた。濃度の高い塩水を取るためには、当然晴天の夏場であり、大変な苦労であり、夕立でも来るものなら、朝からの苦労が水の泡となるので、砂を砂小屋に取り入れるのは戦さのようであった。

製塩作業と用具について

1　砂運び　砂小屋から塩田に砂を運ぶ用具として、**ブンギィ**（竹製）が使われ、このブンギィを**イネサシ**（天秤棒）で運んだ。

2　砂に塩を付ける　砂小屋から運び出した砂は、塩水でぬれているので、砂をばらまいたあと、**モガ**（木製）を引いて砂を波型にして、日当たりをよくした。乾燥がすむと、払い棒を使った。塩田にばらまいた砂を乾燥させるため、**払い棒**（竹——魚釣り竿に似たもの）で、砂を払って、乾燥を進めた。大人が払うと「シャクリッショ」と音がしたが、子供がしても、この音は出なかった。払う力が関係したらしい。

3　塩しめ　塩分を多く含んだ砂が多くなると、塩しめをした。ネンドと石灰、塩で固めた凵型の上に、木製の木箱で、底に竹を割って敷き詰めたものに、塩を付けた砂を入れて、海水をかけて、**塩**

ために溜まった濃塩水を作った。濃度を測定するために、**ムクの木の実**を使い。この実が浮いたら濃く、沈んだら薄いので、塩焚きはしなかった（もう一度、塩水をかけて、濃くしてから使う）。

4　塩焚き　塩釜は個人ではなく、共同で作られたものが3か所あった。塩焚きは順番のため、晴天が続いた時は、昼夜を問わず行なわれた。

5　塩の販売　製塩された塩は、専売制度になるまで、自家で遠く、主として山手の集落に、馬・牛に鞍を置き、塩を積んで、いつもの**塩宿**に行き、そこで集落の家々に売ったらしい。山手の集落では、男の子が元気に育つように、塩売りの家に子供を形式として預ける、**塩父（しおとと）・養しね子**の風習があった。別府の塩はどの方面まで売られたかは知る者はいないが、現在でも、上神殿と養しね子の付き合いが続いている家が残っている。話ではあるが、薩摩郡祁答院町大村の方が私の父も養い子で、串木野市別府に塩父がいたとのことであるので、薩摩郡方面にも塩が運ばれたことが推察される。

自由販売から専売制度になり、塩の品質が査定されるようになり、別府地区の塩は3等から5等級で納入されたらしい。同じ地区の塩田でも、人家寄りは5等塩、八房川に近い塩田は3～4等塩ができたとの古老の話である。

戦後の串木野での製塩

昭和20年の敗戦後、塩の不足に見舞われた時、各地で自家製塩がなされた。海岸地区の住民は海から海水を汲み上げ、直接釜で煮詰めて塩を作り、自家用としたが、残った分は山手の方に運び、食糧やその他の物品と交換していた。次第に製塩を職業とする者が現われ、照島小学校区では、現神村学園の下方と、八房神社下方、八房川鉄橋の上流の州で製塩が行なわれ、昭和1ケタ生まれの方が製塩を経験している。しかし、この製塩も国内外から安価な塩が出回るようになり、戦後2年くらいで消滅したようである。

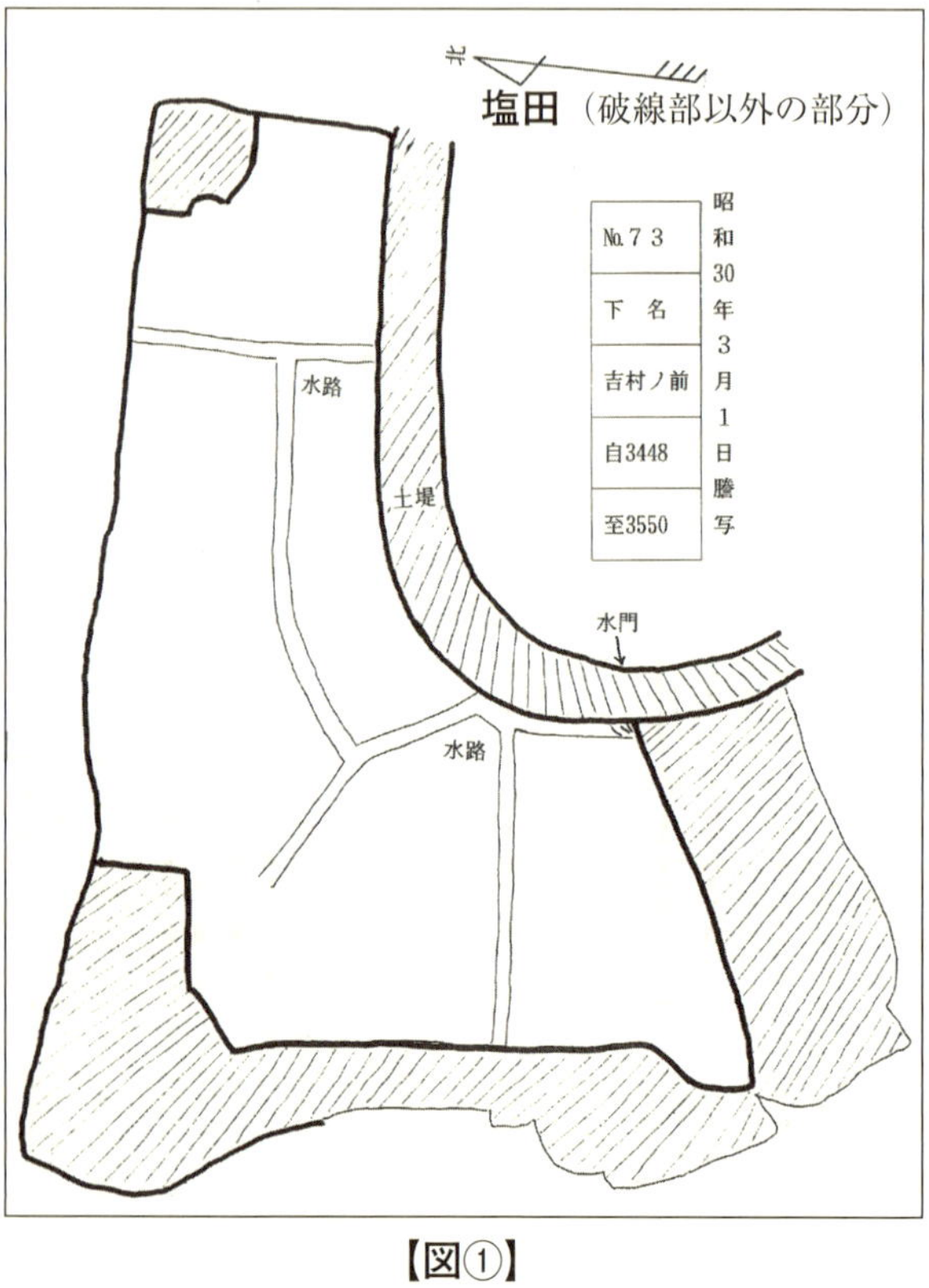

【図①】

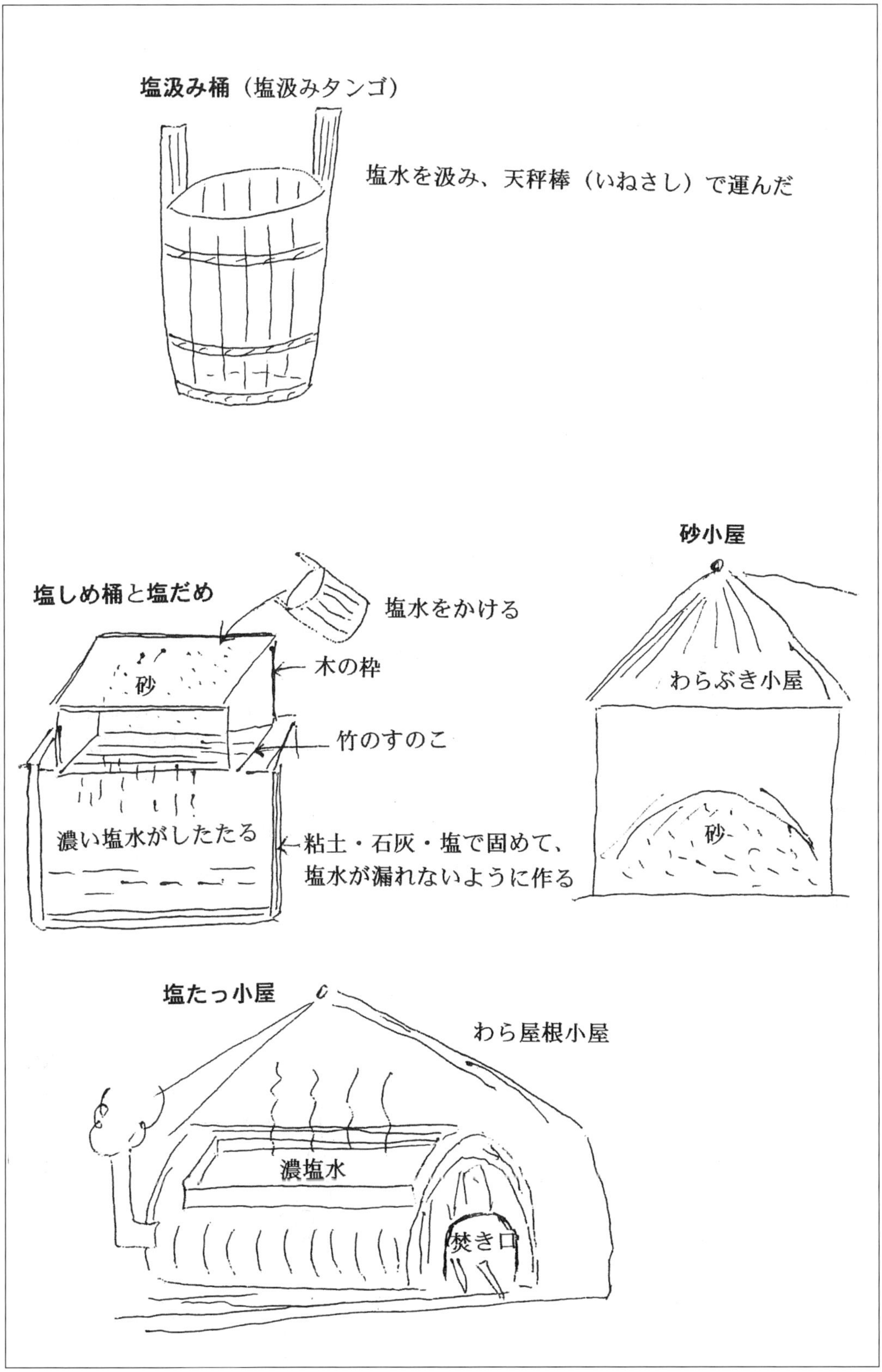
塩汲み桶（塩汲みタンゴ）
塩水を汲み、天秤棒（いねさし）で運んだ
砂小屋
塩しめ桶と塩だめ
塩水をかける
木の枠
砂
竹のすのこ
濃い塩水がしたたる
粘土・石灰・塩で固めて、
塩水が漏れないように作る
わらぶき小屋
砂
塩たっ小屋
わら屋根小屋
濃塩水
焚き口

【図②】

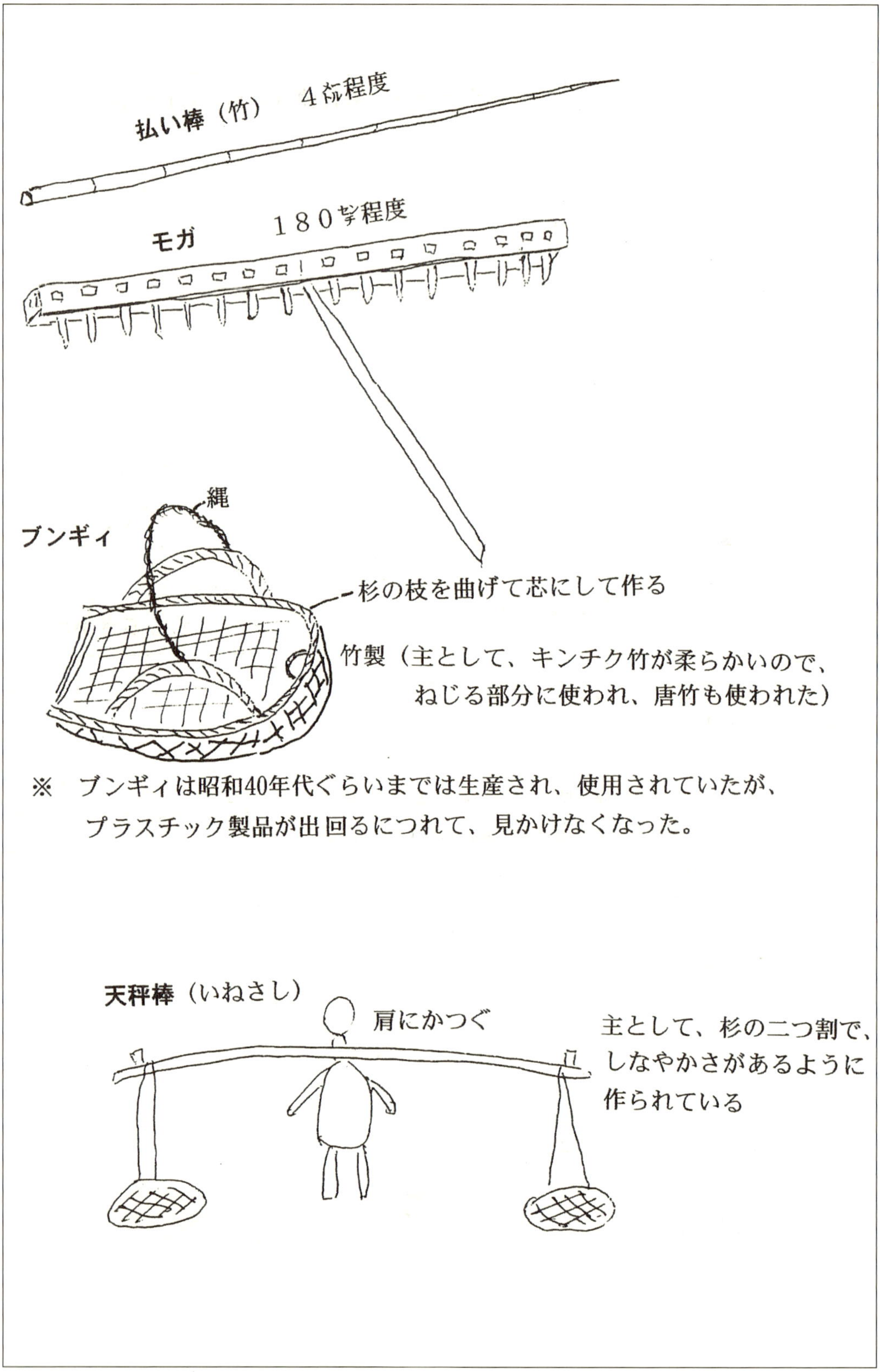
払い棒（竹）　4㍍程度
モガ　180㌢程度
縄
ブンギィ
杉の枝を曲げて芯にして作る
竹製（主として、キンチク竹が柔らかいので、
ねじる部分に使われ、唐竹も使われた）
※　ブンギィは昭和40年代ぐらいまでは生産され、使用されていたが、
プラスチック製品が出回るにつれて、見かけなくなった。
天秤棒（いねさし）
肩にかつぐ
主として、杉の二つ割で、
しなやかさがあるように
作られている

【図③】

吉村酒造工場の盛衰

串木野に3工場があった

串木野には、昭和初期まで、大久保・樋渡・吉村の三つの醸造工場があった。

大久保酒造は、現在の元町、栄光ふとん店の付近にあり、焼酎は他工場に比べて少なく、醤油も生産していた。**樋渡酒造**は、羽島出身で、現在の宮之原病院のあたりで、焼酎を生産した。

吉村醸造は、下名別府3、419番地で、旧国道和田外科前から海岸へ、ゆるい坂道を約200メートル行った地点である。

吉村酒造について

※　この記述は、酒造工場主、故吉村吉次郎氏の長男故吉村義雄氏、杜氏の古川静次氏（川上出身）からの聞き取り調査による。

吉村酒造の商標は、舎（ヤマヨシ）で売り出された。当時、隣り村、市来町には、大里・七夕・大和桜・天狗桜・薩摩富士など、多くの銘柄があったが、舎は、左党に好まれ、人気があったとのことである。酒造を始めた初期は年産150石程度であったが、年産500石に達した。

出荷先は、地元が主であったが、甑島は照島から船で、鹿児島方面は荷馬車で運搬した。故吉村次郎氏、木原七太郎氏がこれに当たったとのことである。鹿児島の問屋は、前畑仲吉商店・吉山市助商店・東けん吉商店が主であった。古川氏の話によると、税金の納期が迫ると自転車で鹿児島に行き、1日かかって、やっと1、000円程度集金できて、薄暗くなった道を串木野へ帰る時は、大変怖かったと話された。税金の納期は年2回で、一期が3、000円程度だったとか。生産原価は60銭程度で、焼酎小売り価格は1円であった。

当時の酒造は、その年の予定生産石数を税務署へ申請するとともに、税金の保障として、現金や資産を担保として、許可をもらい、生産したとのことである。

吉村酒造倒産の原因（昭和7年倒産）

昭和の初期までは、専売制度はなく、価格も自由で、酒造元が決めて蔵出ししていたが、昭和初期の日本をおそった不景気により、蔵出しした焼酎の売り掛金が未収となり、税金を納めるため、生産原価を割って、安売りをする。業者はこれを待って仕入れる、といったようなことで、経営が悪化した。

経営困難の時、長崎より業者が来て、現金で仕入れてくれたので、息をついたところへ、電報で数石の発送依頼があり、早速発送したが、代金の納入がなく、長崎に集金に行くと、全く架空の商店で、これが未収となり、一層の経営悪化をきたしたと、吉村義雄氏、古川静次氏の話である。

あとがき

串木野の大久保・樋渡の2工場ならびに、東市来の田丸・久留酒造もこの頃倒産しているが、価格の自由競争や不景気が原因ではなかろうか。吉村・古川両氏はもっと早く専売制度になれば、また、専売制度になるまで持ちこたえたら、倒産はなかったのではと。

市来の焼酎工場が倒産しなかったことについては、資産が多かったり、市来には、海江田・大迫・高崎といった財閥の助けがあったのではないかとの話であった。

（掲載：10号＝1996）

資料　**入来定穀日誌から—明治16・18年の個人の焼酎製造**

1　明治16年

8月28日—**焼酎造見込石高届出**を取消願い

10月12日—**焼酎鑑札願**（去る9月29日付で）願出て**80銭1厘**渡す。

10月13日—焼酎蒸溜をした。

10月25日—児玉正次郎殿が来て、焼酎残高と瓶・樽などを届け出よ、と言ってきたので、**残正中は2斗5升**。**瓶・自分用樽・甕もある**とハガキで出す。

11月26日—**芋正中造り**。但　小カカリ　表42位内18分は臼庭に、外は隠居に造り置く。**麹米2斗5升**代り、町常吉方より取り入れ。

11月28日—助之進殿の**正中鑑札願**・・鑑札料は取替え払い。**正中醸造届**も出す。

12月3日—池田氏へ依頼した、臼井氏の**正中鑑札**・・が来た。

12月6～8日—正中蒸溜。**唐芋正中蒸溜**方で**1釜6升づつ正味**取り。

12月19日—臼井助之進の**正中見込み**と**蒸溜届**出を依頼。

12月21日—臼井助之進の**焼酎見込蒸溜届**は本日した。分量は、

玄米1石　この焼酎6斗

唐芋38貫目　醸造届済み

麹米1斗9升

この焼酎3途（斗？）

2　明治18年

2月14日—昨日の日付で、**焼酎醪（もろみ）仕込届**出す。

8月6日—町の宮之原正兵衛殿方から**釜1枚**取り寄せる。これは**正中用**。

8月7日—**正中8升ばかり蒸溜**した。

10月2日—宮之原氏から本年作の籾1俵借用。但正中造り用。正中鑑札申請の届書と金1円60銭2厘（臼井助之進分まで）

10月8日—**正中鑑札**、臼井助之進分まで2枚受取り。

10月18日—**正中蒸溜**

浜町界隈の業種・業者数

萩原　章吾氏作成の記録

大正初期から昭和初期までの業種および業者名を記憶に基づいて記載しました、という、萩原章吾さんの一覧表がある。平成2年9月15日に喜寿を記念して、浜町敬老会に差し上げた、とあるので、浜町の人達には、知れ渡っている一覧表ではあるのだろうが、個人名をそのままここに載せると、不都合なことが起こるかもしれないと、躊躇させるものがあるので、名前は載せず、何人いるかの数にしてみる。

浜町には、こういう職種があったのか、それは今でも続いているのだ、などが推理されて、楽しいものである。

町名は、浜ン馬場・上ン馬場・上向・浜商・浜町とある。

萩原章吾さんは、大正2年7月13日生である。記憶間違いや抜けは修正して、とのことだが、職種においてはそう間違いは少ないものと考えている。

（掲載：12号＝1998）

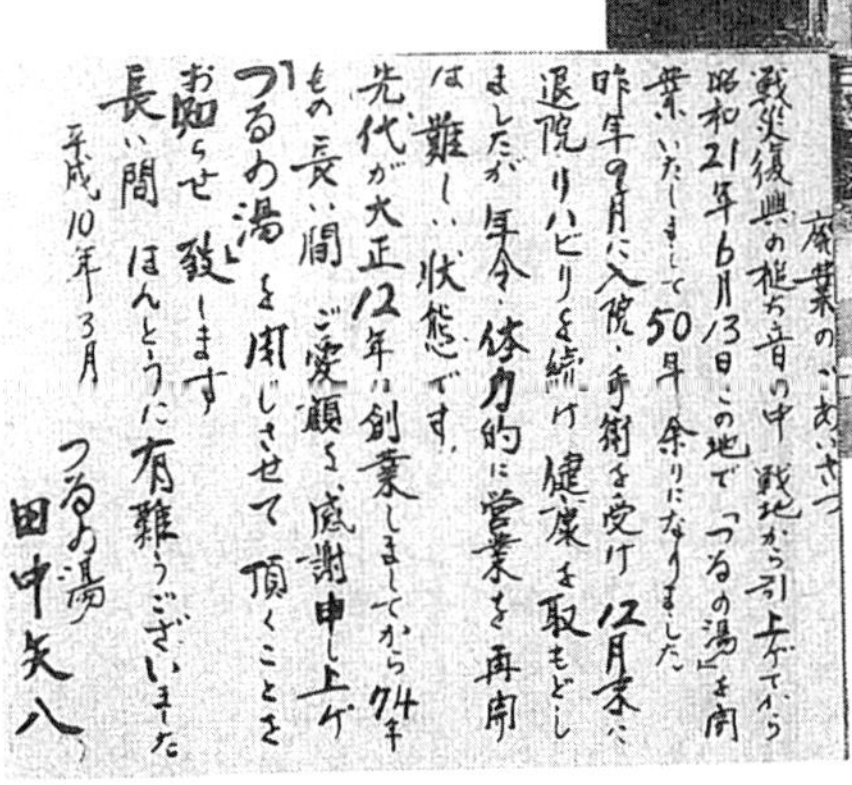
廃業のごあいさつ
戦災復興の槌ち音の中 戦地から引上げてから
昭和21年6月13日この地で「つるの湯」を開
業いたしまして50年余りになりました
昨年の8月に入院・手術を受け 12月末に
退院リハビリを続け 健康を取もどし
ましたが 年令・体力的に営業を再開
は難しい状態です。
先代が大正12年に創業しましてから74年
もの長い間 ご愛顧と感謝申し上げ
「つるの湯」を閉じさせて頂くことを
お知らせ致します
長い間 ほんとうに有難うございました
平成10年3月
つるの湯
田中矢八

浜町鶴の湯 ── 平成10年廃業

業種	軒数
公務（付属員ー事務担当）	2人
呉服・太物類	3軒
質舗	2軒
海産物問屋	5軒
鮮魚小売り	3軒
もやし製造	2軒
水産加工	13軒
銭湯	3軒
つけあげ加工	4軒
削り節加工	2軒
火ぼかし魚加工	3軒
甘酒こうじ製造	1軒
手打ちそば	1軒
菓子舗（加工）	7軒
油類販売	3軒
精米・養豚・フカヒレ加工	1軒
薬局・薬店	4軒
日用食品荒物	8軒
作業着仕立業	4軒
雨具合羽加工	1軒
旅館業	4軒
理髪業	4軒
板金加工	3軒
肥料商	1軒
船具家庭金物	6軒
履物商	3軒
藍染業	1軒
文具・化粧・小間物	3軒
葬具加工	1軒
用品雑貨（書籍）	3軒
駄菓子商（おこし製造）	5軒
食品陶器	3軒
時計店	1軒
トラック運送	2か所
畳加工	1軒
豆腐製造	2軒
焼酎醸造	1か所
浜町郵便局・東本願寺浜浦説教所（現浄宝寺）	

2　日々の暮らし・移り変わり

その頃の串木野（明治～昭和初期の生活）

有馬俊雄

紹介

有馬俊雄翁は、明治23年12月1日生まれで、すでにこの世には存在しない。生存ならば１０８歳であろうか。昭和47年鹿児島市に移り、昭和54年2月6日没、90歳であった。

昭和46年4月1日に『其頃の串木野』を四百字原稿用紙84枚と地図1枚にまとめて、市立図書館に贈呈した模様である。「あとがき」や手紙によると、昭和37年に書き上げ、小学校に置いていたが、友人某氏が借りて、行方不明となったが、10年近いブランクをものとせず、旧稿を探し出し、2、3追加して、再度まとめた、とある。また、浅井串木野小校長が『其頃の串木野』をほめて、次の時代のことを自分が書き足して、1冊の本としたい、と言ったが、まだ、執筆中だ……、などのことが見え、かなり力を入れて、書いたようだ。わからないところは、13人に尋ねたことが、後出のように名前を書き残しているので、公正を期している。13人の名前は主な人であろうから、実際はもっとたくさんの人に尋ねたと思われる。

読んでいくと、明治時代の我々の知らない様子が、おぼろげながらわかってくる。たいへん貴重な記録で、そこらを浅井校長は評価したのだろう。

ただ、漢字にはかなり独特なクセがある。明治後期には、漢文調から口語への移動期で、その両方に通じているからであろう。方言を禁止し、共通語教育を徹底させる時代であった。ときどき、このように読んでよいのだろうか、と判断に迷う文字もある。現代の文に慣れていないためであろう。それで、今回はちょっと原文から離れる書き方でまとめている。たとえば、「でしょう」を「でしお」では、読む方が難儀するので、原文に１００パーセント忠実にしては、読みにくいので、漢字も旧字は当用漢字に改め、わかりにくい読みには（　）内に、読みを書き入れたりして、便宜をはかった。有馬翁もそれは許してくださるであろう。

補足

本篇は、会誌13・14・15号（1999・2000・2001発行）の三回に分けて連載されていたものを、まとめたものである。

◇　◇　◇

本編は元より路傍の石に過ぎません。が、斯様（かよう）な苔石でも、往時の串木野を偲ぱるる人の、参考ともなればと思いまして、厚かましくも、その旨を浅井校長先生にお話し致し、どこか校庭の片隅に置いて頂けませんか、と申し上げましたところ、快くお受け下さいましたので、お言葉に甘え、冷汗を覚えながら、お届けした次第でございます。

途の辺の草むらの中の苔石は
足とめて見る人のあるやも

なお本編の製作に協力下されし、左記各位に厚く御礼申し上げます。(敬称略)

麓	入枝広二	大原西	出水新太郎
大原南	花立伊太郎	大原町	猪俣才蔵
大原西	上潟口森右ェ門	大原町	栗山藤重
中尾	冨宿八太郎	本町	本田太市
本町	栗山新造	浜町	坂元直哉
浜町	中尾武平	市口	宮之原佐吉
市口	松元保雄		

―目次―

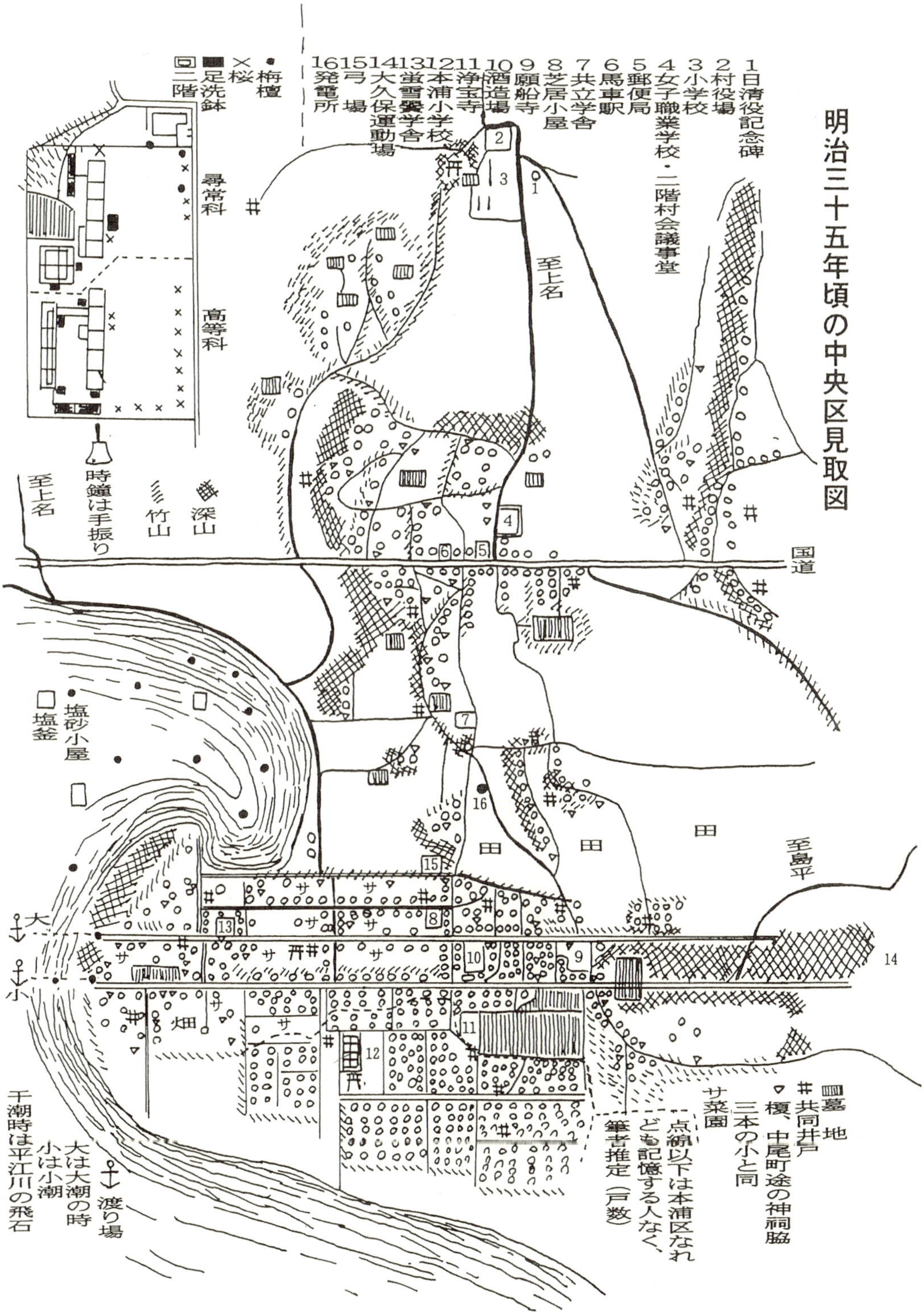
明治三十五年頃の中央区見取図
1 日清役記念碑
2 村役場
3 小学校
4 女子職業学校・二階村会議事堂
5 郵便局
6 馬車駅
7 共立学舎
8 芝居小屋
9 願船寺
10 酒造場
11 浄宝寺
12 本浦小学校
13 蛍雪義学舎
14 大久保運動場
15 弓場
16 発電所
● 梅檀
× 桜
■ 足洗鉢
回 二階
尋常科
高等科
時鐘は手振り
竹山
深山
至上名
至上名
国道
塩砂小屋
塩釜
田
畑
至島平
大
小
渡り場
大は大潮の時
小は小潮
干潮時は平江川の飛石
墓地
共同井戸
榎、中尾町途の神祠脇
三本の小と同
サ 菜園
点線以下は本浦区なれども記憶する人なく、筆者推定（戸数）

まえがき

歌人太田水穂は、明治への郷愁を次のように歌いました。

明治大帝上にましまし群鷹を
従えられし世をしぞ憶ふ

ああ明治　東郷　原敬　三宅雄
夏目漱石　市川団州

文壇人久保田万太郎は次のように作句しました。

世も明治人も明治の桜哉

明治育ちし人は、共感覚ゆる人々が多いでしょう。栄枯は避け得られぬ冷厳なる摂理とはいえ、余りにも変容したる現代の世相に懐旧の情深きものがあります。

筆者生来愚鈍、なんら為し得ず、落後者街道を黙々として歩を運ぶ中、何時の間にか古希の駅を過ぎ、晩秋の風が身に沁（し）むようで、私なりに明治への郷愁が湧きますので、往時の憶い出をと、今は数少なき先輩や旧友の記憶を集め、また、幸せにもまだ健在たる、恩師入枝広二先生を煩わして纏（まと）めてみました。ところが、辻棲の合わぬ、破衣の人のようで、見苦しいことこの上もありません。しかし、不恰好でも、自画自賛のようですが、往時の世相を偲ぶ人々の参考にはなろうかと思い、厚顔にも駄文を綴った次第です。この稚拙な一文がそれらの人々の何かのたしにでもなれば、幸せに存じます。

その頃とは、今より60年余り前（昭和46年から60年余りなので、明治末のこと）、私等が「四千余万　兄弟（あに・おとうと）共よ、護りに護れ、君が御世を」と謳（うた）っていた頃のことです。

串木野は明治16年迄は、上名村・下名村・荒川村・羽島村であったのが、合併して串木野村となり、町となりそして、昭和25年市となりましたので、いわば串木野の少年時代（のこと）です。明治30年、日本は4千万人の国民が、日清戦争により得たる遼東半島を、露・独・仏（ロシアードイツーフランス）の三国干渉にて返還させられ、その半島をロシアが手に入れようと動き始めましたので、国民の憤激は極みに達し、来るべき開戦に備えていた前後の頃（のこと）です。

（編者注、「歌の中の人物」は省略）

1　村　政

村役場は学校の東隣（現在東校舎の所―**注**　今の串木野中学校の玄関のあたり）にて、村長は上名より、助役は下名より就任し、次期は反対に交代して、旧郷士中より就任して、村政を運営しました。是（これ）は議会で決定したのではなく、藩政時代の戸長役場の構成を踏襲したものです。議会政治になっても、封建性が依然として強く、郷士以外の議員は学識が不足していたので、発言力が弱く、自然、当局の提案に協調する他なかったのです。議員は納税額により三級に区別して選出し、議案は当初は筆写、次は蒟蒻板（コンニャクぱん）刷りとなり、謄写板刷りとなりました。しかし、時勢に伴い、村民の政治意識も高まり、進歩的な適材が簇出（続出）して、年ごとに新時代の浪は大きくなり、昭和の初めごろには封建的機構は流されました。

役場は、村長・助役・収入役の他に、庶務・戸籍・学務・兵事・勧業・税務の六課にて構成され、衛生事務は庶務が兼ねました。事務は十余人で執（と）りました。

この他に、農業会（大正の初めごろ農会と改む）。農業・烟草・養蚕の三部に各技術員を置き、会長・副会長・書記にて運営しました。なお役場吏員・農会係員は新年度の当初、東西市来・串木野三村合同して、自治研究と親睦を兼ね、三村会と銘して、歩調を揃えましたので、国・県議員の選出は上方（政友会支部）の指令に一糸も乱れませんでした。村会議場は35年頃大原鉄橋西側に2階建がありました。2階は議場、1階は女子職業学校で、機織り・裁縫・作法を指導しました。

2 選　挙

明治22年、憲法発布により、国民は選挙といふ試練に直面しました。が、それは暗黒の中に宝石を探せ、との課題でしたから、必然、識者の指示を俟（ま）つ外はなく、適否を判別する人々は少なく、言われるままに従いました。従って政治は権力者任せでした。

「今度はこの人を書け」と言わるれば、「はい」と渡された氏名を書かれた紙片で練習する、といふありさまで、全く形式でした。我が県は、政友会といふ政党が多かったので、明治の末頃、我が串木野では、国会議員に（政友会の）長谷場純孝・奥田栄之進の二人を出したほどです。しかし、1924年憲政会内閣成立して、普選（普通選挙）の実施により、この牙城は崩れました。この時、阿多村出身の弁護士春島東四郎出馬して、1位当選したため、県民の政治理念は動揺しましたが、封建性の乳離れは六ヶ敷（むずかし）く、地主や部落のボスが牛耳を執っていました。

選挙法も今日ほどではなく、大正6年のことですが、村会議員に立候補し、運動員を1人も使わず、全く1人で見事中位で当選した人がいるのです。その人の名をBと仮定しておきます。Bは長年村役場に勤め、殆どすべての事務に明るく、一般人の相談相手になって、世人から好感を持たれ、世間のイザコザの調停に当たるなど、顔は広かったのです。投票当日、Bは役場の門辺りに網を張り、上名冠岳から浜町に行く人を捉（とら）え、投票のことを尋ねますと、「多忙ゆえ投票どころではない」「字を習ふたが忘れた」「誰が成ろうと　かまわない」等と答える人に「それでは私が代理で投票しようか」「それは好都合。どうぞよろしく」という次第で、入場券を受け取り、係に「この人から代筆を依頼されたから」と用紙を受け、Bと記載して投票と言ふありさまです。この操作を締め切り時まで営みますので、全く容易（たやす）い楽しい選挙に違いありません。代理投票に委任状は無用ゆえ、係も法規がないので、苦笑しながら用紙を交付するよりしかたはありませんでした。世間も強く評せず、一笑に付していました。このようなことは、他村でもあったように、新聞は報じていました。

3　郵便局

32年3月大原十文字東北の角に、郵便局がありました。局長は日高為雄（麓）、局員3名、配達夫数名、後、国道西側に移り、局長武田哲（大原）、その後同南角に移る。局長黒江庄次郎（浜田通）、移転時はいずれも不祥。

電報は38年4月、それまでは西市来局扱い。

電話は42年2月、各局間の通話開始、大正10年10月、村内、電話が架設されましたが、配置指定数15台でした。希望者なく、局長は随分苦労されました。役場と串小校だけでもと、議員有力者数名に相談して、同意を求められたほどでした。開通当初は抱腹するような珍談がありますが、省略します。

4　駐在所

警察署は西市来にあって、東西市来と串木野を管轄し、串木野村には、大原上下・市口に1か所宛あって、村内を警邏巡視しておりました。冠岳・羽島・芹ヶ野金山には毎月1回、制服に長剣を帯び、草鞋（わらじ）脚絆（きゃはん）にて、長閑（のどか）な途（みち）を悠然（ゆうぜん）と歩き、時折途に会う里人は、途をゆずり、高度の敬意を表しました。官吏や議員の権威は現代人の想像もできぬものでした。青年の夢を俗謡に「末は博士か大臣か、国会議員か大将か」と謳（うた）はれたものです。当時、博士は県内に県立病院長浅原慎次郎氏一人であったと記憶しています。

5　教育

三要の中、徳育に重点が置かれました。もちろんＰＴＡはありませんでしたが、実質的には学校と家庭には強固とした連鎖があり、児童の全容を裸にして懇談し、矯正するためには、怪我をしない程度の強鞭を願い、先生も容赦なく愛鞭で強打しました。本人も先生に叱責強打されても秘し、判明すれば両親は訓戒しましたが、事柄に依りては、強鞭が加えられました。社会もまたスパルタ教育、即薩摩教育を重んじ、自他を問はず指導しました。嘲笑され、または泣くことあれば、家族中で叱責しました。大正5年頃、ＰＴＡと似たような児童保護者会を結成して、学校要品の購入資金として、毎月1銭貯金を始めましたが、大正10年頃、3銭に増額しました。

先生の区別は、師範学校卒業＝訓導、簡易科卒業＝準訓導その他代用教員、検定合格＝訓導で、裁縫は女子興業学校卒業の

人でした。明治40年頃上級学校在学者は、

東京帝国大学（工科）〈自〉麓　一人
同　　　（文科国文）〈自〉嶋平一人
早稲田大学　〈自〉大原一人
広島高等師範学校　〈自〉上名一人
東京高等商船学校　麓　一人
東京高等商業学校　羽島一人
愛知医学専門学校　大下一人
長崎医学専門学校　麓　一人
京都医学専門学校　大下一人
第七高等学校　麓　一人

〈自〉は学費自弁者、他は島津家（旧藩主）の奨学金受給者にして、受給資格は中学在学中、成績優良にて、特別待遇（授業料免除）を受けたる、通称特待生に限られ、受給額は月額6円、卒業後年賦償還の規定

この年以降には続々と上級学校に進学者がありました。と言ふのは、中学校の他、商業校・工業校・中等学校の在学者が多かったことで、日露戦後、進学意識が高まり、小学校も入学率が高まり、どの小学校も教室を増加するようになり、本浦分校も廃止され、八房（別府）・照島（島平）の2校も併合されました。

6　学　校

小学校は現在の所に、東は村役場に接し、北は墓地に隣り合わせ、西は一面の畠、南は道路に面して校門があり、校門正面に尋常科教室の入口が見え、左方に一段低く高等科がありました。教室は尋常科8学級、高等科6学級で、教室の窓は油障子（注、和紙に油を塗った障子）と雨戸でしたが、33年2階建校舎が尋・高共に1棟宛新築された時、全部ガラス戸になりました。同年、就学率を高むるため、本浦と島平に分校が建ちました。別府は、その前からありました。一般には幼児を伴われて登校するので、子守学校と呼ばれました。

①学　科

尋常科：修身・読本・習字・算術・唱歌・体操。（算盤は、天珠2珠—注　珠が上二つ、下五つあるもの）。

②学用具

石筆（鉛筆太鈍白色）・石板（書籍大にて硯石と同質の物）。36年頃より黒色の厚紙にて二枚折り四枚折りとなる。硯・毛筆・草紙（習字用半紙）を10枚くらい綴る。

③高等科

前記の中に歴史・地理・理科・図画（1、2年は水墨画、3、4年は絵の具使用）

服装は無帽・筒袖の着衣、素足または草履、雨天には学校近き者は下駄、冬季は草履の裏に板を釘付けする。教室に入るときは、晴雨を問わず洗足。素足故、冬季は「ひび・あかぎれ・しもやけ」に

悩まされました。療法は「しもやけ」は大根汁。「ひび」はクチナシの果実汁。「あかぎれ」には黒褐色の膏薬を患部に充填し、火箸を灼熱して当てる、刑罰のような治療で大苦痛でした。それでも高等科生は足袋をはくことはできませんでした。

学校も役場も井戸がなく、用水は迫の井戸まで当番が汲みに行きました。飲み水は使丁（**注**　その後、小使いさん、用務員・主事など）保管のため、そのたび使丁の許可を得ねばならず、不許可の時は迫の井戸まで突進しました。先生の服装は殆ど和服に靴でしたが、37年頃より「詰め襟服」を着けられるようになりました。

④体　操

体操は兵式と柔軟体操（内訳　亜鈴・梶棒・球竿─**注**　約1・5メートルの木竿の頭に木球を付けたもの）。

兵式は歩行と駆足。先生は竹根を指揮刀として、号令。3、4年は木銃を担ぎ、整然と行進。

⑤唱　歌

唱歌はオルガンに合わせて歌詞を謡ふだけで、全くの唱歌でしたので、楽譜や音階は教わりませんでした。オルガンは訓導先生で、歌詞は自然風物詩の中に教育勅語を含みしもの。軍歌は特に愛唱され、勇壮・悲壮感を湧かすもので、先生もオルガンを弾きながら「そら行けーっ、チェスト」等と気合いを掛けられました。37年、初めて村木先生がバイオリンを聞かしてくださいましたので、一同目を見張って傾聴しました。

⑥理　科

実験室（唱歌兼用室）には鳥獣類標本10数種の他に、数種の某品、排気機・モールス電信機・分光器・望遠鏡等でした。電話は東西教室間に架線、小発電機により、一言宛通話して、2銭を収めました。

⑦作　文

36年より綴り方と改称され、漢文調も通信用候文も口語体となり、綴り方用罫紙は学級備付けの罫紙板にて各自2人で刷り、また、普通語習得のため、校内にては方言は禁ぜられ、対話に方言を発言すれば、対人に自分の名札を渡し、数多き者は、土曜日の大掃除を行なうことに定められ、厳守しました。大掃除は迫までの水汲みが苦行で、いまだに印象深く思い出します。

⑧地　理

1、2年は日本地理、3、4学年は世界地理で、現代教科書に比すれば、安易でした。

⑨歴　史

現代学者の説によれば、過去の日本史は史実を歪め、糊塗抹消して、皇室の尊崇と国家愛護の精神を涵養する意図が含まれていた、とのことですから、現時の国史とは大きな違いがあります。一例を挙ぐれば、冒頭の建国については、高天原より「イザナギーイザナミ」の双神が高千穂峰に降下（**注**　高千穂に降り立つのはニニギノ尊）し、天照皇大神を産み、日向一帯の諸族を討伐し、東征して日本建国といふような次第で、是を批判すれば不敬罪として処罰されましたから、学者も黙従しておりました。その他、歴代天皇の事績や政治内乱にも、肯定されぬものがあるとのことですから、私共が習った歴史は半信半疑のものでした。

⑩**修　身**

修身科は尋・高共に修身書の巻首にある、教育勅語を先生に随いて音読するため、2学年頃は暗誦しました。学科の内容は勅語を解説したもので、尋常科は掛け絵図により、高等科は歴史上の人物を引用しての訓話でした。

付記　日露戦後、英国の海軍武官が来訪して、帰国後日本の勝因は教育勅語によるとして、英訳して学校教育に採り入れました。

⑪**教科書**

教科書は37年、文部省より発行され、全国統一されしため、新学期に揃わず、仕方なく上級生の本を半価にて譲り受け、入手できない者は毛筆にて複写するので、漢字記憶と習字向上の両得がありました。教科書販売は折田書店1か所でした。

⑫**学　習**

毎朝早起きして、音読するのが日課で、「人一度なす時、五十度す。百読意好く通ず」と言うのが一般の通念でしたから、競争意識で、高声に音読しました。算術は家族の指導を受けました。

⑬**学校行事**

式典は、1月1日・紀元節・地久節・天長節が挙行されました。初めに校長先生が御真影（天皇・皇后の写真）の扉を開かるる時、来賓も一緒に最敬礼（前屈みして、両手を膝頭に当てる）をなし、君が代を2度斉唱、校長先生の勅語奉読（この間、頭を垂れて謹聴、大正の半ば頃より勅語奉答の唄を斉唱）、読了後、扉を被（おお）はるる際、最敬礼。そして、校長先生の式辞、来賓祝辞という次第。しかし、来賓は唱歌はできませんでした。天長・地久、両節には紅白の菓子が配られました。

卒業・修業証書授与の次には、皆勤賞が授与され、1か年、2、3、4か年の順で、8か年無欠席の者には各々褒賞があり、副賞として勲章に模倣した賞（星形にて年数色別）が授与されました。しかし、8か年無欠席者は毎年1、2名でした。

⑭**遠　足**

遠足は、学年により、年により違いがありましたが、大体尋常1、2年は村内、2、3年は川内新田神社、3、4年は、春は藤川天神、秋は桜島登山、汽車開通後は霧島登山、そして、高等科全体の徳重神社夜参拝といふコースで行なわれました。最長途の遠足は、明治36年秋、苗代川見学して、鹿児島1泊、翌日市内見学1泊、国分1泊、宮之城1泊、轟滝下より川下り、高江上陸、同地より土川・羽島を経て帰校、鹿児島～国分間だけ汽車、その他は全部徒歩、宿泊は前日の依頼により、その土地の先生方の手配によって、どこも親切な待遇を受けました。

服装は、無帽・袴・脚絆（現在三井鉱山の採工夫使用）・足袋・草鞋（草鞋は10里に1足くらい故、藤川天神参拝の時は、各自1足を用意)、雨傘と握飯を背負ふ(握飯は木綿袋に入れ、個々の間を閉め「さや豆形」)、足袋と草鞋の間に砂利が入り、苦痛しました。雑然として見栄えはなきも、溌刺たる意気。先生への畏敬と親愛、お互いの友愛が糾(あざな)はれたる精神の整然の美がありました。明治31年当時の高等科3、4年の生徒は、新着の木銃を担ぎ、羽島・土川より高江村を過ぎ、川内を経て帰校、そして昼食なしであったと。先輩は話しました。

⑮学林地

尋常科は荒川途、攻口にある荒川部落植林の杉の草刈り(3、4年)、高等科は陣ヶ岡、現採石場の南隣に松植え、及び手入れがあった。

⑯運動会

校庭が狭いため、大正2年まで大久保砂原で行なわれました(大久保は、現在勘場無線局の南方で人家密集の低地)。当時は広大な砂丘で、中央に1本の老松が聳え、西は浅き摺鉢型の凹地。東は長方形の広場、その東は松林。北は西に走った砂丘の稜線に大松が1列に並び、西南は緩やかな白砂の傾斜、そして、遥かに甑島を望み、言う所、白砂青松の地。春は農業青年たちの馬頭観音奉納相撲や草競馬、秋は漁業青年等の恵比寿神奉納相撲(大正の中頃より魚願相撲と改名)が行なわれる自然の運動場でした。運動会には村内の尋常小学校は全部参加して午前中に徒歩競争を終えて帰りました。当日の呼び物は、高等科四年の障害物競争で、砂丘を降り、流れ川(ながれご)を渡り、急坂の御倉山高所間の往復競争でした。膝まで没する砂坂、有刺灌木や萱草、蔓の障害物競争で、誰かが怪我をするのが常でした。各競技の「合図」は4挺の猟銃を交互に発砲されました。

大正3年になって、校庭で11月3日に行なふようになりました。この年、校舎増築、講堂新築、校庭拡張され(道路南側の紀念碑が校内となる)、新生の気運が生まれました。この拡張に当たり当局及び学務委員は、嶋平・本浦・浜町・野元を合併して、1校区となし、現在市民会館の位置に、第2小学校を設立する案を立てましたが、該当地区の反対強く、止むなく拡張しました。また、初夏には39年より毎年5月27日、海戦紀念日として体育会を催しました。

工事費　4万5千円　坪数不詳。

大工賃金52銭、米一升代26銭。(**編者注**　何の工事費か不明)

7　通　学

高等科は串木野だけでしたので、土川・羽島・荒川・芹ヶ野・冠岳地区は、皆徒歩通学でした。何れも遠路で苦労でしたが、中でも、羽島道路は悪道路でしたから、人も牛馬も荒川浜までは徐行し、荒川口より白浜までは通路がなく、干潮時、海岸の大石原(石は直径1メートル内外)を跳躍して通り、満潮時は屈曲した山の坂途をたどり、雨天には野元の松原までは泥田の如き途を、点々とある石を飛躍したのです。梅雨期、大降雨の時は、渡舟不通故、平江の川を腰近くまで没し、迂回して坂元橋を経て登校しました。斯様（かよう）な悪条件で公休日以外は毎日苦闘でした。土川の通学生は1人か2人で、彼らは親類に下宿でした。北風吹き荒る冬季は、晨（あした）に星を頂きて出で、夕に月を踏みて帰るのですから、弟妹との談笑は休みの日だけでした。学校の正門より通学する生徒は、降雨の日は下水道がなく、道路が川となるため、畠の畦道を通りました。中等学校に進学できざる好学の生徒は、東市来村長里の補習科（注、現在の鶴丸小）に通学しました。もちろん下駄履き徒歩です。

8 野球・庭球

37年春、肥後盛行先生（郡山村出身）が着任指導されました。当時はベースボール・ロンテニス・フットボールと称え、珍しき運動として欣喜（きんき）して習いました。ベース・バット・ミット・マスク・ネット各1個、グローブはありませんでしたので、素手で受けました。ボールの外面は牛皮、中心に指頭大の鉛玉、ネットは方1間半くらいで後方校舎の窓は雨戸を閉めました。服装は、紅白の鉢巻きか、または、廂（ひさし）なしの帽子、シャツは長袖ボタン付き、白色か縞柄のもの、下部は猿股（さるまた＝パンツ）か褌の上に袴という珍妙な、まさに白虎隊で、選手の意気はまた軒昂たるものでした。そして、川内や西市来の小学校に試合に行きました。現在のように整然たる応援もなく、終始黙々として、殺気に充ち、審判の声と、機に応じて見物する味方が叫ぶ「チェスト」の高声が静寂を破りました。37年秋、肝属郡大根占校が川内に遠足の帰途、立ち寄り、試合を申し込まれ、応じましたところ、惨敗を喫しました。意気揚々と引き上ぐる彼らを唇を噛みて見送りました。（「チェスト」とは物を撃つ時、発する気合いの声）

9 水　泳

年少者は満潮時の塩田で泳ぎました。汚物や石粒一つなき平面、清澄な海水。理想的水泳場でした。高等科3、4年頃から壮快極まる浪乗りです。上げ潮にうねり来る大浪を頃合の所に待ち、波山が崩れる時、舟板を腹部に当て、白浪に押され、汀まで滑走して上陸、陽に灼けた白浜を転び、熱砂を全身に付けて、また浪乗り。褌は河童除けとして、赤布を用いました。透明な波山の中を餌鮒（えぶな＝えっな＝ボラの子）の群れがいく群れとなく、矢の如き速さで泳ぎ、波乗り滑走中、背に飛び来る等、快味満点でした。

10 師弟惜別

明治36年3月末日、我が校に4年間教鞭を執られた神川（川上？）精造先生が、当校を去られる送別の日が来ました。玄関前の校庭に全生徒300余名整列、右側に川上先生、左側に校長先生、以下久木山・鉾立・臼井・福島・女子の村木・羽生両先生の順に並ばれ、久木山先生が開式を告げられ、校長先生が石壇上に立ち、川上先生への賛辞と惜別の意を述べられ、川上先生の前に行かれて挨拶、川上先生が巻紙を持ちて昇段、一礼して巻紙を開かれて暫し無言、そして、声高く、告別の辞を読まれて、また無言、巻紙を持ちおる両手がかすかに震える。校庭は静寂、ただ桜樹に遊ぶ雀声が聞こゆるのみ。やがて先生は涙声にて、「我が親愛なる生徒諸君、今ここに諸子と別れむとするに当り」あとは声弱くなりて聞こえず。前列中央にありし筆者には紙上に落涙さるるのが見えました。女子列からすすり泣く声が聞こえ、殆どの生徒が目頭を熱くし、先生方もうつむかれ、2人の女子先生も目頭を熱くされました。告辞を終え、紙を巻かるる先生の面には二条の糸が流れていました。大原国道の東側に整列、後方には30人ぐらいの父兄と付近の人が佇（たたず）みていました。先生は村長・校長先生方や役場の人達へ丁寧な御礼を述べ、無言で生徒を見つつ、3、4歩ごとに父兄に黙礼しながら通られ、待ち構えた馬車に乗られ、馭者（ぎょしゃ）が吹く哀調を帯びたラッパの音に車が動き出すと、4年生の数名がその後を追い、須納瀬の坂上に佇み、遠くなりゆくのを見守る中に、先生は人形の如く、この方を見つめ、時々手を挙げられます。やがて車は別府の角に消えました。一同は悄然として学校に帰りました。憶えば遠き60余年前のことながら、この時の惜別の印象はまだ消えません。星移り、事変わりたる現代の相を見る時、感慨深いものがあります。

11 学舎

学舎は、明治以前より上名麓に達徳館、下名市口に精修館があり、郷士子弟の文武育成道場として、前者は真陰流、後者は示現流を稽古しました。明治16年頃新時代の人材育成のため、封建性より脱皮し、下名は財を募りて、共有金を助成し、各郷、別府・島平・野元・平江・芹ヶ野に学舎を建設しました。共有金は各郷の委員にて管理し、上級学校進学希望者には奨学金を貸与しました。

しかし、共励斎は依然封建性を持続しました。金山及び本町は基金を有するため独立し、本町の学舎名は蛍雪黌、金山は旭学舎、舎長はその区の適任者互任し、舎生は学童と青年、舎則は大要（共立学舎）尋常生は昼間、高等科生は夜間10時まで、勉学は復習、組長・副長を選出、数人の掃除当番を定めて宿直し、夏秋は5時起床、冬春は6時起床、舎屋の内外、洗足鉢・洋灯（ランプ）の清掃、飲料水貯槽・新聞綴、この所要時間1時間、終了後組長検査という次第でした。土曜は毎週会長出席して、出欠簿調査と反省（欠席届は口頭無効、規定様式により毛筆書・捺印、遅刻及び無届は理由の如何を審議し、不正の場合は処罰されます。

①その他の処罰対象

一年長への欠礼及び反抗・親類以外の婦女との対話（但年長の場合は良）・買い食い・流行歌謡唱・喧嘩・果実類窃盗・演劇観覧（但忠臣蔵・曽我兄弟・その他の仇討ちは良）

②処罰種類

一水汲み・時計下不動起立音読・膽試し・停舎。

③舎行事

毎月3回演説会・討論会を交互になす。全員必ず発言。

④剣　道

示現流の立木打―一閃（せん）必殺の意気にて1間半ほどの立木に3間くらいの距離より走りかかりて打つ（木刀の代りに棍棒）。

曽我兄弟伝書を父兄輪読後傘焼き、義臣伝は徹夜で父兄輪読、義士討入の巻に到り、一同素足にて立木打。十五夜綱引き。

⑤遠　足

毎年藤川天神梅花の候参拝。高等科四年生（現時中学2年）が指導。一行20余名、土曜の夜7時出発。10時頃川内着。うどん屋にて30分休憩。翌午前4時頃神社着。社殿に仮眠2時間くらい。社殿にて朝飯。7時頃出発。東郷より太平橋（木橋）下まで舟下り。それより徒歩帰宅、という順序ですが、夜中川内河畔の北道は泣きたい思いでした（筆者高2）。当時はどこの舎でも励行しました。目的は心身鍛練です。

青年は先輩につきて、日本外史・近古史談・文章軌範等を学び、殊に『ますらおの友』（内容は島津日新公いろは歌・琵琶歌・維新志士の漢詩等）を愛誦しました。

12　新聞・雑誌

新聞

鹿児島新聞（政党立憲政友会の機関誌（現南日本新聞の前身））と、鹿児島実業新聞（鹿児島市内実業団体の機関誌）

雑誌

有識層及び上級学生層には太陽（中央公論該当）、大衆には文芸倶楽部（文芸春秋を平易にしたもの）、中等学校層には秀才文壇・中学世界・文章世界、小学生には小学世界、小学生何れも内容は読者より作文を募集し、優秀作文に授賞。右2雑誌には挿絵もなく、何れも博文館発行（小学生3銭、中学生10銭）

13　物品名通称

マッチ　ラン附木　マッチは他に薄板に硫黄を付けたる附木あり。安価のため一般にこれを使用す。

外働き煙草用の火は「粟がら」にて火縄を作りて用ゆ。

タオル　ラン手拭

蝙蝠傘　ラン傘

毛　布　ケット

葡萄酒瓶　オランダ瓶

石　鹸　シヤフン

旅　館　はだこ屋

石　油　石炭油（せきたんあぶら）

石　炭　はなかりしも、北九州の石炭坑の出稼ぎ人より伝聞し、ゴヘダと通称す。

14　火力発電所

大正2年、木炭火力発電所が警察署の西南（旭町27番地）に建設されました。資本金5万円（一株50円）、100馬力、出力50キロ、木炭消費量一夜90俵（一俵50銭）、電灯5燭光（8ワット）、電灯料一か月50銭、点灯戸数不祥、配電区　浜町一円・大原一円・島平、西市来（別府及び上名は大正6年点灯）、従業員・電気工4人（2人にて交代）、工夫4人、事務員1人、以上にて運営せしも、電灯料の徴収不況のため、不能となり、大正6年末　川内川電気と合併す。

以上、当時電機工として従事せる出水新太郎翁の談話。

尚、同氏の給料は日当55銭なりしとのこと。

15　金融機関

36年、浪速銀行川内支店出張所が本町に開店、事務員1人にて預金だけを営み、貸出は支店扱いでした。庶民の金融は質屋にて、浜町に2、島平に1か所ありました。

16　交　通

交通機関は乗合馬車（6人乗り）と、3、4名の人力車・荷馬車20名位。客馬車は鹿児島・川内間を、人力車は西市来・金山間。客馬車は直行と小走りの二種。直行は鹿・川ともに馬丁付添い、途中客の乗降なし。小走りは馭者一人にて湯之元・金山間、途中客の乗降に応ず。鹿児島行きは午前9時頃大原発中川駅にて昼食休憩約1時間、鹿児島着は5時頃。荷馬車は午後8時過ぎ大原発（水揚げと魚種により左右さる）。積荷は全部鮮魚、翌朝6時頃鹿児島着、当日帰りの積荷を集め、翌朝出発。川内行きは前記の外に「つけあげ」、「かまぼこ」、塩魚・干魚類を多量出荷しました。

自転車と自動車

35年頃初めて自転車通行。当時は自力車と通称、軽快たる疾走に驚異の目を見張って、道行く人もたたずみて見るありさま。土川・羽島の老人達は見物に来ました。大正14年1月、薩摩郡求名村より、6人乗りの自動車が浜町に来て、見物人が黒山のようでしたが、停車中、失火して運転不能となる。その翌年、荷馬車業の人が3人で、トラックを始めましたが、永続しませんでした。

京阪地への旅行

海路は鹿児島より神戸行の貨客船（数百トン）にて、午前10時頃出帆、翌日昼頃神戸入港。日露戦後、軍用船払下げの「梅が香丸」1千トンの客船が就航しました。

陸路は川内行、午前8時頃大原発。11時頃川内にて米之津行に乗換え、車中にて握飯の昼食、馭者が用意の水筒（水筒は「ひっし」と称する孟宗竹製）にて喉を潤し、阿久根休憩約1時間夕食、9時頃米之津着1泊、翌朝9時頃小蒸気船にて出港、昼頃三角港着上陸、此処より熊本行汽車に乗車（汽車は九州鉄道会社経営の小型車、車の両側に3か所ずつの出入口あり）、熊本にて門司行に乗換え（車体は大にして通路あり）、座席は莫座敷、照明は石油ランプにして薄暗く、人を判別する程度のもの。駅停車時間は普通5分間なれど、石炭発送駅は10分間内外。車内にはその地特産の土産品々・旅行用具を販売する特定商人、客席を巡回す。服装は官公吏・会社員のみ洋服にて、他は和服・下駄履き故、駅構内は下駄音の旋律にて旅情を慰む。連絡船にて下関に渡り、新橋行乗車（山陽鉄道会社運営）、神戸・新橋間は院線（鉄道庁鉄道院鉄道と改称）、2夜を車中に明かし、朝6時頃新橋着と云う次第でした。

17 汽　車

大正2年、鹿児島・川内間開通。午前2回、午後3回往復。料金片道30銭（この頃郵便切手3銭・はがき1銭5厘）、この工事の際、工夫2人飲酒喧嘩となり、大原鉄橋付近において刺殺されしため、一般に大恐慌を来たし、工夫への恐怖感を強め、敬遠しました。串木野において殺人事件はこれが初めてです。

当時、県民はこの鉄道を長谷場鉄道と通称しました。理由は西薩線の貫通は国防上支障ありとして、軍部が反対のため、実現は不可能とされていました故、時の衆議院議長長谷場純孝氏が、強硬に上司に働き、總裁後藤新平をして西薩線の視察をなさしめ、總裁が熊本より南下、川内に1泊し、鹿児島に行く当日、指示して北薩地方の荷馬車を総動員し、これに米穀を積ましめ、鹿児島行の長蛇の列を見せましたところ、總裁もこの盛況に納得して、意を決し、遂に実現したと云う次第です。この演出の成功に県民は拍手して、長谷場氏を称し、感謝の意を表して、長谷場鉄道と呼称しました。

（鉄道開通とともに線路工夫　地下足袋を使用。大変好評で、串木野に地下足袋がはやり出す）

18 汽　船

明治41年島平の内宮与次郎氏は、同地福岩吉之助氏と協力して、九州汽船会社に甑島航路開通運動をなして、同島との航路が開かれました。それまで九州汽船は三角・阿久根・甑島間の航路でしたので、阿久根に妨害され、誘致は順調に行かないので、中甑村有志に働き、提携して強行された結果、願望は達せられ、内宮氏は日本通運の看板を揚げ、福岩氏は汽船問屋を営業され、同氏の後裔は現在も継続されています。

19 渡　船

往昔より野元の青屋口（羽島道入口）と、尻釜（浜町入口）を満潮時渡し舟が通い、交通しました。渡し守（モイ、船頭）は老人で、自身で櫓を漕ぐことはほとんどなく、乗客（男女を問わず）が任意に櫓も水棹もとり、少年には親切に教えました（筆者もその1人）。渡し賃は年末に土川・羽島・荒川・野元・平江・浜・大原一帯の各家から米1合と3銭を徴収し、他の集落の人が乗船した場合は黙認しました。船中は長閑（のどか）で、水晶のように透明な水底には、4、

5寸の餌鮒（エッナ＝ボラの子）が数10尾ずつ1群となり、幾10群となく悠々（ゆうゆう）と遊泳するのが見え、水の中まで美しき平和な相でしたが、大正9年、平江橋ができてから、永年の美しき歴史を閉じました。野元・平江間は大正4年築堤工事用の土砂運搬仮橋が架設され、これを利用して、飛び石の苦労はなくなりました（築堤は坂元橋より尻釜に至る一条）

20　徴兵検査

男子は21歳に達すれば徴兵検査を受けます。軍備なくして独立は有り得ない、と云ふ理念の本に行なわれるこの制度は、如何なる事由、たとえば先天的障害者も許されぬ峻厳なる規定で、国民もこれを是として賛同し、該当者は欣然として受けました。当日は兵事係と集落の附属員に同伴され、湯之元旅館に分宿、翌早朝起床入浴、湯之元小学校検査場集合、出身校校長の学科口頭試問（後年筆記となる）を受けて、身長・体重・四肢より始まりて全部を終え、最後に徴兵官の試問がありて、甲乙丙丁種の烙印が押されます。障害者にて不合格と認識される者は、一般検査前に済ませます。甲種と宣告されて昂然（こうぜん）たる者、乙丙と捺印されて悄然たる者が帰宅すれば、家族も同様でした。しかし、中には家計に及ぼす影響に撫然（ぶぜん）たる人も無論ありましたが、世間は単なる賛辞を贈るため、乙丙は尚悄然（しょうぜん）としました。この徴兵検査は実に男子の成人式でした。この一線を越ゆれば、社会も1人前として待遇し、本人も自覚して人生コースを確定し、いわば人世コースの確認所でした。兵役を終え、帰郷した壮丁は在郷軍人として好遇され、公私に活躍しました。

21　日露戦争

36年2月の或る朝、未だ霜溶けしない校庭の朝礼式に、校長（加治木武助）先生は厳粛な態度で、露国に対し宣戦の詔勅が公布された旨を前置きして、巻紙を捧持し、明晰・力強き口調にて、「天祐を保有し、万世一系の皇統を践（ふ）める大日本帝国皇帝は、ここに忠実勇武なる汝有衆に示す」と読まれると、一同は粛然として謹聴しました。読み終わりて、開戦の理由、日清戦争に獲得したる遼東半島をロシアに横領されたる遺恨骨髄に撤し、実に遺恨10年一剣を研いでいた、と話されると、思わず拳を握りました。

（宣戦の詔勅なき頃、歌人与謝野寛は、

韓山に秋風たつや太刀撫でて
吾思ふ事なきにしもあらす

と憤りを詠じています）

校長先生の瞳は輝き、一段と力強く国民の覚悟を促し、激励されました。開戦さるるや勝報は次々に来て、夷が丘に大国旗が掲揚されました。遂に旅順陥落、日本海々戦に全勝したる栄冠に、全国民は昂奮と熱狂の渦の中に巻き込まれました。

27、28年、その頃東洋の眠れる獅子と謳（うた）われし清国に城下の誓いをなさしめ、今また世界一の大陸軍と誇称せる露国を降伏せしめたる我が国は、真（まこと）に天祐神助の国なりとの信念を強く抱かしめ、時の俳人　河東碧梧桐（かわひがし　へきごとう）も

海戦の大戦果に、

八百万の神打ち連れて御観戦

と作句したほどで、国民の敬神の念はいよいよ強くなりました。話は前後しますが、応召軍人は10年前、日清戦後に着用したる軍服や和服に赤樺（だすき）をかけ、大原道路の中程に設けられし卓子にて、村長の別辞と別盃を受けて、両側に並立する見送り人に力強く挨拶して通るのに対し、大声万歳の連呼です。召兵の中には昂然（こうぜん）として、「生還することあらば露助の首を塩漬けにして土産とするぞお」と絶叫する人もありました。

昭和大戦応召兵のように、神に武運長久を祈るとか、千人針とか、旗を振って万歳の連呼とか、華やかさはなく、死別と思う哀愁を帯びた厳粛な見送りでした。砲弾尽きなば肉弾となる気概にて、真（まこと）に生還を期せざる悲壮に充ちたる決死の壮行で、見送る家族の大声激励の声は涙声でした。

付記

連合艦隊司令長官東郷平八郎が凱旋の途中、長崎諏訪神社に参拝、次いで伊勢神宮に参拝したことは、国民の神助を首肯せしめて、より強く敬神の念を高めました。

22　漁　業

漁業人は少年及び老人は沿岸に、青壮年は10余人乗組の帆船にて、対馬厳原（いづはら）を根拠にして、朝鮮鯖の1本釣りに出漁しました。古来串木野舟人の操船術は九州沿岸に高く評価され、往昔豊臣秀吉が朝鮮出兵の時、島津軍は羽島より往復していますから、その頃より認められていたものと想われます。また舟人等の天候観測は累代の口伝にてほとんど狂いなく、農家の人等は行事のたび聞きました。漁猟用具は釣り道具店がないため、テグスと鉛以外は手製でした。テグスは長崎のテグス行商人より（テグスは中国広東省産）、針は鉄線を魚種別に曲ぐ（川釣り用には土佐針ありしも、海釣り用は形状品質不適にて需要なし）、糸は麻を紡ぎ（主婦が雨天の日常作業）、機（はた）にて撚（よ）る（主婦が手機〈＝てばた〉回し、主人が注意して撚る共同作業）、柿渋にて染色（渋柿を臼にて搗く）、帆は帆布を共同して男子縫い合わす。碇は鈎状の木材に適宜の石を縛り付ける。綱は藁を打ち、共同して撚る。錘（おもり）は鉛棒（高品）を適宜に切りて作る。一般に鶏（通称ホロ鶏、薩摩鶏）を飼養、雄鶏の首・腰部の長毛にて疑似餌を作る。疑似餌は帆走する時、長き糸にて羽毛にて針を秘して釣る。魚が付けば1厘銭（穴のある銭）を数枚継ぎたる鈴が鳴る。魚は「さわら」と「さごし」の2種にて、洋魚の最上級魚にて、庶民には遠き魚。

以上の如き手製用具なりしも、漁獲量は荷馬車数台。不漁の際は2、3台、7、8月の他は大差なきようでしたが、大正の中頃より底

引き網に荒らされ、逐年減少して来ました。しかし、遠洋漁業は今日の繁栄を来しました。羽毛疑似餌はエソ・スズキが主用。

主婦はその日の魚を十文字通り（現市場）に露店売りをなし、ここで薪菜類を求め、売れ残りは種別して干物・塩漬け・ひぼかし（炉火の周りに串刺して火に乾かす）を作り、冠岳・上名・芹ヶ野地方へ行商、金が不自由の時は作物と交換して自然親交を保つと云ふ次第。雨天には麻紡ぎ、舟の状態により、舟の底を松葉で焼く。落葉集め（通称アヤ掻き）、この他に萱刈りの苦行（船上用の苫を作る材料）がありました。

23 商　業

浜町及び本町に呉服屋2、荒物屋4（穀類併商）、質屋2、金物2、紺屋（紡績綿布を染色する所）5、提灯屋（竹・糸・その他の部品は仕入れて組立、標識を書く）3、洗湯屋4、下駄屋1、薬屋2、本屋1（折田書店）、駄菓子屋数戸、陶器屋1、床屋（理髪所）3、はだこ屋（旅宿専業にてはなく、兼業）、演劇場（当時は芝居小屋と称し、麦藁天井にて雨天休業）1、蕎麦屋3、牛肉屋（自家で屠殺販売）2、魚仲買商、付揚蒲鉾製造業、計35くらい。

仲買商人は毎夕の魚市にて現金買いをし、川内・鹿児島にその夜出荷、帰りには一般商品を積荷。薩摩郡地方へは鮮魚の他、付揚蒲鉾・干し魚・塩漬け、帰りの荷は穀類。並ぶ商家にも稀に茅屋が点在し、軒先に立看板が吊してありました。浜町十文字路は、現在のように毎夕、魚と農産物が売買され、2時間ぐらい賑（にぎ）わいました。一般商品は掛売もありましたが、年末決算で、相互信用で営まれました。しかし、明治末頃より社会状態が不純となりましたので、すべて領収証を要するようになりました。魚商人の間に用いられる暗号語は、大正年間には一般用語となりしのみか、鹿児島・川内の魚商人も使いました。

24 工　業

工業は3種の大工――家屋・造船・水車の大工のみで、賃金は造船工が他より10銭高く、造船所は島平1、勘場1、尻釜2で、何れも舟釘を作る鍛冶屋がありました。鍛冶屋は釘6分、他の物4分くらいの仕事でしたが、大正初期には大魚用針を専門に作る鍛冶屋もできました。42年日置村の人、内田利吉氏が島平に瓦製造を始めたので、村民は便宜となりました。

25 農業・製塩

農業は耕地面積狭く、一般農作の他、平江後方の野畠には木綿を栽培していましたが、逐年開墾され、現状となりました。36年頃塩田は将来水田に変更さるる内示を受けしため、塩田中央部に試験田を設け、試作研究にかかり、一面　村内各地区の土質研究のため、各地区に試験田を定め、技術開発、品質改善、合理経営と力強く前進しました。肥料は排泄物や魚の汚物、牛馬の排泄物や堆肥で、魚の汚物や排泄物は薪と交換しました。大正2年頃、玉葱を栽培せしも需要なく、貯蔵に失敗せしため休止。大正5年頃馬鈴薯、昭和5年頃トマトを栽培せしも、何れも需要少なきため足踏みの状態なりしも、三井社宅に供給源が開かれ、副産物の主位となりました。

現金収入が乏しいので、各集落ごと一団となり、北薩・姶良部・肥薩境辺、開墾工事の出稼ぎに行き、仕事の誠実、開墾地の成果高く評価され、来年度の予約をする程でした。

野元・平江・大原上下の農家は、副業として製塩を営み、製塩は薩摩郡・姶良郡地方に駄馬で運び、帰りには米を積みました。故に往昔より塩田は、塩千俵、米千俵と通称され、地主への小作料は反当2俵でした。大正4年製塩は国家事業となりしため、水田に変更され、現状は年ごとに宅地に変更しつつあります。この時　平江川の新堤防に吉野桜を植えしも、心なき者に傷つけられ、僅（わず）かに数本残っています。

26　地引き網

地引き網は羽島白浜・野元浜・勘場浜(現在港)・島平浜で行なわれ、何れも付近農家の共同副業で、3月頃より梅雨期（田植え中休み）、7月初めまで。獲物は商品価値あるものは仲買人に渡し、余は当日従事の人に、小学1年の子供にも配給しましたが、大正期には止みました。

ついでに

爾来(じらい)島平と羽島は網猟が得手で、瀬魚や小魚を常に好み、成績を挙げていましたが、中でも特に42、43年頃より大正4、5年まで、大羽鰯の大量漁獲で、羽島白浜と野元の白浜に鰯の製油と肥料製造が営まれた程で、市価は10銭に70尾にて、村内至る所、鰯の畑と臭いで埋まりました。

貝類も豊富で、野元・島平の浜は、蛤の特産で、大は重さ百十匁くらい、勘場浜（現港）、羽島浜は喜入貝・マテ貝・その他、小瀬港内は特産「餅貝」――白色・円形にて餅の如く、大径2寸余、味蛤に同じ。発動汽船となりて､遂に消滅す。磯の貝類も同様でした。

27　金　山

藩政時代は藩主の経営なりしも、明治以降は一般の個人経営となり、経営者はほとんど川辺郡出身の斯（し）業経験者でしたが、他に数人の村人もいました。旭小学校西方山脈よりの水は南下して金山川となり、東方の山水は北方の芹ヶ野川となり、この両川に多くの水車が、日夜間断なく鉱石を砕いていました。当時（35、36年頃）が経営盛況時代であったかとのことです。国道峠の両側に商店が10数戸並び、金山従事員の生活必需品を商い、従業員の生活は安定し、村長よりも上位で、高等科入学卒も高位でした。三井は37年、芹ヶ野鉱区を買収、大正3年西山鉱区買収、経営着手。投資額は2百万円とのことでした。月産額不明、一般にては銀及び水銀の額と金半分をもって運営と称（となな）えていました。村は三井の多額な納税により財政の支柱を得、農家は子弟を工業所各種の仕事に従事せしめ、一般より高賃を確実に得らるるため、家計は安定し、生活も向上し、従来の茅葺の屋根は瓦葺となるのが年ごとに増え、昭和初期にはほとんど全部が瓦葺となりました。島津鉱業所も大規模（三井程ではない）に経営しましたが、永続しませんでした。原因は要路者が私服を肥やした故との風評でした。

28　年中行事

行事はすべて陰暦にて行なわれました。

1　月

1日　学校の拝賀式（大正期より年賀式と改称）、生徒は各自郵便はがき半分大の紙片に、毛筆にて恭賀新年・1月元旦・氏名年齢を清書し、各家の門松の傍らに備えある名刺受け（竹串）にその紙片を刺して回る。大人は紋付・羽織り袴の礼装にて回礼。

7日は各郷（集落）に早暁の鬼火焚と、七歳児の親類・近親の家7軒に、祝いの七草粥貰いに回ります。鬼火焚は12月20日過ぎより、尋常科生は各戸より薪を貰い集め、高等科生は30日まで爆竹を伐り寄せ、31日は焚火炉を築造して、1日午前3時頃、薪櫓（ひやぐら）に点火、大煙の中に竹を焙り、頃合を見て付近の大石を強打し、爆音のたびごと、「福は内、鬼は外」と大声合唱、中竹（櫓の中心にたてたる大竹）が先端まで炸裂するのを最後として終了。残り火にて餅や芋焼して慰労、割れたる中竹は細分して弓を作る、と云う次第。

男子の遊びは破魔輪投げ（破魔輪は径4寸くらいの鉄輪を、径1寸くらいの鉄環に通した物。鍛冶屋に任意依頼す）、人数を等分し、20間くらいの距離に相対し、鉄輪を強く投げ、急転し来る輪を、竹棒を突き入れて捧ぐ。その都度相手方より1人を徴発す。

女子は羽根突きと手鞠。羽根は小竹に鶏の毛、羽子板は手頃の板にて手製。手鞠は芯に海面を入れ、糸にて巻き固め、外は5色の糸巻き、高品。

独楽（こま）は手首大の堅木を鉛筆状に削り、2寸内外の長さになし、別に竹棒に紐を付けて鞭となし、紐を独楽に千段巻きにし、地面に投げ打つ（高品なし）。

凧（たこ）は正方形紙に3尾を付ける（手製）。

1月10日

穂垂曳（ほだれひき）、豊作を祝う農家の行事。餅を指頭大の塞の目型に切りて、柳の枝先に1個宛挿して、稲穂になぞらえ、神仏に供え、米俵や床の間に飾り、知人を招きてもてなし、客の辞去には、客の家族数、大枝を持たす。客は主として親交ある船人等でした。

お伊勢講及び霧島講

各郷伊勢神宮・霧島神宮の何れかを祭り、霧島講は平素の参拝貯金にて参拝。お伊勢講は郷内にて神体を祭り、年ごとに各家に神霊を移して豊作と息災を祈願。係役も順番にて、酒肴の間に新年度の行事や農作業の体験談、生活改善・経営、その他の諸事項談合。14歳以下の児童、70歳以上の老人招待などでしたが、和やかに協議されました。

二十三夜待ち

この行事はその家の人が、家を遠く離れて滞留するか長途旅行の場合、神仏に茶菓も供え、親類縁者・知人を招きて、月の出る時まで談笑する。毎年正・5・9の三月（つき）行事で、現代的に云えば、婦人親和会とも云うべきものです。

梃子起し

各郷ごとに日を異にして、梃子起しをします（意義は重量の物を起こす梃子となる）。15歳に達した男子は、着衣の肩上げを下す。18歳に達すれば、着衣は筒袖より袂つきとなりて、二才衆（青年）の仲間入り。全員列席の末席に正座して仲間入りの挨拶、口調明晰、自己紹介。二才頭（25歳）より規約の心得　訓話。これに誓言。規約は智・仁・勇を基本にし、特に徳育の涵養を大視す。規約に違背すれば、規定の制裁を受くる故、厳守されますが、万一、反すれば、その質により村八分とされ、期間半年余に及べば、長老の仲裁、家族の場合も同様です。火の用心と防犯夜警は3、4人1組となり、タラの木の棍棒を携え、午前4時頃まで巡回、本浦二才衆はことに厳格にて、精神修養を重んじ、本浦全員を3組に分け、毎月3回願船寺参詣、講話の後にて教典の温習をして暗唱する。盆祭には朋友・知人・親類の新仏迎えに、数人1組となりて供養、読経と云う次第でした。

２　月

別府・羽島・野元の三産土神社の祭典は、古来盛大に行なわれ、別府と野元の奉納余興は特に有名で、この祭典は春の先駆けとして、一般に喜ばれました。

本町に春の市が立ちます。子供市とも呼ばれ、美しく彩色した土製の雛人形・鎧武者・犬猫・虎・子供用の弓矢・羽子板・手鞠が大半をしめ、弓矢は5月端午の節句、羽子板・雛人形は3月上巳の節句を迎える家へお祝いの贈物としました。この他サイレンように鳴る竹独楽、幼児が喜ぶ猿上がり、これら素朴な玩具は、隈之城村郷土芸術品です。人形やその他は北九州産です。興行物は「眼鏡のぞき」と軽業（かるわざ、動物は利用せぬサーカス）などでした。

３　月

島平海岸の馬叩きがありました。この行事は古来馬を勢い付かせるため鍛練する意にて行なわれ、当日浜の二才衆は褌一つに竹の棒（物干し竿大）を持ち、馬頭観音詣りより降り来る馬を待ち構え、一斉に馬を襲えば、馬主は長さ10尋くらいの手綱を緩めて暴走させ、逐う・叩く・奪う・逃ぐるの巴争闘となり、打者は危くなれば海中に逃避、この機に馬は引き上ぐ。活劇はおよそ30分。観衆は松原より双方へ声援する勇壮な行事でした。

４　月

4月3日仏降誕会を慶祝して、本浦二才衆が花見を催すのが始まりで、各郷花見を催します。農家は慰安2大行事の一つ、鈴掛け馬（通称　戦捷馬―せんそうま）を各集落ごとに1頭宛たて、湯之元千本原に集合（東・西市来、串木野）して、人馬の演技を競い、翌日は照島神社参拝、競演の後、村内知人の家庭を演技、演回して、春を楽しみました。

（農家慰安行事の他の一つは、6月1日棒踊りを催し、神社奉納後　戦捷馬同様）

5月

この月は曽我の傘焼きです。当夜は大人達も出席して12時頃まで、曽我物語の本　8冊を大人達が輪読。貰い集めた古傘で松明を作り、曽我兄弟の唱歌を合唱しながら海岸を練り歩きました。

5月8日は水神（河童）が海川に降る日として、一般に麦ダンゴをワラットに入れ、門口に吊して、水神に水難除けとして供え、特に「アクマキ」を作りました。これは雨期増水避難用食料との口伝え。「あくまき」は安田徳太郎著『人間の歴史』によれば、紀元前より西インド諸島住民の常食故、日本に漂着したる先住民族の遺食物と書いてあります。日本歴史によれば、天正10年明智光秀が、本能寺に織田信長を包囲した際、陣中の糧食とした旨見えます。もっとも京阪地方の物は灰汁を使わず「ちまき」と唱えています。

6月

1日　各郷田植え終了後、二才衆が棒踊りと草芝居を演じて、田の神に奉納。戦捷馬同様巡回して演技。棒踊りは長老・先輩の指導。草芝居は師匠（旅役者不在の時は浜町か川内の斯道に心得ある人）の指導を受け、衣裳・道具一式は川内の衣裳貸屋より。演芸種目は仇討ちか仁侠ものに限られ、棒踊りは各郷異なれど、大同小異でした。

各郷　日を異にして、郷の神社へ献灯（通称六月灯）にて県下一円に行わる。

7月

七夕祭りと盆祭――七夕祭は現在同様なれど、短冊は毛筆にて「芋の葉の露を硯の水として書く可き文字は七夕の歌」と書き、流し旗は習字草紙の反古紙を用い、竹は盆祭墓前の花生けに利用しました。

盆祭の新仏を迎ゆる家の灯籠は数多く、その中には必ず手製の四角灯龍や回り灯籠があり、盆明けには精霊流し、本浦では二才衆が一尺方位の板に蝋燭を立てた蝋灯を十数個宛、用意した10数隻の小舟より引き潮に流します。灯は波間に明滅して蛍光のようで、詩情ある心うつ行事でしたが、日露開戦の年より止みました。

子供行事は盆釜炊き、10歳前後の児童別々に小さき素焼きの釜を戸板屋根の下か、木陰に構え、豆・里芋・トウモロコシなどを煮て精霊に供え、木陰の薦（むしろ）座敷で会食、13日は七夕流し、墓地掃除、大人たちは集落道路清掃作業でした。

8月

十五夜の綱引きは各郷により綱が異なり、海岸地帯は纜（ともづな）の中古品、別府は小竹（キンチク竹）を割った物、町・浜町は商品の小綱を撚り合せ、その他は藁と蔓（かづら）の撚り合せ、綱作りは青年、その他は全部子供の作業、10日間ばかり藁の貰い集め、野のかづら採り、藁打ち、慰労菓子代の寄付金懇請など、一夜の綱引き目的の苦行でした。当夜の応援には石油缶とほら貝をもって気勢をあげ、開始前にはほら貝を鳴らして他区に示威行進をなし、我が綱引き了後、他区に挑戦と云う次第でした。

9月

「ほぜ」と称え、農家を始め一般に甘酒を作り、氏神に供え、近親・知人を酒肴を調えて歓待す。古来各村・各集落　日を異にして、相互に招待して親睦を深めました（「ほぜ」は豊祭の訛かと思いますが如何）

10月

古来農家は農神に感謝の意を表わすため、亥の日に餅を搗き、神に供え、知人に配りました。本浦・島平浦は共に日を異にして、恵比寿神の祭典を執行して、奉納相撲を催し、両者対抗故、活気は場に溢れ、観衆も黒山のようでしたが、抗争はありませんでした。

11月

農業区では山之神講を行ないます。御伊勢講や霧島講と同様ですが、区によりては青年頭を招待して協議する所もありました。

12月

14日は赤穂義臣伝輪読会、当夜8時頃より大人達も舎に集合、赤穂義臣伝を大人などが翌朝5時頃までに読了、11時茶菓、2時頃庭に出で約30分間素足で立木打ち、終わりて粟粥（粟んなっとう）で温まりて散会。

20日　本町には歳暮の市が2日続いて催され、年越しの用意に村内の人で雑踏、28・29日頃より商店を初め一般の取引決算にかかり、往来慌ただしく歳末気分が漂うていました。

29 衛生

衛生知識低級のため、村は春秋二季に大清掃を執行しました。各地区に衛生委員を置き、清掃さしめ、駐在巡査・役場係員・衛生委員・付属吏員、四者協議　地区を分担して、一斉に厳に検査するため、各戸家業を停止して、清掃するようになりし故、衛生思想は向上、普及せりとして、定期一斉　清掃検査を止めました（大正5年頃）

付記　当時医師は未だ漢方医が存在しました。

漢方医四人　宍野康蔵・荒木東一
　　　　　　吉見一輔・窪田東陽
蘭法医（近代医師）四人
　　　　　　児玉喜一郎・武田平九郎
　　　　　　肝付篤志・有馬英吉

30 はだこ屋（旅人宿）

はだこ屋は、町と浜町に2軒、島平に2軒（島平は汽船客のため）、何れも家業の傍ら兼業で、住居の表座敷を客間とす。客は県庁・郡役所・税務署の役人が時折宿泊し、稀に商人と一般人。

38年頃大原に2軒できました。この頃には一般旅客が増加しました。この他に木賃宿（自炊する宿、現存する鉱泉湯兼業）が1軒、客室は12畳敷の一室、洗湯客の脱衣場兼用、客種は雑種、行商人なりしも客の間に紛擾は起きず。

31　床屋（理髪業）

35年頃、両手用のバリカンが用いられました。それまでは鋏刈りにて大人3銭、小人1銭で、1日数人のため、専業にては成り立たず、兼業にブリキ細工、小鳥（めじろ・ほほじろ）を飼育していました。一般は自家で鋏刈りをしました。と云うのは現金に恵まれていなかったのです。また、物貰い・乞食が多く、野元・別府の産土神社はこの種の人が常住し、甚だしきは長崎鼻の洞窟の中にいる程でしたが、みな他国人（よそもの）でした。

32　山羊・牛乳

32年、県庁在勤の山口兼雄氏（大下小路）が雌雄2頭を飼育中、犬に襲われ止められました。

37年、袴田集落の堀之内清太氏が、乳牛飼養・搾乳・販売を始めましたが、需要なく休止。45年、湯之元より池田氏移住、大原に開業。年次需要拡大、頭数を増加して成功。現在後継ぎ人　パン製造。

33　弓　道

39年頃より大正5～6年頃が最盛でした。皆東郷流で、中に他県より移住の人が竹林流や日置流（へぎりゅう）を使いました。爾来郷士のみでしたが、日露戦後大衆も参加し、この中より射的上手の人、数人でました。村外対抗競射相手は、隈之城村・川内・入来で、毎年春秋に交互に訪れ、競射。毎年、東市来村で行われる、武徳会主催の大会は盛大でした。

34　相撲力士羽衣

34年力士羽衣（本名市来庄七　上名十文字生れ）、生来膝腰強く闘志旺盛のため、麓入来嘉七郎氏により上京、井筒部屋入門。幕下にて稽古中、右肩甲骨を痛め、快癒の見込みなく帰郷し、相撲道向上のため、我が村を初めとし、県下各地の青年角力を指導して、県角力界の重鎮となる。仕事の便宜上　湯之元に移住す。羽衣の指導を受けし力士中の大関は、我が村の国岩（福岩森吉）にして、彼は県代表としてたびたび国体に出場す。同人の下位に東市来村江口に「白浪」、湯之元に「白糸」がいました。

35　ちょん髷

学校の式典の都度、来賓席中央部の上位に必ず背の高い老人が「ちょん髷」頭を出しておられました。この老人は麓の長佐一郎と云う真陰流の師範で、その名は県内に知られていました。式終わるまで厳然としておられるので、怖れを感じましたが、道に逢えば温顔の好々翁でした。老師範使用の竹刀は、袋竹刀と言って刀身も柄のように皮を被うた竹刀で、柳生真陰流では師範のみに許された由です。「ちょん髷」はこの他に冠岳に1人と力士羽衣の3人で異彩を放っていました。

36 井　戸

井戸のある家は稀で、密集地帯では共同井戸を使いました。釣瓶は各自竿に小桶を付けて汲むため、井戸口は深い凹みができて、菊花型となっていましたから、往昔から用いた物と思われます。

　彼の加賀の千代女の有名な句。

　　朝顔に釣瓶とられて貰い水

と云うのは、竿を井戸端に置いて、夜が明けたら、竿に朝顔がまつわっていたと云う情景かと思います。本浦や浜町の井戸は塩分がある故、煎茶用には中尾集落や野元堀集落の共同井戸を長柄の柄杓で汲みました。

　共同井戸は本浦4、本町3、市口2、大原2、須納瀬2、迫2、中尾1、早馬下1、小路3

37 氷

　氷は37年7月、初めて私が販売しました。当時鹿児島市仲町の小村商店が卸問屋で、氷は函館より海路長崎へ。同地より鹿児島へ。そして夜、荷馬車で串木野着と云う次第でした。氷は天然氷の塊で、鋸屑の箱の中に容れてありました。それを氷鉋（カンナ）で削り、砂糖で調味し、雪と名付けて販売しましたところ、飛ぶように売れました。当時は函館氷と通称しましたが、2～3か年後には長崎氷と称えました。老人などは「しもがね」と称えて、塊のまま買いました（大原猪俣才造翁談）

38 屠殺場

屠殺場は御倉山と勘場山間の流れ河畔にて屠殺し、肉は屠殺人が自店で販売しました。老人や婦人は甚だしく嫌忌するため、二才衆は余儀なく「はぎ（会食）」をしましたが、器物の清掃は石鹸がなく、糠（ぬか）と灰汁を用いました。

　牛肉一斤（600グラム）14銭　　馬豚肉12銭

　同　下等肉　　　　12銭

39 大原祇園祭と歳の市

大原十文字の私ども、臼井彦二・江藤精次・栗山藤重は付近の人達20余人と相談し、大原町の繁栄を策して、商栄会を結成し、大正13年　西市来湊町の祇園山車中古車を120円にて譲り受け、祭典を行って人を集め、昭和2年歳末　陽暦にて歳の市を開き始めました。当初祇園山は貧弱なるのみならず、市は数台足らずの屋台店が並び、世間や学童などの蔑視と嘲笑を浴びました。が意に介せず、

将来の大成を期し、前進しましたところ、年ごとに商店は増加し、今日の盛況を見るようになりました（栗山藤重氏談話）

40　串木野乙女（おごじょ）

明治18年、願船寺開基井上文渓法師は聖教布教の傍ら、農漁村社会の開発、民度向上を考慮し、手始めにまず本浦の乙女などの婦人形成に着手され、船倉すま（後年、今井与四郎と結婚）他2人を鹿児島市二の丸内　旅宿門松に行儀見習い奉公を依託された。門松は明治新政となり、禄を失いたる上級士族が経営する旅宿にて、文渓師が薩摩入りの際宿泊し、その後もたびたび宿泊して親交知己の間柄となって、そこの主婦聡明なりし故、特に意のあるところを述べて相談されしところ、快く応諾、引き受けて愛の教鞭にて指導されしため、純朴なる3人はよく染色して誠実に勤め、暇には仮名文字をも習得した。約束の4年を小過なく仕え、辞去に際しては、入嫁道具一式に慰労の志を添え、入嫁姿を装わして帰された。3人は感激に顫（ふる）え、欣喜雀躍（きんきじゃくやく）して帰郷した。故郷に錦を飾った3人は、翌日願船寺に参詣し、心ばかりの手土産を持ちて文渓師夫妻の前に跪（ひざまず）いた。深く頭を垂れる3人の手の甲には真（まこと）が見えた。住寺夫妻の心温かき待遇を受け、帰宅すれば　各自の家には　砂糖に群がる蟻のように近隣の人が待っていた。初めて見る雛人形の如き丸髷に金蒔絵の櫛、銀の簪（かんざし）、華麗な帯、優雅な裾模様の紋服、得も云えぬ床しき脂粉の匂い、目もさむる艶麗（えんれい）なる容姿に見惚れ、賛嘆の声と吐息が同時に湧き起きた。目を瞠（みは）りて見る母娘などには期せずして奉公意欲が炎と燃え盛り、この火はまたたく間に枯野の火の如く本浦を焼き尽くした。3人は帰宅するや昨日までの端麗なる容姿、調度品は丁重に蔵（しま）い、以前の素服に換え、襷がけとなり家事の前線に甲斐甲斐しく立ち上がり、良縁あるまで一向きに精進した。かくて乙女等は入嫁道具は自力で調うべき物と不文律の鉄則を作り、実践して今に及んでいる。明治末頃に到り、本浦全体の生活は向上した。日露戦後の好況も去ることながら、乙女等の目立たぬ努力は見逃せない。従来の低劣なる日常語は改善され、家庭には陽気が生れたのは、乙女等が帰省の都度父母を説得しての故であった。家庭用品、父母の身の回り品、弟妹の服装や学用品など、帰郷のたび、意を配り、朋輩申し合わせ、一様の物を土産とした。物は些少（さしょう）なりとも家を思う純情と思えば、実に千金も及ばざる尊きものである。彼女達は前車の轍を踏み、決して先人の面目を汚さじと心に銘して努力した。時折酒宴の席にて座興に加わりても　緑酒に志操を乱すことなく、偶偶（たまたま）酔漢の戯れるや心の自刃を抜きて退け、飽くまで串木野乙女の純潔の誇りを固く守った。ために評価は一層高まった。乙女達は実に人間の親愛・進取の精神、不屈の根性を内蔵し、この内蔵物は母胎内にて吸収し、生後も10余年摂取消化したる仏の滋養の賜であった。

憶えば100年近き前、文渓師が浜辺に播（ま）かれたる3粒の種子は風土に恵まれて発芽生育し、明治・大正・昭和と変遷する時代の潮流に流されず、年ごとに繁茂し、白百合の如き花を春夏秋冬絶え間なく開き、移り行く新時代の風に花弁を落とさず、幹を曲げず、折れず、いつしか枯れて、いつしか芽生え、温かき南国の潮風に揺らぎながら、馥郁（ふくいく）たる芳香を放ち続けている。この相を文渓師は今、科学の力の及ばざる浄土にありて、会心の微笑を湛（たた）えておらるるであろう。

知るや君夷（えびす）公園に明治より
　たえまなく匂う花の開くを
潮風に吹かれても白く逞（たくま）しく
　床しく匂う花のみごとさ
四季に匂う夷公園の花の香を
　訪れる蝶のたゆる時期（とき）なき

41　串木野八景

冠岳暮雪
夕されば花とも見えて宮人の
　かむりが岳に降れる白雪

浜ヶ城落雁
はるばると浪路渡りて浜ヶ城
　川田に落つる天津かりがね

羽島崎晴嵐
勇ましく真帆打上げて舟人の
　こぎ行く先は沖つしらなみ

愛宕帰帆
ふき下り愛宕の岸の夕風を
　かた帆にうけて帰る釣ふね

照島秋月
いさり灯の光も消えて照島の
　波の上高く月冴（さ）えにけり

松ヶ崎の夜雨（現称　長崎鼻）
なみ風もふけ静まりて松ヶ崎
　雨の音のみ残る夜半かな

坂元の夕照
旅人の往き来もたえて夕日かげ
　あすへと残る坂元のはし

悲山の晩鐘（大悲山願船寺）
なかなかに嬉しかりけり後の世を
　たのむ悲山の入りあいの鐘

右は明治30年、実父窪田東陽が作歌、同人誌「歌文」に発表して世に知られたものです。昭和36年西日本新聞社発行の、鹿児島県人物史　串木野市の部に2人、長谷場純孝先生と併記されておりますので、恐縮ですが、彼の略歴を付記さして頂きます。

彼は文久3年薩英戦争の時、天保山砲台付看護隊入隊（隊は医の子弟にて編成）、年齢16、戦後解隊により上京、京都吉林院医塾に修業の傍ら、歌人　梅小路式部の門に通いて歌道を習い、帰国後鹿児島市川畑梓先生（宮中御歌所出仕　八田知紀門人）の指導を受け、医業の傍ら、作歌に勉め、30年県歌文会会員となり、会誌「歌文」に前記八景を発表、31年村内同好の士8人と謀り、串木野風雅会を組織して前進中、日露開戦のため、自粛して「歌文」とともに解散。戦後再起せしも会員5名の病没により終止せしため、1人歌作に励みしも、76歳にて病没、彼の歌集「真砂集」を戦災の烟りとなせしは遺憾の次第です。明治40年当時著名の東京の文士江見水蔭氏、九州周遊の途中立ち寄りしを、照島に案内せしところ、彼は日本三景の縮図を見るが如しと賛したる挿話もあります。

42　漁船団遭難

大正12年9月　本浦漁業船団は朝鮮沖において操業中、突風に襲われてなす術もなく一瞬にして、4隻の船と47人の霊を千尋の海底に沈めた。まことに串木野漁業遭難史上　未曽有の大悲惨事にて、哀愁痛惜限りなき大災難であった。天運強く幸いにして突風を免れし他の友船の乗組員は対馬厳原港に上陸し、土地の同情を浴びつつ仮葬儀を執行、土地同業者、公識者、一般人の他に報道機関者も列席して限りなき哀愁の中に行なわれた。仏前仮の蓮台は成仏者の俗名を連記したる紙帖を張り、土地人寄贈の生花を供え、青年頭、導師となり、数10名の青年一山の僧侶の如く一糸乱れず、哀調切々として慟哭するかの如く読経する相は、人々の胸をうち、水を打ちし如き静寂の中に、すすり泣く婦人の声も聞かれ、剛健質朴純心なる海の若者等の、かの崇高なる姿は、列席報道陣により、九州一円のみならず、西日本一帯に広がり、各地に仏教青年会の誕生を見るに到った。式終了後、船員は会葬各位に感謝御礼し、悄然（しょうぜん）として霊を船に迎え、纜（ともづな）を解き、各々甲板に正座し、朝鮮沖に向かい聖名を唱えて合掌、弱き追い風に帆を上げて、船足重く緩やかに南下した。羽島沖より来る船団は平瀬にて帆を下ろし、櫓の音もしめやかに川を遡行し、所定の杭に船を繋ぎ、荷物を携えて、黙々と上陸。出迎えの家族が低声に嘆けば俯（うつむ）きて応えつつ、足取り重く白浜を我が家へ。その日東西の夕べの看経（かんきん）の鐘の音は重く沈み、夜は本浦一帯、人なきが如く、どこかに遠く遠く慟哭するかの如く尾を長く曳く犬のなき声が聞こえた。5日の後、組合葬が洲崎浜（現在埋立地）において執行、来賓に県知事代理を初め、村長・組合長・関係公職員・報道人、その他一般、およそ千名近く。林立する弔旗は重く垂れ、汀の小波の音も静けく、式場は深林の如き静寂に沈み、10余名の僧侶の読経に遺族の焼香は始まりて、数多き遺族の中に、嬰児を抱き、幼児を伴いて焼香合掌する若き寡婦に一層同情の涙が注がれた。式果つる頃、当時を偲ばすかの如く羽島崎の沖に鉛色の雲が広がり、赤き夕陽が海面を染めた。同業者は勿論、村民も7日間歌舞音曲を慎みて弔意を表し、串木野の山河また静かであった。かの青年等の読経の声は海の嵐のたびごと、波音とともに響くであろう。

慰霊塔仰ぎ海原見てあれば
　その人のその時のその姿うかぶ
洋底（たなそこ）のみたま安かれ同胞が
　捧ぐる聖（ひじり）の慈悲の御経に
今出行く漁船（ふね）に幸あれ和田津海の
　神まもりませ帰りつくまで

43 自然現象

自然現象の異変は地球磁場の変動により、今も変わりつつあるとの学説で、考えますれば、数10年前とは大きく変わっています。詩情深き春秋の天然の美は失われし現在では、全く荒涼寂寞たるものです。夏冬も大きく変わっています。梅雨は雨7日・日照7日・風7日と云われ、雨は小雨が長降りでしたが、雷鳴があれば梅雨明けとし、雨上りには住居や衣類の清掃に一苦労でした。

梅雨明けの暑さは強く、朝は東風、夕は西風でしたが、日中は猛暑で素足で外は歩行できず。正午から3時頃までは午睡、夕べはほとんどの家が涼み台か縁に半裸体で涼み、蚊やり火は庭に火を焚き、室内では蜜柑の皮を用いました。

台風は現時のように不規則に来ることはなく、220日前後に1、2度、東北に起こり、東南より南西に回る進路。稀に東南に起こり、逆の方向を取ることもありましたが、前日の夕方、東空の夕焼け雲が進路方向の反対側に現われるので、80％くらい予知できました。

冬は酷しき寒気で、小雨・小雪の翌朝は氷柱が軒先に下がり、水田は氷が張り、積雪量は通常2、3寸、多量の時は1尺内外でした。霜夜の道路は・舗装したように固く、下駄音が高く聞こえました。

44 照島の無名神

照島神社の境内に、二つの小神祠があります。一つは恵比寿神、一つは海から渡来した神と往昔から言い伝えられています。この神について卑見を。安田徳太郎著『人間の歴史』によれば、「古代南方民族が安住の地を求め、「くり船」にて漂航し、九州・四国・東海道の沿岸に漂着し、小島と川の所在地に居住し、漁撈と農耕により生活、小島に信仰神を祀る」とありますから、先住民族が祀ったものと思われます。別府の八房島・照島・平江野元間の中島（東北両川の合致点にて崩壊）・羽島は海岸近く小島ありしも崩壊して現地に移る。何れも産土神を祀る。照島のみ祀らなかったのは、後裔の信仰心が薄れたのかと思われます。

四国の地名「とさ・さぬき・あわじ」が本浦にもありますから、同種族かと考えられます。大正末頃まで（あるいは現時でも）、老人等は、便所を「かんぜ」と称えますが、安田徳太郎著『天孫族』

によれば、「かんぜ」とは「ヘブライ語」で便所の意とありますから、先住民の言語が継承されたものと考えられます。詳細は考古学者の高教に俟（ま）ちましょう。話がそれますが、序（つい）でに、急須のことを「ちょか」と称しますが、これは朝鮮語で、彩色したる高尚な土瓶のことだそうです。

45　河童の話

河童は古来文献に種々と幾多の物語があって、半信半疑、肯否各人各様に思惟されていますが、筆者は左記により、存在を肯定しますので、ご参考までに。

それは昭和3年の晩夏、朝夕は爽涼となり、忍び寄る秋の足音が聞こゆるある日の午後6時頃のできごとです。Sはその日の残務を整理して帰途に就きました。Sは鹿児島市の人で串木野築港防波堤築造人夫監督とその事務を執っていました。工手学校出身、明朗闊達35歳の壮漢で、上司の信望も厚く、従業員にも敬愛される理想的な適材でした。家族は母・妻・子供2人と平和な家庭に、1匹の愛犬がいました。筆者は釣り道楽で釣りに行く中、いつしか親しくなり、お陰で事務所にも任意に休憩さしてもらう程の間柄でした。Sは毎朝犬に弁当をくわえさせ、夕は10分くらい前に帰す習慣で、それはSの帰宅を報告する伝令でした。と云うのは仕事が天候や潮の加減で左右され、終了時が一定しないので、犬は重宝がられていました。その日は仕事も順調に終わり、Sは平素のように犬を先駆させ、少年のように口笛を鳴らしながら、足音軽く汀沿いに我が家に向かっていました。事務所は長崎鼻無線局の所に、自宅は勘場にありました。流れ川の下流まで来た時のことです。川口は広く扇形に浅く流れて汀に注ぎ、渡るのには心持ちよいくらいでした。丁度その時、向こう岸に「もぐら」のような1匹の動物がいたので、Sは足許の石を取って力強く投げました。命中か否かは不明で、動物は水溜まりに逃げ入りました。Sはこのように茶目っ気ある人でした。ちょっと冴（いぶか）しく思いましたが、特に気に留めず、黙々として坂を上がりました。Sの後方には10間余り離れて、近所の大工が2人、足跡に随（つ）いていました。

Sが自宅の門近くまで来ると、それまで木陰に寝ていた犬が、突然起き上がり、猛然と襲いかかってきました。狂犬のように眼は鋭く光り、牙をむき、大声に咆（ほ）えながら、前後左右から飛びかかるのです。この奇異な狂暴に赫怒したSは、遂に天秤棒を振り上げますと、尚跳びつくので、首輪を押さえ、庭木に繋ぎましたところ、慟哭するような高い鳴き声となりました。Sは黙って行水を済ませ、裸体のまま茶の間に安坐して、母に流れ川の1件を話しました。そして、しばらく経つと、Sは自分の両耳の中に何か這入るような物を払い退けるような手振りで、忙しく動かし始め、次いで鼻孔の辺りを同様に代わる代わる頻繁に動かすので、凝視していた母は、ひそかに妻に向かい、「もしや河童が憑いたのではあるまいか」と囁き、2人は頷（うなづ）きあい、注意深く凝視しました。するとSはがばと立ち上がり、何者かに引かれるような格好で、外に出ようとするので、妻は狼狽して、両手で夫の片腕を取り、理由をただしますと、「河童が角力を強要して、俺を引き出そうとする」と云いながら妻を曳きずり、土間に下りましたので、大声に助けを求めました。この声に近所の2人が駆けつけ、Sを座敷に曳き上げ、押さえますと、また外へ行きたがるのです。この時、Sの容貌は全く狂人のように変わりました。そして、この動作は休みなく繰り返され、体は毫も衰えませんので、別に2人の助力を乞い、交代して看護することにしました。夜になって動作はいよいよ激しくなりましたが、疲労の色は見えません。その晩は一睡もせずに夜が明けました。今にも疲労して眠るかと期待していましたが、狂態連続の中に、その日は暮れ、夜も昨晩同様で、飲まず食わず眠らずして、3日目となりましたが、4日目の朝、母は伝説の河童の食物、麦ダンゴを作り出しますと、素早く取って食い始めました。ところが、その速いこと、食うこと、見る間に来客用の分まで食い尽くしたので、一同は唖(あ)然として面を見合わせました。食い終わるとすぐ眠りにつき、30分くらいで醒め、また前の状態に戻りました。その晩、見舞い客の1人が、川内に憑き物を離す祈祷師がいることを話しましたので、翌朝　男子3人と母が付き添い、行くことになり、彼の双腕を2人で執り、母と他の1人は後に随いて家を出ました。

駅までの途中、溝がある所では、水に入りたがる動作が激しいため、苦労して、辛うじて汽車に乗せ、漸（ようや）く目的の家に着き、神前にて祈祷の呪術を受けて辞去しました。ところが効験はあらたかに顕れ、嘘のように温和（おとな）しく、全く台風一過の感じでした。狂騒は止みましたが、容姿は変わりなく、帰宅しても、犬も咆えずに出迎えました。彼は床に横臥するや、すぐ深き眠りにつき、2日間眠り続けました。そして、醒めた時の顔貌は痴呆のようでした。この以後、彼の性格は一変し、独特の明快な談笑は聞かれなく、陰性となりました。その翌年の梅雨期、筆者は釣りに行き、事務所に休息の折り、健康状態を尋ねましたところ、憎悪するかの如き顔色で応えずに外へ出ました。そして、その後は筆者を敬遠しました。彼は生来健康を誇り、薬餌を冷笑する好漢でしたが、それより10余年後、病名不祥の病に罹（かか）り逝去しました。

以上、筆者も親しく見舞いして、見聞したる歴然たる事実で、粉飾も誇張もありません。眉唾ものとして一笑に付されない、科学のメスを入れがたいこの怪奇は、矢張り河童の仕業と肯定します。古人が河童を水神として祀り、畏敬したのは、右様のことがあったので、「触らぬ神に祟りなし」との言葉を残したのではないでしょうか。

これに類する談話は、県内到る所にありました。

46　偲感

憶えば敗戦降伏と無念の涙干かぬ間に、押し付けられし民主主義を咀嚼調味もなし得ず、そのまま鵜呑みしたる結果は、天然の美と日本民族の精華を失い、晩秋の荒野に虫声を聞く想いがします。歴史の歯車は、今、悪魔の咆哮と人類の叫喚を交響して、間断なく回転しています。１００年の後、２００年の後、日本は、串木野は、如何に変貌するでしょうか。碩学岡潔博士は「今にして教育の改革と仏教の興隆を図らざれば、２００年を俟たずして日本は崩潰（ほうかい）するで有らう」と憂慮警告しておられます。為政者は真に日本を愛する信念あらば、高邁なる碩学の真摯なる声に謙虚に耳を傾け、再思三省して、先哲が残したる温故知新を座右の銘として、失いたる美しき精華の建設に精進努力して、国是を泰山の安きに置くべきである、と叫ぶのは、時代感覚に乏しき頑迷なる老人の、夜迷い言でしょうか。為政者よ、若人よ、碩学の金言を心に銘じて力強く大道を踏みしめて邁進されんことを念願して止みません。

随　感

戦敗れ悲憤の歯ぎしり尚まさる
　富士の裾野に星条旗たちて
誰か唄う荒城の月の歌声に
　十六宵の月の訓えおぞ思う
日出る島崩れずにあれ永遠（とこしえ）に
　天（そら）うつ怒濤（なみ）の砕けちるとも
水澄みて山紫に和やけき
　人多かりし串木野はいずこ
昔我が澄りて唄いしは彼の枝か
　校庭の栴檀（せんだん）をしげしげと仰ぐ
我が生命きざむ時計の音高し
　寒夜の長さよ夜明けはまだか
千仭の暗き谷底のあの声は
　老坂下る吾呼ぶ声か
千仭の谷より冷たく厳かに
　吾呼ぶ声をうつむきて聞く

あとがき

図書館への「はがき」より

本編は去る昭和37年脱稿したものですが、偶々友人某氏借り行かれ、行方不明となりしため、旧稿を探し出し、2、3追加して再稿しました。憶えば、その時より10年近き間に、頭記の協力されし各位の中、数名は物故され、転（うた）た寂寞と一抹の哀愁を覚えます。幸いにして今日まで生かされし仏恩を感謝しつつ拙筆を弄（ろう）しました。

昭和46年4月1日

筆者　有馬俊雄（明治23年12月1日生）

先頃御報せ致しました、愚老の駄稿「その頃の串木野」をA氏が同君の起稿が遅れるので返戻（へんれい）するとのことで、返送されましたので、御高覧に供します。ご覧の後は図書館の片隅に置いて頂けば幸せに存じます。

元より一瞥に値する物ではありませんが、往時を偲ぶ人の郷土史の一節として参考になればと思考しますので、厚顔冷汗しながらお願いする次第です。

追而　本稿は14年前、老生70歳の折りの作で、協力して下さった諸氏の中、半数近くは他界されております。（以下一行略）

（掲載：13・14・15号＝1999・2000・2001）

資料【中世のカマド（高速道路敷設のため発掘された＝門前〔栫城跡、串木野城の東〕）】

「吉利用敷日記」意訳・原文・語訳

所崎　平

はじめに

吉利（よしとし）家は、日置市東市来町の東市来中学校正門から2分ほど川下へ歩いた所にあった。現在は親戚の吉利氏が住まっている。重信川のほとりで、日記中には、洪水で庭まで水が上がってきた、とある。分家筋ではなかろうか。いつの時代かに家をたたんで、都会へと向かったのであろう。そのとき、この日記は古物商に流れ、回り回って、元南日本新聞記者であり、収集家である大武氏へ移っていった。彼の目録を見て、私が借り出して、串木野古文書会で1年分は読んだ。後は、徳永氏が解読した。

吉利家の墓地は東市来中学校のすぐ東の宗乾寺跡にある。宗乾寺が吉利家の菩提寺のようである。墓碑銘によると、用敷（ようしき）は第13代で、天保4年8月5日卒、60歳とある。であれば、文政三年（1820）では46歳という充実した年代である。

日記から推測すると、用敷は喜右ェ門という名前であり、男子が武右衛門・権九郎・新太郎・小平太と4人、妻ははつ、弟に友右ェ門がいる。妻はつの実家は伊作田の仁左衛門のようで、下人に伊助と甚助がいる。妻はつの弟らしいのに彦太郎がいる。

この日記の面白いところは、武士ではあるが、かなり一般社会の農民とも通じる生活ぶりで、士族的な**初狩・地頭狩**など、**藩主が通行するときには、道の点検作業**に数日従事する、**番所の当番**を務める、など、士族でないとできない仕事もあるが、**農業**をしたり、**湯治**に吹上町伊作の湯之元へ15日いたり、**金貸し**をしたり、**踊りや暮の市**があると出かけたり、と話題性に富んでいることである。

たとえば、正月のことだが、**元日は墓参り**を親戚一同で出かける。**雑煮**は元日に出てこない。里芋である。**猪**が出ている。餅の上に**串柿**が乗っている、など。湯治は近所付き合いで焼酎を飲んでいるが、真面目に「伊作家由来」を借りてきて書き写している。

薩摩半島側には現在消えている**雛祭の「台崩し」**があったり、「**ゆべし**」が出てきたり、と、考え方を変えないといけないことがらが出てくる。

ただ、日記の性格上、本人にはわかるが、本人以外の人々ではわからない部分がかなりある。これはしょうがないことで、できるだけ推測しながら読んでいくことにしたい。

ここでは、最初に意訳を出し、ざっと読んで、気になる部分は原文や語訳で確かめるようにしてほしい。本来は、原文が上、意訳がその下、語訳が近くに配されている方がよいのであろう。今回は3月12日までで、後半は、次回に回しているので、**踊り・暮れ**の市は出ていない。

1　意訳

（表　紙）

文政３年カノヱ辰正月吉日
雑日記
吉利用敷

文政３年辰正月元日晴　朝８時頃、床飾りをする。譲り葉を下に桝に入れた米、串柿を乗せ、炭と橙、昆布を横に置いた。歯堅め・酒焼酎・芋吸物・硯蓋・数の子・串柿・酢漬け・猪を６時頃、床飾りにして、家族中で里芋の吸物を食べた。それから、親類中が皆私宅に集まり、龍雲寺の方へお参りに行き、次に宗乾寺へ行く。しばらく待たされて、先祖の弔いが終わる。午後３時頃帰る。戻りがけ、上床氏へ年礼を済ませた。

正月２日晴　皆田代が集合場所の初狩があった。永野河内を立山にした、狩猟用の鹿倉である。喜右ェ門（吉利家の次男か）は２人の組頭と３か所の寺や麓中を門礼に回ってきた。伊集院から有馬十郎左ェ門が土橋家へ年頭の挨拶に行き、徳重甚兵衛の下人甚助の一件のことで私宅へ立ち寄った。徳重甚兵衛も年頭の挨拶に参り、焼酎など夜中まで飲んだ。一日中客が来たので、祖母はくたびれて早く寝てしまった。

正月３日　正午過ぎから雨が降り出した。今朝早く、荷福門（かど）の金右ェ門が焼酎と和紙を持ってきた。早朝から焼酎を飲む。色々な門名手本や庭訓往来を貰って、持ってきたので、それらについて話していた。

吉左ェ門など次第に客が来た。

今日は地頭のための初狩りで、平石に集合したが、大雨降りになったので、途中から中止し、行司や狩りの人々は引き返した。尾木場の貴島平右衛門の家に私は泊る。

正月４日雨　夕べの午前０時頃から正午まで止まず。それで、地頭狩りは中止。昨日は、宗乾寺の**明山僧**に挨拶をし、龍雲寺へ２時間ほどいて、昼過ぎから**宇都**まで門礼に出向いた。

同５日晴　家にいて野菜に竹を立てた。楮伐りをした。伊助は山へ木を切りに行った。立和名門の善の弟の太郎が銭２貫文を持ってきた。

同６日晴　家にいて、接木をした。川さらえの道具を点検した。地頭初狩が行なわれた。12月に獲れた３歳鹿１丸は、大重勇之進が射止めた。角のある頭は上床林左ェ門に、皮は武右衛門が取り、なめして張った。

同７日晴　両寺（龍雲寺と宗乾寺）へ行った。

同８日曇　龍雲寺の節句に行き、一日中かかった。晩12時頃から雨が降る。

同９日雨　昨日から狩りに備えて泊る。狩りには親子とも山に登る。今日は伊作田仁左衛門の所へ妻はつと子供は出かけた。仁左ェ門は留守で、帰ってきたところに、彦太郎親子3人が来て泊った。

同10日雨　夕べから大雨になった。この調子では狩りもできないだろう。

同11日曇　夕べから喜三太の娘が参り泊る。雑煮を出すので、右の他、親子3人に権九郎（次男か）の家族皆集って祝った。それから川上（地名）の前田藤次郎（親戚か？）なども来て、一日中焼酎を飲んだ。他にも客が次々に来た。

同12日晴　山元権左ェ門宅へ弔いに行く。今朝から次々に客が来た。

同13日晴　親の月命日で墓参りに妻が行った。源之進と与頭の吉之丞が連れ立って借金の訴訟を役所に申し出て、現金55貫884文なのだが、去年、利子を負けた上、32貫文で受け取ると決めた。

同14日晴　今日は吉松主左ェ門に頼み深手なので、集合場所へ行った。主左ェ門は帰り、喜右ェ門（自分）は泊った。一門の人々が皆集り、年頭の祝をして帰った。

同15日風　朝早く梶原と迫中（両方とも集落名）を駆け回り、大字大里の向湯田を済ませて、稲荷大明神へ詣り、重信家・尾上家・西家を廻り、午後3時過ぎに帰る。

同16日晴天　家にいた。夏大根などを植えた。

同17日晴　宗乾寺の旧式節句に出会した。湊町からのお客が多く、庄五の妻は初めてやって来た。そこで引出物に和紙や扇子を贈り、雑煮に酒を出し、飯まで出した。宗乾寺から迎えが3度来たので、内門次郎右衛門が来たけれども、寺の方へ行った。

同18日晴　赤崎の武右ェ門へ内用（何か不明）があって出かけた。現銭32貫文を小判で三つ（3両）、現銭で5貫40文、合計32貫文になった。1日に持ってきたので、今日証文を返した（17日に受け取っただようだが、話が矛盾する）。午後1時頃から赤崎へ行った。

> 一小判三つ（3両）銭にして22貫８００文（1両＝7貫６００文）
> 一分二つ（2分）銭にして3貫８００文
> 一現銭は5貫４００文
> 　合銭32貫文　　　馬場口の太郎右ェ門
> 右の通辰正月17日に取る。　借主　源之丞
> 　使い（持って来た者）は源之丞と上和田門の吉之丞

同19日晴　朝の5時頃、甚兵衛が上等の焼酎を1盃持ってきた。すぐに伊集院へ行かせて、下人のことについて、年頭の挨拶を兼ねて行かせた。

文政3年庚辰正月20日晴　今日は山下良元房の母が亡くなったので、加勢に行った。

同21日曇　平石集合の三度狩りがあった。2歳の猪を谷山直右ェ門が射止めた。

同22日風　猟へ仕立てた山の皆田代集合、お肴狩りがあった。4歳猪を1丸、犬が食いついて獲った。半分はお肴狩りにして、半分は**たます**（**分け前**）なので配った、と聞いた。

同23日雪　雨が一日中降る。来客があった。西平覚は朝早くから弟子を連れて来た。
同24日曇　夕べから雨が降り通しだった。正午から少し晴上る。
同25日晴　今日まで西岩寺へ引継ぎに行く。接待があり、午後4時頃帰る。
同26日晴　家にいる。夏大根を植える。
同27日晴　鹿児島城下から新太郎が来て、泊った。今朝ははつの弟の彦太郎が来た。
同28日晴　龍雲寺へ大般若経を平十が宮司で行った。祖母は｜｜｜。妻は新太郎を連れて熊鷹山へ行った。
同29日晴　家にいた。猪狩りの犬を差し出すように用意した。
文政3年庚辰2月1日晴　今日は、龍雲寺の小僧の龍州が修行に回るので、餞別をし、別れのための振舞（ご馳走）があった。
同2日晴　今朝、北之薗門の善兵衛が鰯を持って、年礼に来たので、連れ立って北之薗家へ行き、そこで飲み、それから伊作田の仁左ェ門の所へ行き、眠って、それから帰ってきた。
同3日晴　家にいた。
同4日晴　彼岸に入り、寺参りする。龍州が修行に出るといって暇乞い（いとまごい）に来た。
同5日晴　祖母は湊町へ年礼に行った。
同6日晴　今日は、□□印方から矢嶽狩りの連絡があった。権九郎（次男?）が出かけた。小藤太（権九郎の子供か?）も一緒である。口之迫に姉の墓参りをした。山之口佐左ェ門所まで彼岸礼に行き、それから組頭の両所、上村氏へも彼岸礼。下養母村の室之薗の五左ェ門所へ招かれたけれども行かなかった。篠原喜悦殿の所へ行った。
同7日晴　今日は中野（地名）へ行くはずで問い合わせる。午後2時頃から行った。途中中養母（地名）の善助の所へ立ち寄り、池之上宗右ェ門殿が来ていて、用向きを話し、ほどなく帰る。
同8日雨　今日は、小平太が岩重殿から手習い終了を申し上げた。午後2時頃、肴や簡単な料理・焼酎・赤飯を作って持っていった。首尾よくいって、帰って、子供と（卒業）祝をした。
同9日晴　柿を3本、寄せ竹4本を添えて、卜人の弟の助へ持たせ、野田氏へ行かせる。今日から伊作田村の担当の道路を点検のために出勤となる。
同10日晴　道路の見回り、点検。
同11日雨　道路の点検。お作事奉行が点検のため通っていった。
同12日半晴　富山武右ェ門へ出す手紙を済まし、道路の点検へ出勤した。
同13日快晴　今日は、両親の法事なので、道路点検は休み、家で静かにしていた。
同14日雨　昨日はうまく弔い（両親の法事）が済み、龍雲寺へお経を上げてもらいに行った。
同15日晴　朝祝いをして、龍雲寺へ釈迦参りの振舞を受ける。宗乾寺では旧式の節句をして、それから伊集院の境目から坂之下まで行き、それから甚右ェ門宅の掛銭をしに行った。

辰2月16日晴　太守斉興公が昨15日、お駕籠に乗り、苗代川の仮屋に泊る。今日朝7時出発し、湊町のお仮屋で昼食の膳、それから五反田（串木野の麓）、木場茶屋（串木野・川内の境目）の休憩所、向田の仮屋（川内川を渡った所、泰平寺の南の川の側）に泊る。我々役人は道の点検と民衆に無作法がないようにとの取締り、去る9日～16日朝まで勤務。城の町（場所不明）会所まで行き、勤務の日数を届出る。日数は伊集院守右ェ門・吉利喜右ェ門。岩下幾左ェ門は昨15日から病気だった。日数は右の通勤めた。内13日1日は親の法事で参加しなかった。物奉行の道見廻役へそのように報告した。

同17日晴　藤田甚兵衛の下人のことで伊集院□□□殿と庄屋の川上五右ェ門殿へ書状1通を出した。また、長里の庄屋の郷田七右ェ門殿が来て、屋敷の件でお願いし、受取ってくれた。平迫へ行き、帰る。今日は、湯之元から向湯田へ行き、稲荷大明神へ参詣した。それから重信休右ェ門宅へ行き、それから西平覚・野崎多宮・満右ェ門宅へ立寄るが、夕方帰る。

同18日　大雨が降った。家にいた。ものごとがうまくいかない日なので、永井氏は籤占いを止める。河野早右ェ門を頼み、明日19日は平迫へ行き、関連事項（内容は不明）の話合いをした。郷田氏は焼酎を持ってきた。

同19日曇・晴　河野早右ェ門と一緒に永井専右ェ門方へ、屋敷一件のことで行き、郷田氏の望むように処理して、帰る。

同20日曇　家にいた。いろいろな夏野菜を植えた。

同21日風　家にいた。妻は伊作田村から帰ってきた。午前10時頃、銭３００文をみよ方から今日集金。杉之迫からの銀を銅銭に替えることは承知した。

一赤崎折右ェ門がやってきて、いろいろ話をし、南郷次郎兵衛殿を苗代川の伊連の銀を替えるために使いにやった。

辰2月22日晴　今日は鹿児島城下へ行った。今晩は南林寺へ泊る。

同23日晴　貴久公への参詣人が多くて、南林寺は取り込んでいる

同24日晴　原口家へ行って泊る。原口家へ帰るつもりで南林寺へ来たところ、川上村の五右ェ門が来ていた。それから蘭牟田孫兵衛宅へ見舞いに行った。桑紙を貰う。南林寺へ行き、証書を作った。今朝、蘭牟田孫兵衛殿の娘が亡くなった。それから大嶋十次郎殿へ酒肴を持って挨拶した。木綿1反と酒肴を上げた。

同25日　夕べから大雨降り。あちこち訪問し、福昌寺と南林寺へ行った。

同26日晴　山奉行の大嶋十次郎殿へ挨拶に行った。

同27日晴　午前10時過ぎ、鹿児島の南林寺を出発し、□□殿へ寄って、それから長倉七左ェ門殿へ挨拶に行き、早く東市来の自宅へ帰りついた。川上の五右ェ門が泊った。

同28日晴　くたびれている。（川内）水引の長左ェ門からの焼酎を取り出して飲んだ。

同29日晴　家にいた。郷田氏へ孫七の件で頼みに行った。武右ェ門

は早稲の苗代こしらえに行った。仁左ェ門宅から下女が来て、□□。

辰2月晦日晴　昨日の29日から伊集院の郡村の庄屋宅へ甚兵衛の下人の件について、西平覚と連れ立って行き、中1日ぶりに下人の甚助を連れて夕方帰った。

3月1日晴　今晩帰ってきた。

同2日晴　6枚屏風に次の間で絵を描く。伊作田村へ行った。

同3日晴　家にいて、桃の節句。お客がたくさん来た。

同4日晴　伊作田村の仁右ェ門宅へ**台崩し**に行く。伊集院の宮原氏などたくさん来ていた。

同5日晴　家にいて、高菜切りをした。

同6日晴　家にいた。今朝は西岩寺から明7日招かれ、（宗乾寺の）和尚と一緒に来るようにと、言ってきた。昼時分から早右ェ門と連れ立って、下養母の室之薗門の善之丞宅へ行って、泊る。

同7日晴　昼時分に下養母から帰り、すぐ西岩寺へ行く。和尚法印正太左ェ門・早右ェ門・喜右ェ門・十左ェ門も一緒であった。夕方帰る。

同8日早朝から雨が降り出した。　一日中降り、いろいろ集めて準備をした。明日、（旧吹上町）伊作へ湯治に行く。

同9日曇　今日は伊作の湯治に出発するときに、長里村の甚兵衛が焼酎1盃（2・5合）持参。1盃飲み？　山之口五郎が来て、タバコなど貰う。武右ェ門・権九郎（ともに息子）も来て、飲み、それから出発し、伊作田の仁右ェ門宅へ寄るが、留守で、それから途中は急いで行ったので、午後3時頃湯元へ到着。方々宿が空いているか尋ねるが、なくて、上野八太郎宅の物置小屋に1晩泊る。谷山の鬼塚殿は婆さんの跡に入ったとして、お互いに茶を飲み、温泉に入った。翌10日の昼時分に木戸口の傅の字があり、宿泊客が出発したので、そこに宿移りした。

文政3年辰3月10日晴　晴だったが4時頃から雨が降り出す。臼井杢七・山元太七・浅谷源五・南郷孫右ェ門は帰ってしまった。その跡は誰もいないが、彼らは夕方には帰り着くはず。

辰3月11日曇　朝早くから「打たせ」をした。午後1時過ぎから塚田清右ェ門と永山半兵衛と連れ立って、ワラビ取りに牧内へ行く。帰りに清右ェ門殿の厄介になり、焼酎を飲む。それから温泉に入っているところに、近所へ鹿児島から図師大助殿と言う人から招きがあり、しばらくの間焼酎を出され、厄介になった。肥後平左ェ門殿・黒川庄兵衛殿も来ていた。しばらく話していた。

同12日曇　昼頃から津曲清蔵殿の部屋へ招きに合い、イカを肴に焼酎を飲む。谷山の住人の鬼塚の祖母様だけが私の部屋へ直ってきた。新右ェ門に焼酎を頼み買ってきてもらった。図師大助殿も来た。一昨夜、谷山の住人の鬼塚（東）市左ェ門殿の祖母がやってきた。

2　原文・語訳（単語解釈）

文政三年辰正月元日晴天

朝卯刻祝物之事出葉　串柿　米　炭　橙　昆布

一歯堅　一酒焼酎　芋吸物　一硯蓋
一数之子　一串柿　一酢漬　一猪
右之通六ッ　朝塩ニ祝物仕候　家内中　芋吸物戴候事　夫ゟ親類中
皆々拙宅へ差越　龍雲寺之様ニ参り　夫ゟ宗乾寺へさし越候　暫ク
間有之候　義式相済　八ッ後罷帰候也　戻り掛　上床氏へ年禮相仕
廻候事

卯刻＝8時ごろ。　**祝物**＝床飾りか？　餅がないが米が代わりなのであろうか。文政二年には餅が出ている。　**出葉**＝譲り葉　**串柿**＝干柿を串に挿した物。縁起を担ぐ人は、7・5・3の奇数にする。**米**＝ここでは餅の代わりだろう。というより、米つまり白米で飾る方が、古いのかもしれない。　**炭・橙・昆布**＝縁起のよいもので、現代もシメナワについている。いわれはそれぞれある。　**歯堅**＝年餅のこと。この餅は各人貰うと他の人に譲ってはならない。自分1人で食べるものであった。歯を固めるのは、歯を強くし、体が丈夫になることで、一年中健康を保つことにつながる。　**酒焼酎**＝酒と焼酎なのか、酒＝焼酎なのか判断がつかない。　**芋吸物**＝里芋の汁である。おそらくヤツガシラ（八つ頭）が一つ碗に入っているもの。雑煮というのは後に入った文化で、里芋の方が古いから、元日に食べるのだろう。「餅なし正月」ともいう例である。　**硯蓋**＝平安時代の貴族は硯箱の蓋にお菓子を入れて出したようだが、鹿児島ではそれに料理を入れて出した。　**数の子**＝子孫繁栄の象徴でもある。北海道で獲れたニシンの卵を塩漬けにして乾燥させ、俵に詰めて送ってきたもの。この時代では安く手に入った。　**串柿**＝干柿は冬では甘いものの代表である。熊本県五木村では、元旦の朝の1番目に食べるもので、種の数で占いをする。串柿を餅の上、または横に置いているのは九州では広い範囲にある。　**酢漬け**＝何の酢漬けかはわからないが、大根・蕪類のいわゆるデコンナマスであろうか。**猪**＝猪の肉を焼いて出したのか、猪汁、吸物として出したのかはわからない。　**塩**＝塩に祝物とあるので、皿に盛った塩を飾ったのだろうか。　**芋吸物戴く**＝最初に食べたのだ。元日は楽しみがなかった、というのは、里芋だけでは味気ないからだ。　**夫ゟ**＝「それより」と読む。　**龍雲寺**＝市来郷の宗社で、島津9代太守立久の菩提寺であり、子供の忠昌（10代太守）が小僧として、数年生活した寺であった。　**宗乾寺**＝おそらく吉利家の菩提寺なのであろう。方言で「スケシ」と言うので「そうけんじ」と呼ぶのだろう。吉利家の墓もそこにある。　**義式**＝儀式のこと。読経がある。先祖の霊を祀る儀式か。　**上床氏**＝宗乾寺のそばに現在も上床家があるので、そこかもしれない。　**年禮**＝元旦は、他人の家にはあまり行かなかった。当然、座敷に上がり、ご馳走に預かることはない。ここでは、玄関に「名刺入れ」を置いてあって、そこに自分の名刺（名前を書いた紙、裏に挨拶文を書く人もあった。現在の年賀状の基になるもの）を置いて帰る。家人も出てきて挨拶を交わすこともない。

正月二日晴天　未ノ日　**皆田代集　御初狩　永野河内立山　狩鹿倉**

候事　喜右ェ門事　両與頭衆并三ケ寺　麓中　**門禮**相仕廻候事　伊集院ゟ有馬十郎左ェ門　土橋家へ**年頭**ニ差越　徳重甚兵衛下人甚助一件ニ付　拙宅江被立寄　甚兵衛事も年頭ニ参り　正中共夜入迠ニ呑候　終日客来候故　祖母草臥　早ク寝入候事

皆田代集り＝現湯之元駅から東の方へ数キロの地名。そこが集合場所。　**御初狩**＝藩が指定した軍事訓練の狩。関狩のこと。　**永野河内立山狩鹿倉**＝永野河内に仕立てた、狩猟用の鹿倉。郷士といえども、この山には立ち入り禁止で、鹿・猪・兎・狸などを育て、狩だけに用いた。　**門禮**＝年禮と同じ。名刺だけ置いて、挨拶したことになる。門入口で座敷に上がらないので門禮という。　**年頭**＝座敷に上がって挨拶する。ご馳走が出るのが普通。

正月三日　四ツ過ゟ雨降出候事　今早朝**荷福**之金右ェ門　正中共**紙**持参　早朝より正中共呑　色々**門名手本**　**庭訓**　下り候ニ付持参仕昼時分迠相咄候事　夫ゟ吉左ェ門　其外段々客来有之候
今日**御地頭御初狩**有之　**平石集り**ニ而候処ニ　大雨降りニ付中途ゟ**行司**狩立候面々引返候事　尾木場　貴嶋平右ェ門　止宿候事

荷福家＝百姓で、湯之元に住んでいた。　**紙**＝和紙は貴重品なので正月の贈物に持参したのだろう。　**門名手本**（かどなてほん）・**庭訓**（ていきん）＝両方とも教科書で、門名手本は、市来郷の百姓の門（かど）の名前を書いたもので、それを習字の手本にして、文字を習うと同時に門名も覚えるようにしたものであろう。　庭訓は「庭訓往来」のことで、これも季節ごとの手紙文例を書いていて、手紙の書き方と手習いとを兼ねたものである。他に、「商売往来」とか「虎狩り」とか、教科書にして、内容を覚える。　**御地頭狩御初狩・平石集り**＝平石に集合して、地頭のために狩るものだろうか。　**行司**＝狩りを指揮する役目を持つ、市来郷の役人。

正月四日雨天　夕部九ツ時分ゟ朝四ツ過迠不止　夫故地頭狩不相調候　昨日ハ宗乾寺　**明山僧**　御見廻として　龍雲寺へ一刻相済　昼過ゟ**宇都**迠門礼さし廻候事

明山僧＝宗乾寺の僧侶の名前。　**宇都**＝宇都ん小路（シュッ）といって、麓でも石高の高い家が多い集落。

同五日晴天　在宿ニ而　**菜野さひ**　**番**共仕**楮伐**候事　**伊助**　**山稼**ニ而候　**分弐〆文**　**立和名**之善弟　太郎持参仕候

菜野さひ＝菜っぱと野菜のことか？　**番**＝つがい。ここでは、蔓性のもの、例えばえんどう豆を支える細い竹を添えることか？　**楮伐**＝楮は「カジ」といって、屋敷周りの土手とか畑の土手にあるものを切ってきて、鉈の柄の長さに切り、根元の部分、中央、梢の部分に分ける。本カジ・ウラカジの別がある。根元は硬く、ウラはよい繊維が少ないので、売るときは中央部が一番いい。　**伊助**＝吉利家の下男。　**山稼ぎ**＝木こりが薪を切りに行ったか？　**分2〆文**＝「分」は「鈖」の金偏を除いた書き方。「金」の画数が多いからであろう。「分＝銭」の意味。「〆文」は「貫文」のことで、1貫文は天保時代までは7貫500文が1両。つまり、1両が7・5貫文である。
立和名＝高山小学校の近くの集落名で、門名（姓名）がある。

同六日晴天　在宿　**継木**候事　**川ざら改**候事　地頭初狩　相調候
極月三才鹿　**壱丸**　大重勇之進　射留候　**頭**　上床林左ェ門　**皮**
武右ェ門張

　継木＝接木のこと。台木に優秀な穂木を接ぐ。ビワ・ミカン・柿など。また、接木をすると、実のなる時間を早める。桃栗3年柿8年が3年・8年未満になる。　**川ざら改め**＝川ざらえをする道具を点検したのか？　**極月**＝12月の異称。師走などと同じ言い方。　**三才鹿**＝3歳の鹿だが、ここでは雄鹿。　**壱丸**＝牛は1頭だが、猪と鹿は1丸、2丸、と数える単位。　**頭**＝これは鹿の角が付いている頭であろう。角は飾りにしたり、刀掛にする。　**皮**＝鹿皮は武具に使ったり、木こりなど山に入る人の腰から尻にかかるように下げていて、どこでも腰を下ろすときの敷物代わりとなるので、皮は使い道がある。　**武右衛門**＝用敷の長男か？　**張**＝皮の内側の肉や血のりを削り落とし、灰汁などを使ってなめした後、皮が皺（しわ）にならないように張る。

同七日晴天　両寺へ参上仕候事

同八日霞天　龍雲寺方へ**節句**江参上　終日相掛候事　晩四ツ過ゟ雨ふり

　霞天＝曇りのこと。　**節句**＝七日ズシの節句か？　終日かかるのは何だろう。

九日雨天　昨日ゟ泊り　狩親子罷登候事　今日ハ**伊作田仁左ェ門**所へ　はつ親子同道ニ而さし越候　仁左ェ門留守ニ而候　罷帰候処ニ彦太郎親子三人　止宿候事

　伊作田仁左ェ門＝妻はつの実家であろう。彦太郎は、はつの弟か？

同十日雨天　夕部大雨降ニ而候　今通ニ而ハ狩方も不相調筈候

同十一日霞天　夕部ゟ**喜三太**娘参り泊り　**祝餅煮**ニ付　右之外　親子三人ニ　**権九郎**家内　皆々さし越候　夫ゟ川上前田藤次郎抔参り終日呑　外ニ段々客人有之　養母村ゟも参り候

　喜三太＝用敷の弟か？　**祝餅煮**＝現在の雑煮のこと。この時代は「餅の汁」の言い方が一般的。　**権九郎**＝用敷の次男か？

同十二日晴天　山元権左ェ門所へ弔ニ差越候　今朝ゟ段々客人有之候

同十三日右同　**親之日**ニ付墓参り　**ばゝ**仕候　源之進并**与頭**吉之丞

烈立罷出　**かり分訴訟**申出　現分五拾五〆八百八拾四文ニ而候得共去年中　利負候上三拾二〆ニ而取筈相究候

親之日＝親の月命日。父の12代用里は享和四年(1802)2月13日卒、85歳と墓碑銘にある。　**ばヽ**＝ここでは、妻のこと。　**与頭**＝軍事訓練をする組の長。若者を指導する役。　**烈立**＝列立と同じで、「連れ立つ」の意味。　**かり分訴訟**＝借り銭の訴え。ここでは、去年の利子23貫884文を差し引くことになる。月7分(%)で貸したのであろうか。

同十四日右同　今日ハ吉松主左ェ門仕頼ニ　**深手**ニ付　**寄衆**方へさし越候事　主左ェ門事ハ罷帰り　**喜右ェ門**泊り　一門中皆々**年頭祝儀**ニ而罷帰候

深手＝意味が通じないので、誤読か？　**寄衆**＝皆が何かで集る所か？　**喜右ェ門**＝用敷、自分の俗名　**年頭祝儀**＝年の初めの一門の祝。この日は小正月に当る。

同十五日風天　早朝　梶原并迫中はせ廻り　大里向湯田相仕廻　**御稲荷**参り　重信家　尾上　西氏相廻　八ッ過罷帰候

15日＝小正月の日で、だいたいこの日までに正月の挨拶に各家を回らなければならない。この日に済まないときは2月1日に回る。

御稲荷＝現在の湯之元の向い、鉄道を越える所にある稲荷神社のこと。

同十六日晴天　在宿ニ而　**夏大根**共　植候事

夏大根＝大根は冬が旬だが、夏にできる大根を植えること。粟と大根を混ぜて一緒に植えることを「粟ん中デコン」といって、粟より先に出た大根の葉を根ごと引き抜いて青菜として食べることもした。ここでは大根だけ植えたのであろう。

同十七日右同　極上天気　宗乾寺　**旧式節句**ニ出會候事　湊ゟ客来多　庄五妻　初而罷出　**引出物**　書紙　扇子送り　吸物　酒さし出**飯**まで出ス　夫ゟ宗乾寺ゟ迎三度参候故　内門次郎右ェ門参り候得共さし越候

旧式節句＝何の節句か不明。後にご馳走が出るようなので、盛大な節句のようだ。　**引出物**＝ここでは土産物。　**飯**＝白米の飯であろう。貴重な飯なので、飯まで出す人はあまりいないのであろう。

同十八日晴天　赤崎之武右ェ門方へ**内用**有之差越候
現分三拾弐貫文　小判三ツ　現分五〆四拾文　合三拾弐〆文ニ成候
朔日持参仕候ニ付今日**書物**ハ相返候事　四ツ過ゟ赤崎へさし越候

一**小判**三ツ　分〆廿弐〆八百文
一**歩**弐ツ　分ニ〆八百文
一**現分**五〆四百文

合分三拾弐〆文　馬場口之　太郎右ェ門
右之通辰正月十七ニ取　かり主　源之丞
夫源之丞　上和田門吉之丞

内用＝うちうちの用事。**書物**（かきもの）＝証拠の書類や手紙類で、1枚の紙が多い。**小判**＝1両の金。**歩**＝分、1分金で1両の4分の1。**現分**＝現銭。今でいう現金のこと。13日に「かり分訴訟」で取り決めた32貫文を17日に取り戻した証書(右□内)で、日記の袋綴じの内側に入っていたもの。担保があれば、情け容赦なく取り立てる人もいるが、吉利家は寛容だったのだろう。**夫**（ぶ）＝ここでは、使いのこと。

同十九日晴天　朝五ッ時　甚兵衛ゟ上正中**壱盃**持来直ニい十院へ差遣候　**下人一件**ニ付年頭ニ差遣候

壱盃＝カラカラ1つ分、2・5合。ゴヒトツ（合一つ）という2・5合入りの枡がある。**下人一件**＝2日に下人甚助のことを徳重甚兵衛と話しているので、そのことかもしれない。

文政三年カノェ**辰正月廿日晴天**　今日ハ山下良元房母相果候ニ付差越加勢いたし候事

同廿一日霞天　平石集り　**三度狩**　有之候事　弐才猪　谷山直右ェ門射取候

三度狩＝御初狩・地頭初狩（地頭狩）があって三度めの狩となる。

同廿二日風天　立山皆田代集り　**御肴狩**有之候　四才猪壱丸**犬喰**ニ而取得　**片平**御肴狩ニ相成　片平ハ**たます**ニ付配分之由承候

御肴狩＝最初から食べるための狩りか？　**犬喰**＝猟犬が噛み付いて獲ったのであろう。**片平**＝頭と内臓を取り除いて、半分を片平（片方）という。**たます**＝「たまし」のこと。「分け前」のことで、南九州で使う言葉（広辞苑から）

同廿三日雪天　雨降り終日　客人有之候　**西平覚**　早朝ゟ弟子付ニ参候

雪天＝雨天の誤か。**西平覚**＝名前から僧侶か、山伏か。

同廿四日霞天　夕部ゟ雨降通し候　四ツ時分ヨリ少晴上り

同廿五日晴天　今日迠　西岩寺**次渡**ニ差越　**御取持**ニ逢　七ッ過罷帰候

次渡＝引継ぎ。**御取持**＝もてなし。接待

同廿七日右同　鹿ゟ**新太郎**参り　止宿仕候　夕部ゟ泊り　今朝彦太郎参り

新太郎＝三男だろうか？

同廿八日右同　龍雲寺へ大般若　**平十宮司**ニさし越候事　ば、事
ハー　母新太郎烈立熊鷹山へ差越候

平十＝親類か？　**宮司**＝神社での祭祀・祈祷に従事する者。

同廿九日右同　在宿　犬差出　相調候事

文政三年庚辰二月朔日晴天　今日ハ龍雲寺小僧龍州**遍暦**ニ付餞別
振舞有之差越筈候

遍暦＝遍歴。あちこち修行に回ること。

同二日晴天　今朝北之薗之善兵衛いわし持参ニ付年礼ニ参り　烈立
差越　彼方ニ而呑　夫ゟ仁左ェ門所へ差越　寝　夫ゟ罷帰候

同三日晴天　在宿

同四日右同　ひがんニ入　寺参りいたし　龍州　遍参ニ付暇乞へ
さし越候

同五日右同　祖母　湊へ今日　年礼ニさし越候

同六日右同　今日ハ□□印方ゟ**矢嶽狩**申来候　権九郎さし越候　小
藤太右同　口之迫姉墓参り仕　山之口佐左ェ門所迠彼岸礼　夫ゟ与
頭両所　上村氏へ右同断　下養母村室之薗之五左ェ門所へ相招候得
共　不差越候　篠原喜悦殿□□へ参り候

矢嶽狩＝矢嶽という山名での狩りであろう。初狩・地頭狩・三度
狩は、関狩、つまり軍事訓練が中心の狩りであるが、肴狩り・矢嶽
狩りなど、猪狩りを中心とした狩りで猪を食べるためであろうか。

同七日晴天　今日ハ中野へさし越筈ニ問合申越候　八ツ時分ゟ
差越候処ニ　中養母善助所へ立寄候処ニ池之上宗右ェ門殿被参居
用向相咄無程罷帰候

同八日雨天　今日　**小平太**　岩重殿ゟ**手習暇**申上候　両親差越候
取肴　**添物**　正中　**せき飯**　相調候而差越候　**首尾克**罷帰り　祝共
仕候

小平太＝用敷の、小学生くらいの子供、四男か？　**手習暇**（てな
らいいとま）＝習字（学問）を習っていたが、卒業みたいなこと。
取肴（とりざかな）＝お酒のツマミ。　**添物**＝簡単な料理。　**せき
飯**（赤飯）＝モチ米と小豆を蒸した、「おこわ」。サク米に小豆を混
ぜて煮るものはゴク（御供）という。　**首尾克**（しゅびよく）＝う
まいぐあいに。

同九日晴天　**柿三本**　**寄竹**四本　下人弟　**助**へ持セ　野田氏へ差越候今日ゟい作田村　**受取道見廻**　出勤候事

柿三本＝柿の苗木3本。　**寄竹**＝添え竹で、柿を囲って存在を示すものか。　**助**＝助太郎とか治助とかを略して呼ぶ。　**受取道見廻**＝殿様が通るので、担当の道路に欠陥がないか、清潔であるか、悪人はいないか、などを見回ること。

同十日右同断　道見廻

同十一日雨天　道見廻　**御作事奉行**　御通行ニ而候

御作事奉行＝本藩の奉行。作事は建物を造る・修繕をする役職だが、今回は道路普請の関係であろう。悪い道路を修繕するのでは？

同十二日半晴天　富山武右ェ門出　相仕廻　道方へ出勤候事

同十三日晴極上天　今日**両親法事**ニ付　道方御暇ニ而　在宿候事

両親法事＝父の月命日ではあるが、両親かは不明。

同十四日雨天　昨日　首尾能　弔相仕廻　龍雲寺へ首尾ニさし越候

同十五日晴天　致**朝祝**　龍雲寺へ**釈迦参振舞**ニ逢　宗乾寺　**旧式之節句**仕　夫ゟい十院境目ゟ坂之下迠罷通り　夫ゟ甚右ェ門所へ　**掛分**ニさし越候事

朝祝＝不明。　**釈迦参振舞**＝お釈迦様の誕生日は4月8日だが、旧2月15日に釈迦振舞をする理由は不明。振舞はご馳走を振舞われること。　**旧式之節句**＝不明。釈迦参りと関連があるのかもしれない。　**掛分**＝掛銭（模合＝頼母子講）のこと。金額は大小さまざま。金貸しをする人は、元手にするために、高額の金を掛ける。

辰二月十六日晴天　**太守様**　昨十五日　御□駕　**苗代川泊**　今日六ツ半　御立被遊　湊御仮屋御膳　夫ゟ五反田　木場茶屋　向田泊り
我々事ハ　道見廻　去ル九日ゟ同十六日朝迠勤務　城之町差寄所迠差越　届申出　罷帰候　日数い十院守右ェ門　吉利喜右ェ門　岩下幾左ェ門事ハ　昨十五日ゟ病気ニ而候　日数　右之通相勤候事　内十三日一日　親弔ニ付　不参仕候　物道見廻方へ　其段申出候

太守様＝斉興公　**苗代川泊**＝伊集院のお仮屋は苗代川にあったので、そこに泊った。必ず朝鮮の舞や歌をさせた。

同十七日晴天　藤田甚兵衛　下人一件ニ付い十院□□□殿　庄屋川上五右ェ門殿へ書状壱通差遣候　且長里庄屋郷田七右ェ門殿参り屋敷一件之儀　相頼　受取　平迫へ差越□□候事
今日ハ湯之元ゟ向湯田へ差越　御稲荷参詣仕　夫ゟ重信休右ェ門所へ差越　夫ゟ西平覚　野崎多宮　満右ェ門所へ立寄　則ニ夜入元罷帰候

同十八日大雨降候事　在宿　**不成就日**故　永井氏**鬮**事取止候事　河野早右ェ門相頼　明十九日　平迫へ差越　**筋談合**いたし候　郷田氏正中持参

不成就日＝陰陽道で、何ごとを始めても成就しないといわれる凶日。**鬮**＝籤で、占いをするのだろうか？　**筋談合**＝筋（ひと続きの関連）を話し合うこと。

同十九日霞晴天　河野早右ェ門同道ニ而　永井専右ェ門方へ**屋敷一件**ニ付差越　郷田氏　望之通　相片付　罷帰候事

屋敷一件＝屋敷の売買になるのか、境界のいざこざなのか、よくわからない。

同廿日霞天　在宿　萬夏野菜色々植付候事

同廿一日風天　在宿　ばゞい作田村ゟ罷帰り　五ツ時分　分三百文　みよ方ゟ今日取金　杉之迫ゟ替之**艮**承候

一赤崎折右ェ門　罷出　色々咄いたし　南郷次郎兵衛殿　苗代川伊連之替艮遣候

艮＝「銀」のこと。金偏をはずした字。

辰二月廿二日晴天　今日ハ鹿府へさし越候　今晩は**南林寺**へ泊り

南林寺＝島津15代太守貴久公の菩提寺。明治の廃仏毀釈後は、松原神社になる。貴久公の法名は大中良等庵主・南林寺殿である。串木野麓では俗に「大中さあ」と言っている。

同廿三日晴天　大中様参詣人多有之　大取込候事

廿四日右同　原口家へさし越泊り　罷帰見込ニ付南林寺へ参候処ニ川上村五右ェ門参り居　夫ゟ蘭牟田孫兵衛殿所へ見廻候事　**桑紙**呉貰　南林寺へ差越　**書物**相調候事　今朝　蘭牟田孫兵衛殿娘相果候事　夫ゟ大嶋十次郎殿へ**酒肴**ニ而見廻中上候事　**木綿壱反**　酒肴

桑紙＝桑の木の皮で作った紙か？　**書物**＝何かの書類。　**酒肴**＝自分で準備して持参する。　**木綿壱反**＝これも土産物。

同廿五日夕部ゟ大雨降り　方々見廻　**福昌寺**　南林寺へ差越

福昌寺＝玉龍山福昌寺、島津家の菩提寺。下龍高校のそばにある。

同廿六日晴天　山奉行大嶋十次郎殿へ見廻候事

同廿七日右同　五ツ過　南林寺ゟ打立　□□殿へ立寄候而　夫ゟ長倉七左ェ門殿へ見廻　早ク罷帰候事　川上之五右ェ門泊候

同廿八日晴天　草臥居　水引長左ェ門ゟ正中取出　呑候事

同廿九日右同　在宿　郷田氏へ孫七　一件頼越候事　尤　武右ェ門事ハ早稲苗代候事　仁左ェ門所ゟ女下参り　相付取□□候

辰二月晦日晴天　昨廿九日ゟ伊集院郡村庄屋所へ　甚兵衛下人一件ニ付西平覚列立差越　**中一日ぶり**ニ下人甚助烈　夜入罷帰候事

中一日ぶり＝「二日ぶり」のこと。

三月朔日晴天　今晩罷帰候事

同二日晴天　六枚屏風　次間ニ繪書　い作田村へさし越候

同三日右同　在宿ニ而　節句　客人多有之候事

同四日右同　い作田村仁右ェ門所へ**墓崩**ニさし越候　い十院宮原氏抔多被参候

墓崩＝現在は雛人形や五人囃子などの豪華な人形飾りが主体だが、その以前では、奥座敷の畳小一帖に、自然の景色や海のもの（貝・魚など）、そこらにある草木を切ってきて飾っていた。他に、土人形や紙（薩摩糸雛）で簡単に自分で作った人形を飾った。大がかりなので、皆するわけではない。雛人形も3日が過ぎるとすぐ直さないとお嫁に行けないなどの伝えがあるように、これもすぐ壊さなければいけなかった。畳の上に台があるので、それを崩すから「台崩し」というのだろう。雛壇ならば「壇崩し」というだろう。

同五日右同　在宿ニ而　たかな伐候事

同六日右同　在宿ニ而候　今朝　**西岩寺**ゟ明七日相招候由　和尚同道ニ而参候様　申来候事　昼時分ゟ早右ェ門烈立　下養母　室之薗門善之丞所へ差越　泊り候事

西岸寺＝方言で「セガシ」。吉利家から国道を横切り、2キロほどの所にある。

同七日右同　昼時分　下養母ゟ罷帰り　即西岩寺へ参上仕候　和尚法印正太左ェ門　早右ェ門　喜右ェ門　十左ェ門　同席之事　夜入元罷帰候

同八日早朝ゟ雨降出候事　終日ふり取集方候事　明日い作へ入湯事

同九日霞天　今日い作湯治ニ打立候処ニ　長里村甚兵衛一盃持参ニ而候　壱盃□　山之口五郎参り　たばこ共貰候事　武右ェ門　権九郎参り　相集呑候事　夫ゟ打立参り　い作田仁右ェ門所へ立寄候処ニ留守ニ付　夫ゟ途中急キ参り候処ニ　八ツ時分　湯元江着

方々宿聞合候得共無之　上野八太郎所へ物置□ニ　一宿仕　谷山

鬼塚殿ばゞ跡成ニ　宿ニ而　互ニ茶呑　入湯仕候処ニ　翌十日昼時分
城戸口傳字有之　宿客被立候ニ付　宿直仕候事

文政三年辰三月十日晴天ニ而候処　七ツ過ゟ雨ふり出候　臼井杢七
山元太七　浅谷源五　南郷孫右ェ門被罷帰　跡よりもたへ候得共夜
入時分帰着筈

辰三月十一日霞天　今暁ゟ打セ候事　尤　四ツ過ゟ　塚田清右ェ門
永山半兵衛烈立　**わらへ取**ニ牧内へさし越候而　帰り清右ェ門殿
厄害ニ相成　正中呑候　左候而　湯ニ入候処ニ　近所へ鹿ゟ圖師大助
殿と申人ゟ被相招　暫之間　正中被下候而　御厄害ニ罷成候　肥後
平左ェ門殿　黒川庄兵衛殿出席　暫時咄候事

　わらへ取＝ワラビ取り。本当にワラビを取ったのであろうか。戦後、鹿児島でワラビを取って食べるという風習は見たことがないので、ツワ取りに行ったのだろうか？　**厄害**＝厄介のこと。

同十二日霞天　今昼時分ゟ津曲清蔵殿　旅宿へ被相招　差越　烏賊
取肴ニ而正中呑候事　谷山住人　鬼塚祖母様のミ　拙者旅宿へ･相
直候事　新右ェ門相頼　正中取入候　圖師大助殿ニも被参候事
一昨夜　谷山住人鬼東市左ェ門殿ばゞ様ニ而廻被成候事

（寄稿：2016）

嫁女出っしゃい

神薗幸太

私の生まれた在所平江は、昭和初期の頃までは東と西に2分されていて、東を上の郷と言い、西を下ん郷と言っておりました。私はその上の郷の神薗家の次男として生を受けましたので、私の子供の頃の行事「嫁女出っしゃい」について、今だに記憶していることなどを書き記したいと思います。

ここ上の郷では正月七日のオネッコ「鬼火焚き」が終わると、次は「嫁女出っしゃい」という子供たちのための楽しい行事が待っていました。これは前年中に集落中でお嫁さんを貰われた家に、郷中の小学生以上満15歳以下の男女がその家に行き、そこのお嫁さんと見知り合いのためのお祝いをする習わしでしたが、私たちのころは男の子だけで、女の子はいなかったようです。

この行事がいつ頃からあったのか定かではありませんが、この行事をやらなくなったのは、太平洋戦争の最中からのようです。この行事はオネッコを終えたあと正月の15日頃までの間に行なわれていました。お嫁さんの家の都合のよい夜、夕食の済んだ頃を見計らって、私たち子供らが、竹の棒や木ぎれを持って、お嫁さんの家の垣根などをガサガサ掻き鳴らしながら、一斉に「嫁女出っしゃい！ 嫁女出っしゃい！ 出っしゃれんというと、垣もないも打ち壊すど」と大声でおらびます。するとお嫁さんが戸を開けて「よ来やした、みんな上がいやったもんせ」と言って、私たちを迎えてくださいます。1年生から順に上がって座につき、全員が座につき終わると、お嫁さんが下座に座られて、自分の名前や出身地などを紹介されます。そのあと、アメやオコシ・みかんなどをお嫁さんが子供たち1人1人に配ります。

それが済むと、子供たちの長が、「それでは今から歌を歌てもんで」と言って、先ずその長が、「あたや○○家の長男（次男）の○○です」と自己紹介してから歌います。歌は、はやり歌・替え歌、どんな歌でも構いません。順次低学年へ自己紹介をしながらの歌が続きます。この「嫁女出っしゃい」の行事までは普通の挨拶をしていますが、この見知り祝いの後からは一層親しみのある挨拶になっていきます。

昔はこのように大人と子供たちが親しむための良い習わしが何やかやとありましたが、近ごろは子供たちの地域に根差した行事を見かけることも少ないようですし、子供たち同士の交わりも少ないように感じます。昔の子供たちの遊びは年上の者が年下の子をいたわりながらの遊びでした。今の子供たちにはあのようないたわりや優しさの体験が乏しいようで、ちょっと可哀想な気も致します。

あの頃の子供たちが歌った《けすいぼうの歌》を2、3書き記します。

「ここん嫁女は仕付けんなか嫁女、
　　飯食う鼻ん先っでへをドンかえて」
「ここん嫁女はボッケモンじゃんさを、
　　親父ゃこさっのけっ横座いけすわっ」
「ここん嫁女はオドモンじゃんさを、
　　飯食う最中ぃ立て膝きっかえっ」

などなど、このような歌をまじめに、かしこまって歌う子、笑いながら歌う子、にぎやかな笑い声の内に、「見知り合いのお祝い」は終わり、子供たちが家路につくのは9時を回る頃でした。これも昔からの習わしで、帰りは上級生が低学年の子供たちをその子の家まできちんと送り届けることになっていました。

外の行事においても、十五夜綱引きのカズラ取りや、オネッコの竹切りなどで山に行くときは、低学年の子にはカマなど危険な刃物は持たせないということなど、その頃の教え、習わしの一つでした。近ごろこのような行事が復活しつつあるのを、テレビ・新聞・ラジオなどで見聞して、我がことのように喜んでおります。

地域の子供たちと大人たち・お年寄りとの心の触れ合う機会をふやすには、戦前の伝統行事の復活が何よりだと思うことです。やり方は、お年寄りならみんな通って来た道ですから、よく知っています。またよその集落の行事をまねてもよいのでは。子供時代に異年齢、異世代の人達とのコミュニケーションの取り方を身につけさせておくことも子育ての大事な目的の一つと信じます。

（掲載：8号＝1994）

かいぐんゆうぎ ～なくなった遊び～

安藤義明

小さい頃、よくしていた遊びといえば、「金釘立（かなくったて）、かいぐんゆうぎ、メダマ、カッタ、缶蹴り」の類である。いずれもなくなった遊びであるが、今回は「かいぐんゆうぎ」について、その遊具の作り方・遊び方・年代や地域性などに分けて書いてみたいと思う。

遊び方は、陣取りに似ているが、赤・青・黄の3色の色紙を竹に張りつけた棒（これを「かいぐんゆうぎ」と言っていた）を使う、という点が違っている。男の子が主体だが、女の子も入っていた。小学1年～中学1年ぐらいまでで、学校から帰って来てから始めていた。夕方の忙しい時には幼い子を母親が連れてきて、遊びに入れてくれ、と頼みにきた。しかたがないので、余っている「かいぐんゆうぎ」の棒を持たせせた。つまり、子守りをしているようなもの。冬の寒い時期はしなかったが、一年中していた。

色紙がないときは、クレヨンで色を塗っていた。「かいぐんゆうぎ」の棒は長く使えたが、時々「しゅうぜんすっど」といって修繕していた。

陣は電柱とか街頭の柱を使うが、間には電柱が2、3本あったり、直角に曲がって、相手の陣がわざと見えなくして、誰が出発したかわからない、どこから敵が現れるかわからないようにしていた。その方が、面白みがあった。敵にタッチしたら、相手の「かいぐんゆうぎ」の棒をすぐもらい、自分の陣に帰っていった。ぐずぐずしていたら、敵の強いのに捕まるからだ。

最初のうちは大将は決まっていないが、ゲームが進み、「かいぐんゆうぎ」の棒が取られていく中で、高学年の者が判断して、高学年の方が大将になった。全部の「かいぐんゆうぎ」を取った方が勝ちとなった。陣取りの複雑なものであるが、なぜ「かいぐんゆうぎ」というのか、はっきりしない。ここで発明した遊びなのか、どこからか習ってきたものか、よくはわからない。

熊本市大江と川内（かわうち）に「海軍遊戯（鬼ごっこ）」あるいは「アメリカ二世」ともいう遊びがあるが、線で陣は丸く書き、鬼ごっこのように相手方を捕まえ、陣取り合戦をする遊びであった。大江には陸軍の兵営があった。ここのように色紙を巻いた竹の棒を持って遊ぶことはなかった。しかし、「海軍遊戯」という名前なので、何か関連があるのかもしれない。川内はミカンで有名だが、半農半漁の町である。ひょっとしたら、熊本地方からの「海軍遊戯」という遊びを仕入れた人が、もっとくふうをこらして、複雑な遊びに変えたのかもしれない。しばらく調査してみたい。遊具の作り方や遊び方などを、次に個条書きに書いてみる。

1 遊具の作り方

イ 竹の準備（キンツッ竹がよい）

約15センチの長さ　60本

約20センチの長さ　６本

約25センチの長さ　２本

ロ 竹に色紙を貼付

◉60本の竹のどちらかの端に約1・5センチ幅の色紙を裏ノリしてハチマキ状に1回巻く（色紙は赤・青・黄色の３色で、各色ごとに20本ずつ作る）

◉６本の竹には、竹の端から約1センチ幅の色紙、赤・青・黄色を順次、らせん状に裏ノリで2、3回巻く。次に、らせん状の巻き始め及び終りの部分に約1・5センチ幅の色紙を裏ノリでハチマキ状に、それぞれ同色で1回巻く（赤巻き2本・青巻き2本・黄巻き2本）＝大将

◉2本の竹には６本の場合と同じように作るが、らせん状の巻き始め及び終り部分を赤・青・黄色の順に並べて、ハチマキ状に、それぞれ裏ノリで1回ずつ巻く＝総大将

2 遊び方

イ 人数

◉1チーム7～8人以上。２チームで行なう。

ロ 隊形

◉双方、陣地を決め、向かい合う。

ハ 遊具

◉1で作った遊具を2分する。

60／2（赤・青・黄色各々10本ずつ）

６／２（赤・青・黄色各々１本ずつ）

２／２（１本ずつ）

ニ 方法

◉各陣地のリーダーが各人の持ち色を決める。

◉持ち色が決まったら双方の陣の中央で相手チームと持ち色を見せ合う（自分が誰に勝ち、誰に負けるかを確認）

ホ ルール

◉色間の勝敗

赤色は青色に、青色は黄色に、黄色は赤に、それぞれ勝つ。

◉大将間は、赤大将は青大将に、青大将は黄大将に、黄大将は赤大将に、それぞれ勝つ。

◉総大将は全部に勝つが陣地にタッチしている者には負ける。

◉相手の陣に誰からもタッチされることなく突入し、陣にタッチできた時は、相手陣から赤・青・黄色の３本を受取る。

◉全部「かいぐんゆうぎ」を取った方が勝ち。

3 年代・地域性

今回の草稿に当り、この遊びのルーツが少し気になり、地域の60

歳代～80歳代の14名の先輩達に尋ねたところ、12名の方が遊んだことがあると回答を頂いた。遊具の呼称についても、歩兵・騎兵・工兵・地雷などがあったと、地域の竹中正義氏（78歳）から知らされた。また、ある場所で同席した佐抜計治氏（93歳）に尋ねたところ、遊んだことがあり、しかも先輩達と一緒にという返事だった。

一方、地域性も気になり、本浦地区外の方にも尋ねてみた。市口の山下信義氏（70歳代）、元町の田中矢八氏（82歳代）、御倉町の下之薗真晃氏（71歳代）、会員の橋之口先輩にも尋ねたところ、いずれも遊んだことも、用いたこともないとの返事だった。

このことを地区の竹中正義氏に再び聞いてみた。「昔は漁師（ふなと）集落だけで遊んでいたからね」と地区意識が強かったことを聞かされた。

それにしても、本浦地区だけに限った遊びだったのだろうか。会員の方々の助言を拝したい。

ところで、遊ばなくなった時期については、昭和22～23年生まれの数名の方の話からして、少し集落差はあるものの、昭和33～35年以降になくなったと思われる。

さて、標題の年代、地域性を調べる中、子供の頃、何気なく遊んできた「かいぐんゆうぎ」は、実は「海軍遊戯」であり、また、その向こう側には明治・大正生まれの大先輩達との連綿とした繋がりを知り、大変驚いた次第である。

（岳釜出身）

協力いただいた方々

佐抜計治氏　下名6585－53　下之薗真晃氏　栄町189

田中矢八氏　元町100　山下信義氏　京町22－4

竹中正義氏　北浜町12

「かいぐんゆうぎ」の棒

上から、赤・青・黄の順。3本めは赤だけ。

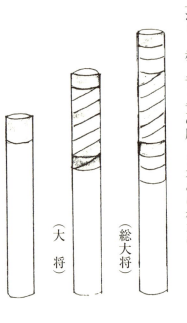

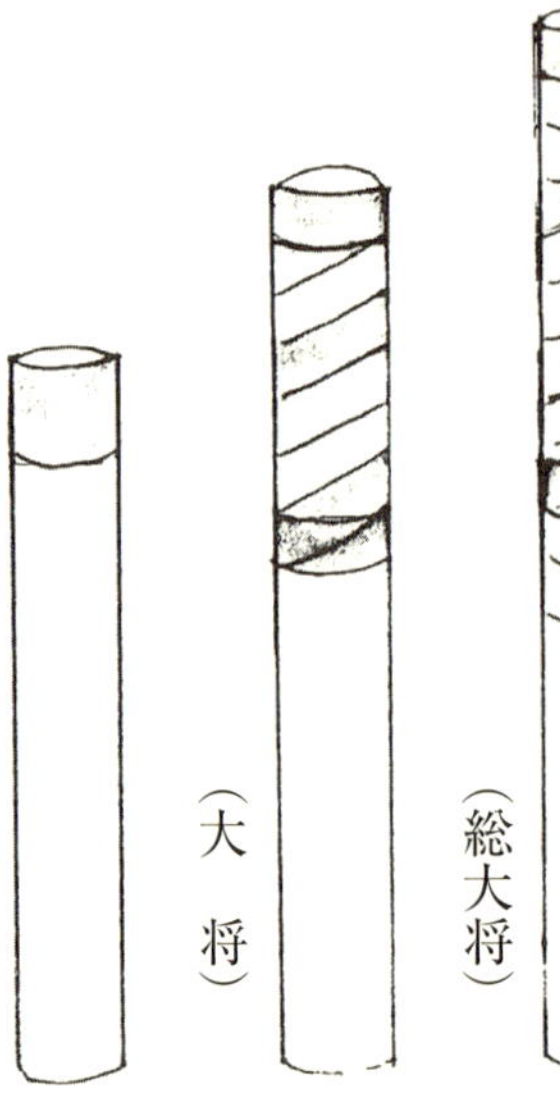

なくなった遊び

ベタッゲやニガミナで・竹の裏表を揃える（名前不明）・地面に四角を描き、陣を隅にして、ジャンケンで勝ったら指の長さ円を描き、地所を取ってゆく・釘打ち・かくれんぼ・缶蹴り・ゴム跳び・替え歌・文字覚え歌・いろはにこんぺいと、など。

（掲載：18号＝2004）

いちき串木野市の太鼓踊

～特徴と分類～

所崎　平

1　七夕踊

作り物・行列の最後に太鼓踊がくる。最後の太鼓踊が、祭りの中で最も大事な踊だ、と集落民には認識されている。太鼓踊の中でも頭（かしら）（一番）太鼓打ちは名誉なことになっている。

もともとは太鼓踊だけあったのだろう。にぎわいのために、行列や作り物の鹿・虎・牛・鶴がついたのであろう。それで、太鼓踊が重要だ、という伝承につながるのであろう。

行列は、旧根占町の祇園祭に「長刀」にそっくりなものが出てくるし、長島町城川内にも武人の行列が、ご八日祭につくので、祇園など、近い祭をとりこんだのではなかろうか。

琉球人踊は旧山川町利永に「琉球人傘踊り」10月、旧開聞町に「琉球人踊」5月、旧喜入町「琉球踊」不定期、旧国分市広瀬や下井にも「琉球踊り」があるので、それらとの関連があるのかもしれない。

七夕祭の言い方は、七夕の日に祭があるからだが、「太鼓踊」以外の行列・作り物があるので、「七夕太鼓踊」とも言えず、「太鼓」を抜かして「七夕祭」という言い方になったのかもしれない。

七夕太鼓踊の特徴は、小さめの太鼓も鉦も同じような花笠を被る。花笠を被っているので、太鼓組には矢旗がない。小さい太鼓なので、左手に持って、右手のバチで叩く。胸や腹に固定していない。それに、太鼓を叩かず踊っているようで、時間にして3分の1は叩かない。胸・腹固定の太鼓は、鉦が鳴ると、それに連れて叩くわけだが、鉦が鳴っても叩かない。

この太鼓の持ち方、叩き方は、旧大浦町の日新祠堂にある太鼓踊に似ている。もっとも、大浦の方は、バチが蘭草で、叩いても音が響かないし、3分の2ぐらいは叩かず踊っている。まるで、手踊りのようである。

七夕太鼓踊の鉦は、2人しかいない。少年である。道行（行進する）ときは、中打ち（太鼓が輪になると、輪の中央に鉦と小太鼓が入る、それを中打ち、という）は、太鼓の中央にいるが、七夕踊の方の道行では、先頭に1人、中央に1人入っている。

輪になって、太鼓も鉦も同じ輪の中に入り、向かい合った位置に鉦はいる。道行をそのまま輪にすれば、向かい合う訳になる。

太鼓や鉦がほとんど同じ位置にいて歌い叩く。飛び跳ねたりもせず、踊っている例は、県内では稀れである。

歌は、約50分ほどかかっていた。今は短くなる傾向がある。

太鼓の大きさ、持ち方や鉦の数は、平戸から五島列島のチヤンココとかオーモンデーなどの太鼓踊に近い感じがする。

2　川上踊

旧市来町の場合、七夕踊に川上踊・虫追踊というように、すべて太鼓踊とは言わない。七夕踊が古い時代から強烈な祭なので（鹿児島県内でも最大級の農村の祭）、それにならったのかもしれない。

一般的な言い方では「川上太鼓踊」といえる。踊る日は、8月28日で、これは諏訪神社の祭が主であったのだろう。諏訪神社の祭りは旧7月28日である。それを月遅れの8月28日にずらしている。たいていの諏訪神社がそうしている。たとえば、旧入来町の諏訪神社も同じである。川上踊は、現在、諏訪以外に、長田・葛城神社、その他にも踊っている。

七夕太鼓踊は、動きが少なく、1つの歌で約50分踊るのに対して、川上踊は、21の踊の型があって、一つ一つに題が付いている。郷土史には「演目」と出ている。それは、次の通りである。

①門係り　②庭入り　③庭取り　④後すざり　⑤荒川　⑥チャンチャコ　⑦ササラ　⑧片セキ　⑨高跳び　⑩コクラ　⑪横跳び　⑫四十べ　⑬サン鉦　⑭楽　⑮モッコンコヌカシ　⑯回節　⑰入コン　⑱庭崩　⑲ツンテン　⑳唄　㉑謝礼

鉦は4人（今は8人）、2列。その後ろに太鼓が4列かに分かれている。ほとんど鉦は太鼓の前にいる。

鉦も太鼓も上組（かみぐみ）と下組（しもぐみ）に分かれている。上下の別の基準は昔はあったが、現在ははっきりしなくなっている。現在は小学生やその先輩などが受け持っている。

太鼓は胸に固定し、矢旗は自動車のほこりを落とす、柔らかいふわふわのタンポ状のものを背中に挿している。もとは、山鳥の羽であったが、羽は虫食いや山鳥そのものがいなくなり、入手できなくなったので、簡単に手に入る、茶色の自動車のほこり落としになっている。

途中で、太鼓が左右から回るものがある。

最後に、上組の代表と下組の代表が競演する。これは、蒲生町の太鼓踊にも最後に左右から3、4人競演するのに似ている。

川上踊は、あちこちの太鼓踊を見て、気に入った部分を取り入れたのかもしれない。演目の⑤に、「荒川」という題があるが、これはいちき串木野市荒川の太鼓踊の一部分を取り入れたもので、現在、荒川太鼓踊が復活していないので、どの部分を取り入れたのか確かめられていない。同じ系統の太鼓踊なので、取り入れることが簡単だったのかもしれない。

⑳番の「唄」、「オー　キリシマノ、イチノキザニ、コシカケタ、ヨイヤナー（おー、霧島の、1の階に、腰掛けた。よいやなー）」は、薩摩川内市東郷町山田を中心にする山田楽についている歌である。この歌はいちき串木野市羽島と荒川でも歌われている。山田楽の歌が歌われるのは、ここまでで、山田楽の南限と思われる。

川上踊は、いろいろな太鼓踊を取り入れた踊であろう。

バチは「べ」というが、竹を細く割って1本を蘭草で巻いている。蘭草やワラで包むのは、太鼓が破れないくふうで、あちこちで見られる。

バチを「べ」というのは、これも広い範囲にあるが、ここでも、「べ」という。「⑫四十べ」という演目がある。「四十べ」というのは、「べ」を40回叩くことをいう。だが、実際は40近く叩いたと思うときに打ち止める。

3　虫追踊

大里の虫追踊の伝説は、次のようである。

源平時代の斉藤別当実盛が敵と戦っているとき、馬が稲の切り株につまづいて倒れ、実盛は不覚にも討たれて死んだ。その霊魂が虫になって稲を害するようになった（『市来郷土誌』801ページ）。そこで、「上（かした）ン実盛どん」「下（しぃ）ノ実盛どん」と呼ぶ塚があった、というが、現在では塚は見られない。「下ノ実盛どん」には、イソサカキが田んぼに生えている。「上ン実盛どん」は確かめてないが、何も木は生えてない、という。

踊る時期は、水利組合が踊を頼む時代には、7月ごろ、水を田に揚げ終わったころであった。

水利組合が離れてから、盆の16日に踊っていたが、忙しい日だったので、現在の秋の彼岸に移した。

本来の虫追踊は、6、7月の稲が生えそろって、ウンカなどの稲の害虫を追い払うための行事である。一般的には、略装して、田んぼの畦を集落境まで軽く踊る（太鼓と鉦の2、3人で）。

ところが、大里虫追踊は本格的な太鼓踊で、虫を追う踊ではないようである。もともとは虫追いだけでなく、きちんとした太鼓踊であったが、水利組合に頼まれて、虫追いのために踊ったので、いつの間にか「虫追踊」というようになったのであろう。

鉦は12人（現在は増減がある）、太鼓は14人（現在は14人前後）というように、鉦の人数はかなり多い。これは花尾楽に近い。

矢旗も高くて、これも花尾楽系を示すようである。

「べ」はグミの枝を使う。または、梅の若芽である。両方ともしなやかであるからだ。

鉦は七夕踊に使った花笠を被る。頭鉦は鉦の面を親指と人差し指で押さえ、低い音を出す。入れ鉦の二番鉦は鉦を垂らして高い音を出す。その他の鉦は親指・人差し指で押えて響かない。

太鼓は、足にシュロの皮を巻く。

踊の演目は（片楽＝半分で約20分）次のようである。

1道楽　2打込（うっごん）　3ヤーサ　4歌①
5三鉦　6歌②　7四鉦　8歌③　9大鉦
10ハイヤー　11下り　12（引き）門がかり

歌は二人で歌う。

① 奥山のかすら男（う）の子が出て問わば　さわりはうせて　なしと答える、

強者が居ることを知らじ　そこをたちのけ実盛の虫

② 吉野桜　北野の梅　虎若様に世もまさる。

若殿様の　おじゃるを見れば　ぼたんの花の　つぼむが如し

③　沖のカモメにもの問えば　我は立つ鳥、波に問え。

　　橋の白雪　鶫の鳥が　こいをくわえて橋ょなやす

4　羽島太鼓踊

ここも山田楽系であるので、「霧島の」の歌がある。

最も特徴あるのは、猪の肉を巻きつけた鎌を木に投げて引っ掛ける「アラマキ」投げ、というものがある。「アラマキ」とは「猪肉を巻きつけた」ことからきているのであろう。これは、南方神社の神事が終ってから、神殿の前の土手の左右に掛けておいたアラマキを持って来て、境内の入口の鳥居（階段を登って来て境内に差し掛かるところ）に来て、右の人は左の木に、左の人は右の木に鎌を投げ上げて、2人の鎌が木に掛ると、それを合図に太鼓踊が始まる、ことになっていた。掛るまでは何度も投げていた。今は、鎌もなく、ワラットに猪肉を入れて、右の人は右の木の股に、左の人は左の木の股に投げ上げる。その後、市長や議長などの祝辞が20～30分続いた後、太鼓踊が始まる、ことに変わっている。鎌がなくなったのは、危険だからであろう。

この鎌は何であろう。神殿から出てくれれば、諏訪の神が太鼓踊を見るために、出てきたのであろうが、神様が2神出てくるのも気になる。神殿には木彫の神像（座像）が4体鎮座していて、諏訪の神となっているので、そのうちの2神がお出ましになった、とも言えるが、鳥居の外側なので、門守神がやって来たのか。

諏訪のご神体には鎌が多い。「飛び鎌」伝説がついていて、ある日神社の柱に鎌が飛んできて刺さったので、その鎌をご神体とした、というものである。諏訪の神体には、鎌の他、包丁や刀など、金属類がご神体の神社がある。これは、諏訪神社が戦の神というのと関連があるのだろうか。

羽島南方（諏訪）神社のアラマキの鎌は関連があると思われるが、では、猪肉はなぜだろう。猪肉を神前に供えたのならば、お供えといえるが、鎌に巻いた猪肉なので、お供えつきなのか、考えものだ。

長野県の諏訪大社も島津氏が長野から勧請した諏訪神社（鹿児島市清水町）も旧7月1日から28日までが祭日である。長野の方では、26～28日に御射山（みさやま）で神事・小笠懸などの武技があるが、この中に、猪を捕るものがあるのかもしれない。猪肉はもちろんお供えにするものだろう。だが、夏、猪は捕らない。夏の猪肉は食べ物がいろいろあり、臭くなる食べ物を食べているので、臭くておいしい、とはいえない。それで、冬場が猪狩になる。だが、竹の子を食べると、竹のいい匂いがするという。「アラマキ」は何なのか、すっきりする考え方はないだろうか。

太鼓を上から叩くとき、「べ（バチ）」を一瞬放して握り直してから叩く。もちろん、「べ」の尻には薬指に掛ける糸があって、一瞬放しても「べ」が空中へ飛んでいくことはない。これは右手を高く上げたときだけ使う技である。

これは、羽島だけでなく他にも見られるが、あまり「ベ」を放すところは県内には多くはない。

祭日は、8月24日(元治元年では旧7月18日)、踊は「山田楽」と「太鼓踊楽」と二種類ある。

「山田楽」の演目は、次の通り。

①門がかり ②キザウチ ③サシガネ ④ヨコクリ ⑤コンキャン ⑥コゴランノマネ ⑦カタセキ ⑧一番引回し ⑨コガク ⑩ズイ(タナバタドン) ⑪ヌケ ⑫タンキャン ⑬コゴラン ⑭スベリアシ ⑮コゴランクズシ ⑯カタチンバ ⑰カシラウチ ⑱ナゲガキ ⑲二番引回し ⑳口マネ

(この中で、③・④・⑯はしない)

「太鼓踊楽」の演目は、

①門がかい ②いーは ③一の引回し ④こがく ⑤ずい ⑥やべ ⑦なげがく ⑧二の引回し ⑨くちまね

である。

「山田楽」と「太鼓踊楽」の「チャン コン ツヅー」と書いている楽譜を比べてみると、演目では同じ題が重なっているが、共通する演目で楽譜のある「⑩ズイ(タナバタドン)」と「⑤ずい」とを較べてみると、「コン コン タナバタドン タナバタドン カラナイト ショロドン」と「かんかん タナバタドン タナバタドンからなあいと やーづさあ ショロドン ショロドン」というように似た部分が確かにあるが、また微妙に違っている。ここで言う「タナバタドン」は「七夕殿」「ショロドン」は、「精霊殿」のことで、七夕から盆が来ることを示しているが、この太鼓踊もこの時期(七夕から盆)に踊るか、近い時期(精霊送りの16日)に踊っていたことを示唆しているようである。

祭りの組織であるが、第二次世界大戦前(昭和16、17年)までは、門の名頭(めっつ)の家が踊っていたが、敗戦後、民主化で、昭和34、35年ごろから、名子・一般も参加するようになった。

5 まとめ

いちき串木野市内の太鼓踊の分類は、北側の羽島・荒川・川上の太鼓踊が山田楽を含むもので、山田楽の南限になる。

大里虫追踊は、花尾楽系で、七夕太鼓踊は大浦町や五島列島・平戸とつながる太鼓の大きさで、特に大浦町と近い踊り方である。他に小さい太鼓(羯鼓ほど)を使う太鼓踊に、南さつま市加世田竹田神社の稚児踊や甑島の武士踊があるが、これは武士踊に入り、農民の太鼓踊と違うので、ここでは同じ系列には入れない。

特徴は、羽島の「アラマキ」、川上踊の最後の競演、虫追踊の低い鉦の音、七夕踊の全員が花笠を被る矢旗なし・左手に太鼓を持つ・3分の1は太鼓を叩かない、など、それぞれに顕著な特徴があり、いちき串木野市の太鼓踊は見ごたえのある芸能である。

最後に、同じ諏訪神社が市内にはいくつかあるが、太鼓踊をしない神社がある。なぜ片や太鼓踊をし、片やしないのか。

これは、江戸時代にどちらを選んだかにつながるようだ。選ぶ基準は、たぶん、その神社の大小、経済力、体面、地域の割り振りなどではなかろうか。大きな要素は、経済力ではなかろうか。江戸時代には、幾つかの門の名頭が力を合わせて、産土（うぶすな）の神社を守った。神田を交代で耕し、または金や米などを貸して、利子を溜めて神社の修繕やお祭を盛んにした。

諏訪神社にしぼって言うと、旧串木野市側には麓と生福に諏訪神社があった。麓の諏訪大明神は士族の神社で、例祭旧7月28日に年寄と組頭が仕切るが、それ以外に芸能はない。生福の諏訪神社（諏訪上下大明神）では、例祭は旧7月26日であるが、その前から1週間、麓の役人たちを招待して、お祭りをした。もちろん、盛大なご馳走を出した。つまり、鹿児島諏訪神社のような祭の小型版である。

つまり、生福諏訪神社は、麓の役人や島平・麓の神官を招待して、鹿児島諏訪神社のような祭をする役割を持っていた。そこで、太鼓踊をする経済的な余裕はなかった。太鼓踊ができなかった理由はそこにある。

諏訪神社で、太鼓踊が盛んなのは、鹿児島諏訪神社への奉納があるからで、恐らく城下の役人が島津家の戦の神である諏訪神社へのにぎわいのために、城下の23か村の半分を1年交代で太鼓踊を奉納させたのだろう。文政4年の「薩摩風土記」、天保6年の「鹿児島ぶり」（県立図書館蔵）にはそのように取れる文章がある。この頃から太鼓踊が諏訪神社に強く結びついたのであろう。もともと、盆の精霊踊の一つであった太鼓踊が諏訪神社祭へ動き、それがもっと発展して、ホゼや馬頭観音祭やその他、いろいろな祭りに移っていったのであろう。

（寄稿：2016）

湊町の祇園祭と市来神社

所﨑　平

はじめに

江戸時代には、山車が出る祇園祭は鹿児島城下と市来郷湊町の2か所しかなかった。祇園祭は商店街を発展させるための祭りである。県内に祇園がないのは、鹿児島藩では町が発達しなかったからである。それは、鹿児島藩が貿易や専売で財政を保っていたので、町が栄えなかった。鹿児島城下は、上町・下町・西田町の3つの町があり、小さい家ながら2～3、000軒の商家があったから、祇園祭ができた。というより、鹿児島城下の誇りをかけて山車を造ったのであろう。

市来湊町は、貿易や商家が数十軒あったので、富があったのだろう。6つの山車(だし)を持っていた。県内では大きな山車であった。

残念ながら、戦災で城下（鹿児島市）の祇園の山車は焼失してしまったが、現在、山車が復活したと聞く。

1　鹿児島城下の祇園祭

伊東凌舎の『鹿児島ぶり』を見ると、広大な屋敷の塀の前を通る絵が描かれているが、その絵から伺い知れる山車は実に大きく、湊町に劣らぬ大きい山車で、華やかであることがわかる。30番とあるので、山車が30基あるのかもしれないが、あまりにも多すぎる。描かれている4基よりは多いであろう。少なくとも湊町よりは多くないといけない。山車の上にあるのが、太鼓・美しい女性・衣冠束帯の人形、これは人と同じ大きさかもしれない。4番目には獅子みたいな像が、屋根がない剥き出しの台の上に乗っている。太鼓と笛と鉦の音がカタカナで書き込んでいる。

右下に「ドンドン　チクリン　ドンチクリン」「ヒウヒウ　チリリン　ドンチクリン　ドンチクリン」とある。

「ドン」は太鼓で、「チクリン」は摺り鉦であろうか。「ヒウ」は笛で「チリリン」は小鉦であろう。

左上には、「テルック　テレック　ツツチンチン」「ドーン　ツテーン　トツテッテン」「チン　チン　チン」「チチン　チツン　チャン　チイキ　チイキ　チイキ　チイキ　チ」「ポンホコホ　ポンホコホ　ポンホコホ　ポテン　ツクウ　ツクウ　ツクウ　ツ」

「テルック」は中太鼓と小太鼓、「ツツチンチン」は小太鼓と小鉦、「ドーン」は大太鼓、「チイキ」は拍子木であろうか。

これらの楽が復活できれば、華やかな「だし」の出る祇園祭となるであろう。

2　伊東凌舎『鹿児島ぶり』要約

鹿児島市での、現在行っている祇園祭と『鹿児島ぶり』と比べてみると、4つぐらいは残っているかな、と思う。だが、そのままではない。例えば、「12人の老女」というのは、現在は「十二載女」と言って、若い女性が浅い桶を頭上に持っていて、中にごく小さいご幣が幾本も入っていて、賽銭を出すと、そのご幣が貰える。だが、「12人の老女」は「頭に桶。桜島から出る。経水止る正常な女子」とあるので、現在とはずいぶん違う。

「十二載女」と似たのは、坊津のホゼに出る「十二冠女」。12歳の晴着を来た少女が12人出て、賽銭を頭上の曲げ物の桶に入れる。阿蘇神社では、お田植祭（おんだ祭）に14人の宇奈利（うなり＝娘）が14の神に供物（昼食）を運ぶ。白装束に覆面。供物はチマキ・昆布・山芋・ナスなど。

鹿児島市の祇園の神輿・御傘持ち3本・花駕籠は現在に似る。

要約した文は左の通り。

一、6月15日の祇園、延びて26日也。行列の次第、**鉾持ち・傘持ち・剣5本・12人の老女・神主・神輿・御傘持ち3本・諌鼓山・三輪山・鞍馬天狗山・追々俄山（30番程でる）・花駕籠6丁・踊り子供6人・通りばやし**にて、御桟敷下を踊る。是にて終わるなり。

（**12人の老女**、頭に桶を乗せて行く。桜島より出る。尤も、経水止りて清浄の女子なり。12人の神子と云う）

（この**傘持ち**と云うは、麻裃着用にて、1人にて持つ。加治屋町の傘を第一とす。長さ5間〔約10メートル〕もあり。其の外も右に準ずる也。勿論、手代わり〔代わり手〕20人ばかりも付き添う有り。其の持ち行く形体は、甚だ珍しき風なり）

3　湊町の祇園祭

文化9（1812）年、八坂神社が建てられた。湊町の商人・若松宇吉が京都の祇園を習って来て山車を作ったといわれる。仲之町の山車の飾り、**小野道風の木彫には文政12（1829）年**に作ったと、墨で書いている。**旧暦6月13日**に前夜祭の**裸山**。14・15日が本祭。昔は**お神輿・漢林王囃・男山・女山**の順で出発。女山は牛が引いていた。お旅所（旧御仮屋跡　現市来庁舎）競演や「**カンカンノウ**」の踊りが出た。現在は夏祭りに近い。

消えていったのは、漢林王囃とカンカンノウの踊りである。

漢林王囃は行列と踊り。七夕踊にも漢林王の旗や行列があるので、どちらかが影響し合ったのであろう。たぶん七夕祭から入ったのではなかろうか。比べてみると分かると思う。

漢林王囃は琉球行列でもある。行列の順番だけを抜き出してみる。

旗→長刀→**お茶弁当**→**鉾**→**府板**→挟箱→**王の葉打**→**牛ほら**→ちゃんめら→どら太鼓→鐘→**四つ竹**→**三味線**→**胡弓**→太鼓→**踊子**→王子→傘持とある。

牛ほら＝牛のように低い音の出るホラ貝。**ちゃんめら**＝チャルメラ。**どら太鼓**＝ドラの代わりで太鼓。**鐘**＝鉦。**四つ竹**＝カスタネット代わりの竹を2つずつ手に持って打ち合わす。**傘持ち**＝偉い人へ傘をさして日陰にする。

次に、七夕踊の琉球行列を出す。

漢林王（かんりんおう）の旗1人→中山王（ちゅうざんおう）の旗4人→**三本槍（さんぼんやり）**3人→長刀4人→**横笛**2人→大音（おね）4人→中音（ちゅね）4人→**拍子木（ひょうしぎ）打ち**（琉球のかっこう）5人→ドラ（小太鼓）5人→摺り鉦（すりがね）5人（拍子木・ドラ・摺り鉦は同じかっこう）→**三角旗（さんかくはた）**1人→**弓台（キュデ）持ち**2人→王様1人→傘（かさ）1人→**弓台（きゅで）持ち**2人→**千本槍（せんぼんやり）**2人→小長刀（こなぎなた）1人。

例えば、鉾と三本槍とが似ている。四つ竹と拍子木打ちとがやや似ている、王子と王様などとすれば、似ている部分が広がる。漢林王囃が七夕踊から取り入れた、とすれば、王様を王子としたこと。漢林王様では都合が悪いから、王子にしたのではないか、など、単なる推測である。

4　カンカンノウからサノサへ

カンカンノウは江戸時代末期、坂元竜馬などが広めた歌。

カンカンノウの**九連環**に「**ほうかい**」という囃子を付け、「**法界節**」となった。これを**月琴**を鳴らして書生が歌い歩いた。**明治24～25年頃**にできた。

法界節の歌詞　一日も早く年明け主のそば、

縞の着物にしゅすの帯
似合いますかえこちの人
素人じみたでないかいな
ササ　ホーカイ

サノサ節は囃子の「ホーカイ」が「サノサ」に変わったもので、法界節を歌う最初に、「花づくし」や「相撲・歌舞伎の人気役者」を歌詞にした、言わば景気づけの歌。例えば、

山茶花　桜に水仙花
寒に咲くのは　梅の花
牡丹　芍薬ネー　百合の花
おもとのことなら
南天　菊の花　サノサ

相撲なら、鳳・大錦・栃木山
人気があるのが　常の花

サノサ節は東京・大阪あたりで始まり、明治31年頃、長崎から五島へ広まる。

「五島サノサ」がカジキ漁の漁師に歌われ、カジキ漁の餌となる鯖釣りで歌われ、大正頃から盛んになり、昭和18～19年頃NHKで

放送され、ますますはやり、昭和46年に市主催の「さのさ祭」があり、47年から「さのさ流し」となり、現在に至る。

5　市来神社

熊野権現と菅原神社とが合祀したが、菅原神社の神様つまり道真が帰りたい、と言った。また、悪いことが起こったりしたので、また、元に戻した。だが、現在は、何の祭りもしない。責任者が草取りなど、きれいにしている。

だが、市来神社には、菅原道真の小さな石像が残っている。

市来神社の貴重なものは、天保度の狛犬、庚申塔、青面金剛像など。庚申塔と青面金剛像は、庚申講に関係する。庚申講は日本でも古い講で、これが訓読みして、「かねさる講」「かねさっどん講」となり、「さっ」が「作」と通ずるので、「農作の講」と変わり、これが「田の神講」などの基となったと言えよう。「青面金剛像」は「庚申講」の日、壁に掛ける掛軸に描かれている図の石像化である。現在、いちき串木野市では「庚申講」のことは全く聞かれない。たぶん、徹夜する、あるいは夜半までする講は面倒だったのだろう。庚申講は三尸の虫が身体から抜け出て天帝にその人の罪過を報告に行き、その人は地獄に行くことになるので、徹夜で見張っているという講。料理も何点と決めて厳格な講をするところもある。

また、モエ（頼母子）も兼ねていて、余剰があると、神社の石灯籠、田の神石像などを造ることもした。しかし、県内でもなかなか聞かれなくなった講である。

庚申の文字が入った石塔類は市内にはかなりの数ある。一番古いのが慶長時代の地面から4ｍほどある巨大な石塔で、照島神社の脇にある。文字は消えかかっているが、中央に「庚申供養」の文字は読める。

菅原神社にも庚申塔・狛犬がいる。とくに狛犬は小さく、本来は神殿の前に置いていたのではないか、と思われる。

川上の長田神社や大里の御霊神社には拝殿の中、神殿の両脇に小さな狛犬が2組ずついて、神殿を守っている。

狛犬は、本来は神殿の中に置いて魔を祓った。屋内だったので、木造が多かった。それが、神殿の中から、神殿の外に出ると、雨に当たり、腐れるので、石像狛犬に変わる。それが、拝殿の外になり、石像がだんだん大きくなる。現在は、石像だけでなく、青銅、焼物の狛犬まで出てきた。また、江戸初期には、狛犬にはツノ(角)があったが、江戸後期になるにしたがって、ツノはなくなった。いちき串木野市では冠岳神社の入口の狛犬（叶の方に）にツノの跡がある。

市来神社と御霊神社では六月灯を盛んにしている。市内で、最も盛んな地域は旭地区の山之神神社と照島地区の照島神社、旭町などあちこちでしている。六月灯ではないが、川上踊のとき、諏訪神社に六月灯と同じ角灯籠を飾る。

六月灯が盛んになったのは、夏祭りとなったからで、子供たちも夏休みで、角灯籠に絵を描くという、子供の出番もあるからであろう。

現在、県内で最も華やかな六月灯は吹上町のあちこちと喜入町の数か所で、特に回り灯籠に力が入っている。以前は種子油入り皿であったが、最近ローソクに変わった。

（寄稿：2016）

湊町の祇園祭で80年ぶりに復活した
漢林王囃の踊り
—祭前日の裸山（祇園山）披露会場にて—
（平成28年夏）

湊町の祇園祭の山車—祭前日の裸山（祇園山）披露会場にて—（平成28年夏）

中世の市来

～市来町郷土誌を中心に～

徳重涼子

はじめに

市来大里地区には島津氏初代忠久の母といわれる丹後局にまつわる史跡や言い伝えが多く残っている。市来中学校近くの、丹後局が薩摩に下向された時着船されたという薩摩渡瀬、並びに市来駅近くの船着場跡、竈跡、島内の来迎寺跡には丹後局の墓といわれるもの、門前の鍋ヶ城には丹後局の後の夫とされる惟宗廣言の墓と言われるもの。丹後局が創建されたといわれる神社には丹後局7社、すなわち鶴岡八幡神社・安楽神社・日吉山王神社・包宮神社・御霊神社・今熊神社・産土稲荷神社（今所在不明）と厳島神社があり、来迎寺・金鐘寺など局にまつわる寺跡もある。東市来の方まで合わせるとさらに多くなる。それらはすべて、島津忠久が源頼朝と丹後局の間に出来た子供という伝説に基づいて成り立っている。しかし丹後局とは高階栄子という後白河院の局のことで、この人と別に頼朝に近い人物に丹後内侍がおり、局と内侍を混同したというのが定説となっているようだ。頼朝の弟範頼を祖とする武蔵国吉見家系図によると、丹後内侍の父は比企掃部介、母は比企（禅）尼で頼朝の乳母であった。丹後内侍はその長女で、二条院（後白河天皇の次の天皇）に仕えていた時、惟宗廣言と通じて忠久を生み、のち関東に還って安達藤九郎盛長に嫁した。その娘が頼朝の弟範頼に嫁している。惟宗廣言と通じて忠久を生みというのも疑問視されるが、内侍が頼朝の乳母の娘であり頼朝と親しかったことから、忠久を頼朝との子とする伝説が生まれ、それがいつしか定説となり、内侍が局になったのであろうか。その伝説がなぜ市来に根付いたのか。もともと島津氏は惟宗姓であり、市来氏も1200年代半ば、大蔵姓から惟宗姓へ替わり、その辺りから島津氏の祖を自分たちの系図に取り入れている。

それらはさて置き、ここでは中世の市来について、市来町郷土誌（昭和57年発行）から見てみたい。

1　鎌倉時代

（1）市来の初見

鎌倉時代、建久8年（1197）の「建久図田帳」、すなわち土地台帳の中に、

市来院150町　　島津御庄寄郡　　院司僧相印
　　　　　　　　　　　　　　　　地頭右衛門兵衛尉

とあり、これが市来が公的史料に出てくる初めであるという。

市来院150町は、島津御庄寄郡となっている。院司すなわち市来院の長官は、僧相印と言う人、この人物については後述する。地頭は右衛門兵衛尉すなわち島津忠久である。

島津御庄は、1020年代ごろ大宰府の大監（次官の下、判官にあ

たる）であった平季基が日向国諸県郡島津の地に来て、無主の荒地を開拓し墾田を得たことに始まる。それを当時の関白藤原頼道に寄進し、その荘園としたのが島津御庄である。島津御庄寄郡はその配下となったもので、荘園領主の藤原氏に年貢を出し、また国衙にも半額の租税を納めていた。忠久は島津御庄の下司職となり島津氏を名乗るようになる。また薩・隅・日三州の守護・地頭を頼朝から拝命する。

（2）市来氏系図・河上氏系図より

市来氏は奈良時代の宝亀年中（770～780）、大蔵政房が初めて薩摩国へ下向し、市来郡司と成り、鍋ヶ城（大里門前）に居住したことにはじまる。大蔵氏は、中国後漢の孝霊帝の孫阿智王が、応神天皇20年（289）、17県の一族などを率いて来朝し、代々丹波国に居住し、医博士となり、後播磨国大蔵谷に封ぜられ、大蔵を名乗ったことにはじまり、市来の他に、加治木・小山田・郡山・田尻など、また九州北部の原田・秋月・高橋などがいる。

2代傔杖惟房（傔仗＝太宰帥など辺境の官人につけられた護衛の武官のこと）、3代三郎大夫宗房、4代十郎郡司家房と続く、大蔵姓市来氏。

～その間何代かあって～

鎌倉時代、寛元2年（1244）、祖母道阿から孫の千代熊丸（太郎政家）に市来院の郡司職を譲るという譲り状に対して幕府からの指令書が県史料にある。また１２４７年、政家の弟家忠に河上名主職を譲った。道阿の夫は「建久図田帳」に出てくる院司僧相印と思われる。院司僧相印は早く亡くなったのか、道阿が市来院の郡司職と河上名主職を継いでいる。市来氏系図では道阿は大蔵姓市来氏4代家房の娘となっているが、宝亀年中（770～780）から約４５０年経っているので、その間4代は合わない。

二人には子がなく平氏の娘を養女にし（禅師御前）、その娘が国分左衛門尉惟宗之友成の後妻となり、生まれたのが政家と家忠の兄弟である。政家は父の惟宗姓を引き継ぎ維宗姓市来氏の祖となり、家忠は外祖母の大蔵姓を引き継ぎ大蔵姓河上氏の祖となる。初めは橋口を名乗った。

惟宗氏は、応神天皇の時２８３年、秦の始皇帝の孫融通王が１２７県の人民を引き連れて帰化し、陽成天皇の時８８３年、惟宗姓を賜ったのにはじまる。

国分左衛門尉惟宗友成は新田八幡宮の執印職ならびに五大院院主職を相続していた。市来氏の系図をみてみると、友成の父が惟宗廣言となっているが、実は友成は国分左衛門尉友久の二男で惟宗廣言の養子となっている。

惟宗廣言のところをみると、

・和歌に優れており千載集や玉葉和歌集に歌がある。
・丹後局が頼朝公の男子を産んだとき、御台所政子の嫉妬を避けるために廣言にあたえ、故にその幼子も亦廣言の家で成長した。幼子は後に忠久と号した。

・廣言は晩年忠久に従って薩州領に向かい市来院に在城した。とあり、ここで市来と廣言・丹後局・島津忠久が結びつくのである。そしてそれに忠実に史跡、言い伝えが残されている。

(3) 市来氏と河上氏

市来院の郡司職と惟宗姓を継いだ市来太郎左衛門尉政家（初代）は、鎌倉御家人として、父国分左衛門尉友成とともに京都大番役を勤めている。京都大番役は鎌倉幕府の御家人たちに課せられた義務の一つで、地方から京へ上り、3か月または6か月の間、おもに内裏や院の警固、都市中の警備、天皇や上皇の行幸のときの警固などに当たった。経費は原則として自己負担であった。政家の父国分友成に宛てた2代太守忠義からの大番役催促状が残っている。弘長2年（1262）8月11日のもので、年だとか出家しているからとかいって代官を立てることは許されなかったようだ。このころ友成は60歳前後だったのではないか。そして大番役が済んで帰国を許可した覆勘状に「市来院分父子相共に」とあり、政家も一緒に勤務についていたことがわかる。御家人に大番役の催促をするのも守護としての島津氏の役目だった。

また史料はないが、他の薩摩の御家人と同じように、文永11年(1274)・弘安4年（1281）の元寇の時も出兵したと思われる。

建治3年（1277）幕府執権北条時宗から守護職島津3代久経に出された指令書では、走湯山（伊豆山権現）造営の事につき、莫祢兵衛入道・市来入道・谷山郡司などが、その経費を納めるのを拒否しているので、早く命令に従うようとの指令を出している。走湯山(伊豆山権現）は頼朝が伊豆で流人生活を送っていたとき深く信仰しており、元の再来襲に備え、戦勝を祈願して社殿の改築をしたものであろう。

政家の跡が2代資家、その子が3代時家となる。

河上名主職を祖母道阿から譲り受けた政家の弟家忠は、橋口次郎と号し、大蔵姓を引き継いだ。

正和3年（1313）のころ、3代市来時家のとき、本家と河上家との間で領家に出す年貢の配分のことで争論があったようである。このとき市来院の領家は近衛家で、領家に対して一定の年貢を納めていた。その納める割合をめぐって、市来孫太郎家貞（時家）が代理人の慶尊を立て、鎮西探題に訴えた。それに関して同探題から叔父橋口次郎家忠へ呼び出しがあった。その後どうなったのかは不明である。

家忠の子で2代家光は初めて河上を名乗った。文保元年（1317)、家光は姉か妹と思われる大蔵氏との間で財産争いを起し、鎮西探題から出頭命令を受けている。11年後の嘉暦4年（1329）には、命令に従わず出頭しない家光の子家久に対して、もし家久が命令に従わないのであれば、定法に任せ、ご成敗して欲しい旨を大蔵氏が探題に訴えている。

また、文保2年（1318）には伊集院の在地領主原田浄法と得重助道の間で相論があり、刃傷事件にまでおよんだとき、家光はその場にいたのか、見聞の次第をありのままに報告するようにという、鎮西奉行からの命令書がある。

2　南北朝時代から室町時代

(1)　3代時家

3代時家の時、時代は鎌倉末から南北朝へと移る。

建武元年(1334)、後醍醐天皇は島津5代貞久に対し、鎮西探題北条英時を攻め滅ぼした勲功の賞として、市来院名主職、豊後国井田郷地頭職を与えている。

建武3年(1336)、楠木正成・名和長年が戦死し、後醍醐天皇は吉野へ入られた。

建武4年(1337)、島津貞久は足利方に付き、新田義貞の守っていた越前金崎城攻めに庶長子頼久を送った。

3月、後醍醐天皇は皇子懐良親王の先駆として三条侍従泰季を九州に差向けた。泰季が薩摩に入ると、河上家久は兵を率いてこれに応じた。泰季は肝付兼重に錦旗を賜い、諸軍を指図させた。市来時家も市来城(鶴丸城)に拠ってこれに応じた。このとき南朝方に応じたのは、他に伊集院忠国(伊集院一宇治城)・鮫島彦次郎蓮道(阿多城)・谷山五郎隆信(谷山城)・知覧院又四郎忠世(給黎城)・光富又五郎友径入道心栄・石堂彦次郎入道・益山伸次郎(益山氏)・別府政貞(加世田別府城)・矢上高純(鹿児島城)など。北朝方は、島津5代貞久(東福寺城)・伊作宗久(伊作城)・莫祢成時(阿久根)・二階堂行久(田布施)などである。

6月、益山四郎・古木彦五郎の拠る伊作中原城を島津方が攻め、中原城は落ちた。

7月21日、時家は伊集院忠親・鮫島彦次郎蓮道・谷山隆信・矢上高純・知覧忠世・益山新次郎・古木三郎等と数千騎を以って伊作庄へ攻め寄せた。島津方はこれを阿多郡高橋松原口で迎え撃った。

7月27日、島津5代貞久の庶長子川上頼久が市来城に攻め寄せた。28日には延時彦五郎忠能が市来城野首に、29日には宮里種正が市来城水手に、河田慶喜が市来城大手に押し寄せた。

8月3日、時家方と延時彦五郎忠能の兵が野首で戦った。

8月10日、時家は大里村石走に待ちうけ、延時・宮里・石塚などの軍を攻撃した。

8月14日夜、時家は河上次郎家久等を率い、延時忠能・在国司又次郎・甑島小河小太郎・莫祢成助・武光伴三郎入道・権執印三郎四郎等の陣に夜襲をかけ、赤崎で激しい合戦となった。

9月14日、伊集院忠親が時家救援のため市来城へ向かったが、川上頼久は兵を返してこれを迎え撃ち、伊集院郡元で戦った。忠親は兵を引いたので、頼久は再び市来城を囲んだ。

9月28日、三条泰季は指宿彦次郎忠篤入道成栄を市来城に向かわせた。28日から30日にかけて激しい戦いが続いた。7月以来2か月余、死闘が繰り返されたが、時家の守りは固く、10月初めには頼久は兵を引き上げたようである。

これらの戦いで手柄をあげた島津方の武将の軍忠状が残されている。

延元3年（1338）、北朝方足利尊氏が征夷大将軍となる。

暦応2年（1339）8月16日、後醍醐天皇は失意の中に吉野でなくなられた。その年の10月、鎮西探題一色範氏から河上家久に対し、幕府方に味方するようにとの催促状が来た。11月にも北九州の少弐頼久から同じような催促状が来ている。

暦応3年（1340）8月、島津貞久は市来城と伊集院一宇治城を攻めた。両城とも落城し、時家は貞久に降った。

(2) 4代氏家

それから14年後、市来は3代時家から4代氏家の代になって、再び島津氏の敵方として名前が出てくる。

文和2年（1353）、島津6代師久が幕府へ出した報告書のなかに、薩摩国凶徒のなかのひとりに氏家があげられている。氏家は、伊作田城で碇山城攻めを謀ったり、島津貞久が隠居していた高尾野の木牟礼城や串木野城攻めも行っている。串木野城は貞久の所領で、急を聞いた島津師久は出水の知識城からかけつけた。5日間にわたる戦いの末、氏家は引き上げた。

さて氏家は、和歌や蹴鞠の達人であったという。元弘3年（1333）には京都に上っていて、常盤井殿で御鞠始めの会に出席したり、しばしば蹴鞠の会に参加したという。晩年上洛中、病のため京都でなくなったといわれる。謡曲に「鞠」というのがあるそうだが、これは氏家のことを歌ったものであるという。

(3) 5代忠家

応安5年（1372）、島津師久の居城碇山城を渋谷一族の入来氏・祁答院氏・菱刈氏などが囲んだ。島津氏久は志布志にいたが、救援のため鹿児島湾を渡り、伊作・伊集院の軍勢と共に、薩摩山を越えて陣を構えた。ところが市来忠家が薩摩山を占拠して、氏久の後続部隊をさえぎった。

そこで忠家に、所領は望みに任せるから兵を引くよう申し入れたところ、所領地ではなく氏久の娘を嫁にくれるよう言った。周りの説得もあり氏久はその申し出を受けた。そこで忠家は道を開け、氏久側についたので、渋谷方は引き退いた。

島津と姻戚関係になった忠家は、島津が催した犬追物に息子の千代犬丸家親と招待されている。席次も上席で丁重なあつかいである。この頃は良好な関係だったのであろう。

応永7年（1400）、島津氏の総州家伊久と奥州家元久の争いがあり、忠家は伊久に付いた。元久は大軍を率いて市来城へ攻め寄せ、鎮守山（苗代川にあり）に陣取った。

(4) 6代家親・7代久家

家親の母は太守氏久の娘となっている。いきさつは前述のとおりである。

応永18年（1411）島津元久が渋谷氏を攻めたとき、家親も元久側についていた。その記録中に「……坊津・泊津・別府・市来の大船

20～30艘を招き寄せ……」とあり、市来氏が坊津・泊津・別府などとともに大船を持っていたことがわかる。

13世紀から16世紀にかけて、朝鮮・中国の沿岸を荒らしまわる倭寇と呼ばれる日本人がいた。おもに瀬戸内海や九州沿岸の人々であった。また九州の大名たちは中国明との貿易を盛んにしたといわれる。

家親と次の7代久家は、朝鮮と交易していたようで、朝鮮の史料に2人の名前が見える。李王朝のはじめの太祖から3代太宗の頃までは無名の貿易人が多数いたようだが、4代世宗（1418～1450）の時代になると、島津・伊集院・市来の三氏に限られてくる。しかし世宗20年（1438）には、対馬の宗氏が窓口となるということを理由に、南九州との貿易を絶つようになった。

南九州からの輸出品には、国産品とおもわれる硫黄・鹿皮・紙・酒樽・白銀扇などのほか、沈香・丁香・蘇木・犀角・象牙・胡椒などの東南アジアやインド・中東などの品々もある。これらのことを考えると、市来氏は琉球や明あるいはもっと南方まで進出し、交易していたのではないだろうか。こうして手に入れたものを国内また朝鮮との交易に充てていたものと思われる。

八房川の川口は、昔はもっと広く深かったという。この川口を根拠地として大船で南方や中国・朝鮮まで出かけ交易して、多くの富を得たであろう。その証のひとつが金鐘寺再興ではなかっただろうか。金鐘寺は１３７７年再興、往時は七堂伽藍があり、寺禄７００石、末寺は49を数えたという。また、来迎寺に残る市来氏の墓塔群（県指定文化財）の立派さも往時をしのばせるものであろう。

寛正3年（1462）年市来久家・忠家父子は島津氏（10代立久）に反旗をひるがえし、市来城を棄てて去った。船で逃れる途中海に沈んだともいわれている。

その後、市来は島津氏の管理する地となり、代々地頭が置かれるようになった。

市来氏を滅ぼした島津立久は市来城に住み、父母の菩提を弔うため龍雲寺を建てた。今その跡が東市来長里に残っている。

3　金鐘寺と来迎寺

（1）金鐘寺

金鐘寺は、「市来郷神社仏閣由緒調帳カ」（臼井家文書）の史料によると、初めは万年寺（時宗）といい、１２２７年丹後局亡きあとその菩提を弔うため女中が尼になり数代相続していた。寺内には頼朝公の御影があったが、昔からの書付などとともに火災で焼失したと伝えられ、江戸時代の元禄年中由緒ただし方のとき、丹後局の菩提所であること、頼朝公の御影が安置されていると申し上げたという書留がある。

その後永和3年（1377）了堂和尚を招いて再興し金鐘寺（曹洞宗）と改めた。了堂和尚は能州（能登国、石川県）にある総持寺の大源和尚の法嗣であったので、金鐘寺は永平寺の直末になり、2代竹窓和尚・3代大串和尚までの30年余りは総持寺の輪番も勤めていた。また、江戸時代の寛永19年（1642）14代愚門が輪番を勤めた。その外の和尚も勤めたかもしれないが、書留が消失して年間・名前がわからないとある。1377年といえば、5代忠家が島津氏の娘を娶った5年後に当る。往時は7堂伽藍があり、寺禄700石、末寺は、大里・川上・湯田・湊・串木野別府・川辺・下甑など薩摩国の外、美濃（岐阜県南部）・越前（福井県）・加賀（石川県南部）・能登にもあり、その数49を数えたという。

市来氏滅亡の後、島津義久（1571～1586）の頃、伊集院下野久治入道抱節が市来地頭の時、金鐘寺を破壊してその大門を伊集院の雪窓院に移し、秘蔵の品々も持ち去ったという。これは昭和16年の「市来郷土史」にあるが、当時の市来地頭は新納五郎右衛門久饒か比志島宮内少輔国真である。昭和57年の「市来町郷土誌」の市来の歴代地頭名の中に伊集院抱雪の名前はない。雪窓院は義久・義弘兄弟の母の菩提寺である。豊臣秀吉が九州に出兵したとき、義久はこの雪窓院で頭を丸め竜伯と号し、川内の太平寺にいた豊臣秀吉に恭順の意を示した。この時金鐘寺は秀吉の先鋒隊に寺院を壊された。そのため破壊されずに残っていた大門や品々を伊集院抱雪が雪窓院へ移したのではないかと思う（伊集院抱雪が金鐘寺を破壊したのではなく）。この破壊によって天正15年（1587）から慶長7年（1602）までの15年間金鐘寺には僧侶も住んでいなかった。しかし13代雲山和尚からまた住むようになった。

江戸時代の寛政2年（1790）、藩主斉宣は湯之元温泉に来たとき当寺を訪れた。門前の石が虎が伏せた形をしているのを見て、「伏虎」と名付け、侍医の川村宗胆に「伏虎」の文字を石に書かせた。その石は今湊町の浄泉寺にある。また、文化5年（1808）斉宣が詠んだ歌2首もあったそうである。

その他島津家から寄進された白焼大香炉や、大蘇鉄などがあった。この蘇鉄は長さ13メートルで、5、4メートルの枝が2つある立派なものであったが、禁中（皇居）へ進上されたという。

鶴岡八幡神社（木場迫）・御霊神社（松原）・今熊神社（払山）・日吉山王神社（門前）はこの寺の鎮守であった。

天和4年（1684）、金鐘寺の僧捨範叟は、床波到住と協力して大里水田の開拓・用水路・用水堰などを計画完成させた。

明治のはじめの廃仏毀釈で寺は壊され廃寺となった。寺跡には、開山の了堂和尚の墓や歴代住持の無縫塔などが残っている。また鶴岡八幡神社境内の側社には、開山了堂和尚の木像や天正年間（1573～1591）の作といわれる金の仏像が安置されている。

(2) 来迎寺（県指定文化財）

来迎寺は、市来氏の菩提寺である。創建は丹後局となっている。ここには、惟宗姓市来氏代々の墓塔や、坊主墓の無縫塔、丹後局の墓と言われるものもある。鎌倉時代から室町時代にかけての貴重な墓塔群である。この内前記の3代時家、4代氏家、5代忠家、6代家親の墓がわかっている。

市来氏滅亡の後、島津立久は東市来長里に龍雲寺を建て、来迎寺領の土地3町と山野畠地などを、自分の両親の供養のために寄進している。これらのため来迎寺は衰退していたが、龍雲寺の雲舟和尚により再興された。

丹後局の墓と言われる墓塔には、文永12年（1275）4月22日の刻銘がある。これは鎌倉時代の市来氏初代政家のときのものである。塔身には4面それぞれに梵字で仏様の種字が刻銘されている。天保11年（1804）8月、当時の地頭三原経福は、大里の住民からこの墓が丹後局の墓と言い伝えられていることを聞き、墓を発掘した。すると大きな石棺が出てきてその中を見ると白骨が座ったまま残っており、頭の上には婦人の結髪があり、傍らに銀のかんざしがあった。また丁寧にこれを埋葬し、周りに石の透垣を巡らせた。

三原経福はこの墓が丹後局のものかどうかは学者の検討を俟ちたいとしている。銀のかんざしは埋めなかったが、その後なくなったという。

明治の初めの廃仏毀釈によって廃寺となった。明治9年9月、市来小学校がこの来迎寺に建てられた。その時は東市来の鶴丸小学校も一緒であった。しかし10年に西南戦争が起こると廃止され、その後、東西市来それぞれ現在の地に鶴丸小学校、市来小学校が建てられ現在に至っている。

境内に、ここの墓地並びに金鐘寺の墓地を整備した昭和13年12月12日の記念碑がある。当時荒廃していた金鐘寺跡・来迎寺跡の墓地を調査・整備し丹後局の墓前に石塔二基を献じ、そして局をはじめ歴代住職諸師の追善法要を営み、総代会10周年を記念して建てられたものである。碑文を紹介する。

「我町由来史ト景トニ富ム、殊ニ我大里区ハ島津公爵家ニ縁アル丹後局ヲ中心トスル遺蹟多ク局ノ建立ニ係ル鶴岡八幡宮・御霊・今熊等ノ七社ヲ始メ、佛閣ニハ金鐘寺・来迎寺ノ趾アリテ、旧金鐘寺ノ如キハ明治ノ初マデ寺運隆昌ヲ極メ、明治二年ノ廃仏毀釈ニヨリ廃寺トナリ、其ノ住職ハ三〇余代ノ久シキニ及ベリ、随ツテ両寺境内ノ趾ニハ住職諸師ノ墳墓累々トシテ存ス、其外ノ来迎寺跡ニハ丹後局ノ墳墓アリ、此ノ両墓地ニ対シテハ墓守ヲ置キ、且年々部落慣行ノ太鼓踊奉納等適宜祭祀奉仕ハ怠ラザルモ、墳墓ハ共ニ荒廃シテ牧童ノ草刈場タルヲ免レズ、是ヲ以テ我区民総代会ハ慨然起ツテ、昭和八年九月秋分ノ日ヲ以テ遺蹟調査ノ議ヲ提唱シ、爾来茲ニ五年四ヶ月調査委員ニ於テ実地ニ就キ考証査察シ、確信ノ下ニ両寺跡ノ墓地修整ニ着手シタリ、就中局ノ墳墓ニ対シテハ荘厳ナル施設ヲ必要トスルモ、此ハ郷土史ノ完成ト相俟ツテ断行スルコトトシ、今ハ唯当区民総代会が創立十周年記念ヲ挙行スルヲ機トシ、墓前ニ石塔二基ヲ献シ併セテ局ヲ始メ歴代住職諸師ノ追善法要ヲ修シ、並ニ当区ノ自治参与物故者ノ追弔会ヲ営ムコト、シタリ、茲ニ聊事歴ノ概要ヲ記シテ後日ノ参考ニ資スト云爾

昭和十三年十二月十二日　大里区民総代会

（裏に）

当時ノ会議員
会　長　塚田　林太郎
副会長　西　　十次郎
イ　石神　二一
ロ　萩原　善平
ハ　波江野休太郎
順　西園　正吉
徳重　助太郎
和田　徳蔵
田中　藤次郎
久木園善太郎
松崎　常吉
弓削　哲三
住吉　勇吉」

これによると、両墓地ともに墓守を置いて年々太鼓踊を奉納したり適宜祭祀を行ってきたが、次第に荒廃していったことや、昭和16年の市来郷土史の完成を俟って丹後局の墓に荘厳な施設を建てる考えもあったことが分かる。しかし第二次世界大戦も始まりつつありそれは叶わぬことであった。現在でも七夕踊の時太鼓踊を奉納している。

参考文献：『昭和十六年市来郷土史』
『昭和五十七年市来町郷土誌』
『市来郷史資料集（徳永律氏編）』

（掲載：27号＝2013＋追加寄稿＝2016）

市来馬改帳（断簡）～吉利喜右ェ門の記録～

所崎　平

はじめに

この「馬改帳」は、「吉利用敷日記」の裏に書かれている。つまり、廃物利用で、「馬改帳」を壊して日記に替えたもの。それで、順番は信頼できない。①～㉙の番号は日記の順序にしてある。①は1枚めのことである。神之川・江口浜・伊作田村・長里村・湯田村の改帳なのだが、長里村・湯田村のタイトルはないが、一部は紛れ込んでいるようだ。門（かど）名を書く部分（肩書きに当たる）に「湯田村作右衛門」とあるからだ。

各村の門名を調べてみると、もっとしっかりした区分けができるだろう。

1　馬の区別

馬の区別は、体の毛の色と年齢のようで、全部、色と年齢が書かれている。分かるものを上げてみると、

小星黒栗毛＝小星は丸い白い毛が星のようにあり、全体が赤黒っぽく、たてがみ・尾は赤褐色。

散星黒栗毛＝多くはないが、数か所白い丸い毛の星があるのだろう。

白栗毛＝白っぽい栗毛なのだろうが、全体が白っぽく、たてがみ・尾は赤褐色なのか、その逆なのか、不明。

鹿毛＝シカの毛のように茶褐色で、たてがみ・尾・四肢の下部の黒いもの。

鹿嶋毛＝シカの毛のような茶褐色が縞模様になっているのか？

青毛＝白みを帯びた青色。

水青毛＝水色が入った青色。

青嶋毛＝青色の縞模様が入っているのか？

川原毛＝薄茶色。瓦毛とも書く。

黒川原毛＝黒っぽい薄茶色なのだろう。

月毛＝葦毛のやや赤みのある色。

尾花栗毛＝ススキの穂の色をした栗毛？

青粕毛＝灰色に青い差毛の混じったものか。

鹿粕毛＝鹿毛が差毛のように混じったものか。

流星栗粕毛＝流れ星のような栗毛に差毛が混じっているのか？

駮毛＝毛色が混じり合って、まだらになっている、とあるが、どういう色が混ざっているのかわからない。

星鹿雲雀毛＝雲雀毛は黄白の斑で、たてがみと尾とが黒く、背に黒い筋のあるもの。ひばり鹿毛、とも言う、とあるので、星鹿は鹿毛が星になっているのであろう。

このように、「栗毛・鹿毛・青毛・川原毛・雲雀毛」などという

基本の毛色に「星・小星・散星・流星・嶋（縞）・粕」などの部分の色模様、そして「駁（まだら）毛」などが入ってくる。

細かに色や野牧の焼印を書いているのは、盗難があった時にすぐわかるようにであろう。多分、馬の盗難は多かったのであろう。

2　野牧（牧場）名が入るものがある

生まれた牧場の名前を付けた馬と、付いてない馬がある。ただ、ほんとに牧場名なのか、見当のつかない名前が付いている馬もある。

「寄田（よした）野」は6頭、旧川内市の原発のある久見崎から南にある牧場。

「吉野」は9頭、薩摩藩で一番重要な牧場で、鹿児島市吉野にあった。ここで、幕末、「関狩」という軍事訓練の「馬追」を行った。古く「関狩」は春山野で、次に紫原で、最後に吉野で行うことになった。

「市来野」は14頭、旧市来町の観音ヶ池から東に登って、広域農道よりまだ東側を含む。

「末吉野」は2頭、旧大隅郡末吉町にあったのだろう。

「春山野」は1頭、曽於郡内にあった。

「長嶋野」は5頭、現在の長島町にあった。

「福山野」は1頭、曽於郡旧福山町にあった。

「瀬崎野」は5頭、出水郡内にあった。

「市山野」は1頭、上甑島にあった。

「伊作野」は1頭、旧吹上町伊作にあった。「苙岡（おろおか）」という地名のバス停がある。そこより街側。加世田に向かって右側に広い畠があり、段があり、そこに桟敷を作り、見物席としている。二才は赤いハットクというチャンチャンコみたいなものを着て、二才馬を捕えた。

「咬嚠吧野」は1頭、鹿児島市比志島にあった。『薩藩政要録』172ページ「御牧数諸郷牛馬数并御馬追日執之事」の但書に「咬嚠吧野、吉野之内有之候処、当分比志島江有之」とあるので、咬嚠吧野は吉野に付属している。読みは「カルパ野」であろう。カルパはバタビアで、ジャカルタの古名とある。

「百済野」1頭、この「野牧（牧場）」はどこなのか、実在なのかわからない。読み方は「くだら野」だろうと思っているが、はっきりしたことはわからない。「御牧数諸郷牛馬数并御馬追日執之事」にも「百済野」のことは載っていない。ひょっとすると、県外の野牧かもしれない。

そもそも野牧の名前が付いているのと、付いていないのと、どう違うのかがわからない。吉野はもともと川上氏の牧であったが、島津氏に献上した。馬追で捕えた馬には川上氏の焼印を押した。多分耳に押したと思われるが、こういう焼印があるので野牧の名前がわかったのだろうか。

この改帳中、削除されている（——線が引かれているもの）も含めて、226頭書き出されているが、「野牧」名が付いているのは、

47頭、約21％の割合である。やはり、「市来野」は地元だけあって、一番多く14頭、次は、「吉野」の9頭、「長嶋野」と「瀬崎野」とが5頭ずつで、だいたい市来を中心として、大きい野牧と交易していることがわかる。

同じ1枚の中に3頭以上入っているのは、「吉野」1枚と「市来野」2枚である。そこで、同じ地区では、一つの野牧から交易しているのであろう。江戸時代、天明の頃に「博労（ばくろう）」という馬専門に扱う人がいたのであろう。いないとすれば、12か所の野牧から馬を手に入れることは、かなり困難であろう。

野牧の苙（おろ）で捕えた2歳馬は、どういう方法で一般に渡されるのだろう。一番よい馬は島津氏や家老級や高給の士族、裕福な町人などへ行くのだろうが、荷物運搬や乗馬、農耕馬になる馬は、どういう運命をたどっていくのだろう。

『薩藩政要録』172ページ「御牧数諸郷牛馬数并御馬追日執之事」の関係分を出す。

吉野	馬数	239疋	取駒38疋
春山野	馬数	159疋	取駒8疋
福山野	馬数	1、040疋	取駒82疋
末吉野	馬数	245疋	取駒15疋
伊作野	馬数	250疋	取駒19疋
市来野	馬数	250疋	取駒15疋
寄田野	馬数	276疋	取駒26疋
瀬崎野	馬数	370疋	取駒40疋
長嶋野	馬数	693疋	取駒48疋
市山野	馬数	67疋	取駒4疋
咬𠺕吧野	馬数	42疋	取駒5疋

これで見ると、馬数は福山野が一番多く、次が長嶋野、瀬崎野の順である。ちなみに、馬と牛とどちらが多いかを同記録から見てみると、

諸郷牛馬之事
牛　3万6、732疋
馬　15万4、093疋
　右文政9戊年改数　（註　文政9年＝1826）

とあるので、幕末には圧倒的に馬の多いことがわかる。

3 馬の年齢

ここに記録された馬で一番若い馬は、3歳で、年取った馬は22歳。23歳から上の馬は1頭もいない。死んだ馬の最高齢は24歳1頭で、次に23歳1頭、21・20歳2頭ずつ、19・18歳3頭ずつ、以下16歳1頭、15歳2頭、14・12歳1頭ずつ、11歳3頭、9歳2頭、8歳1頭、6・4歳1頭ずつである。これから見ると、当時の市来あたりの馬は25歳ぐらいまでで、それ以上は長生きしていないことがわかる。インターネットで調べてみると、やはり25歳ぐらいで、まれに40歳まで生きるのがいる、とある。

市来にいる馬は４歳馬から15歳馬までが一番多く、１５２頭、生き馬１７７頭の約86％を占める。串木野金山で、明治以降トロッコを牽く馬は「老いぼれ馬」だったというが、それは20歳以上の馬を指したのであろうか。

死んだ馬は「春死」と「夏死」の二通りしかないようだが、秋と冬は死なないのだろうか。それとも役所の検査が春と夏だけなのだろうか。

４　移動する馬

飼っている馬を、どういう理由からだろうか、別の家に移ることがある。村内はもちろん、遠くは宮之城・串木野である。たとえば、家の経済が悪くなり、売り渡す、などだろうが、博労の介在が考えられる。そうでなければ、個人的に顔見知り、知人などでなければ、移動を禁止されている農民が、宮之城のことがわかるとは思われない。ただ、宮之城の町六蔵へ移しているので、宮之城の町人が市来まで来ていて、それでうまく交渉が成立して移動した、とも考えられる。ただ、博労が町人であるかどうかはわからない。

馬の移動が最も多いのは10歳馬で、６頭。３歳馬から18歳馬と幅広いが、中心は６～14歳馬で、20頭。全体24頭なので、83％である。

１枚の中で、同じ年齢の馬が３～４頭並ぶのを見ると、同じ時期に一緒に出掛けてか、売りに来たかで、同じ地域で同時に買っている。それで、同じ年齢の馬がいるのだろう。４歳馬が４頭並ぶ、というのは、３歳馬を同時に買った、と思える。

５　武士の馬と農民の馬と混在している

43名の武士が馬を飼っている。同じ名前の武士が２回出ている場合もあるので、２頭持っているのだろう。だから馬を飼っているのは41名になる。だが、同じ名前なので、並んで書いてあればよいが、かなり離れて書いてある。そこが気になるが、理由はわからない。

武士が馬を必要とするのはどういう時なのだろう。乗馬するには、それなりに馬に乗る資格があるはずで、武士であろうとも誰でも馬に乗れるはずはない。であれば、農民と同じで、農耕や荷運び、などのために馬が必要だったのか。しかし、武士と農民とで、１７７頭もいるので、かなりの頭数である。

馬に乗ってよい記録は、元和５年（1619）７月３日付、初代藩主島津家久の名前で出しているものに、

「二百石取マテハ可為乗馬候之間、兼テ馬鞍ニ念ヲ入可致用意事」

（『鹿児島県史料薩摩藩法令史料集一』89ページ）

と、２００石取以上は馬に乗らないといけないので、鞍を用意しろ、と命じている。

時代がちょっと下がって、寛永９年（1632）６月11日付では、

「知行百石取衆又無足ノ衆ニモ、手前成候テ、自然ノ時馬ヲ可乗ト存候者アラハ、其身ノ好次第、鹿児島中無用捨不断馬

ニ乗候テ可罷行（被通）儀可為尤、若一陣モ乗馬ニテ為相勤
　者其已後ハ知行ヲ可被下事」

とあり、１００石取でもよい、馬を持たない者でも自分で調達して馬に乗れ、鹿児島城下は自由に乗ってよい、戦いの時に乗馬で勤めたならば、知行を上げる、といっている。

この6年後の寛永15年には天草の乱が起る。

幕末のところを見てないので、幕末はどう変わったかを見て、諸郷士のどのクラスの家まで乗馬が許されていたか、を確かめる必要がある。

ちなみに、宝暦9年（1759）の公辺御免荷物、つまり幕府が許した、薩摩から輸出してよい品物の中に、

　牛馬皮・牛角

文化8年（1811）未年の御免荷物に、

　馬尾・馬髪（『鹿児島県史料薩摩藩法令史料集二』277ページ）

含まれているので、牛馬の皮や尾・髪（たてがみ）などは主要な輸出品であった。皮は武具（甲冑・鎧など）・太鼓など、尾は胡弓の弓には使うが、他の使い方は不明。たてがみの使い方も不明。

6　死馬

死んだ馬には「証文」が付いている。必ず書いている。それを「死馬証文」といっている。

死んだ馬は、深く埋めよ、という場合もあるが、この「改帳」のように、公式に証文を取るのは、皮や尾・たてがみを商品にするためであろう。そのために、幕末になるに従って、被差別部落に死馬の皮を剥ぐ役割を押しつけた。

一般百姓で、耕作や荷運びに使った牛馬の皮を剥ぐのに忍びないので、わからないように5〜6人で山に運び、大きな穴を掘って埋めた、という話も聞くが、これは明治以降の話であろうから、幕末は厳重に管理していた、と思った方がよいだろう。

7　馬の習性など

馬は蹴る・噛む・唾を飛ばす、などの癖があり、それが分からないとひどい目に逢う。軍隊では馬は人間より大事なもので、取扱いは丁寧なものであった。私は、戦時中、中国青島市の日本軍陸軍病院へ行ったことがあるが、その時、兵隊さんの額に馬蹄形の跡がくっきりと残っているのを、今でもはっきりと覚えている。

鹿児島四十五連隊出身の父の話や串木野古文書会会員の西園俊一氏が馬の世話をした体験を聞くと、蹴る馬には尻尾の根元に赤い布を結んでいた。噛む馬は額に赤い布を結んでいる、と聞いた。唾はどうだったか忘れた。

厩舎に入ると、壁に向かって頭から入れる。出す時は馬の後から入って行くので、蹴られるおそれがある。そこで、擦り切れた竹ボーキを持って、馬の腹を突くと、馬が嫌がって斜めになり、隙間ができた時に頭へたどりつき、轡（くつわ）を取って回転させて出す。

蹴る馬の尻を洗うときは、尻尾をぐっと握り、下に力を入れると蹴ることができなくなるので、そのうちに水洗いをする。

轡をはずして、牧場のような広場へ放し、夕方馬を捕えるが、噛む癖のある馬は、轡の部分に綱をかけて、つまり、口の中の奥歯の間に綱をかけて、ぐっと絞り、牽いて行くと、噛めなくなる。

それぞれの癖をよく知って扱う。

軍馬は、麦・大豆だけだったら腹をこわすので、干し草を混ぜる。また、水を飲ませないといけない。馬の喉を見ていて、ゴクッと喉が動いた時を1回と数え、水を何回飲んだと日誌に記録していた。

さて、牛馬の牽き方は、百姓は牛馬の前を牽いて行くが、武士は馬の後から行く、という。それは武士の場合、馬の前を歩くと、待ち伏せの敵から襲われやすい。なので、馬の後から行くことになる、との、もっともらしい説明である。真偽のほどは不明。

おわりに

この文書原本は見つからなかったが、所崎が解読したものを、串木野古文書会で大雑把であったが、読んでもらい、疑問点を洗い出し、できるだけこの「改帳」の性格は何かを追求したが、あまりにも分からないことが多く、一応、わかった点だけでもまとめておけば、次の起点になると考えて、出してみることにした。

参考文献

『鹿児島県史料集1　薩藩政要録』鹿児島県史料刊行会1960
『鹿児島県史料薩摩藩法令史料集一』鹿児島県2004
『鹿児島県史料薩摩藩法令史料集二』鹿児島県2005

（寄稿：2016）

バクロウ（博労）の話

所崎　平

この話は、冠岳の橘木盛吉さん、高尾野町（現出水市）の東勝義さんの話をまとめてみたものである。

1　いいバクロウの条件

いい博労は牛馬の見立てがうまい。当然のことながら……。細かくいうと、こういう体形になる、こんな性格だ、という見通しが持てる。だから、値段はこのくらい、と決められる。

2　買う範囲

橘木盛吉さん（90歳）は、北は高尾野町（現出水市）、南は南薩の、主に薩摩半島側を中心範囲とした。大隅の曽於郡（大崎町）あたりからは、川内の人が買ってきて、その中のいい牛を2、3頭選んで取っていた。だから、牛を育てると、1、2番によく入賞した。

3　牛の買い方

牛を買うときは、ホメて買わないと、相手は気分を悪くするから売ってくれない。ちゃんとホメて、これだけ（8万円なら8万円）で買うといって、「売りたくなければ、売らんでもよか。これ以上は出せん」という。そして、8万円以上なら買わない。だが、たいていは「そしこでよか」と売ってくれた。イヤミをいって、値を下げようとするのは、相手の気分を悪くするだけだ。

牛は買う時は3円なら、売る時は5円と高く売ることができるが、馬は買う時が最高の値段で、農家で使ったあとで売る時は最低の値段になる。

しかも、飼育するのは、牛はほったらかしてベッタ（牛の糞）を付けていても病気になる心配はないが、馬は細心の注意をはらって育てないと、すぐ病気になり、具合が悪くなる。

4　牛は農家、馬は馬車引き

牛は袴田から山手の農家の方に多かった。馬は島平・別府に多かった。別府の方は、荷馬車引きが多かったからだ。

5　バクロウの免許状

敗戦後からだったか、バクロウは県の試験を受けて、免許状を取らないといけなかった。しかし、橘木さんは1回も受けなかった。だが、みんなが免許状をやってくれというものだから（橘木さんがバクロウをしないと、牛馬のいいのが回ってこん、ということから）県の方も免許状を出した。3回ももらった。

バクロウとしての実力は抜群だったので、当時、バクロウを手広くやっていた真砂氏が、加勢せんか、といったが、「ハイハイ」といってぜったいに真砂氏の下には入らなかった。

6　馬の訓練

サスバで、ウセ馬の訓練をする。

東市来町北山から、毎日、コシオジと熊オジが来た。コシオジは耳が聞こえず（聾唖者で）、子供の私（盛吉）を呼んで、馬を追わせた。

子馬の足には、大きなワラジと玉を両後ろ足につける。すると、股が狭くなって、ちょこちょこ歩くようになる（小さい歩幅で歩く）。

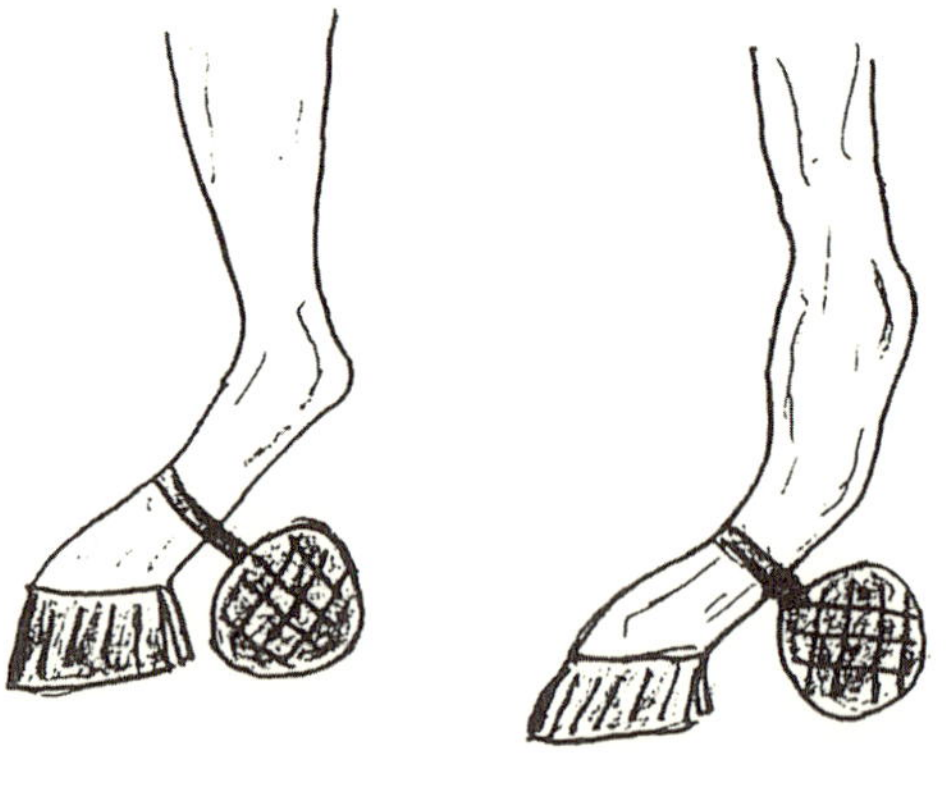

運搬用馬の訓練のためのワラ玉（後足しかしない）
高尾野町ではイゴッサシという（東勝義氏から）

最初は、玉だけだったのが、後には鞍をつけて、人ひとりがついて、歩かせる。人は馬の右につき、左手に手綱、右手にブチを持って、馬の頭の右横についていく。

訓練を受けた馬は、荷物を負せても荷ずれが少なく、鞍当たりがなくなって、背中に傷ができなくなる。

サスとかサシとかいう言葉は、ワラの玉のことなのかもしれない。だから、サスバ（サス場）というのだろう。

ついでながら、子牛の訓練は、一般道路でソリのようなのに土台石のような重しを乗せて引っ張らせて、「コウ」「ヒダ」と方向を教えていた。これは子供が主であった。で、たまには、力が強くなったのを試してみる、あるいは、いたずらで、子供がソリの上に乗って遊びながら訓練するものだった。

7　牛馬の扱い方

角で突くような牛でも、自分にはぜったいに突かなかった。

「牛はダマカシて、ウマカモンの食わすれば、うまくいく。疲れるまで使って、ムチでたたけば、性悪になるのは、当たり前だ。疲れる前にヨクワセて、笹でも食べさせて、ダマカシダマカシ働かせば、ちゃんと仕事をするもんじゃ」という。

馬に鞍をウセル（負わせる）時は、腹帯をしっかり締める。尻尾を通す時は毛を一本でも挟むと、気持ち悪るがって、跳び上るので、尻尾を高く持ち上げて通す。また、マガ（馬鍬）やスキ（鋤）をつけたままで、20センチ以上の所を越させるな、という。ぴょんと飛び越えると、マガ・スキでケガをする、といわれた。

カガイ（ワラで荒く編んだ袋）などを積む時は、腹帯をもう一度締め直さないと、傾いたりひっくり返えったりして、馬が暴れた。

子牛が生まれる時は、まず後ろ足が出た時、布で足を持って、中に引き込まれないようにする。引き込まれたら、たいへんなことになる。そして、腹をさすって、ちょっとだけ加勢してやる。子牛は頭が出てきたら、エビのように、くるっと股の中に入るようにしてだせば、するっと出る。それをまっすぐ引っ張ると、子牛の腰が引っかかって母牛の腰をダメにする。

自分は1人で、子牛を生ませることができた。

8　死牛を埋める

死牛は、8人以上で担がないと、担げない。7尺掘って埋める。敗戦後まで埋め、後は伊集院の屠殺場へやった。東市来町の室屋獣医が診断した。

埋める時は、巡査に届け、家より遠いところに埋めないといけないが、焼酎を飲まして、「埋めたど」というと、「ちゃんと埋めたか」と聞かれる。「オハンがいうた通り埋めたが……」と答えて、それで済んでいた。

牛肉は食わなかった。食ったら人間とはみられない。敗戦後、食うようになった。

9　牛にカッパ

牛が汗びっしょりになる時は、カッパが取りついている。そうすると、牛は死ぬ。で、生塩（なましお）を撒いておくと、カッパは近寄らない（高尾野町では、仏様の飯を食わせた）。

タテガミやシッポをジュズみたいに編まれた時は、カッパが編んだのだと、いわれる（もちろん人は誰も編んではいない）。この時は、ほどこうにもほどけず、どうしようもないので、鎌でタテガミもシッポも切った。負せ馬は、タテガミがないと、カッコ悪い。

10　牛は群れで移動

買った牛は1頭だったら、歩かせるのに難儀をするが、不思議なことに、2、3頭だったら歩かせるのは簡単だ。トラックがない時代には、買う時は、必ず何頭か複数頭買って帰るものだった。

11　癖のある馬

馬は利口もんで、人を見て、いうことをきく。まず、馬を使う時、最初にニラメッコをする。そして、馬がマバタキをパチッとすれば、シメたもの、いうことをきく。下手をすると、馬は動かない。また、噛みつく馬、噛みつくマネをして、人に息を吹きかける馬、手綱を持って馬の前を歩いていると、急に頭を股ぐらの間に入れて、持ち上げひっくり返す馬、尻の方を見せて、頭の方をこちらに向けない馬など、癖がいろいろある。

ツナワタイといって、棕梠の手綱を頑丈な木につないでいると、切る馬がいる。綱を緩め、一瞬力を入れて頭を振ると、綱は切れるものだという。ところが、竹のようにビヨンビヨンする弾力のあるものは、綱に力が入らず、切れない。

跳びはねる馬は、素人は恐ろしくて手綱を長く持つが、これはダメで、1メートル以内を握っていないと跳びはねる。馬が跳ねる時は、頭を下げて、その反動で跳び上るから、頭を引き締めて、上がらないようにすればよい。

アバレル馬は、猿の手（乾燥したものか?）でなぜてやればいい。猿と馬は仲がよくて、馬頭観音石碑にも馬の手綱を猿が引いている絵をよく見ることができる。

田んぼに入れば寝る馬は、仕事はうまいのだが、馬使いが下手である。横に寝る時は、必ず止まってから寝るので、前足を見ていて、止まろうとする瞬間、手綱でピシャッとやって、止まらないようにすればよい。また、田に入る前に、泥水をタテガミに塗ってやれば、うまくいく。

12　牛の風邪

鼻汁が出る時には、山ごぼうの根を刻んで、煮て草と混ぜて食べさせると、治るものだ。それ以外の病気は獣医に任せないとだめだった。

（掲載：5号＝1991）

資料【馬踊りの馬＝照島神社】

串木野仕明夫（しあけぶ）の話

所崎　平

1　仕明・仕明夫とは

串木野仕明夫は、串木野用夫（いぶ）とか、略して串木野夫（ぶ）、あるいは串木野仕明五郎（ごろ）どん、といわれた。仕明とは開墾という意味、用夫とは使役される人夫の意味である。串木野仕明夫のした仕事は、田畑の開墾だけでなく、井堰や井手などの土木工事全般にわたっていた。簡単にまとめていえば、小集団による、力仕事での開田畑、土木工事の技術者である。

仕明に行く中心地は冠岳の人々であったが、後には生福地区まで及び、大正から昭和初にかけては、串木野全域に広がっていた。

串木野仕明夫の始まりは、はっきりわからないが、『近世入来文書』に、文化元（1804）年の記録が今のところ一番古いので、一八〇〇年以前には、串木野仕明夫の名は有名であった、と思われる。文化元年から24年後の文政11（1828）年には、志布志町安楽川改修に、50～60人余の「串木野夫（と書かれている）」が仕事をしているので、串木野からずいぶん遠い大隅の志布志まで知れ渡っていたと思えるからだ。

仕明の最後は、昭和10年前後だろうか。各人の記憶がまちまちなので、これが終わりだ、ともいえないからだ。数人から（生存者が少ないので）の話から、昭和10年前後（昭和12年とか8年とか、グループによって違うので）であろう。これは「仕明」という藩政代からの意識みたいのが残っていた「仕明」の、終った時期である。

串木野仕明夫がなぜ藩内に名が知れ渡ったのかというと、鹿児島藩は、農業第一なのに田畑が少ないため、貢租に余裕がなく、常に出費に困っていた。藩政をスムーズに運営するためにも、開田畑はどうしてもしなければならなくて、寛文（1361～1672）の頃から大きな河川の灌漑用水施設や開田畑を行ない、次に海岸や湖沼の干拓も可能な限り行なってきた。幕末には小河川の灌漑や補修、溜池を新たに造ることで今まで開田できなかった土地までも田に変えていく、など、土木工事の重要度、需用がますます増大し、串木野仕明夫の土木技術は藩内に鳴り響いていった。そこで、技術の方も格段と磨かれ、石垣積みなら、普通の人の2倍の速さ、モッコでの土運びでも2、3倍は他所の人より運べる。鹿児島市の小野石工や谷山山田の大草石工など、岩永三五郎の技術を受けた（串木野も同じだが）石工集団や仕明集団が各地にあるが、串木野の場合、石工技術も、アーチ式石橋架橋技術から彫刻（田の神さぁなど）までと幅広く、また高度の土木技術を持っていたので、串木野仕明夫が藩内随所で活躍したのは当然であった。

２　串木野仕明夫の足跡

藩内の隅々まで入り込んで、灌漑用水施設や井手、溜池、開田畑の足跡がある、と思われるが、現在のところ、その収集や確かめはなされてない。その一部であるが、知りえたものを次に列挙してみる。

1. 沖永良部島和泊町にある西郷鏑居地前の石橋（一つ眼のアーチ橋）（和泊町甲東哲氏より聞く。が、違うとも…）
2. 知覧町歴史民俗資料館横の花井手の石畳（山下堰、20町歩余の灌漑施設）。明治2年洪水のため破壊、同3年4月16日改築竣工。碑文に民事局検者上村六郎行敦以下14名の役名・人名の中に、「串木野主取夫　仁右衛門、新左衛門」の名がある。この14名の内に石工瀬戸口善五郎、山岡小次郎とある。
（『知覧郷土誌』363ページ）

【知覧　花井手】

3. 菱刈町湯之尾の川内川灌漑用水路の改修（昭和初、地元の人を1日300人余使ったという。生福川崎、内田栄蔵氏〈故人〉談）
4. 海音寺潮五郎著『二本の銀杏』の中にも出てくる。文政年間（1818～1829）山伏源昌坊による大口～宮之城舟運のための川内川掘鑿（くっさく）。
5. 霧島神宮前の桂久武家の開墾。慶応三年四月から明治三年まで、戸数60戸の移住者への援助を含めて3万6千貫文を費し、周囲2里余、反別170町余、田畠宅地だけにすれば138町歩余の開墾地でこれを「桂内（かつらうち）」と称した。この開墾の「人夫頭」に「串本野村の曽右衛門、武右衛門、市之亟」と3人の名前が、明治39年6月の「紀念　桂久武大人之碑」文に見える。
6. 有明町野井倉砂原氏宅の慶応元（1865）年12月銘の田の神に、「石工間世田助右ェ門作」という名が見られ、『有明町の文化財』（第一集）42ページの説明には、「この石工は、この年9月着工した大久保井手の工事のため、串木野から来た石工主取の、間世田石工であり、水分（みくまり）神の碑に刻されている」とある。
7. 祁答院町上手西牟田地区の水田耕地整理15町歩余を、明治42年4月竣工させた請負者は田代小次氏（冠岳岩下）である。（『串木野郷土史』1、053ページ）
8. 祁答院町上手米山地区の畑開墾（畑・石垣など）数10町歩。昭和7年。（右同）
9. 祁答院町にある旧大村高校の石垣や別府新助氏の木戸の石垣。

（右同）
10．永野金山？の煙突。（右同）
11．入来町朝陽小学校の凸凹の石垣（言い伝え）
12．入来町赤仁田の開田畑。文化元（1804）年。（『近世入来文書』１６７～１７２ページ）
13．志布志町安楽川の河川改修。文政11（1858）年・安政五（1858年）。（『萬諸留』西正雄家文書）
14．小野石工（鹿児島市小野）の西三五郎（明治中期の人か）は、串木野産の福山権太郎に師事、後に小野村に定住した（『民俗研究』第二号中「小野石と小野石切の系譜」川野清治１６８ページ）とあるので、福山権太郎は串木野の石工であろう。

大正から昭和にかけて、串木野仕明夫の行動範囲は広くなり、熊本・佐賀・長崎と出かけている。熊本では開墾のことを「新地堀（しんちぼり）」といい、佐賀・長崎では串木野仕明夫のことを「鹿児島さん」と呼んだ、という。（高尾野町の人は「新田（しんでん）ごろ」と言っていた）

それらが衰退していく第一の原因は、20歳になって兵隊に出かけることで、昭和10年を境に人手を集められなくなったようだ。そして、昭和16年、太平洋戦争へ突入。敗戦と続いて、串木野夫の集団は生かされないまま、高度経済成長の昭和40年から機械土木工事に押されて、完全に消えていった。

３　仕明の話

大正末～昭和初期の仕明の話を、冠岳岩下の田代愛吉翁（明治32年1月23日生）と生福川崎の内田栄蔵翁（明治35年5月19日～昭和62年6月22日亡享年85歳）、袴田の柏木義雄氏（大正元年12月5日生）、生福坂下の坂下繁（しげる）氏（明治42年9月12日生）から聞いたものの概略を述べてみよう。

まず、ブツケ（夫仕＝夫を使う親方のこと）が5～6人の仲間を募る。小さい仕事の時は、この一組でよいが、大きい仕事の時は数組集まる。

栄蔵翁が菱刈町本庄の灌漑水路の補修工事に行く時は（大正8年ぐらい）、岡田ヤソ吉（元は川宿田）（坂下）・西園休太郎、坂下イッヅ（エイゾ）（川宿田栄蔵か）・川崎佐次（さじ）（福薗）・川宿田宗市（そういち）（坂下）・（？）キチュ（池田末吉（すえきち）か）（坂下）・そして自分の七人であった。

柏木氏が初旅（はつたび）で15歳で行った時（昭和2年か？）は、夫仕が松元盛次郎（上石野）、他に島田吉二（上石野）、久木野平七（久木野）、西別府佐吉（八房）、山下休次郎（上石野）と自分の６人で出水の平原に行った。

仕明にいく時期は、田植えが済んだ旧6月から稲刈り前までの農閑期だった。稲刈りの時期になっても仕明けが続いている場合は、向こうが「済ませてくれんか」と言われても、「バッタイじゃが……。田刈いが済んでから、また、来っが」と言って、稲刈りに帰ってきた。そして、稲刈りが済んでから、また戻って仕明の仕事をした。

出発の姿は「三チョ立テ（サンチョダテ）」といって、山鍬・唐鍬・マガイの三つをワラ縄で二か所縛ったものを、シンボウ（いねさしに当たる）の前（あるいは後ろ）に、後ろ（あるいは前）には着物・寝巻き・毛布などを入れた柳行李（やなぎこうり）とツカゴ（柳行李を半分ぐらいに小さくしたもの）の二つの上に、蓑・笠（タカンバッチョ）をかぶせていなう。ゲタは鍬の刃先にキビィつけていく。

シンボウは太くてがんじょうなもので、椿や杉で作られ（中には竹もあったが）、石をコジリ、大きな石（千斤ぐらい＝600キロ）を運んだりした。竹モッコで運べない大きな石を、テーナワ（手縄か）でカラゲて、二人でシンボウで担った。カヅラ（クィマカヅラ）のツタで編んで、テ（シンボウを通す輪の部分）もカヅラで作った石運び用のものがあった。イネグランゴ（担い競争）であった。

服装は、カケジバンにパッチ、ワラジ履き（昭和初には、半天・半ズボン・紺の脚半・赤いイボのついた地下足袋）であった。

60～80キロの荷物を5～6里（20～24キロ）かついで行く。大正になってからは、途中馬車に乗っていくので、菱刈町本庄まで、朝9時頃出発して夕方4時頃には着いた。道筋は、阿母峠を越え、市比野・入来と通っていった。小二才が初めて仕明に行くのを「初旅」と言った。

仕事はその土地に行ってから探すこともあった。大きな地主や金持ちに頼んだ。「2、3日すれば済んが……。仕明仕事がごわはんか」と言って回わった。もちろん、向こうから頼みにくることもあった。

【サンチョダテ】

【サンチョダテをシンボウでかついだところ】

開墾する場所に着くと、ブツケと年輩の2人は、ジダ（土地）をどう開くか検討を始める。田んぼの続きを4人で高さを見て、3畝セマッ（畦町＝せまち）、5畝セマッ、1反歩セマッの田を作る順を決める。

他の者は、小屋作りや竹モッコ・ブンギ作りを始める。ワラで作るカガィモッコもあった。小屋は2間に3間で、松や竹を切り、柱や棟木としてワラ縄で縛っていく。屋根・壁にはたっぷり稲ワラを使う。イラカも作る。屋根の厚さは20センチもあり、雨漏れもなく、冬でもそう寒くなかった。もっともその時分は若かったからでもあろうか。

入口の脇には10センチほど土を掘り下げ、石ころで枠を作り、3尺平方のイロリとし、手作りのジゼカッに、借りた鍋や湯わかしを下げる。ワラ屋根、ワラ壁だったので、火はあぶないものだった。柏木氏の頃にはランプがあった。

床は真竹（まだけ）唐竹（からだけ）を割って編んで、地面から7寸（20センチほど）の高さにした。それにワラを一面に敷き、その上にムシロを敷いて寝床とした（湯之尾の河川改修の時は20坪の家を借りた）小屋は一日でできた（コツがある）。小屋を造って住んだ方が多かった。

水は近くの谷川から汲んだ。炊事は新入りの小二才がする。薪にするベラ集めに水汲み、飯炊き、茶碗洗い、と小二才もこなされた。

風呂は何日も入らないが、時々開墾を頼んだ家の風呂に入ったり、温泉のある所では、1里ばかり歩いて、入ったりした。便所も別に作った。

小二才は朝五時頃起きて朝食を準備する。朝七時から夕方6時までハダシで仕事をした。仕事は前述のモッコ運びが主だが、モッコ運びは前後2人の気が合ってなければケガをする。土を捨てる時、ヘタをすると、モッコの柄が足に当たる。土を捨てたモッコは5メートル先まで投げ、次の人が受け取る。受け損うと大ケガである。力のある熟練した人なら10メートルも投げた。

鍬など1週間でつぶれるので、土地の鍛治屋で修繕してもらった。

仕明人は石垣が積めなければダメだった。石積みは、まず「トコ（床）掘い」といって、基礎石の八分ぐらいは埋まるように穴を掘る。1番大きな石を使う。次に順次石を積むわけだが、「ツラ作い」といって、角石（2面が表面となる。最上部の角石なら3面が表面となる）とか真ん中の石（1面の表面）とか、すわりがよいかどうかを見わけられないとダメで、中段部が出てくると「ハラ（腹）が出る」という。ジョレン棒という鉄棒で石をクジる。ゴロタ石を見つけ、石を割って面作ぃをする。どの位置にどの石をやるかが頭の中に入っていないとダメで、石垣積みなら「サンおじ」というような人がいた。

平坦地ができると、トンボといって竹を十字架のようにしたものを三つ、水準器がわりに使って、水平にしていく。

夕方は、頼み主の家に行って、自分達の食べる籾をもらい（カセテドシコ＝食事込みの賃金契約だったので）、臼で搗いて玄米にする。２人がかりで１クボ３升を１、２時間かかる。

頼み主は、籾の中に粟を１杯混ぜて、籾の節約をするが、粟飯は食いたくなかった。毎日のことなので、たいへん難儀な米搗きだった。味噌・醤油は買っていた。

食事は簡単なもので、１人１日５合の米に、朝昼晩ダシの入ってない、オカベの味噌汁に、オカズは野菜の精進だった。野菜はそばからもらったりした。時には海の魚や川の魚があった。飯はちっとそっと食っても、いつも腹が減って「ヒダィカ」った。「ダイヤメ」はしてなかったようだ。

時には、頼み主の稲を取り込んだり、稲コギをしたり、「カセ＝加勢」をさせられた。

休日というのは、雨がひどく降る時だけで、その時に風呂に入ったりした。体の具合が悪い時には、自由に休めるが、日当もなかった。夜はイロリの火だけで（後はランプもあった）、そんなものもあまり必要なく、すぐ寝入ってしまい、休みの日も疲れを取るぐらいであった。

早くて１か月、長い時は５、６か月たって帰ることになる。ブツケのもらう金が一番多く、新入りの小二才は少なかった。大正８、９年で、日当は、20歳以下が38銭、20歳以上が50銭であった。金はまとめてもらい、４か月ばかりで25円もらったことがあった。遊びに使う暇もなく、まるまる親にやるものだった。「黒米（玄米のこと）の３升ごぃ」といわれ、玄米が１升20銭の時に60銭ぐらいの日当だった。そして、父から小遣いをいくらかもらった、という。

向こうに養子に行ったり（見こまれて）、嫁を連れてきたりする者もいた。

冠岳の戸数の内、30人の二才のうちの３人以外は全部仕明に行ったので、９割は仕明に行ったことになる。自分の家にデカンがいても、「モノラ（もの習いのこと）」のために仕明に行った。

これだけ大勢行った仕明だったが、なくなってから50年を越え、仕明体験者はわずかになった。早く調査しなければ、塩田経験者皆無で調査不能という二の舞を踏むことになる。

（掲載：２号＝1988）

串木野仕明夫

～新地掘りさんの話～

道川内　丁

1　串木野夫のうた　～まえがき～

天保（1830～43）のこと、大口地方の藩米を鹿児島に送り届けるには、大口から栗野を通り、加治木までの道と、大口から鶴田を通って宮之城へ運ぶという2通りがあった。

当時は、道らしい道もなく、木の根伝いや岩がごろごろしている狭い山道ばかりで、上納するのに大変な苦労をしていた。その上、陸路ばかりであるので、馬や牛で運んだが、馬や牛で運べる量も限られているし、何回も往復しなければ責任量に達しなかったということである。

聞いたことであるが、折角、加治木や宮之城まで運んで行っても、役人に検査米として抜かれてしまうので、分量不足となって叱られることになる。「あなたが抜き取ったからです」などとは絶対に言える時代ではない。泣き泣き、責任分量以上の上納米を運んだということである。役人は、抜き取った検査米を私服して、「落ちた米は、殿様には納められない」などと言い、農民を苦しめたことも多々あったようである。

そういった農民の苦しみを救おうと、大口青木目丸の西原八幡神社の宮司（修験僧）堀之内良眼は、大口地頭町田俊智と図り、家老調所笑左衛門に2千両で、曽木の瀧下から宮之城川原轟までの川ざらえをして、舟で米運びが出来るよう、宮之城にあった藩米倉庫を曽木の瀧下（下ノ木場）に建てることになった。

宮之城の人達は、藩米倉庫が下ノ木場に移るということで大反対したようである。しかし、お上の命令とあって諦めるしか仕方がなかった。米の納期には、宮之城の町は賑やかになったが、下ノ木場に移ったおかげで、特に宮之城の川原の茶屋（酒屋）が廃れたようである。

天保13（1842）年1月13日より、神子轟から川ざらえの工事を開始し、曽木の瀧下まで大石を砕いたり、巻き落としたり、固い石は焼いて砕くなど相当な難工事があった。下ノ木場の倉庫米は、舟で宮之城轟ノ瀬まで運ばれることになるが、荷舟の底が支えないようにするために、川底を掘り下げたり、通路の岩石を割り砕いたり、取り除いたり「川ざらえ」は大変な工事であった。この工事には、大口地方や鶴田の武士は勿論工事についたが、身体の不自由な人々たちも道路作りや並木植えなどに出ている。

ここ串木野の人たちも石工や潜りなどの優れた技術が買われて、仕事に携わった。大きな石を割るには、何日も岩の上で火を燃やし、焼けた石を大斧でたたき割った。そういった土木的大工事の指導者や実働は串木野夫が当たったようである。

残されている「天保川ざらえ歌」と呼ばれる「よのえ節」（労働歌・

数え歌）の六つめに、

六つとのよのえ　無理なるものは　**串木野夫**

朝の六つから　ズビに入る　寒かろかいな

というのがある。串木野夫とは、生福の先輩たちのことである。

2　串木野夫　～土木工事集団～

串木野夫とは、串木野の仕明五郎どんのことである。五郎どんというのは、「人」ということである。仕明けというのは、今まで、荒れ地や原・丘だった所を新しく耕地・田畑にすることである。私が小さい頃、祖父などが「仕明け行たっこんなら」と言って出掛けたことを憶えている。仕明けの仕事というのは、ただ、開墾だけでなくて、草原や台地、高台に鍬・立ち鍬・つるはし等の道具を使って、草根・木の根、石などを取り除き、土を耕したあと、平にし、畦や土手を築いたあと、上手の方に井堰を造り、用水路を掘り通し、1枚1枚の田畑として仕上げることである。そのためには、水漏れのない土手――石垣積みの技術が大事である。

「夫」というのは、「人夫」のことである。人に雇われる労働者のことである。

串木野夫は、田畑を新設したり、井堰・用水路造りなどの土木工事や石垣造りなどのほか、頼まれた仕事は何でもするという、出稼ぎ労働者集団である。串木野夫の起こりは、２００年以上の昔からのようで、県内各地、九州各地にその足跡を残している。

大正から昭和にかけて、串木野夫がさらに有名になり、広範囲に出掛けている。人吉方面では、串木野夫のことを「鹿児島の新地掘りさん」と呼んでいる。佐賀・長崎方面に出掛けたグループは「鹿児島さん」とよばれている。串木野夫は、10人から20人ほどの集団であるが、生福の人々のグループが多く、また、冠岳の人々のグループもあったようである。

大正から昭和の初め頃には、串木野夫の体験をしなければ一人前と見てもらえなかった。串木野夫として出掛けていくことは修業であり、物習いの一手段でもあった。

古くは、私有農地が少なかったし、家計が苦しかったので、串木野夫となって出稼ぎに出たわけであるが、明治末期から大正時代になると、公務員などを除く地元に住んでいる者すべての人たちは、家計状況に関係なく、若い頃から働きに出掛けている。それは、苦しく、厳しく、辛い仕事の毎日であったようである。それは、今、80歳（平成7年で）以上の人々は、若い頃、たいてい、この串木野夫の体験をしているし、根性も養われている人たちばかりであるようである。

3　新地掘りさんの話（1）　～仕事は雑多～

昭和10年頃までのこの体験者は、人吉方面に出掛けているので、「新地堀さん」と呼ばれている。松元さんの話を記すことにする。

松元さんより4つ5つ若い人たちまで串木野夫として出掛けてい

るということであった。松元さんは80歳。小柄ではあるが、すきっとした気性で健康そのものの表情をしている。串木野夫は、松元さんの青年時代で終わりとなり、松元さんより年上の人はたいてい串木野夫の体験者である。松元さんの父が親方である頃、20歳ぐらい年上の人が多く加わっている。親方で「おまいも新地掘りに行かんか」と相談に来るものであった。本当は、家計が苦しかったから串木野夫となった者も多いが、そうでない者も生福の若者はたいてい出掛けていったので、誘われてついて行ったものであった。

生福の住人は、仕事はよく出来ない人も、親方が生福出身である場合が多かったので、仕事上の上役にしてもらえた。そして、冠岳・河内・大口・菱刈などの排水工事や耕地整理などの仕事や、熊本や矢岳付近の開田工事をしている。松元さん達は、人吉や球磨郡方面の用水工事や開田工事に行ったが、生福の多くの先輩や友人も出掛けているようである。山之口集落出身の「親方」が多かったが、それほど生活が苦しかったのかもしれない。山之口集落一帯は丘陵台地でシラスが多い。

先輩の人々は、矢岳方面の官公山の木馬道の道路造りに行っているが、松元さん達は、炭山の道や炭窯造りにも行っている。生福の人々が作った炭窯はとても喜ばれたものであった。トロッコ道も造ったが、炭窯造りは儲けが多かった。しかも、**中あげ**（周りの基礎作り）、**くあげ**（天井部分の粘土固めで完成）のときは、ただ飲みが出来た。祝い酒がふるまわれたからである。酒はご飯茶碗で飲んだ。球磨の女たちは茶碗でぐいぐい飲んだ。

松元さんは、木馬作りには1回出掛けているが、田畑作りや道路作り（馬車道・山道）が主な仕事であった。松田さんという親方は若手であったが、割に多くの人夫を使っていた。

松元さん達は、人吉の田代・大畑・漆田（免田町）方面の田畑を開拓した。溜池、それも大きな溜池で2年近くかかっている。

人吉の西野村の辺りは、野笹の生えた原野であった。5里以上の原野をどんどん田んぼにしていった。それは、土地所有者（富豪）の田となったということである。今、西野村の田んぼは豊作田として盛んに農耕が行なわれている。

球磨川の5里の隧道も造っている。人が通れるほどの隧道だということである。この隧道は、先輩が造ったものを、松元さん達が更に大きくしたり、広くしたりしたということである。また、ダムを造って高い所へ水を流すというような仕組を何度も造ったということである。

また、その地へ行ってみたいとの話もされたが、さぞかし、懐かしいものであろうし、変わってもいよう。

4 新地掘りさんの話（2）～親方と人夫～

前屋さんは、親方だった。親方の次の次が生野さんだったが、それら親方グループが人吉方面に出掛けて行って仕事を請けてくるものであった。松元さんも親方と一緒に出掛け、土地の持ち主から相談を受けた。親方に請ける、請けないの決定権があった。仕事が決まると親方はもてなしを受けた。

たいてい仕事をくれる人は、そこの有力者（町議など）だった。親方は、実際の仕事や段取りはせず、松元さんや、坂下さんに任せられていた。松元さんのグループは20人ほどの人夫で構成されている。

そこの土地で雇い入れた人夫を所人夫と呼んだ。20人ほどいたようであったが、手当ては生福の人夫の半分ほどであったが、使ってくれと頼みに来たものであった。

ひと月に80円が高級取りだった。1日の日当が1円20銭といわれる頃のことである。出稼ぎ仕事から帰ってきて、生福の我が家にくつろいだ頃、親方から賃金を分けてもらった。誰にいくら与えたらよいかを親方は松元さんに相談するものだった。仕事量や人を見て、手当てに差をつけて分け与えたものであった。親方は、ボロ儲けをしている。親方の中には、現地に妾や子供もいる人がいたほどである。親方は、たいしたものであった。

5　新地掘りさんの話（3）～威張る新地掘りさん～

松元さん達は、人吉方面では「さつまの新地掘りさん」と呼ばれ、恐れられていたようである。新地掘りの仲間たちは、人吉辺りでは自由気ままに振舞い、威張っていた。仕事の依頼人がそこの有力者というせいもあろう。

また、新地掘りのおかげで、食糧増収ができるようになったので、助け神にも思えたようである。だから、新地掘りの仲間は、野菜にせよ、芋にせよ、薪にせよ、盗ってきても、盗んだことにならなかった。それらの物は自由に取ってきてもよかった。土地の人たちは、新地掘りさんのすることは仕方のないことと諦めていたし、許してくれた。土地の人は、新地掘りさんの行動には、一切口に出して愚痴を言わなかった。松元さんたちは、それをいいことにして、農産物や薪など、手当たり次第取ってきた。腹が減るので、芋や大根を掘り出して、生で食べたこともあった。

その代わり、雨の日や暇なときは、近くの農家に出掛け、頼まれた農作業の加勢をしたものであった。

人吉・相良は、薩摩に敗けたことなどの昔話を人吉で初めて聞いたが、そのためか、薩摩の人は怖がられたのだということである。

6　新地掘りさんの話（4）～三つの道具～

朝は朝星、夜は夜星の毎日の仕事であった。若い者は、早めに起きて朝ご飯を炊き、みんなの弁当を詰める。羽釜のご飯が不足したときは、2度目のご飯炊きをした。そして、寒い朝も早めに現場に出掛けていき、焚き火をして、みなが来るのを待つものであった。

マガイ（つるはし）というものも持っていった。岩でも割れるような道具だった。ヤマグワ、鍬も必要道具だった。**ザリン**や**モッコ**も作業には必要だった。ツルハシや**ヤマグワ**や**鍬**などの道具は、**小**

平の鍛冶屋さんが作ったり修理してくれた。

道具の新調や修理は、出稼ぎに行っていない冬の間にしてもらうものであった。道具は、新地掘りさんの最も大事なもので、仕事中に使えなくなるようなことがあってはならないのである。だから、それはそれは頑丈な道具であった。鉄部分も厚く、柄も太く、重たい三つの道具であった。

7　新地掘りさんの話（5）～苦しい仕事～

新地掘りに出掛けるときは、柳行李に着物などを詰めて、ツルハシ・ヤマグワ・鍬の3丁をまとめたものを大きな**いね棒**にイノて出掛けた。荷物はこれだけだった。3丁はホソビキでくくって、いね棒に引っ掛けて行った。着物といっても、シャツとズボンぐらいなもので、多くはなかった。

汽車が通っているところでは、なるべく汽車に乗っていった。横川や栗野には早くから汽車が通っていたので、道具運びや現地に行くのも少しは助かった。

着物の洗濯は若い人に頼んだ。だから、若い頃の串木野夫は、とてもとても苦しいものだった。先輩の洗濯、弁当作り、みんなの小取りなど、多くの雑用をさせられた。そうすることによって、みんな、自分を鍛えたということになり、1人前と称えられるように成長していったことになる。

人吉の西村や田代地区は、ザレツやカマツッだったので、狭い鍬でなければ使えなかった。土を掘り起こすのに骨が折れた。

原口某も仲間であったが、石をいのわして泣かしたものだった。少々弱虫だったので、今でいうイジメだったのかもしれないと。

モッコは朝早く起きて作った。**モッコ運び**は、初めは難しい作業である。体がユラユラしたり、土を投げ出すときの要領が悪いと、モッコの柄が足に当たり痛いものであった。後ろの者が声をかけてモッコ土を落とすとき、一方の柄をしっかりと持ち、くるりと体を開くようにすると、モッコの柄が足に当たるようなことはないのだが、慣れないと思うようにいかない。近い所や遠い所への投げ落としの力が合わないと、柄が足に当たって痛い目に合う。モッコには、できるだけ沢山の土を乗せて、重いのを運ぶものであった。その重さによって、仕事の上手・下手、力の上下を決めていたとのことである。

朝ご飯は、5升だきで3回も炊いたが、弁当も5合入りで盛り上げて詰めたものであった。おかずは、ミソが多かった。

若い頃、ご飯炊きの経験があるので、ご飯炊きは、みな名人になった。5升炊きの炊き方は女の人よりもうまいものだった。夜のおかずはミソジルだった。

8　新地掘りさんの話（6）～賃金と道具～

15歳から二才と呼ばれ、15歳から30歳が青年だった。15歳から上が仕明けに行った。高等科2年卒業後、すぐ仕明けに行った。

期間は、旧の2月から旧の師走までで、1年の支払いは帰省した12月に清算された。上納（地主に耕地借用のお礼——借用者を小作人といった）のためや税金支払いのための出稼ぎであった。2か月ほど休んで（その間、家の仕事をして）、また、働きに行った。

手当てを貰っても、生活費や上納や道具修理などにお金を使うので、仕事着を買うのもやっとだった。上納や税金支払いを済ませた後は、道具購入や修理が優先であった。いい道具、壊れない道具でないと役立たずになってしまうからである。道具が悪いと親方から叱られるものであった。宍野某も鍛冶屋だったが、すぐ壊れた。小平さんの作った道具が長持ちした。

9 新地掘りさんの話（7） ～苦しい仕事に耐える～

人吉の冬は寒かった。朝早くから火を焚いた。10センチ近い霜柱が立っていたものだった。

焚き火で道具の柄を暖めながら仕事をした。川の中に入って仕事をすることもあった。そんなときは、身を切るように冷たかったが、家に帰ろうなんて考えたことはなかった。物凄い労働であったので、ものすごく腹が減るものだった。

若い頃は、モッコ持ちだった。石・土・砂運び、今のユンボがわりである。モッコで土や石などを運ぶときは、ハヤシをかけた。

♪お前さんを先いやって　後ろから見れば
歩む姿は　百合の花♪

モッコの土を遠くの決められた所へ投げるときは、ザッ！という音がしたものだった。馴れてくると、土が思った所へ固まりとなって飛んでいったものである。そして、うまくなると、モッコが縦になるのである。カガイモッコも要領よくしないと、イックィ返されなかった、ということである。カガイモッコで土を運ぶときは、肩から血が出たものだった。

松元某という親方は、厳しい親方だった。鍬で人夫の尻をたたいたものだった。生福に帰ってきてからの青年講で、その働き具合による厳しい賞罰があった。

青年講の寄り合いのとき、「ランプの下に出れ」と言われたときは、もうおしまいである。ワレキ（割り木）に正座させられ、たまには、膝の上にヒキウスを乗せての折檻もあった。あの怖さに、現地での労働にも耐えたとも言えるという、それはそれは厳しいものだったようである。

そのような厳しい青年講での折檻には、仕明けに行った者でないと耐えることは出来なかった。だから、仕明けに行った者でないと馬鹿にされた。1旅でも2旅でも行って来いと言われたものであった。

生福の人たちは、家計が豊かでない者が多かったので、仕方なくそのような風潮になったのかもしれない。

10 新地掘りさんの話（8）～思い出～

茶碗や皿などの食器は現地にあった。

少々の雨では仕事に出たが、中雨、大雨の時は休みだった。たまには、請負者や宿主さん方の農作業をすることもあった。

湯ノ前線の西野村の久保某は大地主だった。その久保某に頼まれての工事のときは、特に新地掘りの仲間は、農作物の盗み取りは平気でやってのけた。虎の威を借る狐といったところである。

新地掘りさんの食べる量は知れている。見逃してやれと言われていたようである。だから、荒らされたけれども、現地の人たちは黙っていた。ツルシガキも勝手に取って食べたものだった。

松元某という親方は、仕事もうまかった。いい人夫も多く持っていたようである。三井鉱山が出来てから、その仕事に行くようになり、この「串木野夫」も自然にいなくなっていった。

11 語り伝えたい串木野夫の話～あとがき～

生福や冠岳の多くの先輩が、県内は勿論、九州各地に活躍したというこの串木野夫の伝承は、現存されている人々が亡くなったりでもしたら忘れられてしまう。本当に苦しい修業、苦しい仕事、苦しい事だらけの青少年時代の出来事であっただけに、こちらから尋ねないと、教えてもらえないようである。

他の地区の人々は行ってないのに、いくら修業とか物習いとかいっても、仕明五郎となって出掛ける、出掛けねばならないということは、一面、表面に出したくない時代になってきているのかもしれない。

生活が豊かであれば、出て行かなくてもよいし、自分のうちに田畑が多くあれば、出稼ぎに行く必要はなかったはずである。自分のうちでの収入が少なかったから出稼ぎに行ったことであろうし、修業とか物習いとか、1人前の根性のある者になるためにということにして、この串木野夫活動を正当化する必要が、当地にはあったものと思う。しかし、当地の人々は、それらにもよく耐えて、串木野夫の名を広めた偉大な仕事をやり遂げた先輩たちであるし、偉業を残しているのである。

ここ生福の住民は、その人々の子孫である。根性・耐性の気質を受け継いできているのである。生福の子供達に、先輩の業績を知らせ、これを誇りとし、それに負けない人間になるよう語り伝えたいものである。そんな意味から、事実談として取り上げ、伝聞形式文としたところも多く入れた。

串木野夫の作業や工事現場を訪れ、そこの記録や写真などを添えると更に実感が湧くのかもしれない。

（掲載：10号＝1996）

【仕明夫をした松元進さん（左）（平成４年亡）】

自稼山制度について

竹中武夫

自稼山（じかやま）とはどんな山だろう、と思われる方もいるかもしれないが、これは藩営でなく、下請の個人経営の金山で、薩摩の金山で昔から行われていた独特の制度である。

地方産業の発展と地主制（大橋博著）「山ヶ野金山資料」によると「封建時代の圧迫から時期的に特に衰山となって、利潤の追求から少しでも有利な個人経営が一般化して成立したものと思われる」

「永野金山史年表」に寛文7年（1667）幕府巡見使に答申、山ヶ野・長野総人員人夫3、871人（男3、518人、女353人）佐志丁場総人員382人（男369人、女13人）

再稼行直後の産金は多かったが、年々下降衰微し、物奉行を山奉行とし、山師の自営に改め、山掘りの者総掘取り、或いは山師総掘取り申し付ける。

このように藩直営であった経営形態が、直営ではあるが、砂金採取の稼行を希望する鉱夫に委託する方式をとっていた自稼（じかせぎ）が、自稼制度のはじまりといえる。

永野（山ヶ野）の産金が年々下降衰微するこの頃は、芹ケ野金山開鉱後7、8年の時で栄えた頃であるから、芹ヶ野金山で自稼制度が行われたのは後のことであるらしい。

芹ケ野金山の旧記に自稼山の文字が見えるのは、明治9年の日記に「4月15日鹿籠金山鉱夫大浦某は、玉金抜売り致し詮議の上白状したので、役々より申出あり如何取扱うべきやについて、自稼山のこともあるので別段の吟味を以て、山役を申し付け、跡向（手子）の賃銭にて召仕へる様取計候、と礦山方から4月11日付で、芹ケ野金山役々中」

と始めて地元の記録に見える。いつの頃から自稼山の言葉が使われたか定かでないが、天保以後のことであろう。

制度化され「自稼請負鉱夫取締規則」ができたのは、明治20年代である。

元日本鉱業の西沢章三郎氏によれば、直営で砂金採取を手がけるより、在来の徳大制度（昔から朝鮮半島の砂金採取に鉱業権者と契約のもとに、その鉱業の一部を委任せられ、自ら鉱夫を引率指揮して、自由に営業するとも定義されている）によって請負いで稼行させた方が、採算上はよかったということである。

採取された砂金が徳大による契約量以上に、それら請負人のふところの中に入る場合もあったが、所期の産金量を継続してしかも低コストで確保できたということである。

この半島の徳大制度が、いつの時代から開始されて普及するに至ったかは、はっきりしないが、半島における砂金採取は、それこそ2000年以上の大昔から続けてきているものと推測されるので、かなり昔から採用された方式ではないかと考えている。
次に金属砿業事業団の葉賀七三男氏は、こうした観点から薩摩藩の徳大制度ともいうべき自稼法は、かの朝鮮征伐の折り陶工を鹿児島に連れて来て、現在の薩摩焼を発展させたように、砂金採取に詳しい徳大の従事者をも連れて来たのではなかろうかと想像をたくましくする。
全国の鉱山経営を見ても鹿児島だけにこの方式が発達しているのは、それなりの理由がなければならないと思うとき、この推測も妥当ではなかろうか。
明治の制度化された規則では、水車に関する規定が詳細になされているが、すべての水車が鉱主に帰属するのは、驚くべき強権であったと感じられる。（明治中期芹ケ野金山では自営の奥田氏水車12台、杵117本。同じ自営の芹野次郎右衛門水車3台の水車鑑札がある）
明治維新後の近代化によって金銀鉱業に水銀を使用する混汞法が導入されるまでは、もっぱら鉱石を搗鉱した後で比重選鉱でユリ分けただけであったが、水車・搗き臼・唐臼による金鉱石の粗砕、搗き臼による微粉化が不可欠であったのはいうまでもない。（混汞法では微粉化した鉱石を水銀に抱かせる）
薩摩にだけ定着した自稼法は半島由来のものと推察される。半島での徳大には次の六種類があったとされている。
（1）　モジャクパァイ（募雑輩）
徳大の部下数人がひとつの組合をつくり、組合の生活および作業用資金を徳大から借り入れ、稼行で得られた砂金の中、鉱業権者への納付分を差引き、残額を徳大と鉱夫で平等に分配する。
（2）　ムボケ（無会計）
徳大は鉱夫の全生活費を支弁し、砂金から経費を除いて、残額を徳大5分の4、鉱夫5分の1で分ける。4分の3、4分の1、あるいは3分の2、3分の1の場合もあったという。
（3）　デコリ
ムボケの1種で、15日間をひと勘定とし、14日分は徳大のもの、1日分を鉱夫分としてとった。南鮮で多く実施されたという。
（4）　トクビ（都給）
普通の請負方式で、利益は徳大2、鉱夫1の割合で分ける。
（5）　トガリ
徳大がいない自稼法で、鉱夫が一団となって採金、鉱業権者に納付金を納め、残額を平等に分配する。
（6）　コーラン（乞坑）
ズリ（低位鉱及雑石）から金鉱分を納付金に納めて自稼をする方式、徳大は存在しない。ズリからの採金。

という方式をとって行われていたとされている。

自稼山を営むこれら山師に対して、藩は「金山支配被究置候間試掘等勝手次第仕来侯得共境内外ハ勿論出山内ヱモ万一鏈（くさり）筋有之試掘等有之節ハ公儀（幕府）へ御願之上稼方被仰付」（金山境内）とあり。（鏈は良い鉱脈のこと）

「金山の支配は決められているが、試掘などは勝手次第にしているけれども、現在掘っている金山以外はもちろん、金山内でも、もし鉱脈の試掘などする場合は、公儀に願い出し（許可されてから）稼方（採掘）をいいつけられる」

掟にふれない限り勝手に出来た上に、発見の鉱脈にこだわることなく採掘できた。採掘のために資材・米なども貸与した。「山里砕（せり）場数改事定◯高の賦を以て御米下シ成され」（万覚＝よろづおぼえ）というようにいろいろ補助をしたらしい。

山師の家族には、男子7歳になれば5升～7升の扶持米（俸禄を給し家臣としておく）を与え、長男以下の者まで身分を士分にして優遇した。

また下財（坑夫）に対しても「常々飢人無御座候様救米被降侯付飢人壱人も無御座候」（大概）という具合に、米を与えて維持した。

江戸末期では、一般に平均して白米2升～2升5合を日当にあてたのであるが、同期の北九州の炭山（たんざん）に比べれば、その半分にしかならず、それに負傷したり又は死亡しても何ら扶助はなかった。

維新後も最もきびしい封建的な統制下にあったといわれる旧藩時代の束縛と比べても、それと同程度か或いはそれ以下ではあっても、決して以上ではなかったといってよいであろう。

これら自稼山の経営をみると、労働に従事する者は平均6人弱である。上述の資材その他の貸与は本質的には前貸資本の役割をしている。

佐賀藩有田金山の例のように、その移動を禁止するものであった。

また一般坑夫にさえも給米したのであったが、そのかわり金山の全住民は土地を所有すること、及び農業を営むことは絶対にできなかった。農業を営むと技術が外部に洩れるおそれがあったからだ、といわれているのだが、いずれにしてもおどろくべき局地内専業化であった。

さらに生産手段も主要なものは、何人が作ったものであろうと所有権はひとり藩のみに帰した。

土地所有も農業経営も許されず、採金業を専業とする以外に職のない人々には、維新解放を受けても農業では生計を保てず、他に適職もなく金山に留り自稼山を経営したが、直営と比較すれば、自稼請負の家庭的自由裁量の工夫によって、採金した方がより優位にあった。

このことは明治29年から38年の農商省技師清水省吾の「九州金鉱精煉に関する調査報告」によれば、山ケ野金山ではわずか10年の間に2倍半の実績が記録され、芹ケ野金山でも、約2倍の実績をあげている。（青金でアマルカマを焼いて採れた量の実績）

山ケ野でも芹ケ野でも同じような流れを示しているが、これは水車搗鉱による水銀混汞法から、青化製錬に移行した時代であり、以前は製煉と書かれているが、青化法になると製錬と字の表示も火ヘンから金ヘンに変っていて、用語の使い方にも興味を引かれる。

山ケ野金山と芹ケ野金山は本山・支山であるから、技術力の進歩発展は同一であるのは勿論のことである。

この調査報告は山ケ野では直営と自稼請負との産金量であるが、芹ケ野ではほとんど自稼請負の時代の産金量である。

このように自家請負制度は小回りの利く生産向上の一手段でもあった。

鉱夫は藩主を君主と仰ぎ、1泊以上の旅行には、理由と行先地を明記して届出よとか、個人の旅行さえも束縛された。

明治40年頃までは、（鉱業誌には明治32年分から青金の内訳を金と銀に分類してある）金銀の分離が不完全な時代は、青金で納め、金の比率のみによって代金は計算され、銀は鉱主の利潤となった。

閉山してから聞いた話であるが、又島津さんが経営される日がきたら、まだ残っている富鉱を案内しますが、他の人には絶対案内しません。教えません。と昔の主従の堅い絆を語ってくれる人もいた。事実そうであったかはわからないが、長い間に培われた鉱夫気質（かたぎ）というものであろう。

３００有余年の薩摩の金山の中で、藩財政の柱となり、島津家を支えてきた自稼請負制度が、或る時は島津77万石の基盤を固め、幕末は調所笑左衛門の財政の大改革と合わせ、明治維新の原動力の一端も担い、輝かしい時代の裏方も果したといえる。

これには、自稼請負の制度があずかって力になったことはいうまでもない。

芹ケ野金山でも、山ヶ野金山の本山に倣（なら）い、同じような制度で行われ、悲喜交々（こもごも）織りまぜながら今日に至ったが、三井鉱山の経営となってからの自稼山は、昔捨てられた硏（ずり）（低位鉱や雑石）の選鉱が主であって、鉱脈の採掘はホンの一部の直営では不採算の個所だけで、以前の島津家芹ケ野金山の時代とは、ややその制度も最近の工事請負の、下請制度に近い時代の変化進歩に伴うものに変わっていたようです。

（掲載：5号＝1991）

薩摩焼の誕生と展開

～謎の壷屋ヶ平窯と串木野窯～

鹿児島陶磁器研究会　関　一之

はじめに

薩摩焼という焼きものは、江戸時代の始まりと共に生まれましたので約400年の歴史があります。この間、ほとんど鹿児島の中で消費された傾向が強く、特殊な例を除いて、あまり他地域へ流通していないといわれています。江戸時代は、薩摩藩も有田焼などの他産地製品を受け入れないよう藩内の窯業保護を図っており、生産と消費が藩内で完結する特徴を持つ産業構造であったようです。ですから、薩摩焼の陶片は南九州以外の遺跡からあまり出土しません。このことは、埋蔵文化財の担当者や考古学者の見地でいうと、他産地陶片と比較する絶対機会が少なかったということで、これまで発掘担当者の意識もなかなか高まってこなかったということになります。

また、遺跡の発掘調査は、縄文時代とか弥生時代、古墳時代が中心になりまして、江戸時代やそれ以降の時代というのは、なかなか取り扱ってもらえませんでした。陶磁器という焼きものは、特に目新しくもありません。特に、どこにでも落ちていそうな薩摩焼の陶片は、わざわざ出土品扱いもされなかったのです。

このような状況でしたから、発掘調査という方法によって得られるはずの出土品の情報蓄積は乏しく、薩摩焼の研究は、古美術や美術の研究者に牽引（けんいん）された状況が続いていました。そんな中、近年、生産遺跡としての重要性から、窯跡（かまあと）の発掘調査が行われるようになってきて、やっと薩摩焼の研究の入り口がおぼろげながらに見えてきました。現在は、窯跡資料を基本資料として、消費遺跡の出土品と比べながら薩摩焼を研究しようという機運の高まりが見えてきました。

1　陶磁器研究会の旗揚げ

平成8年は、薩摩焼伝来400年で、県を挙げて各種記念イベントが行なわれました。お祭り騒ぎが先行する中で、私は、「果たしてこの年が薩摩焼400年なのか？根拠は何なのか？ちゃんと基礎的な部分を調べているのか？」そんな疑問を抱えていました。

『薩摩焼の研究』という本が、昭和16年に刊行されています。当時としては、文献を細かく考察し、窯跡の発掘調査を実施して、陶片を詳細に観察した画期的な研究書です。その本のレベル、水準が非常に高く、今でもこの本が薩摩焼の研究の中心になっており、当時としては日本で最高レベルの陶磁器研究書といえましょう。でもレベルが高すぎたのか、その成果を受けて後続する研究が進まず、この後に出版された研究書などは、すべてこの本を参考にして頼り、以降60年間、研究があまり進んでいません。ところが他の窯業地、有田焼とか瀬戸・常滑（とこなめ）焼とか日本各地の窯場では、着々と研究調査が進みまして、今では薩摩焼の研究ははるかに追い抜かれています。

私たちがなぜこの研究会を作ったかというと、発掘調査をすると多くの陶片が出土します。碗・皿から徳利、壷、水甕、すり鉢など。それが何焼かもわからない場合も多く、とにかく常滑焼は常滑焼の専門家に、唐津焼は唐津焼の専門家に教えてもらうしかない。ところが薩摩焼が出土しても聞く人がいない。そんなときはどうしたかというと、恥ずかしながら、県外の陶磁器資料館に持っていって、「これは何世紀の焼きもの？」、「薩摩焼？苗代川？」と、聞かざるをえなかった。それが恥ずかしかった。

「なぜ県外の研究者に、薩摩焼の歴史の指導を受けないといけないのか」「地元の焼きものは、地元の人間がわからないといけない」「自分たちが勉強していかなければいけない」思いを同じにした3名が発起人となり、賛同者を募集したところ、発掘担当者だけではなく、博物館学芸員や大学教員、郷土史家など多くの方々が集まってくれました。薩摩焼の定説は、少し勉強すると、「ここはおかしい」、「違うな」とわかってきます。書かれていることが事実なのか、何が根拠か。当面の目標は『薩摩焼の研究』を批判的に検証し踏み台にして、これを超えていくことです。

2　薩摩焼の定義

薩摩焼という焼きものはとても範囲が広くて、どこまでを薩摩焼として捉えたらいいのでしょうか。伝統にこだわっている窯元だけが薩摩焼なのか。ガス窯や電気窯で焼きものを作っている窯元は薩摩焼窯元ではないのか。沈寿官先生が作られるのが薩摩焼なのか。川内の平佐焼や種子島の能野焼は薩摩焼か、それなら明治時代の奄美大島の焼きものは薩摩焼といえるのか。大変難しい。

みなさんは「薩摩焼」といったら何を連想されるでしょう。「薩摩焼」という言葉を最初に使い始めた人は誰でしょう。わたしはそれは薩摩の人ではないと、思います。薩摩以外の人々が薩摩から持ち込まれた焼きものに対して、「薩摩焼」という言葉を使い始めたのではないでしょうか。地元の人は身近な焼きものに対して、「薩摩焼」とは呼ばないと思います。この言葉が浸透していくのは、おそらく幕末からでしょう。

一般的に「薩摩焼」という焼きものから想像されるのは、きらびやかな金・銀・赤・青の入った、白地に細かいひびの沢山入った金襴手の焼きものが多いようです。実際、昭和9年に書かれた薩摩焼の概説書に『薩摩焼総監』という本があります。姶良町帖佐出身の前田幾千代さんという研究者がまとめた本ですが、冒頭に薩摩焼の定義を書いてあります。それによりますと「薩摩錦様をさして薩摩焼」といっています。ところが「古帖佐、元立院、龍門司、御前黒（ごぜんぐろ）、平佐焼などそれらを全部総括した呼び方も薩摩焼である」としてあります。黒物、白物を総称して薩摩焼という呼び方もあるのです。龍門司焼、苗代焼、能野（よきの）焼、平佐焼全部を含めて薩摩焼というのであれば、それぞれ特徴のある焼きものですので、更に、現代陶工も薩摩焼窯元の看板を掲げている状況を見ると、薩摩焼とはいったいどんな焼きものかということになってしまいます。全国の有名な焼きものをみると、ある程度、その特徴からどこの焼きものかわかりますが、薩摩焼という焼きものは、いったいどんな焼きものを指すのかわからなくなってきます。

４００年前、薩摩焼が伝わった頃の窯で、加治木町に御里窯、始良町に宇都窯という窯跡があります。ここでは「火計（ひばか）り」という焼きものが焼かれていたといわれています。これは、朝鮮の陶工たちが持ち帰った白い土を使って、朝鮮の陶工が作った焼きもののことで、技術、材料は全部朝鮮のものが使われている。薩摩で準備したのは、「火ばかり」というシャレからついた言葉です。この火計りは、初期の薩摩焼の中では一番珍重されるものです。つまり、朝鮮の陶工が持ち込んだ粘土を使って、鹿児島で焼けば薩摩焼になるということです。薩摩焼の原点にある焼きものを考えると、薩摩焼の定義が見えてくるような気がします。

薩摩焼はこのような歴史をふまえて、４００年間続いている焼きものですから、複雑多様な焼きものの総称と考えることができます。たとえば信楽（しがらき）の粘土を取り寄せて、外国製のガス窯で焼いても鹿児島で焼けば薩摩焼かな？　とも考えます。

４００年の歴史に培（つちか）われて育ってきましたので、その間には時代の変化に応じていろいろな技術者、技術が入ってきています。特に、京都・瀬戸・有田焼からは大きな影響を受けています。製品を観察しても、各地の窯場の影響が強すぎて、よくわからない。そういう性格が薩摩焼にあるということも忘れてはいけません。

３　串木野窯の構造

「一人ではわからないこともみんなで考えれば、何か見えてくるのではないか」そんな思いで研究会を続けてきましたが、やっと最近発掘例が増えて、少しずつ様子が分かってきました。資料の表をご覧下さい。1番～14番までは、鹿児島で発掘調査が行なわれた窯跡です。見ていただきたいのは、4番までが１９７６年までですが、5番以降は１９９０年に入ってからの調査です。圧倒的にこの10

No.	窯名称	所在地	調査年	窯形態
1	串木野窯	串木野市	1934	単室傾斜
2	宇都窯	始良町	1934/01	単室傾斜
3	脇本窯	阿久根市	1972	連式
4	冷水窯	鹿児島市	1976	単室傾斜／連房式
5	元立院窯	始良町	1991	連房式（？）
6	山元窯	加治木町	1992	連房式
7	弥勒窯	加治木町	1998	連房式
8	堂平窯	東市来町	1998	単室傾斜
9	平佐新窯	川内市	1999	連房式
10	御里窯	加治木町	1942/1964/00	単室傾斜（？）
11	雪之山（窯）	東市来町	2000	連房式（？）
12	小松窯	始良町	2000	連房式（？）
13	重富皿山窯	始良町	2001	連房式（？）
14	日木山窯	加治木町	2001	連房式（？）

年で窯跡の発掘調査が進み、いろいろなことがわかってきました。

一番最初に調査されたのが串木野窯（酔之尾窯・元壷屋窯）です。これは『薩摩焼の研究』を作るために発掘調査が行われました。幸いなことに窯跡そのものを掘り当てることができ、窯跡の実測図が報告されています。現在多く見られる窯は、斜面に階段状に造られ、そこに「こぶ」のようなドームが連なっている連房（れんぼう）式の登窯（のぼりがま）です。しかし、串木野窯は図を見ていただくとわかるように帯状の形をしています。全長が15メートルから18メートルぐらいあるのではないでしょうか。窯の高さは、だいたい推定で1メートルぐらいでしょう。こんな形の窯を中国では龍窯、朝鮮では蛇窯といいます。私たちはこれを単室の傾斜窯と呼んでいます。時代が新しくなると窯の中を壁で仕切り、安定した水平の床面を持つように変わっていきます。串木野窯は、朝鮮半島の窯構造そのものといえます。

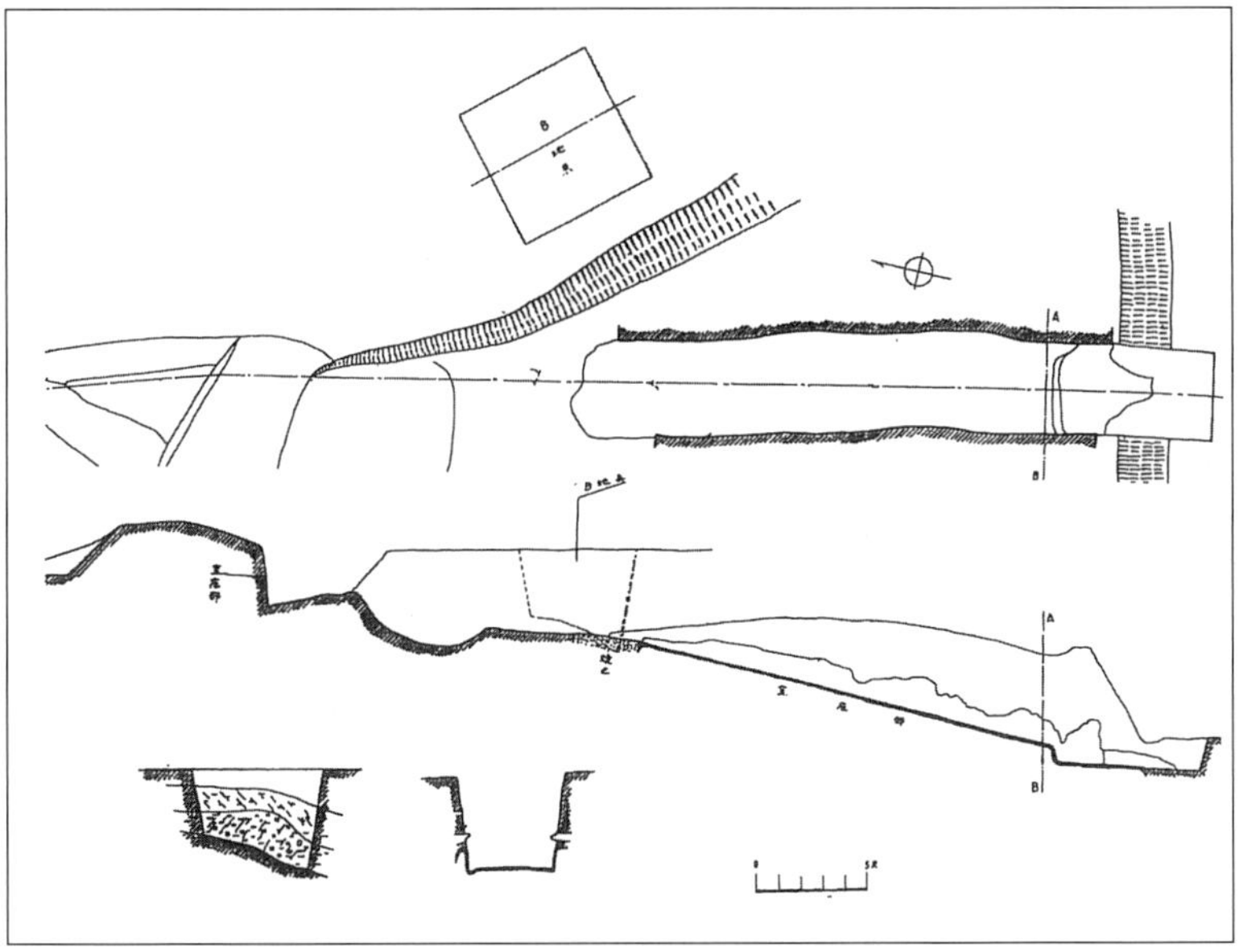

【串木野窯跡】

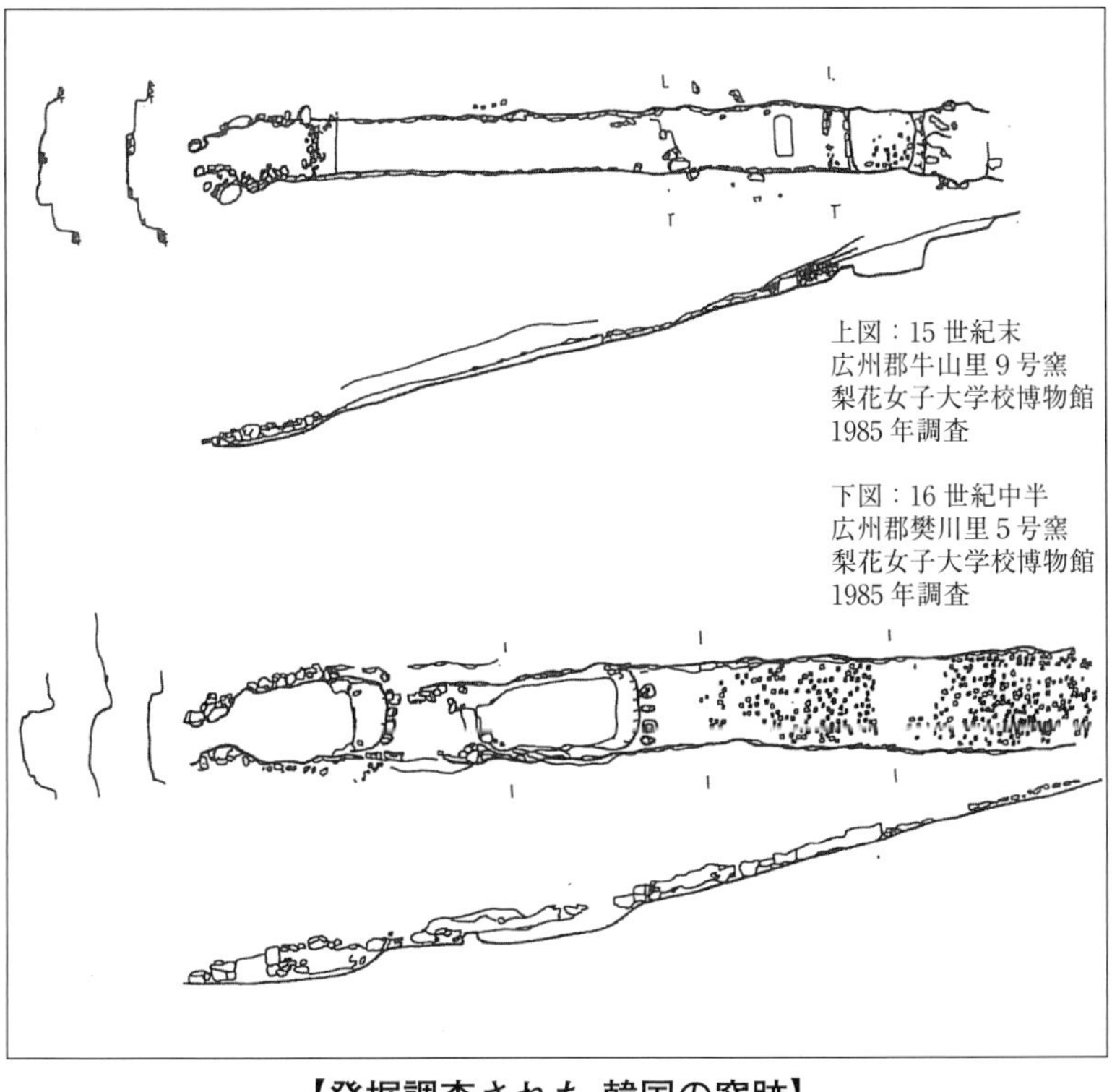

【発掘調査された 韓国の窯跡】

次に宇都窯の図をご紹介します。宇都窯は昭和9年と平成12年、発掘調査が行なわれました。下の図2が昭和9年の実測図ですが、今回再調査の結果、図1のように窯の下にもう一つ窯が出てきました。下位の窯には左の方に衝立みたいなのが3本縦に並ぶことがわかりました。この窯構造は今のところ日本には該当する資料がありません。串木野窯にも類似していません。朝鮮半島でも見つかっておりません。非常に不思議な窯であるということがわかりました。朝鮮の陶工が造ったわけですので、朝鮮の焼きものやその技術そのものが出てくると考えられますが、まだまだ、日韓両国とも調査が進んでいないということでしょう。薩摩焼の研究を進めるには、朝鮮の焼きものも勉強しなければいけないようです。

薩摩焼の歴史によると、串木野窯で焼きものを焼いていた陶工たちは、やがて東市来町に移っていくといわれています。本日は東市来町に移動した陶工たちが移ってすぐに焼いた資料を持参してきました。これは東市来町堂平窯跡出土の陶片です。なぜこれが串木野窯にいちばん近い焼きものかというと、朝鮮半島で焼かれていた陶器にそっくりだからです。

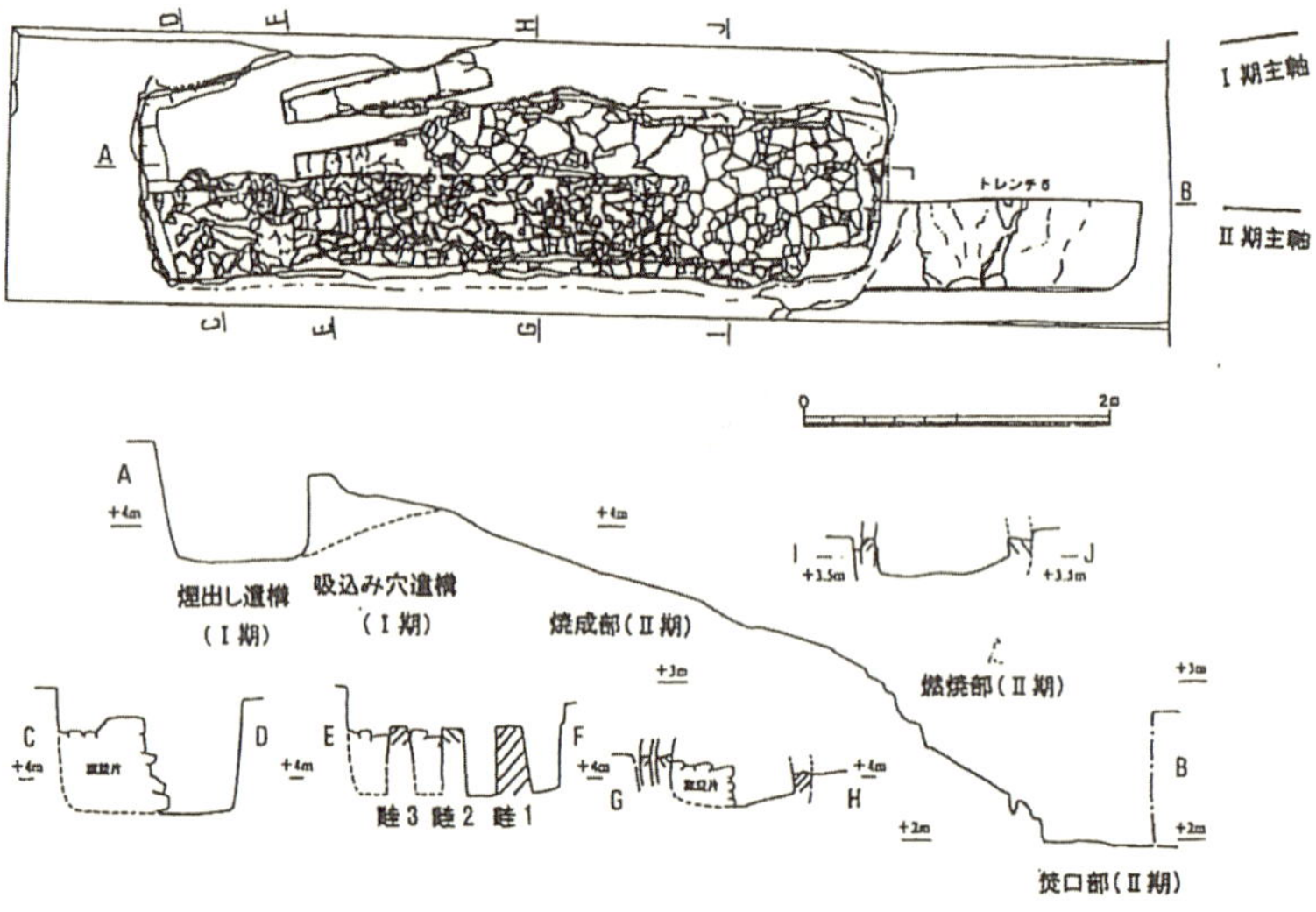

図1【古帖佐焼宇都窯跡平面図・断面図（2000年）】

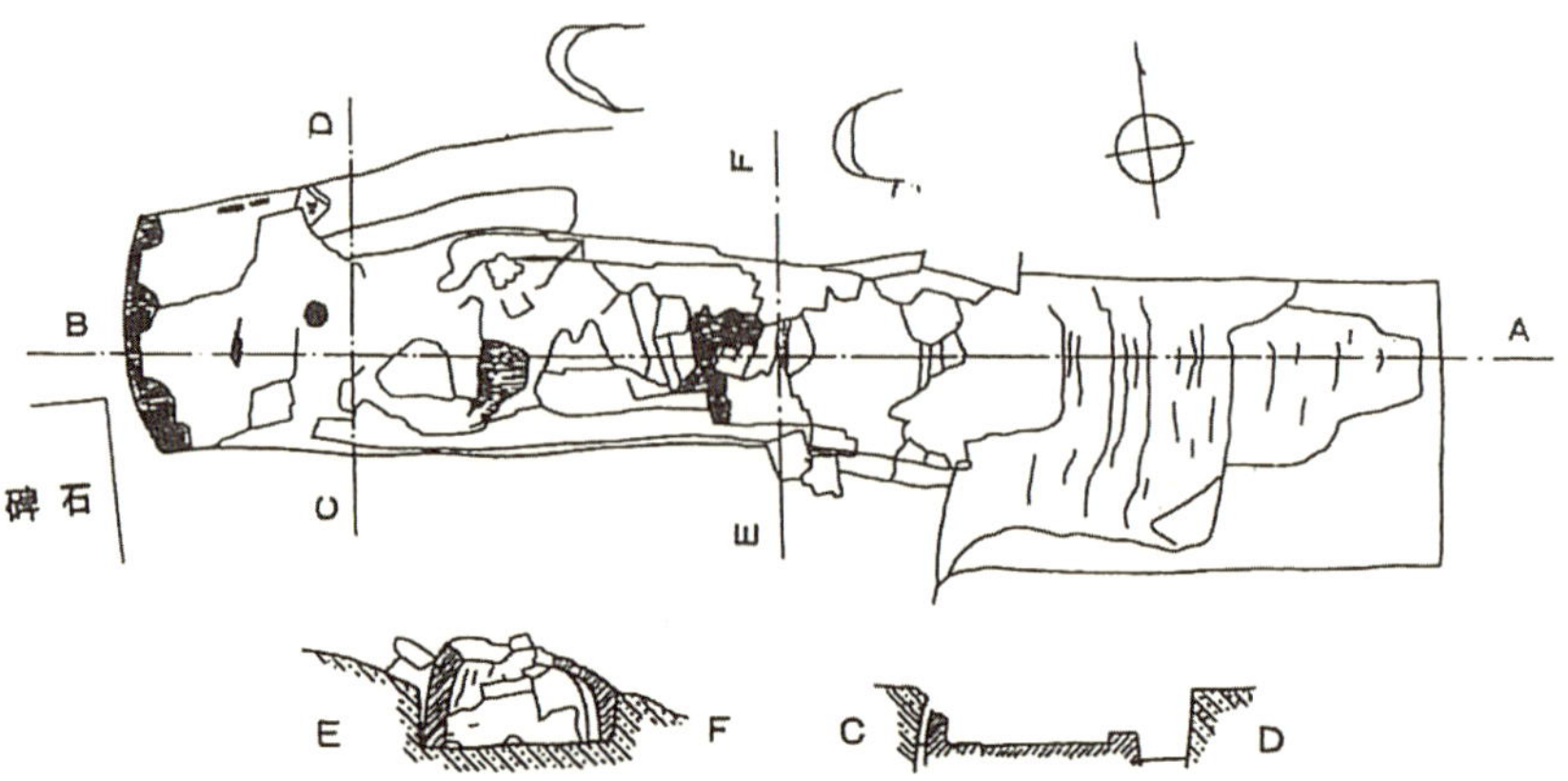

図2【古帖佐焼宇都窯跡平面図・断面図（1934年）】
（『薩摩焼の研究』）より一部変更

4　朝鮮人陶工の謎

朝鮮から串木野窯に連れてこられた陶工達はどんな人たちだったのでしょうか。朝鮮の陶工は沙器匠（さきしょう）と、甕匠（かめしょう）とに分かれます。どういう違いがあるのかといいますと、沙器匠とは茶碗や皿など食器を専門に作る人たちで、甕匠とは壷・甕を専門に作る人たちです。同じ焼きものを作る陶工でも身分の違いがあったようです。そして、茶碗を作る方が身分は高い。朝鮮の焼きものとして美術館に展示されているのは圧倒的に食器や花器などで、キムチを入れる甕（かめ）などは今までほとんど目もくれなかった。日本のように日常品に対する「民芸」の考え方は育っていないし、甕類に美術意識を持ち込むことは、今もそうですが、縁遠いことだったのです。

わたしは串木野に連れてこられた陶工達は甕匠だと考えています。甕は粘土紐を巻き上げて形を作り、後は叩いて形を整えて作ります。茶碗や皿はロクロの上の粘土の塊をロクロの回転を利用して作ります。

食器と貯蔵器は作り方が違います。だから、同じ陶工だからといって、甕匠は簡単に茶碗を作れない。焼くときの窯道具も双方で違います。甕匠の方は、断面がくさび形の道具（ハマ）を好みます。島津義弘の御庭焼である御里窯でもこういうくさび形のハマが出ます。つまり、御里窯を焼いた人たちも甕匠だったのです。御里窯というのは、島津義弘のための茶道具を焼くための特殊な窯ですので、求められるのは抹茶碗とか水指とか茶入とかの小物です。連れられてきた甕匠の陶工たちは、ロクロの上で、指先の技巧を駆使した小物の茶道具はできなかった。作れなかった。甕作りの技術者では、殿様に献上するような茶入などは作れなかったのです。それでどうしたかというと、陶工たちのなかのリーダーで「金海」という人を、茶道具生産の先進地である瀬戸に修行に派遣した。言葉が通じないので通訳をつけて、仕送りを定期的にしながら。ロクロの技術だけではなく、ちゃんと茶道のお決まりごとも勉強しなければいけない。そして、5年後に鹿児島に呼び戻して、御里窯で茶器を作らせた。最初から食器作りに長（た）けた陶工ならこんなに手間をかけなくてもよかったのに。つまり、島津義弘が朝鮮半島から連れ帰った陶工たちは、そのほとんどが食器を上手に作れない甕匠だったということが、このことからも想像できます。

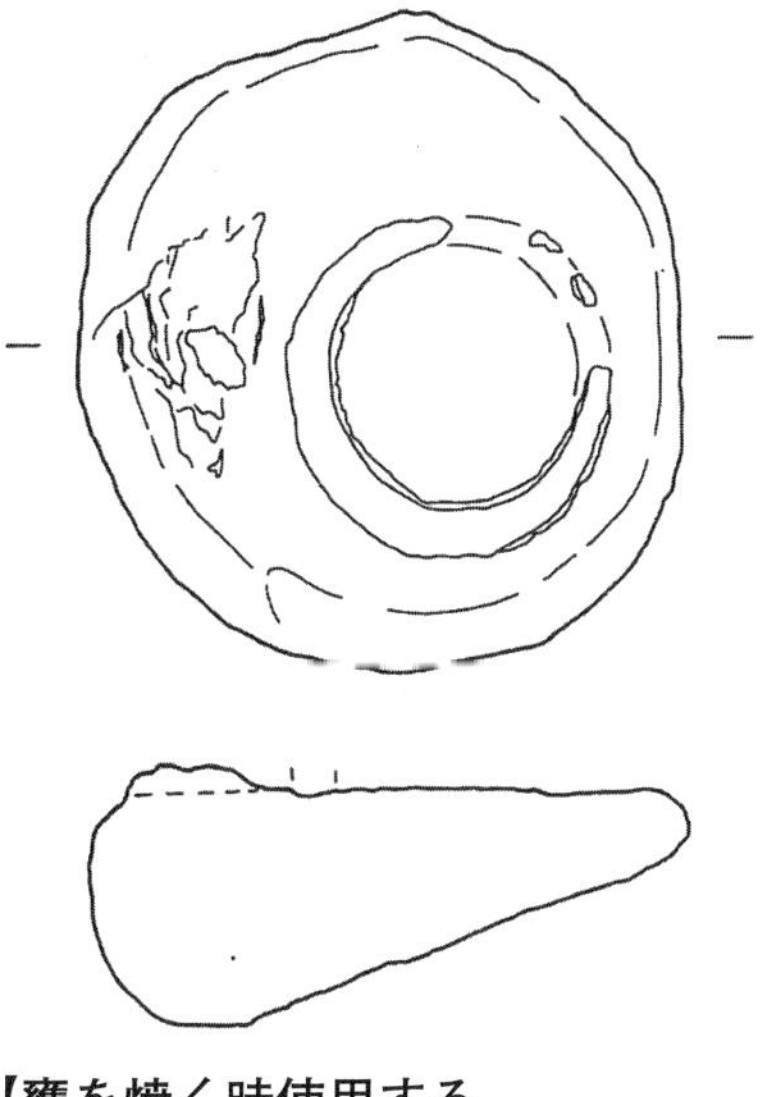

【甕を焼く時使用する　くさび形の窯道具（ハマ）】

5　苗代川焼と龍門司焼の特徴

『薩摩焼の研究』に報告されている串木野窯の出土品を観ると、壺・甕・鉢が多いことに気づきます。甕匠だったから当然でしょう。茶碗・皿などは極少量で、日常自分たちで使うものくらいしか作っていないようです。それもよく観ると、お世辞にも上手とはいえない素人が作ったような出来上がりです。

東市来町美山の苗代川焼といったら、おそらくほとんどの人は壺・甕を想像すると思います。そういえば苗代川焼の皿とか茶碗はあまり見たことがありません。現代は壺・甕はプラスチック製品が多くなりましたから、苗代川でも壺や甕は少なくなり、碗・皿もたくさん作られていますが、戦前までを考えてみたらあまり見当たらないようです。梅干し壺とか籾壺・味噌甕とか、すり鉢、水甕そんな製品が多いのが苗代川焼の特徴です。

では、龍門司焼はどうでしょう。龍門司焼の半胴甕、水甕を見たことがありますか。龍門司焼の茶碗や皿はいっぱいあります。でも壺・甕はない。龍門司焼の作業場に行くと釉薬の入れてある甕は苗代川焼の甕です。福山の酢甕も昔は全部苗代川焼でした。龍門司焼のある加治木の方が福山に近いにもかかわらず苗代川焼の甕を使うのですね。龍門司焼の特徴は、茶碗・皿など小物の製品が多いということです。

6　文禄・慶長の役

文禄・慶長の役の際に連れられて来た陶工たちによって、焼きものの生産が始まることは、薩摩焼に限らず、唐津焼や高取焼・上野（あがの）焼・萩焼など、九州・山口の主だった焼きものも一緒です。この戦いは、日本に窯業という画期的な産業をもたらすきっかけになりました。また、この他にも養蜂業者や大工、左官、石工とかも、今風の言葉で言うと、拉致（らち）して、技術者を連れてきています。この時のいろいろな技術は、その後自然と日本に同化してしまい、当時の技術の違いを推察する事はできませんが、焼きものの場合、同化するもののないゼロからのスタートでしたので画期的な技術として受け入れられ、舶来の産業として根づいていきました。

技術を持たない人は、どうしたかというと、奴隷として東南アジアを経由して、ヨーロッパまで、人身売買が行われています。釜山の沖には世界各地の商船が、奴隷船となりたくさん停泊していたそうです。文禄・慶長の役は「茶碗戦争」とも呼ばれていますが、「人さらい戦争」とも呼ばれています。最近の調査で、イタリアに朝鮮人の集落がありまして、その人たちは「コレア」と名乗っている。調べてみると文禄・慶長の役のときに奴隷として、売られた朝鮮人の子孫だということがわかりました。

7　薩摩焼のはじまり

薩摩で最初に陶器が焼かれたのは、具体的にいつからなのでしょう。戦前の研究書には、文禄の役に陶工を連れ帰った文禄説と、慶長説との二つの説がありました。平成8年の四百年記念イベントは、慶長説に拠っています。佐賀の有田焼は文禄説を支持してイベントを行いました。どちらが正解なのでしょうか。

文禄の役の時、島津義弘は、栗野の松尾城から出陣しています。帰国後、連れ帰った陶工に命じて松尾城の周辺に窯を築かせたという説があります。しかし、文献以外にこのことを裏付ける資料はありません。誰も探そうとも検証しようともしなかった。だからいつしかそんな説も忘れられてしまいました。

数年前、わたしは、栗野町の中央公民館にトチンという窯道具が松尾城の周辺から採集されて展示してあるのに気づきました。それは窯道具として展示されていたわけではありません。しかしどう見てもトチンなのです。トチンとは、窯の中に置いて、その上に焼きものを据え置くという用途で、さっき言いました壷・甕の底に置く、くさび形のハマと同様の用途で使います。トチンの形は棒状の糸巻きのような形。碗や皿を上に乗せる道具で、あまり甕や壷には用いません。この棒状の形をした窯道具が、2点展示されているのです。この頃、私は勉強不足だったもので、この形のトチンは薩摩では17世紀後半以降の窯道具だと思いました。「新しい時代のトチンが混ざっているな。しかし栗野にこの時期の窯場があったかな?」と思った。ところが、唐津焼の窯跡を調べると、文禄・慶長の頃の前後で、皿や碗を焼いた窯場から、この形のトチンが大量に出土しているこ

【唐津焼の窯跡に散乱するトチン(佐賀県皿屋下窯跡)】
(最も古い唐津焼の窯跡のひとつ　1670年代～1690年代)

とがわかりました。であれば、栗野にもこの時期の古い窯があったという証拠になり得ると思うようになり、しかもその陶工たちは、このトチンから茶碗作りの沙器匠だったのだと考えるようになりました。このトチンは、大きな造成工事が終わった後に採集されたということでしたので、窯跡を探すことは難しいかもしれません。しかし、なぜか栗野では焼きもの作りは根付かなかった。なぜでしょうか。それはその後におきた慶長の役のせいと思われます。

島津氏にとってはお手伝い戦争のような文禄の役が終わり、やっと帰ってきた鹿児島。いったい誰が数年後に再度、朝鮮半島に渡るなど予想したでしょう。慶長の役の時、やった行為は文禄の役のときもやっていると考えたほうが自然だと思います。ですから、文禄の役のときは、甕作りの陶工を連れてきた。慶長の役のときは、栗野に食器つくりの陶工を連れてきた。ということになると思います。そして、最初の陶工は二度目の戦いのため、通訳や道案内として朝鮮半島に連れ帰っていったと考えられます。栗野では窯が操業した期間は短かったため、地元には伝承も窯場にまつわる地名も残っていないようです。

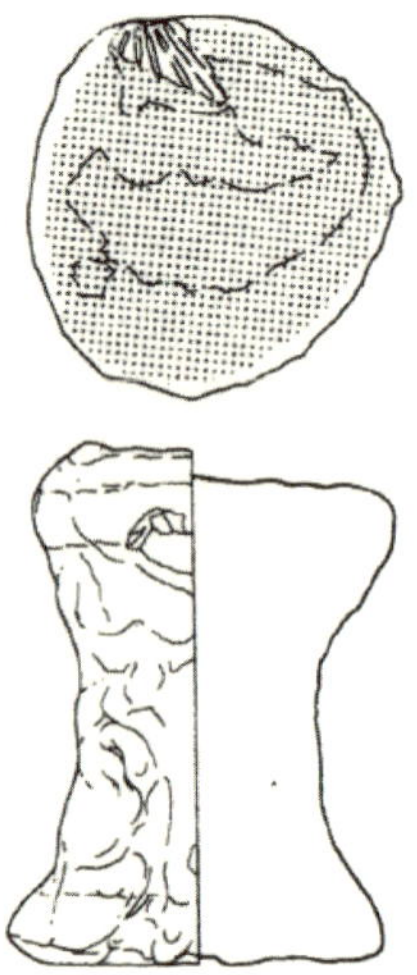

【窯道具（トチン）】

8　発掘調査で出土した御里窯の茶入

薩摩焼400年の歴史を順にその変化から、五期に分類して説明します。I期が17世紀の初めから。御里窯の茶入を中心として、薩摩焼の茶陶が全国に名を知られる時代です。島津義弘は、京都で千利休と一緒に茶を交えています。義弘の京都滞在期間を考えると、何度も利休と同席していることはないでしょう。しかし、簡単に会えない距離があったからこそ薩摩にいる義弘から、京・大阪にいる利休に手紙で作法について尋ねた文書が残っています。「こんな場合にはどんなふうにふるまえばいいのか」、「こんなときはどんな道具を揃えればいいのか」、「どんな気持ちで相手を迎えればいいのか」という手紙に対して、利休が、事細かく回答している。つまり問答集となっている文書です。ですから義弘は、千利休の教えを忠実に教わっているのです。身分は、義弘の方がはるかに高いのですが、お茶の世界では、師弟の関係なのです。

御里窯より少し古く、最初に造られた始良町帖佐の宇都窯では、発掘調査の結果、抹茶（まっちゃ）碗や茶入等が出土しています。特に特定の器物に偏った出土傾向はみられません。おそらく義弘は、既に建設の始まっていた加治木館が落成するまで、試験的に宇都窯で焼かせていたのだろうと思います。

これまでの御里窯の解釈は、関ヶ原の戦いの責任をとり隠居した義弘が、悠々自適な老後の生活の中で、好きな茶を楽しむために、好みの茶道具を焼かせた窯といわれてきました。しかし、わたしは、御里窯を発掘調査して、その圧倒的な茶入の出土量からそうではないと確信しました。なぜかというと、関が原の戦いで西軍に組した大名のほとんどが、厳罰処分される中、薩摩だけが旧領安堵ということになりました。旧領安堵になったとはいえ島津氏は手放しに楽観しているわけにはいかない。江戸幕府という新しい体制の中で、島津氏はつらい立場の外様大名です。幕府側は少しでも、薩摩の落ち度を見つけて潰そう、減封・移封しようとする。そんな頃、対幕府外交の中で、なんとか幕府により良く取り入ろうとする時期が御里窯の時期なのです。ちょうどその頃、薩摩の茶入が中央の茶人たちから好評になりました。そこで義弘は、自分が使うためではなく、将軍家や有力大名の茶会に使ってもらうために、茶入を御里窯で焼き、贈答品として活用した。圧倒的な茶入の出土量は、島津氏の外交を支えた証で、御里窯は茶入窯だったということになりました。

【御里窯跡出土茶入】

鍋島焼は、日本で一番美しい焼きものです。鍋島藩も外様大名。とにかく美しい焼きものを作れと陶工に指示し、採算度外視して作られたのが、佐賀鍋島藩の鍋島焼。高価な美しい焼きものを、将軍家や幕府官僚の有力者に贈っていることと、御里窯の茶入の解釈は一緒です。

また、島津義弘は薩摩では英雄中の英雄。義弘が茶をすれば、もちろん家来も茶を始める。上司と趣味を共有したがることは、今でもよくあること。社長がゴルフをすれば、部長も課長もみんなゴルフをする図式です。義弘がお茶をすることによって、茶道が広まったと考えれば、この窯跡は、薩摩の茶道の発祥地ということになります。

9　薩摩焼の歴史から学ぶこと

Ⅱ期は、朝鮮系の薄手の焼きものが、いかにも厚手の苗代川焼に変わる時期です。窯としては、串木野窯から、東市来へ移り堂平窯を経て次の五本松窯になっていく。朝鮮的な性格が抜けて、いわゆる薩摩焼化する。この頃は、製品があまり外に出ていないので、薩摩の中だけで需要は納まってしまう時代で、あまり全国的には薩摩の名前は出てこない。またこの頃、薩摩藩が有田焼等の領外製品の移入を規制していたため製品開発や競争の意識が高まらず、龍門司焼では、実に地味な碗・皿が作られています。また、それまで陶器だけの生産であった薩摩焼に磁器生産が加わってきます。

Ⅲ期というと、18世紀末から19世紀。幕末から明治前半に、金襴手（きんらんで）というきらびやかな焼きものになる時代。これは、ヨーロッパを中心に輸出されまして、「世界のサツマ」と呼ばれる時代を築いていきます。しかし、輸出が好調だったために、各地で薩摩焼のコピーが作られます。金沢、京都、横浜、東京、こういう

【山元窯跡から出土したすり鉢
（加治木　龍門司焼系　17世紀後半）】

ところで、「サツマ」と名前をつけた製品が作られ、やがてあまりにも粗製乱造が進み、質が落ちまして、衰退していきます。京都では、京薩摩を年間35万個も輸出したという記録もあります。調子がいいとき、景気がいいときは、焼きものに限らず、品質を守り、基本を忘れてはいけないことを歴史が教えてくれます。昨今の全国的な焼酎ブームの高まりで、原料の薩摩芋も不足していると聞きます。粗製濫造で破滅した「サツマ焼」の歴史を繰り返さないよう、肝に銘じて反省しなければならないことだと思います。

その次にくる時代は、単室傾斜窯がなくなり連房式の登窯に代わって、個人が個人の裁量で焼きものを作って売る時代です。龍門司焼は全国でも珍しく、今でも共同体の窯場運営を続けてきましたが、苗代川や平佐では個人窯運営となり多くの窯元が消滅していきました。市場経済にゆとりがなく、消費は近郊の町場を中心とした地域で、小規模生産・小規模消費が中心となっており、Ⅲ期からの反動が強く影響した時期です。

そして昭和30年代から現在に続く、民芸意識に培われた時代が訪れます。焼きものに対する新しい美意識「自然の美・健康的な美・無我の美・単純の美・親しみの美・自由の美」という考えが、薩摩焼を民芸陶器として位置づけてくれました。この考えは、使う人が日常生活のなかで一番使いやすい形に美しさを見出そうという考えです。この民芸意識の高まりのなかで、苗代川焼や龍門司焼もにわかに脚光を浴び活性しました。それ以前は、龍門司焼の窯元は悲惨な生活状況でした。重たい焼きものを担って町に売り歩く。半農半陶といって、農業をしながら傍らで焼きものを作る。できた焼きものを大根や米と換えて生活していた時代。それが民芸意識のおかげで焼きものだけで生活できるようになった。現在も民芸意識の延長と考えていいでしょう。

焼きものはいつの時代も政（まつりごと）に翻弄されてきました。「焼きものを見れば政がわかる」という諺があります。生産者として景気の浮沈に影響されるというだけのことではなく、かつては戦

【龍門司焼　陶器祭り風景】

争や政策などにより窯や技術が消滅したり、または保護されたり。現在は開放された感もありますが、これからどのように変わっていくのでしょうか。

10　串木野羽島の壷屋ヶ平窯跡について

鹿児島陶磁器研究会では、平成12年9月に壷屋ヶ平窯跡の現地調査を行いました。残念ながら正確な窯跡は見つけられませんでしたが、少量の陶片を採集することができましたので、その陶片を囲んで意見交換を行いました。その中で壷屋ヶ平窯を17世紀の早い時期に位置付ける意見もありましたが、複数の会員が串木野窯以降の窯で、18世紀に属するものであろうという意見が発せられました。

資料の年表をご覧ください。その中に壷屋ヶ平窯跡を位置づけてみました。この窯についてはあまり文献に出てこない窯跡で、研究もほとんど行われていません。その存在すらあまり知られていなかった窯跡です。17世紀初頭、朝鮮人陶工が造ったという言い伝えもあるようです。周辺に落ちている陶片をみるとおおよその時代や系譜が想像できます。ここに持ってきましたのが、壷屋ヶ平窯跡で拾った甕の破片です。先端の部分に貝殻の痕が付いています。これは「合せ口」といって、焼く前、窯詰めするときに甕の口を合わせて二つ積み上げ、間に二枚貝の貝殻を入れた痕跡です。これを「貝目」といいます。この貝目が付くと以前は17世紀の焼きものと判断していました。しかし最近の調査で、これだけでは17世紀の製品だ

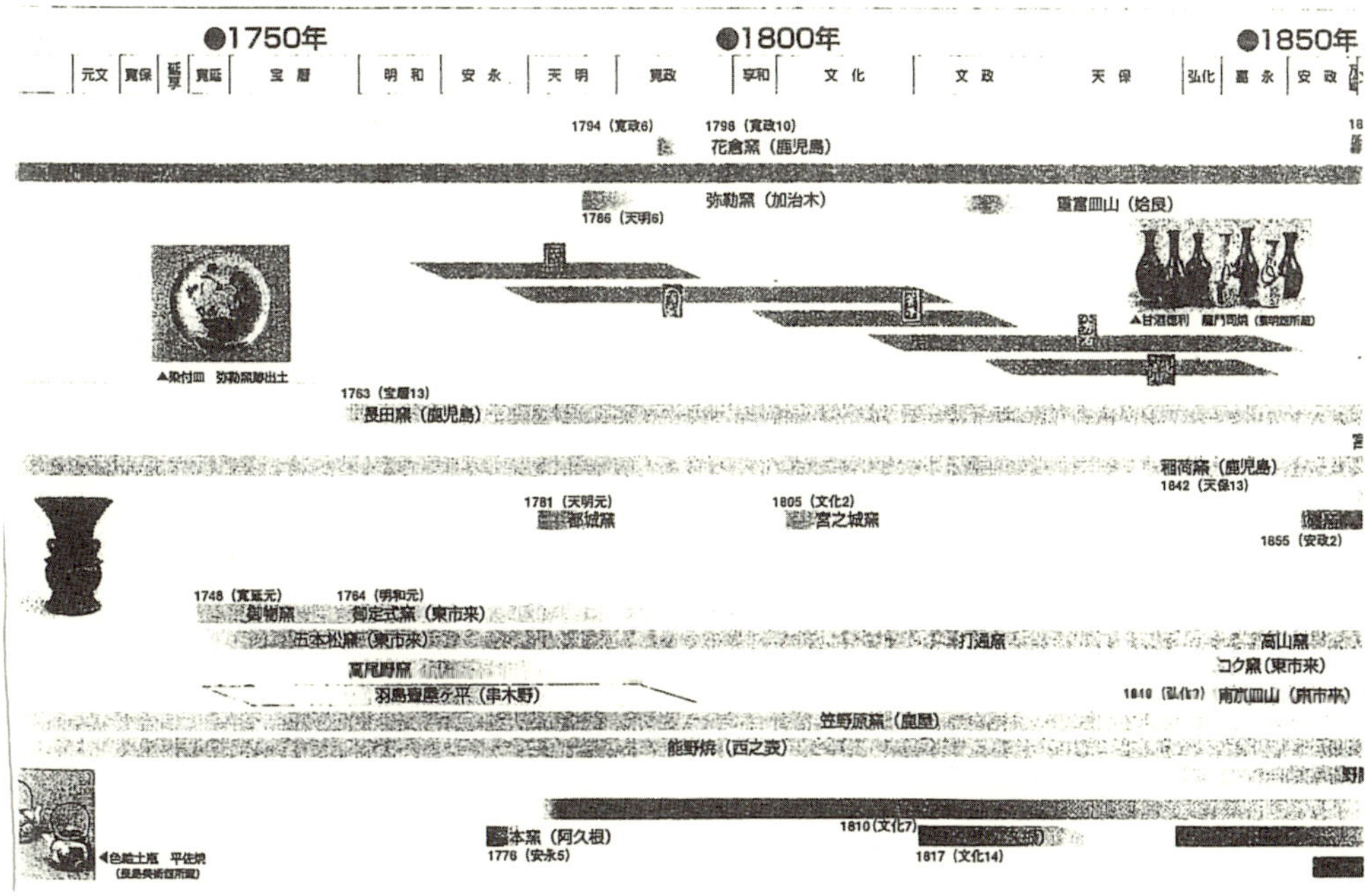

【年表】

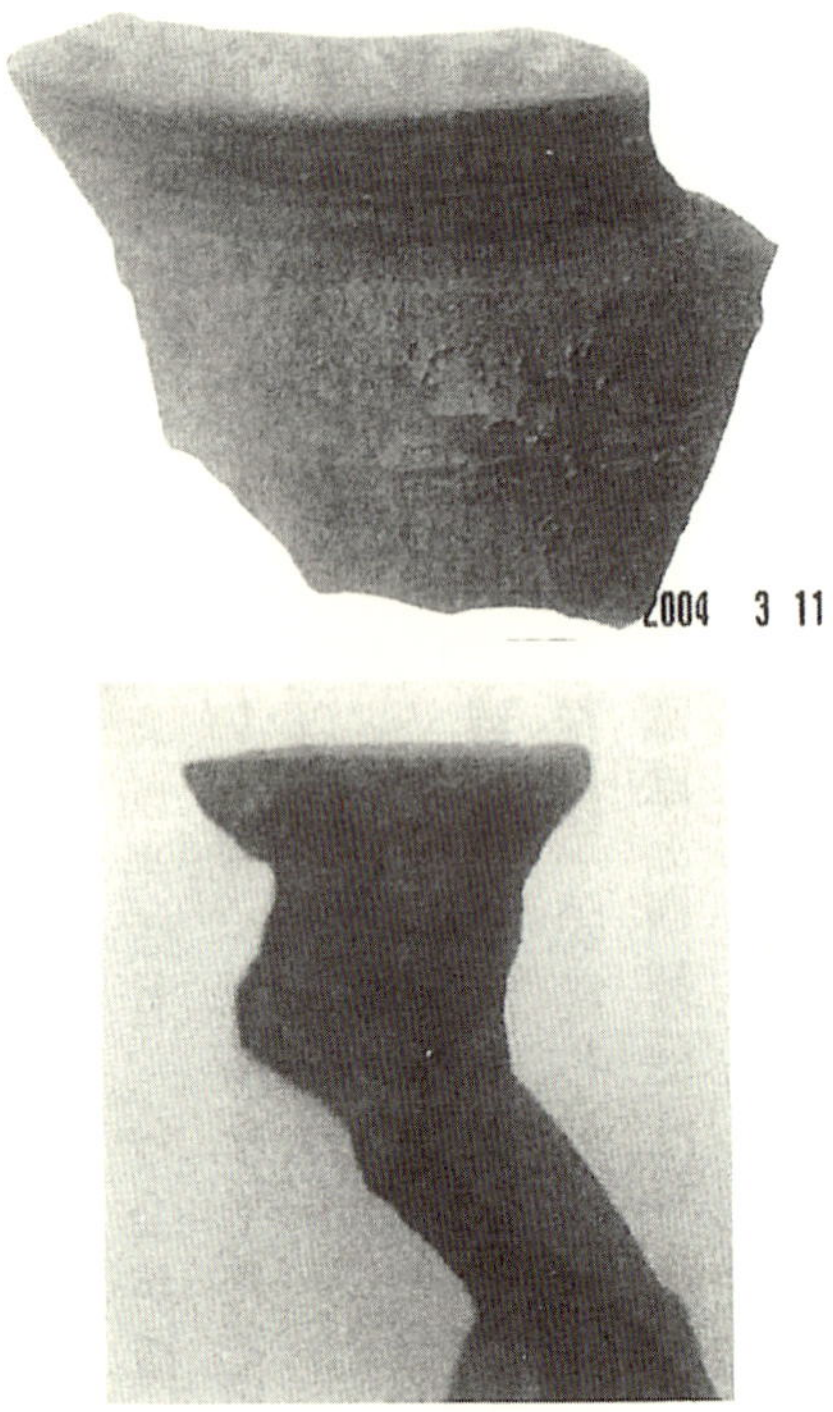

【羽島壷屋ヶ平採集資料
2004.03.11】

と断定できないということがわかりました。ではこの壷屋ケ平窯跡で採集した破片を観てみますと、付いている貝目や甕の形から17世紀代の焼きものではないということがわかります。ここに比較のために持ってきた資料と見比べてください。この甕は19世紀中頃の資料、幕末まで時代が下がると形状もずいぶん変わってきます。これらと比較すると壷屋ヶ平窯の採集資料は、おそらく18世紀頃の製品と考えることができるでしょう。

もうひとつ持ってきた甕の破片をご覧ください。これは、加治木の島津屋形から出土したもので、同じものといっていいほどよく似ています。これが壷屋ヶ平窯の製品で加治木まで流通していたとは言い切れませんが、この形の甕は17世紀の後半から唐津焼の影響を受けて作られた甕で、苗代川で大量に焼かれています。壷屋ケ平窯は苗代川同様、市場の流行を映していた窯であることがわかります。

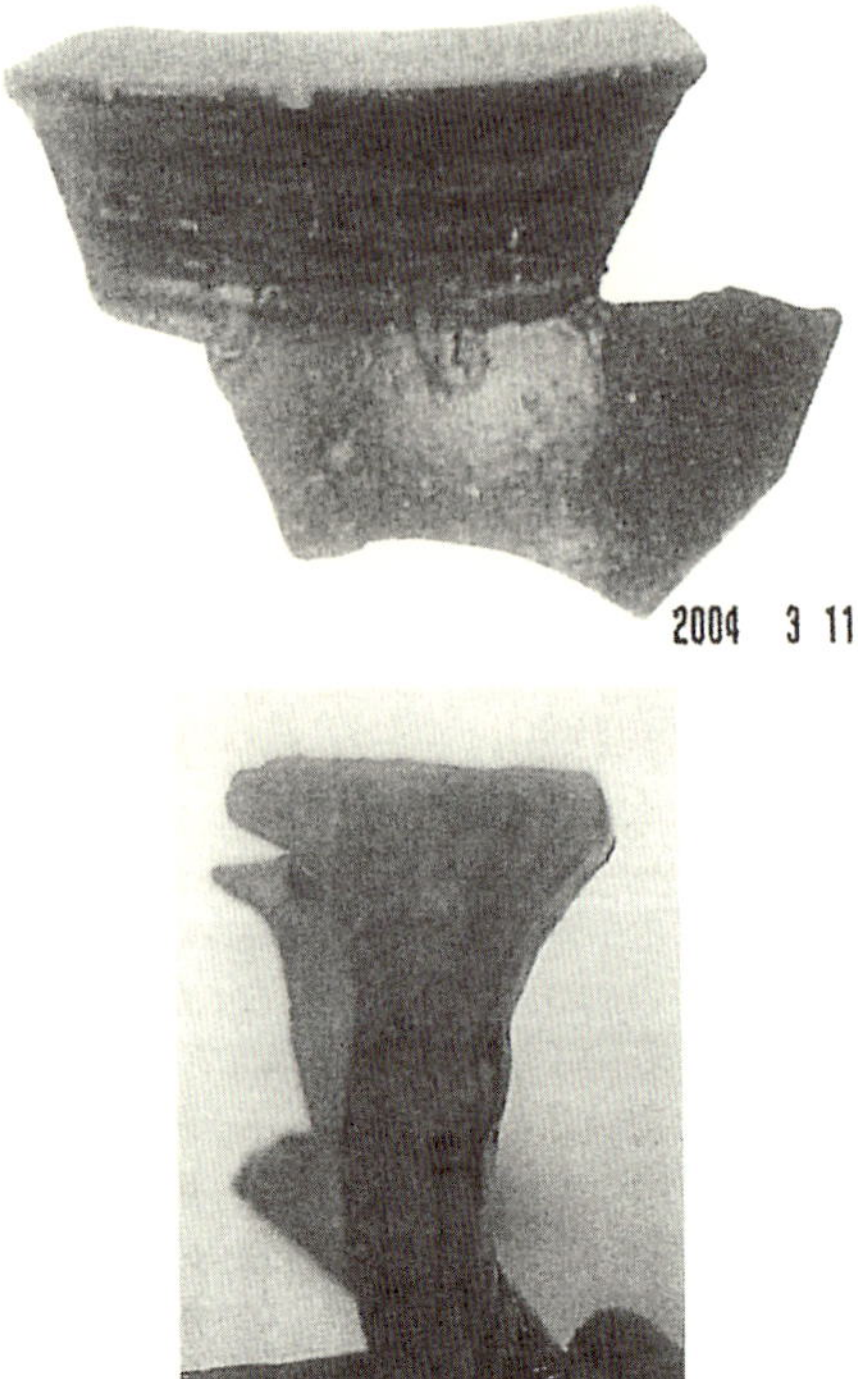

【加治木島津屋形出土資料
2004.03.11】

このように、壷屋ヶ平窯の稼動期を18世紀と予想しても、百年の間隔がありますので、もっと詳細な時代判断ができればいいのですが、今のところはこれ以上のことはわかりません。18世紀の前半は苗代川の焼きものが藩の保護政策の打ち切りで、まったく産業として振るわなくなる時期です。この頃、苗代川から移り住んだ陶工たちによって造られた窯かもしれません。それとも、後半に入って藩の保護が再開されてその勢いで羽島に造られた窯かもしれません。可能性としては、藩の財政難や全国的な飢饉がおきた前半より、社会が活性化した後半ではないかと思います。もう少したくさんの資料を観ないと、これ以上のことはわかりません。

壷屋ヶ平窯の場合、地名に窯の名前が残っていますので、短期間ではなくある程度、安定した操業が行われていたと思われます。薩摩の窯場には、窯の傍に記念碑や火の神（山の神）の碑を建立する例があります。文献や詳細な現地調査を行う必要があります。また、近くに古い墓地でもあれば調べてみても面白いでしょう。是非、小規模でもいいですから発掘調査が行われるといいのですが。

11　串木野窯について

壷屋ヶ平窯跡に比べて、串木野窯は昭和9年に発掘調査が行われ、多くの出土遺物と共に窯跡も掘り出されています。たくさんの遺物が出土していますが、報告書である『薩摩焼の研究』にはわずかな量しか掲載されていません。この調査で出土した陶片は、東京都内に保管されており、実物を見た人はあまりいないと思います。幸い私は数年前、お願いして見る機会がありました。それはとても薩摩焼とは思えない焼きもので、内側には叩き成形の痕跡が強く残る極薄手の壷や甕などで、正直なところ私の薩摩焼の理解を超えた資料と思えました。朝鮮の焼きものがどんな焼きものかよくわからない不勉強な状況でしたが、わからなくても、それはまさしく異国の焼きものと推察できました。

串木野窯で焼かれた陶器は、薩摩焼の、特に苗代川焼の最も古い焼きものに違いないわけですが、それはまさしく朝鮮の16世紀末を中心とした陶製の貯蔵器です。そして、「これが薩摩焼の最も古い焼きもののひとつなのだ」とひとり感慨深く観察し、この種類の異なる焼きものがどのような過程を経て、いわゆる薩摩焼に変わっていくのか、変遷・変化が興味深い新しい問題となりました。

『薩摩焼の研究』によりますと、この窯跡から発掘調査で出土した遺物は2千点余りで、圧倒的に甕が多く、全体の73パーセント。小物の碗・皿は少量で2パーセントにも満たない量です。都内で保管されているこの碗・皿も見てきましたが、あまり、巧みな出来上がりとは思えませんでした。

興味深いのは白い胎土の碗の破片が出土していることです。『薩摩焼の研究』でも「火計り」の碗としてあります。残念ながらこの資料は見ることができませんでした。ただ、窯道具で先に紹介したくさび形のハマに似た、甲の張ったハマがたくさん出土しています。これに白色胎土の碗の畳付部分が焼きついた資料がありましたので、確実に『火計り』といわれる碗が焼かれていたようです。

出土遺物は、このように東京まで行けば見学できます。ところが、窯跡そのものは発掘調査の後、埋め戻されました。60年も経過した今では周辺の地形も風景も大きく変わり、残念ながらその場所がどこかわからないのだそうです。串木野窯跡は、薩摩焼発祥に関わる貴重な遺跡です。作業場や薪小屋、生活の跡も傍に埋もれているはずです。「市指定史跡　さつま焼発祥の地碑」という標柱も近くには建っているのですから、是非、所在地や範囲などの調査を実施し、文化財として大事にしていただきたいと思います。

12　薩摩焼の歴史の活用

加治木には、太鼓踊りに付随する踊りで、文禄・慶長の役の時の戦いを演じた郷土芸能で吉左右（きそ）踊りという踊りがあります。朝鮮の兵隊と薩摩の兵隊が切り合う、鹿児島県指定無形文化財にもなっている勇壮な踊りです。この踊りの伝える日韓の不幸な歴史の場面を想像すると、数百年継承されている郷土芸能でも、「韓国の人々が見た時、どんなふうに思うのだろうか」といつも心の中に不安な思いがありました。

数年前、東京の郷土芸能大会に吉左右踊りが出演する機会があったとき、徳島文理大学の吉川先生から考え方を教えていただきました。先生は、加治木の太鼓踊りは朝鮮の踊りの影響を強く受けた踊りだという考え方を持った先生で、文禄・慶長の役に出陣した際、習得した踊りだと考え、「朝鮮の踊りを覚えて帰っても有益なものはないのに、それでも学び伝えたということは、島津軍は朝鮮の芸能のすばらしさを理解したということで、その後も何百年も大事に守り伝えていることを上手に説明したら必ず理解し合える」と。

「なるほど」と思う傍ら、この考えは薩摩焼にも用いることができるか考えてみました。戦争ゆえむごい事象も当然あったことでしょうが、原因を正当化することは理解されなくても、結果として朝鮮の焼きものの技術を継承・発展させ今の薩摩焼があることは現実です。焼きものを見ているとなんとなく落ち着く、平穏な気分になる。日本人は焼きものの模様を「景色」と表現します。そこには日本人の独特の感性が働き、その魅力は心を癒（いや）す力があります。薩摩焼は、戦争が出発点だったとはいえ、今では焼きものを愛する気持ちが育まれ、産業としても成り立っています。昨今の陶芸ブームの高まりなどをみていますと、焼きものの持つ魅力の奥深さを感じます。

【吉左右（きそ）踊り】

歌詞には、「弓矢は袋に収めよ。世の中は千代に栄える。末はめでたし」と平和への祈りが歌いこまれている

おわりに

これからも、生涯学習として陶芸に対する一般市民の興味が増加

すると予想されますが、是非、焼きものの歴史やその背景までも、できるだけ多くの方々に、考えていただきたいと思います。ただし、そのためには正確な歴史を調べないといけない。今まで言われていたことが正しいとは限らない。少し調べただけで疑問が噴水のように噴出する薩摩焼の歴史です。作られた領域と、隠された過去、忘れられた出来事を正確に見分けできるよう研究する必要があるのです。原因を理解した上で相手を敬えば、焼きものは最も効力の高い日韓の交流が図れる術になると思います。

※この原稿は、平成15年7月6日、串木野市民会館にて講演した内容を筆起したものに、加除訂正の処理をしたものです。このため、口語調の文章になっており読みづらい部分が多々ありますが、ご了承ください。また、講演内容のため、参考文献等は割愛させていただきますので、併せてご了承ください。

（掲載：18号＝2004）

上：壺の縁が曲り込んでいるのが古い、と言われている

左：昭和９年に発掘された６箱。
但　戦時中避難し、串木野窯以外も混じっている可能性もあり。

資料【私立根津美術館（東京港区南青山）の串木野窯跡の陶器片】

郵便所ん跡ん児玉どん古文書

奥田栄穂

大原から市比野へ向かう県道を麓入口の針原十文字から左へ折れて約200メートル、西ノ口馬場へ曲がる右側の宅地に「文化財薩摩国日置郡串木野郵便局跡」の標柱がある。

昔明治中期に串木野郵便局（郵便受取所）があった児玉仲之進の屋敷跡で、古老は今もここを「郵便所ん児玉どん」と称している。児玉仲之進は、児玉政子・実光姉弟の祖父にあたる。慶応4年の戊辰の役に出征して負傷したが、明治10年の西南戦争にも従軍参加した。

児玉実光氏の家に残る郵便所関係の古文書は約百年の歳月を経て、しかも昭和46年の19号台風の水害により汚染散逸して僅かであるが、その中からいくつかを紹介してみよう。

(1) 記

「七等郵便取扱役
　　児玉仲之進
右謹ンデ御請ケ奉り候也
　鹿児島県薩摩国日置郡
　　串木野上名村八十壱番地住
　　士族　　児玉仲之進
　明治十一年十一月十五日　」

(註) 12年6月14日付の鹿児島県令岩村通俊からの串木野郵便局宛ての文書によれば、右の請書の書式は「不都合に付下戻候条更ニ乙別紙之通認メ替可差出事」とあり、「請書文按辞令面之通」と朱書した乙別紙がある。

　　　　　何　某

「何等郵便取扱役申付候事
右内務卿之命ヲ以テ相達候事
明治何年何月何日
駅逓局長
　内務少輔正五位　前島　密
右謹テ奉御請候也
　　何国何地
　　郵便取扱役
　年　月　日　何　某　印」

右に従って認め替えて出したはずであろうが、その文書は残されていない。ともあれ、串木野郵便局の開局は明治11年11月であり、取扱役即ち局長が児玉仲之進であったこともはっきりする。

(2)「内甲第五九二八号　薩摩国　串木野郵便局
其局郵便物集配等級ヲ七等ニ改正来ル九月十六日ヨリ施行ス
明治二十一年八月三十一日
逓信大臣子爵　榎本武揚」

(註)　明治11年11月に七等郵便取扱役を拝命以来、それまでに多分六等にでも昇格（改正）されていたのであろうか。それが再び七等に改正されたのであろう。翌22年末で廃局となる前ぶれのようなものであろうか。

(3)の(イ)「内甲第一八七六号
薩摩国日置郡　串木野郵便局
其局本月三十一日限相廃ス
明治二十二年三月十四日
逓信大臣子爵　榎本武揚」

(ロ)「内甲第一八七六号
薩摩国日置郡　串木野町郵便受取所
其所来四月一日ヨリ開所事務取扱フヘシ
明治二十二年三月十四日
逓信大臣子爵　榎本武揚」

(註)　右の(イ)と(ロ)は文書番号も同じ同日付のものである。22年3月31日限りで「串木野郵便局」は廃せられて、4月1日から単なる「串木野町郵便受取所」となったのである。郵便局は隣町の市来港郵便局に吸収統合されて、串木野はその支所的な存在となったのである。

はっきりした沿革史的な文書はこれだけなので、郵便受取所としていつ頃まで存続したかは不明である。

「児玉仲之進之墓」は麓西之平の大堂庵墓地にあり、詳しい碑文が記されている。それによれば「明治廿三年春中風の襲う所となり病床に起臥すること九星霜、同卅一年五月二日竟（つい）に永眠不起之人となる。享年五十有一」（原漢文）とある。

とすれば、仲之進の病臥と共にまもなくこの郵便受取所も廃止されたのではなかろうか。

(4)の(イ)「郵電甲第弐六〇号
元串木野郵便局長勤務中貯金取扱ニ対シ差出有之候身元保証品返還請求ノ為保証書被差出候ニ付別紙地所書入ノ証壱通返付ス
明治二十三年三月四日
鹿児島郵便電信局長　鈴木至興　印
児玉仲之進　殿」

(註)　郵便受取所に降格してようやく1年になろうとする時の文書であるが、児玉仲之進殿とだけで肩書がない。

前記したように早くも受取所も廃所となったのであろうか。

返送されてきた別紙が共に綴じられている。

⑷の㈺「地所書入ノ証

一金百円

此為抵当（この抵当として）

薩摩国日置郡下名村壱萬三千八百五拾七番

日置郡上名村百五拾五番戸

持主　児玉仲之進

字岩坂

一田反別五畝拾五歩

地価金拾九円八拾弐銭

仝国仝郡仝村壱萬七千五百八拾三番

字セメ口

一田反別九畝拾六歩　仝

地価金弐拾九円五拾四銭

仝国仝郡仝村壱萬七千五百八拾五番

字セメ口

一田反別七畝拾歩　仝

地価金弐拾弐円七拾五銭

仝国仝郡上名村弐千八百三拾弐番

字西ノ口

一宅地反別壱反四畝歩　仝

地価金四拾三円九拾六銭

仝国仝郡仝村三千百六拾三番

字中須

一田反別六畝弐歩

地価金拾九円九拾四銭

仝国仝郡仝村六千六百九番

字三反田

一田反別五畝弐歩　仝

地価金弐拾八円六拾六銭

（註）以上の地価合計は164円66銭となる

今般私儀串木野貯金預所貯金主務被申付候ニ付身元保証トシテ奉務中前記ノ地所第一番書入ニ致置候処実正也萬一弁償スヘキ事故出来候節ハ右地所売却弁償可致候　依テ為後証引受人連署書入置候証書如斯候也

薩摩国日置郡上名村百五拾番戸

明治十九年四月二十五日　貯金主務　児玉仲之進㊞

仝国仝郡仝村百四拾七番戸

引受人　有馬彦太夫㊞

乙第七百拾五号

前書地所之書入ヲ公証ス

鹿児島県薩摩国日置郡串木野郷上名村外四町村

明治十九年四月廿九日　戸長　池田正義 印

駅逓局長　林　董　殿」

（註）今も昔も、金融関係の事務に当たる者の責任は重大である。貯金主務として、万一弁償すべき事故が起った場合の保

証として(イ)(ロ)の保証書を提出せねばならなかったのである。

(5) 「達第七一四号

日置郡串木野村百二十二番戸

児玉仲之進

元串木野郵便局長在職中身元保証トシテ差出居候土地書入ノ廉（カド）登記取消参会ノ義請求ニ依リ来ル二十五日市来港郵便局長久保善次郎ヲ本官代理トシテ水引区裁判所湊町出張所エ出頭致サセ候条、仝日仝所ニ出頭、登記法第二十三条ノ手続ヲ履行スベシ

明治廿七年十二月廿日

鹿児島郵便電信局長　青木大三郎 印 」

(註) 先に提出していた保証書の上地書人の登記取消の件に関する文書である。

残されている文書の中で、これが最後の日付のもので、今から92年前のものである。

今まで述べたように、児玉家に残る古文書によって、

① 明治11年11月15日付で児玉仲之進は「七等郵便取扱役」となり、「串木野郵便局」が開局され、

② 明治22年3月31日限りで「串木野郵便局」は廃せられ、翌四月一日から「串木野郵便受取所」となったことがわかった。

郵便局にしても受取所にしても、他に局員又は所員が居たのか、仲之進ひとりでこなしていたのか。それらのことがはっきりわかる文書はないが、次の文書から読者はどう判断されるのであろうか。

「 夜中取扱蝋燭（ろうそく）代御下附ノ願

夜中取扱蝋燭代ノ儀ニ付本年三月一日付ヲ以テ御達シニ相成候赴（オモムキ）ハ交換手当夜中取扱手当支給スベキトキハ別段相達候事ト有之、然ルニ御勘定表ヘ該蝋燭代組入不申候処、右従前ノ通リ蝋燭代本年三月分ヨリ御下附相成候様特別ノ思召ヲ以テ御下渡シ相成候様奉歎願候ニ付、何卒歎願ノ通リ御許容被下度此段奉願上候也

薩摩国日置郡串木野

郵便取扱役

児玉仲之進

明治十六年九月廿三日

駅逓総官　野村　靖　殿

」

次は全文朱書

「規十六第一〇五九〇号

願之趣本年七月ヨリ以降実際夜中取扱候日数ニ応ジ、壱度金三銭ノ割ヲ以テ支給候条勘定表ヘ組込ミ差出可シ、尤（モットモ）七月以前ノ分ハ明治十二年規十ノ第七号達之通リ、会計年度超過シ申出ニ付、詮議ニ及ビ難ク候事

明治十六年十二月一日　駅逓総官　野村　靖 」

(註) この二つの書面には駅逓局印の割印が押されてある。

「夜間作業のろうそく代を御勘定表に組入れていなかったので、どうぞ従前通り本年3月分から御下附くだされたい」と願い出た。それに対して駅逓総官からの答えは「7月以降の分は実際夜中に取扱った日数に応じて一度に金3銭の割で支給するから勘定表に組込んで差出せ。但し、七月以前の分は会計年度を超過してからの申し出であるから、それはできない」というのである。

　ろうそくをともして行なった「交換手当、夜中取扱手当」とは、いったいどういう作業であったのだろうか。そのろうそく代金を駅逓総官宛に請求し、その返書も又朱筆で書かれたのが返ってきている。しかも、取扱日数に応じ一度につき金3銭の割でという金額。100余年前のこととはいえ、こういう文書がない限りは到底想像もつかないことである。

　麓西之平の大堂庵墓地にある「児玉仲之進之墓」には、漢文で詳しい碑文が誌されている。最後に「明治三十三年第五高等学校在学之春、二男、壮吉謹誌」とある。

　碑文の一部をやさしく意訳してみょう。

「当郷士有馬安兵衛の三男で、嘉永元年正月亀が城（串木野城）麓に生まれ、年18で児玉為兵衛の養嗣子となる。戊辰の従軍では外城3番隊として京都を守り賊を鳥羽に撃つ。ついで北陸道先鋒として越後に進出。小出島、長岡の諸城を陥れ杉沢駅の激戦で、衆に先んじて敵塁に迫った時、銃丸が右手を貫いた。時に3月27日。高田病院で療養数か月、10月に帰郷して静養を許された。―中略―然しながら右手は遂に用をなさなくなった。―後略―」

　銃丸は右手のどこを貫いたのであろうか。右手は遂に用をなさなくなったとあるが、箸もにぎれず文字も書けなくなったのではあるまい。しかし、力仕事などは全然できなくなったのであろう。同じ麓郷士入来定穀の書いた西南の役の従軍日記によれば、仲之進はただ1人「病院掛」（看護兵?）として従軍している。そして、4月30日の日記に「今朝六時発足ニテ人吉へ十二時ニ到着ス。道程四里半位ト云フ。和田軍吉、児玉仲之進ニ行キ逢ヒ、此ノ両人ノ宿ニテ飲食ス。児王氏ハ明日鹿児島ノ方へ差越サルルニ付、熊ノ油及ビ手帳、書状等相頼ミ宿許へ送レリ。今夜大雨降レリ」とある。

　この後の日記を見ても、仲之進と再び逢った記録はない。右手の不自由な仲之進は、従軍は免除されて別な使命を帯びて国許へ帰されたのではなかろうか。

　そう思われる興味ある文書綴があるので左に記そう。

縦17・5センチ横12・3センチの美濃紙袋綴じの、きちんと印刷された小型の文書である。よれよれに古びている。

薩隅両国

区　戸　長

〔一枚目〕「乙第九号

沽券税施行ノ各市街地今般兵乱ニ

付破毀焼亡ニ罹リシ宅地調査トシテ不日官員派出致サセ候条別紙雛形ニ倣ヒ一小区限詳細取調置右官員着ノ節可差出尤派出日限ハ追テ可相達此旨相達候事

明治十年八月　日

鹿児島県令　岩村通俊

〔二枚目　表紙雛形〕

（朱書）美濃紙堅帳

兵乱ニ付家屋焼亡ノ地所取調帳

第何大区何小区

何国何郡

何町

〔三枚目〕

何番

一地坪何程　焼亡　何ノ某印

此沽券金高何程

此地租金何程

所有者姓名ノ下ヘ一筆毎ニ捺印スヘシ

（註）［　］書は朱書

一小区残ラス焼亡スレハ・筆毎ニ破毀焼亡ト記スハ除クヘシ

何番

一地坪何程　破毀　同　人印

此沽券金高何程

此地租金何程

破毀ト称スルモノハ再建築ヲ為サヽレハ住居相成難キ大破ノ宅地ヲ編入スルモノトス以下之レニ倣ヘ

―（次の一頁省略）―

〔四枚目〕

加此一筆限取調遺漏ナカラシムヘシ且他区或ハ郡村ノモノ所有地ナレハ姓名ノ肩ヘ本籍ヲ記スモノトス

合地坪何程

此沽券金高何程

此地租何程

一小区残ラス焼亡スレハ内書ハ除クヘシ

内

地坪何程　焼亡

此沽券金高何程　　但　百坪ニ付平均
　　　　　　　　　　　　金何円
此地租何程
地坪何程　　破毀
此沽券金高何程　　但　百坪ニ付平均
　　　　　　　　　　　　金何円
此地租何程

右ハ今般兵乱ニ付第何大区何小区沽券地破毀

一小区残ラズ焼亡スレバ破毀ノ二字ハ除クベシ

焼亡ニ罹リシ家屋地坪
沽券金高地租トモ取調候処書面ノ通相違無御座
候也

第何大区
副戸長
何　ノ　某印
戸長
何　ノ　某印

鹿児島県令　岩村通俊　殿」

〔五枚目〕

これは、西南の役末期の明治10年8月に、鹿児島県内の各区戸長宛に、戦争による家屋焼亡又は破毀の状況を取調べて報告するように通達した県令（知事）からの文書である。

串木野では幸いに焼亡破毀の家屋はなかったから、この報告は簡単であったろう。報告書の控は別にない。

だが、問題はなぜにこの通達文書が児王家に残されていたかである。私の推察では次のように考えられる。

「麓郷士の青壮年のほとんどは西南の役で西郷軍として出軍した。（最年少16歳から最年長49歳）。戸長や副戸長たりし人も含まれていたであろう。残った郷士の中から戸長や副戸長も臨時に置かれたのではなかろうか。

仲之進は5月1日に戦地を発って帰郷した。それからずっと在宅した。録高や年令（当時30歳）からみて、戸長は考えられないが、副戸長かその直属の部下として勤めていたのではなかろうか」と。

現在の国道は明治20年の開通である。仲之進宅は当時までの国道ともいうべき旧街道筋の三文字角の最も便利な場所に在った。そういう場所と人物とを得て、明治11年晩秋に「串木野郵便局」が開局されたのである。

しかしながら、明治20年の国道開通と共に、その場所的な優位性は消滅して、市来郵便局に統合され、その支所的存在の「郵便受取所」に変わったのである。当時は、警察署も串木野にはなくて市来に在り、位置的な重要性や港・町並・人物などいろいろな面から市来の方が優位に在ったから当然といえよう。

余談になるが、二男壮吉謹誌の仲之進墓碑銘には、西南之役従軍のことや郵便局関係のことに一言もふれていない。碑銘の後半を意訳すると左のとおりである。

「官からはその戦功（戊辰之役の）を賞して金１００両と終身禄12石を賜わった。然しながら右手は遂に用をなさなくなった。爾来故里の田舎に隠れ住んで山飯濁酒を楽しんで世に出ることなく特に為すことなく終わった。性来すこぶる酒を嗜み、飲めば則ち酔わざれば止まず、酔えば則ち磊々落々（らいらいらくらく）、私ら子どもに大いに為すところある人物になれよと望み励ましてくれた。―後略」

仲之進は妻手伊（下名村植村八郎左衛門長女、明治7年10月結婚）との間に次の四男一女がある。

長男精吉8・4生、二男実（後壮吉）10・7生、三男実義13・11生、四男晋16・10生、そして二女ヒサ19・5生れの五人である。（長女は夭折か。除籍簿にない）

仲之進が中風に倒れたのは明治23年の春、まだ43歳の壮年。それから病床の9年間をどんなにか無念残念の思いで過ごしたであろうか。31年5月に永眠、享年50有1。その時、二男壮告は数え22歳。2歳上の兄精吉はずっと以前に渡米して働いていたので、弟妹3人をかかえ一家の長としての重責に悲痛の思いは大きなものがあったろう。翌々23年春墓碑建立の時は、熊本の第五高等学校在学中。この24歳の俊秀が精魂こめて謹誌した碑文の末尾は次のとおりである。

「嗚呼悲シイ哉。今ニ至リ之ヲ考フルニ其言髣髴（ホウフツ）猶耳ニ在リ。今幽明処ヲ異ニス噫（アア）復何ヲカ言ハンヤ。イササカ其ノ梗概ヲ記スト云ウノミ」と。

戊辰之役に華々しい戦功をたてて恩賞に浴しながらも、右手が用をなさなくなったばかりに、西南之役では人並の役に立つこともできずに途中帰郷。家が旧街道筋の三文字に在ったばかりに郵便取扱役を拝命。もちろん役目は立派に果たしたろうが、22年には受取所に降格。そして、23年春中風発病、病床生活9年後に死去……。

少青年期の壮吉の眼に最も強く映じたのは、悶々の情やるかたなく酒にうっぷんを晴らす父の姿であったろう。

西南之役従軍と郵便局関係のことに一言もふれなかった俊秀多感の二男壮吉の心情が、私には、この稿を書きながら初めて理解できたように思う。

当主児玉実光氏は長男精吉の二男。古文書、除籍簿等を快く貸していただき、感謝申しあげたい。

（掲載：創刊号＝1987）

木曜日　南日本新

開局、実は22年も前

串木野郵便局

郵便週間の話題

"飛脚宿跡"から古文書

書き換えられる沿革史

【串木野】明治三十三年創設―とばかり信じきって沿革史や郷土史にまで記録されていた串木野郵便局の歴史が、実際には明治十一年店開きしていたことが古い文書でわかった。二十日からはじまる郵便週間を前に飛脚宿屋跡と伝えられる民家から偶然発見されたもので、ずれていた"二十二年の歴史"に関係者もびっくり。

S.47.4.20(木)

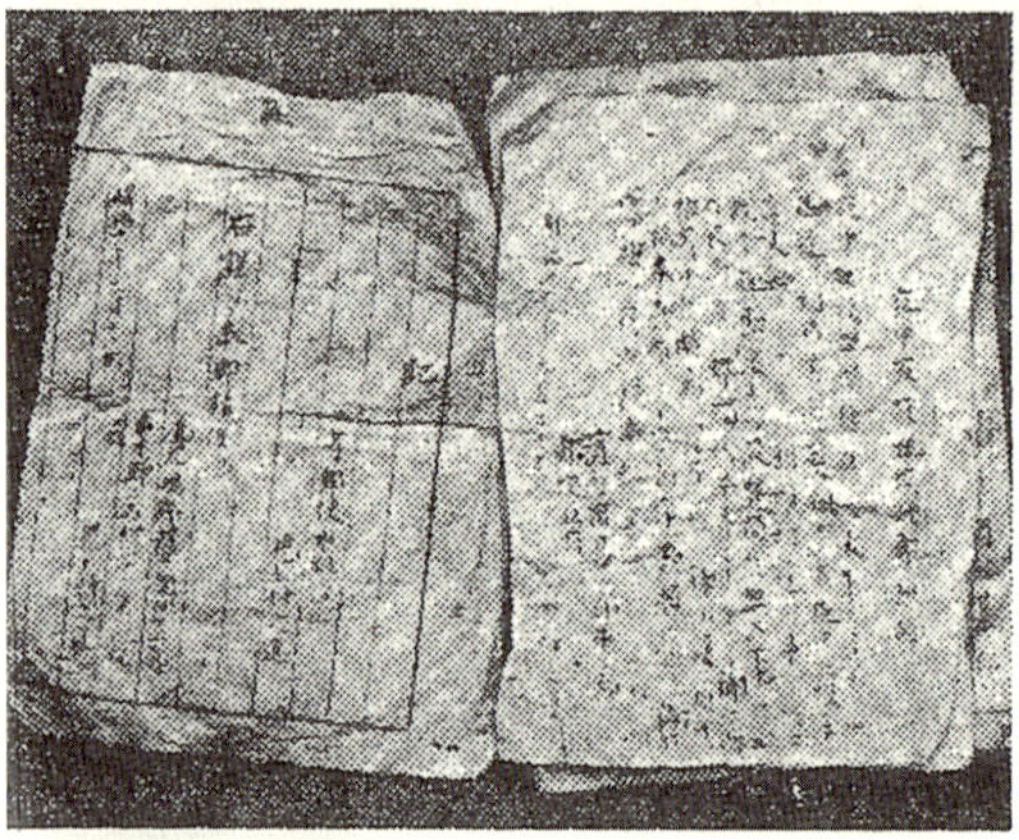

明治11年の「開局承諾書」（左）と「ろうそく支給願い」

同局の沿革史によると、串木野初の郵便局は「明治三十三年、下名永井堀（現在の 大原町 国道沿い）に郵便、為替、貯金業務を開始」となっており、だれも疑う者もなく串木野郷土史にまで、明治三十三年創設の記録が紹介されている。

ところが十八日、同市麓、会社員、児玉実光さん(70)が自宅仏壇裏から、明治十一年から同二十七年までの郵便関係の文書三十数点を発見した。児玉さん宅は旧参勤道沿いにあり、昔から「郵便所の児玉さん」と呼ばれており、祖父の仲之進さんも郵便の仕事をしていたことを聞いていただけに、「なにかの参考になれば」と市教委を通じ、同局に手渡した。

文書はいずれも「沿革史」以前のもので「七等郵便取扱役　児玉仲之進　右謹テ奉御請候也」と駅逓局長・前島密にあてた開局承諾の文書（明治十一年）もまじっていた。つまり沿革史より二十二年も早く開局していたことがこれではっきりした。

発見された文書を総合すると、最初は 郵便 集配業務 だけだったが、明治十九年から二十一年までの二年間は貯金業務も加えた。同二十二年 三月末で「串木野 郵便局」から「同受取所」に格下げになっており、三十三年三月、国道沿いに開局するまでの十一年間は空白。同局では「二十二年三月に電信電話私設条規改正があり、そのとき、市来町 港町局に 吸収され、さらに十一年後独立したのでは」とみている。

このほか「夜中取扱蝋燭代御下附ノ願」などの 文書も 見つかった。「夜間作業でろうそくを使用する場合、実費支給してほしい」と駅逓総官・野村靖に申し出た文書で「実際夜中に取扱う場合、日数に応じて金三銭を支給する」との返書があり、当時の生活がしのばれる。

郷土史家で 近くの 肝付進 さん(65)や富宿三善市文化財審会長も「児玉家は藩政時代から飛脚の宿屋だったことは古老から聞いていたが、これまで裏付けるものがなかった。貴重な資料だ」と話している。市文化財審も近く「郵便所の跡」の標柱を立てるという。

宇野治善・串木野局長の話　児玉さん宅がかつての局跡であることを初めて知った。さっそく沿革史を書き換え、資料の写しを本省資料室に送る。

（註）宇野 治善 局長は昭和45年7月29日～昭和47年7月4日在籍。
　この発見で沿革史は大きく書き換えられた。

『郵便所ん跡ん児玉どん古文書』の発見記事（昭和47年4月20日　南日本新聞）

串木野郵便局の歩み

小野義文

明治から現在まで、郵便局が移った場所を箇条書にまとめてみた。資料は、「串木野郵便局のあらまし」平成6年7月に串木野郵便局がまとめたものである。

※印と○の数字の移転番号と地図はこちらでの付け加えである。

① **明治**11（1878）年　11月15日　日置郡上名村81番地に郵便取扱所開設

※（旧番地）［麓の小字名（西之口）］

※　七等郵便取扱役　児玉仲之進の旧家跡［地図参照］

② 19（1886）年　4月25日　串木野村115番地へ移転（旧番地）

※　為替貯金業務取扱開始

22（1889）年　4月1日　串木野郵便受取所に格下げ［「くしきの　創刊号」によると、市来港郵便局に統合されて、串木野はその支所的存在になったという］

③ 33（1900）年　3月28日　串木野村下名永井堀に三等郵便局開設

※（旧小字名）［現在の高見町付近］

38（1905）年　4月1日　電信業務取扱開始

42（1909）年　2月16日　電話業務取扱開始

大正5（1916）年　10月1日　簡易保険業務取扱開始

④ 5（1916）年　10月9日　串木野村下名字堂之跡1112番地に移転

※（旧小字名）［大原町付近］

10（1921）年　10月6日　電話交換事務取扱開始

15（1926）年　10月1日　郵便年金業務取扱開始

⑤ **昭和**10（1935）年　3月15日　串木野村下名大原に新築移転（現在の郵便局の前付近）

20（1945）年　8月9日　戦災により郵便局全焼

22（1947）年　3月11日　普通郵便局に昇格

⑥ 22（1947）年　7月1日　串木野町下名9914番地に移転。

24（1949）年　6月1日　2省分離（郵政省・電気通信省）

⑦ 24（1949）年　12月1日　串木野町浜田通りに新築移転（現NTTの所）

※（旧小字名）［旭町付近］

25（1950）年　2月21日　分課設置

25（1950）年　10月1日　指定局事務開始

43（1968）年　7月1日　郵便番号制度実施

⑧

46（1971）年　11月1日　郵便日曜配達廃止

48（1973）年　12月10日　串木野市大原町156番地に新築移転

55（1980）年　10月1日　指定局再編成により指定局事務廃止

58（1983）年　10月1日　ATM自動預払機取扱開始

59（1984）年　2月1日　郵便輸送方法の改善

61（1986）年　4月1日　電子郵便端末機設置

63（1988）年　10月1日　郵便小包追跡装置配備

平成

3（1991）年　3月17日　串木野・羽島局郵便区調整

3（1991）年　4月7日　ホリデーサービス（ATM稼働）開始

5（1993）年　3月29日　窓口改修工事に伴う仮設窓口営業開始

5（1993）年　7月26日　窓口改修工事終了、新窓口での営業開始

（掲載：12号＝1998）

【大原町付近の字絵図】

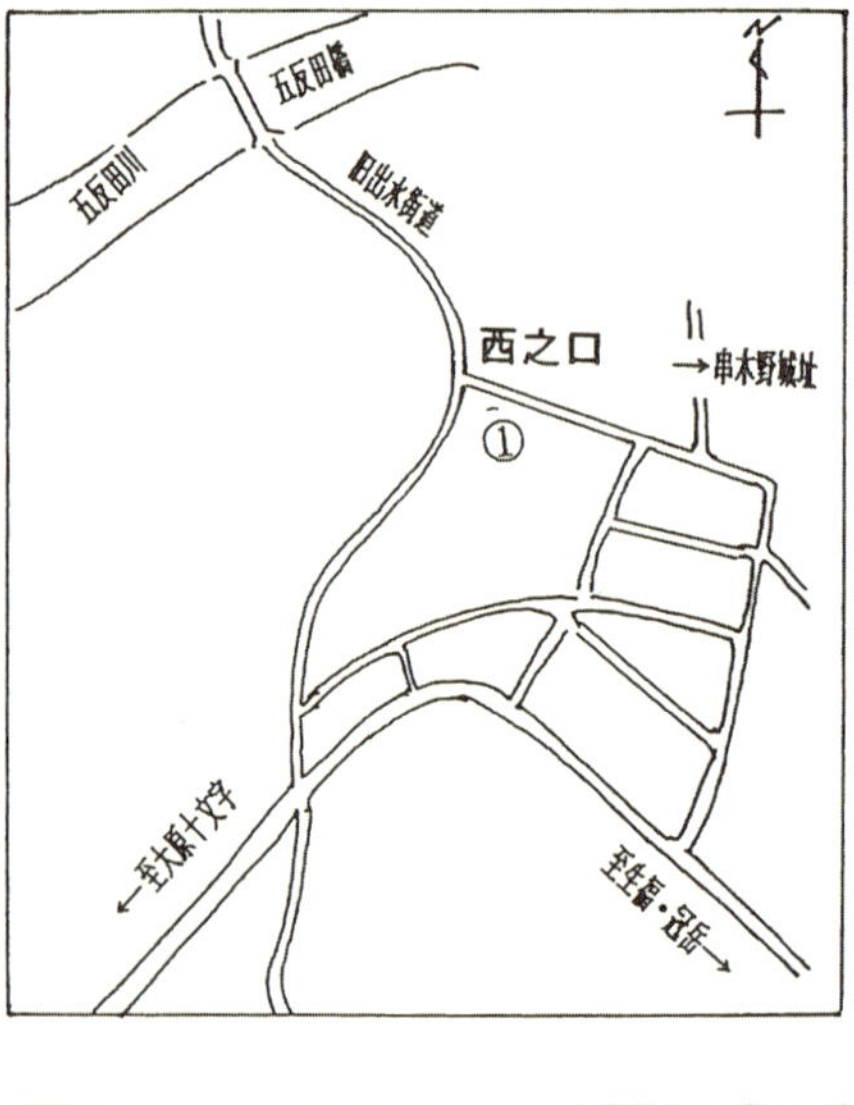

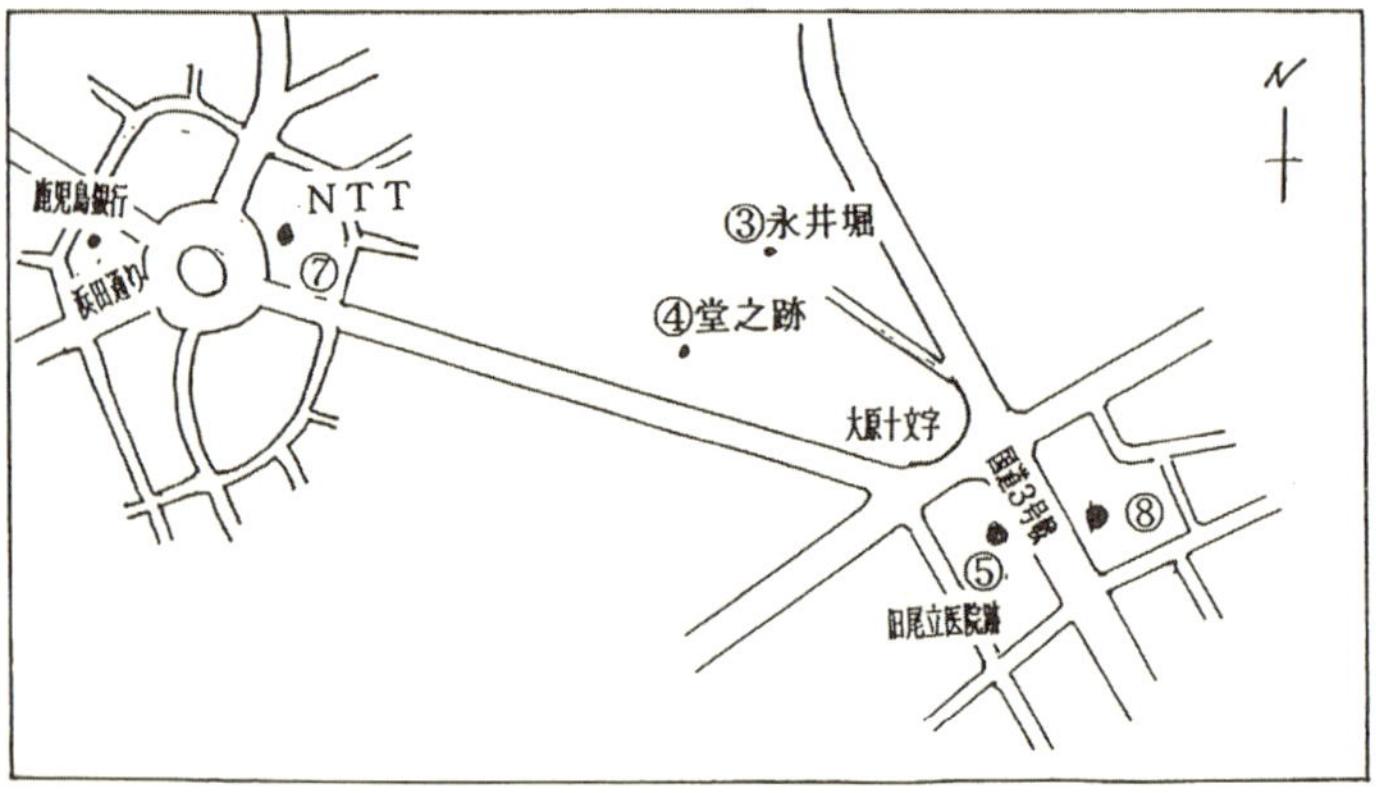

【串木野郵便局の移転順序】
（移転先②、⑥は未記載）

西薩鉄道ができる頃のできごと

橋之口　篤　實

この題目のことについては、多くの方々はご存じのことと思いますが、私には『串木野郷土史』に書いてない多くのことを知りました。おさらいと思って読んでいただければと思っています。

串木野駅構内に長谷場純孝のブロンズ像があります。すぐ下には「長谷場純孝先生像　衆議院議長清瀬一郎書」とあり、台座には「先生はつとに自由民権を唱え、国会開設以来衆議院議員に当選、議長・文相を勤め、大正3年病を押して議長に再任、ついに殉職される。年61才。鉄道国有化と鹿児島本線敷設の恩人である。ここに芸大山本教授に委嘱し、これをゆかりの駅頭に建立する。願わくは後生（世か）その偉徳を仰ぎ、先生に続（継か）ぐ幾多人材の輩出することを切に祈る。１９６０年４月　長谷場純孝先生顕彰会」とあります。

これを読んでから、標題について調査しているうち、色々なことがわかりました。そのことを次に書きます。

鉄道の国有化問題が帝国議会で論議されたのは、明治32年（1899）。そして、鉄道国有化が議会で論議されたのは、明治39年（1906）でした。それ以前の日本の鉄道は、32の私鉄道会社がそれぞれ割拠している状態でありました。そして、鉄道は官鉄となりました。

鹿児島県に最初に鉄道ができたのは肥薩鉄道で、明治32年（1899）8月着工（鹿児島～吉松間）で、34年に竣工しました。

官鉄西薩鉄道（川内線）の開通は、鹿児島～東市来間は、大正２年（1913）10月11日。東市来～串木野間の開通は、大正２年12月15日、串木野～川内間の開通は、大正３年６月１日でした。

ちなみに、大正２年10月11日の鹿児島～東市来間の運賃は、28銭。現在の運賃は５４０円。

串木野駅開業当時、職員数22名、現在５名。

串木野駅の初代駅長は河崎岩亀氏で、現在（平成13年３月）の駅長は、35代松山　登氏です。15代駅長には、平江橋や河内の河良橋の石工だった料屋三太郎の長男である料屋　正氏であったこともわかりました。

この頃の串木野の交通機関の一つである馬車の数は、

官鉄開通前は、客馬車数18台、荷馬車数１５０台。

官鉄開通後は、客馬車数２台、荷馬車数50台。

と減ったこともわかりました。

それから、大正３年１月12日の桜島大爆発に被害者輸送に無賃乗車証を発行していました。使用条件は、罹災者で一家離散の者がお互い所在を探すために往来するとき、もしくは罹災者をある一定の場所に集合させる等の場合、片道１回利用。発行期間１月22日～２月10日、この利用者は２月６日までに1、７９５名であったこともわかりました。

この頃の鉄道は、北九州から八代に至り、人吉を経て吉松に入り、鹿児島まで（肥薩線で）結ばれていました。どうして肥薩線が早く着工されたかについて、鉄道開通の余聞を紹介しましょう。

鹿児島県の鉄道開設の問題は、日清戦争前からの話で明治30年になって、鉄道官線の第一期に編入されました。これを海岸線（西薩鉄道）とするか、山手線（肥薩線）とするかについて、長谷場氏と当時の参謀総長、鉄道会議所長の川上操六大将との間に大論争が展開され、海岸線を通せば露艦の艦砲射撃の目標となるという話も出たといいます。とにかく軍部が強く反対したためといわれています。

その後、心ある人士によって、西薩鉄道建設について川内～鹿児島間に馬車鉄道の計画も真剣に論ぜられたこともあるといいます。また、電気鉄道の計画も進められていました。

地元では、西薩鉄道期成同盟会を結成し、中央にあった、長谷場先生や奥田栄之進代議士と連絡を密にとっていました。

たとえば、時の鉄道院総裁、後藤新平が九州方面へ出張し、川内・串木野方面を通過することを知った長谷場先生は、ひそかに地元を指導して総裁一行を大歓迎させたが、そのさい西薩地方の貨物が輻輳しているということを一行に印象づけるため、すでに収納ずみの葉煙草を借り受けて荷馬車や手押し車に積ませ、それに「後藤鉄道総裁歓迎」と、のぼりを立てて一行を沿線各所で行き合わせたということです。

また、当日一行の昼食の予定地は、現在の薩摩山バス停付近に定められていたので、かつて後藤総裁が台湾民生長官当時の使用人であった串木野市本浦の婦人は、この日の趣旨を言い含めてあったのだろうと思いますが、総裁と出会い、懐かしいひとときを過ごすこともありました。

その席上で、名物「かまぼこ」を陳列して日本一の評をとったのは、まことに一石二鳥というべきであったと記されています。

このように、西薩鉄道が生まれるについては、長谷場先生たちの、なみなみならぬ苦心と努力があったことなどもわかりました。

この原稿を書くに当たって、串木野駅長　松山　登氏からいろいろお聞きしました。また、使用した資料は次の通りです。

『鹿鉄局三〇年史』鹿児島鉄道管理局
『長谷場純孝先生伝』

『西薩鉄道の顛末』


（掲載：17号＝2003）

大正時代の串木野駅風景
（故）小原甚五郎画（野元出身）

駅舎・ホームは大正2年12月15日開業時建築のまま現在に至る。ホーム裏側の丘はプリマハム工場になった。

開業時代から掛けられていた札（切符窓口から奥突き当り）

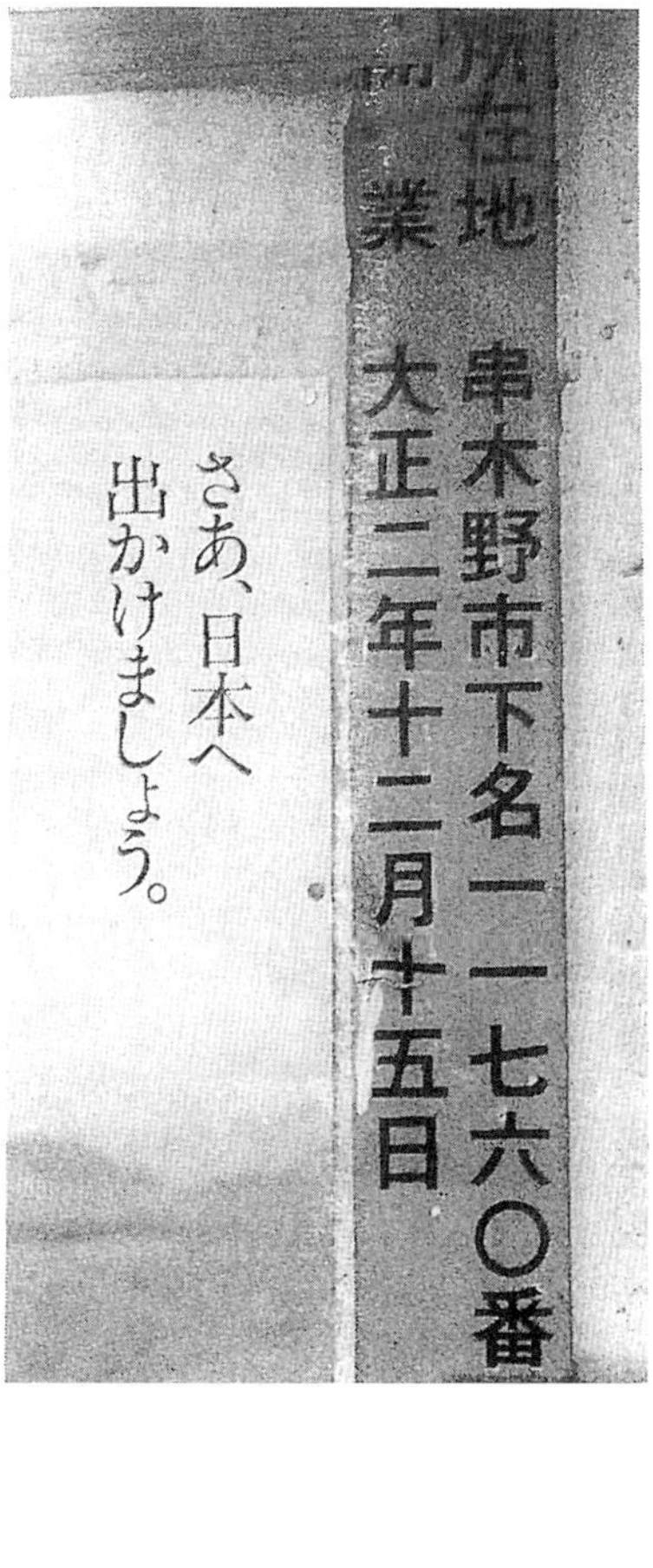

建物財産標の札（あとこういう札が4つある）

こじろうどんの馬車

人柄で呼んだ市民の足

串木野市

昭和37年まで、串木野市民の足として親しまれた「こじろうどんの馬車」。今は亡き内徳幸次郎さんが、40年近くも御者を努めた。

馬車の主なコースは串木野駅から甑島航路が着く串木野港までの約三キロ。でも、客が頼めばどこまででも馬車を走らせた。

こじろうどんは雪の日や雨の日、学校帰りの子供を見つけると乗せてやった。もちろん料金はとらない。二男・実さん64歳は「船が欠航したときはお客を何日でも自宅に泊めたもんでした」と語る。こじろうどんの人柄が客を呼んでいた。

終戦当時は4台いた駅馬車が、バスの出現で1台、2台と消えていった。「馬車への愛着が足らんからだ」とこじろうどんは1台になっても走らせ続けた。

馬丁、荷馬車引き、御者と13歳のときから手綱を握り続けたこじろうどんも神経痛に襲われ、引退。そして昭和41年、73歳で亡くなった。

（南日本新聞）

こじろう馬車

「並足進め」「分隊止まれ」という軍隊式掛け声によく従った（南日本新聞）

西薩鉄道串木野開通時の祝辞

～大正２年12月　衆議院議員長谷場純孝～

奥田　栄穂

串木野駅頭、プラットホームから鉄路をへだてたところに、長谷場純孝の胸像が建てられている。この碑は「長谷場純孝先生顕彰会」（昭和33年6月、当時の市長平瀬実武氏、市議会議長池之上正孝氏らを中心に結成され、昭和34年2月平瀬氏退任後は、満留正光市長が会長となる）の手によって、駅前広場の一角に建立（昭和35年4月3日除幕）されていたものである。一昨年秋完成開幕した三井金山の「串木野ゴールドパーク」観光バス発着等の関係もあって、昨春駅前広場の大改装が行なわれて、この「元衆議院議長・文部大臣、国鉄鹿児島本線敷設功労者長谷場純孝先生胸像」の碑は、乗降客の最も目にふれ易い前記の場所に移設整備されたのである。

胸像台座の背面に刻まれた碑文は左のとおりである。

> 先生はつとに自由民権を唱え、国会開設以来衆議院議員に当選、議長・文相を勤め、大正三年病を押して議長に再任、ついに殉職される、年六十一才。鉄道国有化と鹿児島本線敷設の恩人である。
>
> ここに芸大山本教授に委嘱し、これをゆかりの駅頭に建立する。願わくは後生その偉徳を仰ぎ先生に続ぐ幾多人材の輩出するを切に祈る。
>
> 一九六〇年四月
>
> 長谷場純孝先生顕彰会

胸像の前方やや離れたところに「ＳＬ８６２０型の動輪と汽笛」が設置されている。これは昭和48年に、串木野、鹿児島間鉄道開通60周年を記念して、市内上名麓の力石篤さん（当時鹿鉄工場職員）の協力によるものであった。

その台座背面に次の説明文が、横書きにくっきりと記されているので、ここにも横書きで記そう。

鹿児島―串木野間開通60周年記念

8620形式蒸気機関車は，大正３年日本で初めてつくられた旅客列車用過熱式蒸気機関車で愛称を（八六）と呼ばれています。68660号は，大正12年につくられたもので，鹿児島本線開通後の大正から昭和にかけて急行列車などにも使用され，昭和48年12月解体されるまで50年間働いたものです。串木野駅～鹿児島駅間開通60周年を記念してその一部を残置保存し，学術的・文化的資料として後世に役立たしめようとするものであります。

昭和48年12月14日

【駅前公園にSLの動輪等を設置】

串木野、鹿児島間鉄道開通60周年を記念して、SL8620型の輪と汽笛が力石篤さん（麓）の協力により設置された。

説明文の末尾の「昭和48年12月14日」の60年前は、「大正２年12月14日」その日こそ鹿児島駅から串木野駅までの鉄道が開通して、盛大な記念式典が行なわれた日である。国鉄鹿児島本線敷設最大の功労者長谷場純孝胸像の前面に、60周年目の同月同日に、このＳＬの動輪等が設置されたことは、まことに時宜を得た挙であったと言えよう。

顕彰会はこの外に次の二つの事業を行なった。

１　「長谷場純孝先生伝」の出版（昭和36年２月）。当時串高教諭たりし富宿三善氏編集、４４３ページ。苦心の力作である。

２　生地麓の旧邸宅の一隅に生誕碑建立（昭和37年４月）。顕彰会はその事業の目的を完了して昭和37年７月解散した。

◇

「長谷場純孝先生伝」の中から、長谷場の鉄道敷設関係の功績を主として抜粋要約して話を進めていこう。

――箇条書的に、簡略に――

(一)　肥　薩　鉄　道

(1)　明治32年８月着工

(2)　鹿児島―吉松間が明治34年に竣工

(3)　八代―人吉間が明治41年６月に竣工

(4)　人吉―吉松間が最も難工事で明治42年11月にようやく竣工し、八代―鹿児島間全線が開通する

(5)　総工費１、５８２万余円（今の時価で？）

(二)　西　薩　鉄　道（現在の鹿児島本線）

(1)　西薩鉄道期成同盟会結成

(2)　明治41年、帝国議会に鉄道敷設案提出

（イ）　吉松→都城→宮崎
（ロ）　鹿児島→川内
（3）　この時、純孝は議長職にありて決定し、直ちに起工
（4）　大正2年10月10日、東市来駅まで開通
（5）　〃　2年12月14日、串木野駅まで開通

先に述べたとおり、この日に串木野駅頭では、盛大な記念の祝賀式典が開催されたのである。

第31議会開院式（大正2年12月26日）勅語奉答文起草委員長でもあった長谷場純孝は、残念ながら帰郷参列することができず、東京の邸宅で長文の祝辞を認めて、郷党にその満腔（まんこう）の祝意を伝えた。時の串木野村長入来次郎助がこれを代読し、その祝辞は入来家に大切に保存されていたが、現在は市の文化センターの資料館に寄託展示されている（寄託者長香江さん）ので一覧されたい。

祝辞は上質の巻紙（約6メートル）に墨痕（ぼっこん）鮮やかに奔馬（ほんば）の走る如き達筆で一気呵成に認められている。伝記の355ページに採録されてはいるが、10か所余の誤りもあるので、ここにその全文を再録させていただこう。（句読点は筆者）

【第26回帝国議会　西薩鉄道案可決後１日】
（長谷場純孝）致堂書
（隈之城　木原家蔵）

祝　辞

富国強兵ハ国家独立ノ一大要義ナリ。兵ヲ強フセントスレバ富ヲ増サザル可ラズ。富ヲ増サントスレバ交通機関ヲ整備シ人智ノ啓発ト生産興隆ノ途ヲ開カザル可ラズ。之レ鉄道ノ最モ必要ナル所以ナリ。

西薩ノ地其ノ鉄道ノ必要ニシテ急設ヲ要スルハ今茲ニ縷々（ルル）ヲ要セズ。偶々（タマタマ）日清戦役後八代ヨリ鹿児島ニ達スル鉄道架設ノ議起ルニ当りテ予ハ大ニ論議スル所アリシモ、其ノ当時ハ日露戦役前ニシテ国防上ノ見地ヨリ終ニ人吉、吉松線ヲ急架スル事トナリ、予ハ猶（ナホ）何レカノ時機ヲ見テ平素ノ主張ヲ貫徹セン事ヲ期シ居タリシハ、固（モト）ヨリ予ガ一個ノ私見ニ非ズシテ、当時鉄道作業局ノ意見モ予ノ意見ト一致スルノ点アリタルヲ以テナリ。之レ国家経済上ノ見地ヨリスレバ争フ可ラザルノ理由大ニ存スレバナリ。

已ニシテ人吉線ハ鹿児島ニ貫通シ、国家ノ進運ハ駸々（シンシン）止マズ。時ハ来タレリ、四十一年ノ帝国議会ニ、一ハ吉松ヨリ分岐、都ノ城ヲ経テ宮崎ニ達スルノ線ト、一ハ鹿児島ヨリ川内ニ至ルノ鉄道敷設案ヲ、時ノ政府ハ帝国議会ニ提出スルノ運（ハコビ）ニ至レリ。其ノ間ノ苦心惨胆ハ筆舌ノ外ニシテ、今ニシテ回顧スレバ殆ド夢ノ如キ感ナキニ非ズ。当時予ハ衆議院議長ノ職ニ在リシガ、幸ニ議員同僚諸君ノ非常ナル奔走尽力ト県民諸君ノ熱誠ト相一致シテ、終ニ帝国議会ノ決議ヲ経、随（シタガツ）テ其ノ起工ヲ見ルニ至レ

リ。而シテ、去ル十月十日ヲ以テ東市来駅迄ノ開通ヲ見、今日串木野迄開通スルニ至テハ歓喜ノ情真ニ難禁(禁ジ難ク)、予は宿昔(シュクセキ)ノ素志タル一部ヲ達シ、聊(イササ)カ県民諸君ニ報ユルヲ得、亦(マ)タ此ノ恵沢ハ永久ニ我々ガ子孫ニ及ブ可キヲ想ヒ快心ノ極ニシテ、諸君ト共ニ大ニ祝賀スル所ナリ。

　此ノ幹線敷設ノ動機ニ基キ、県下ノ有志諸君ハ発奮興起私設会社ヲ組織シテ伊集院ヨリ分岐シ加世田、南方ニ達スルノ線路已ニ起工サレ、又タ川宮線敷設ノ計画アリ、県下将来ノ発展知ル可キノミ。而シテ幹線ガ川内迄開通スルモ来春中ナルヲ信ジ、猶進ンデ川内以北八代ニ貫通スルノ法途ニ付テハ目下大ニ苦心中ニアリテ、窃(ヒソカ)ニ其ノ成効ヲ期シツヽアリ、其ノ成効ヲ見、後チ始メテ宿昔ノ主張ヲ貫徹セリト言ハントス。

　今日開通式ヲ挙ゲラルヽノ地タル串木野ハ予ガ生誕ノ郷タルヲ以テ、特ニ欣喜ノ感甚大ナルヲ覚フ。故ニ一書ヲ致シテ衷心ノ歓快ヲ述ブルト同時ニ、此ノ線路工事ノ局ニ当リシ各位励精ノ労ヲ感謝シ、猶、西薩鉄道ノ万々歳ト県民諸君ノ

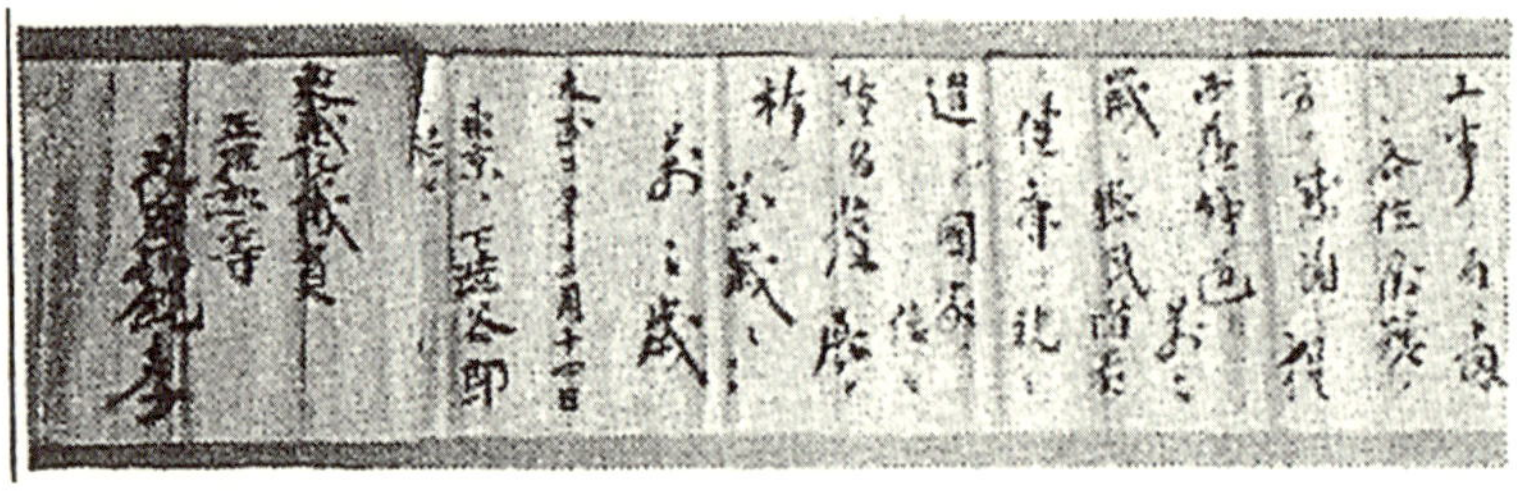

【祝辞の末文】

健康ヲ祝シ進ンデ国家ノ倍々隆昌発展ヲ祈ル。

万歳々々

万々歳

大正二年十二月十四日

東京・下渋谷邸

ニ於テ

衆議院議員

正四位勲三等

長谷場純孝

◇

この祝辞の後半を要約して先のとおり箇条書的に続けると次のようになろう。

(6)　大正3年春は川内まで開通

(7)　川内以北八代まで……目下大いに苦心中

(三)　私設会社

(1)　伊集院→加世田、南方　すでに着工

(2)　川宮線（川内→宮之城）敷設の計画あり

◇

末尾を「万歳々々万々歳」で結ばれたこの祝辞を読むとき、欣喜雀躍せんばかりの純孝の心中が想察され、それにもまして、間もなく実際に、生まれて初めての鉄道の恩恵に浴する村民一同の喜びは、いかばかり大きなものであったか、胸打たれる思いがする。純孝の

殉職はこの翌年の大正3年3月15日であった。
爾来76年余を経た現在、鉄道を利用するわれわれの中には、特別に感謝感激の念を持つ人はあるまい。だが、完全な忘恩の徒にはなりたくない。せめて時にはと自戒したい。

薩摩串木野驛前
冨士屋旅館茶屋

當館の位置は

一、西薩名所串木野濱の絶景に遊ぶの門口
一、島津三井の大鎖山に至るの門口
一、島平港滊船連絡の門口に有之候
一、土地名産新鮮魚を御好みに應じ料理可仕候
一、誠實清潔旅價は實に當館の精神に御座候

大正三年五月

主人敬白

今も駅前に大きく営業を続ける富士屋旅館の76年前創業の頃の姿である。

〔補足：平成2(1990)年寄稿当時〕

【この写真は、川内に鉄道が開通したのを記念して刊行された「薩摩郡案内記」（大正3年　村尾開進堂発行）に、広告として掲載されたものである】
－川内郷土史研究会長　木場武則氏提供－

※「付記」

以上で、表題についての文章は一応終わったことになる。が、なぜ今頃この題材を私が書くことになったかを付記しておきたい。

昨年5月末の総会の日に、私は自ら希望してこの題材で研究発表をさせていただいた。

では、なぜ特にそれを望んだのか。理由は次の二つである。

（1） 先に述べた駅前広場の改装により、胸像や動輪の移設工事が始められていた。

（2） 血統絶えて住む人もなく、わずかに残されていた長谷場家の台所部分が都合により昨春3月末から撤去されて、そこに死蔵されていた相当量の写真や古文書類が発見された。そして、その中に先述の「祝辞」が発見されたからである。

（後で判ったのであるが、これは純孝の清書直前の最後の原稿と思われる。展示の祝辞のコピーかと思われるほど似通った出来ばえである。）

（2） について、もっと詳しく説明しよう。

◇長谷場の家系

・遠く藤原冬嗣（鎌足の孫）を嚢（のう）祖とする。

6代直純が鹿児島郡司となり長谷場村（現池之上町）に住む。

19代則純が長谷場姓を名乗る。

・27代純房が串木野押の衆頭となる。これが串木野の長谷場氏の初代である。寛永15年（1638）没。

・その第9代純心（藤蔵）が純孝の父である。藤蔵は、江戸の藩邸に祇役していた頃、西郷隆盛と相知り交友。隆盛は麓の長谷場家に何回か来遊している。明治13年没56歳。

◇純孝の家族

・父は藤蔵。生母は児王氏娘。二人の継母に仕える。最後の継母志賀子は、串木野村婦人会の初代会長であった。大正9年没81歳。

・純孝の第1夫人は（金丸）枝子。明治32年没40歳。

・第2夫人は（入来）桑子。明治35年没34歳。

・第3夫人は熊本県の（浜田）チキ。昭和32年没88歳。

・一人娘の純子は明治19年生まれ、38年に養嗣子敦と結婚。敦は川辺郡の児玉久清の次男。

・夫妻の間に2子あり。長男純徳はわずか5歳で大正8年に夭折。長女正子も昭和17年没23歳。未婚のまま。これで、長谷場の血統は絶えることになった。

・純子も失意の中、昭和22年没62歳

夫の敦は、一時南薩鉄道株式会社の総支配人の地位にありその将来を嘱望されたが、戦後不遇のまま34年1月その数奇な生涯を終えた。82歳。

こうして、悲運にも長谷場家の正統の名跡は絶えたのである。しかしながら、故あって隣家の長（おさ）家の娘和子さんがその名跡を継ぐことになり（「長谷場和子」現在東京都在住）、兄の正氏（長家二男、青森県弘前市の斎藤家に養子）が11年前に帰郷在住してからは、長谷場邸跡や墓地等一切の管理世話をしていた。昨平成元年弘前の養家に復帰することになり、わずかに残されていた長谷場家の台所部分（数年前まで縁故の老女居住）を解体撤去したのである。

その際発見された古文書や写真等を斎藤正氏は一応の整理を終えた後、この私にその処理始末について相談された。私は一夜出かけて拝見、その分量と貴重さに驚いた。翌日、所崎平氏にも連絡、2、3日後の夜、2人で行き、所崎氏も同感。市教委社会教育課長鮫島氏にも連絡。数日後、指導員の松崎氏も伴って、我ら2人と、もう1人、わざわざ始良町から来ていただいた二階堂正明氏（後註）まで5人、麓公民館に於て約3時間にわたって披見させていただいたのである。

（註） 二階堂正明氏は元南日本新聞記者。

鎌田要人後援会会報「鵬南」誌（年2回発行）に61、62年頃4号に亘って、素描・鹿児島人物記として「長谷場純孝の歩いた道」と題する大文章を連載。

5人共に貴重な資料なりと高く評価。斎藤氏の希望通り、市の資料室で預かろうということになった。

やや後日談になるが、斎藤氏ご夫妻は一切の始末を完了して、6月末頃弘前市の養家先へ出発された。その数日前に右の長谷場家関係の文書・写真等は全部搬出、市中央公民館3階資料室に格納されたのである。

7月夏休み、鮫島課長の委嘱により、文化財審議委員の所崎・高野和夫の両氏と私の3人で、右文書・写真等の大まかな調査種類別けをする。指導員の松崎氏も立合助勢。3日を要した。

◇

長谷場邸は麓四郷のほぼ中央部に位置し、跡地積は約1300平方メートルの広さである。（斎藤正・長谷場和子名儀合計）

この跡地に「長谷場記念館」的なものを建てられないものであろうかというのが、斎藤氏の切なる望みである。

明治時代に串木野から大きく翔び立った日本的な政治家長谷場純孝の、血統全く絶えて住む人もない跡地!!その一角に「生誕地跡」の記念碑があるだけというのでは、いかにも寂しい気がしてならない。（平成2年3月稿、純孝没後76年）

（串木野市上名麓）

（掲載：4号＝1990）

「串木野の地名の由来」の揺れ動き

所崎　平

1　串木野は「串・木野」か「串木・野」か

「串・木野」の「串」は尖った細長い棒だが、「木野」の意味がすっきりしない。「串木・野」の「串木」は、戦国時代の記録だが「櫛木」ともあり、恐らく、櫛を作る木が目立った土地だったので、「串木野」となったのだろうか。

ただ、櫛の木といえば、「ツゲの木」である。だが、串木野市内で立派な「ツゲの木」を見たことがない。もっとも、中世かそれ以前に櫛の木はツゲの木以外にもあったならば、別である。どちらかというと、南薩の開聞町や頴娃町あたりに、女の子が生れたときにツゲの木を植えるという風習があり、ツゲの櫛が今でも作られ、売り出されている。

『古事記』で伊邪那岐命（いざなきのみこと）が黄泉（よみ）の国に行き、伊邪那美命（いざなみのみこと）を見るとき、櫛に火をともして見た場面がある。「湯津津間櫛（ゆつつまぐし）の男柱（をとこばしら）一箇（ひとつ）取り闕（か）きて、一つ火燭（びとも）して」との表現で、「爪形の櫛の、一番端の太い歯を一つ折り取って、一つだけの火をともして」と訳す（三谷栄一『古事記要解』12ページ昭和55年有精堂）。註に、「湯津津間櫛＝「湯津」は本来は「斎つ」で神聖なという意。それから転じて五百箇（いほつ）の約とみられ、数が多いという事を意味する讃め詞となった。櫛は串と同じで、挿す物の名。上代の櫛は竹製で、現在のもののように横長ではなく縦に長く、歯も長い物だった。以下略」。櫛の材は竹である、とある。でも、竹ならば鹿児島県はどこにでも群生していて、目印にはなりそうもない。

2　『串木野郷土史纂考』の「串木野の地名」

『串木野郷土史纂考』は、串木野市教育委員会と社会科教育主任会の編集、串木野市教育委員会で、昭和32年3月30日に発行している。その「第二章　串木野市の発達　第三節　大陸の文化が入って来た　二　冠岳三社と興隆寺」35ページに、「現在では普通東岳神社を冠岳神社と呼んでいる。／ここの祭神は**櫛御気野命**（くしみけのみこと）（素戔嗚命）が主神である。串木野の地名はこの神名から起こったのではないかと云う説もある」と出ている（――線、筆者、以下同）。

ところが、5年以上経った昭和37年12月15日発行の『串木野郷土史』は串木野郷土史編集委員会代表冨宿三善で出版された。この「郷土史」の3分の2は、『串木野郷土史纂考』をそのまま敷き写したもので、「串木野の地名」も表現は少し変わっているが、ほとんど内容は変わらない。

3　『串木野郷土史』の「串木野の地名」

「十二　大陸文化と日本（2）　冠岳三社と興隆寺」48ページに「現在冠岳といっているのは、東岳神社のことです。この祭神の櫛御気野命―素戔嗚命の名まえから、串木野の地名はおこったともいわれています」

『串木野郷土史』が出版されたので、この説がそのまま定着して、「櫛御気野命」から「串木野」となった。冠岳神社の看板説明には、祭神名がそのまま串木野地名の起こりである、とほとんど断定的に書かれていた。

4　『串木野郷土史補遺改訂版』の「串木野の地名考」

昭和59年3月31日発行の『串木野郷土史補遺改訂版』は、初版から20年経って、初版本もなくなったので、そのまま誤字脱字を改めた上、出版しよう、との趣旨から出発した。そこで、誤字脱字を中心としたが、明らかな間違いと20年間で新たに分かったことはできるだけ付け加えようとの意図で始めた。だが、初版本のままの体裁を崩さないように、とのことであったので、大部分はそのままであった。ところで、「串木野の地名」については、註で四説新たに付け加えた。それは、「櫛御気野命」だけでは、いけないからであった。『串木野郷土史補遺改訂版』78ページの「一一　大陸文化と日本（2）冠岳三所権現と興隆寺」の部分で、「東岳権現のことです。この祭神の櫛御気野命（くしみけののみこと）（素戔嗚命＝すさのおのみこと）の名まえから、串木野の地名はおこったともいわれています」とそのままにし、84ページに註③「串木野の地名考」として、「諸説ある。冠岳神社の祭神の櫛御気野命（素戔嗚命）から「くしきの」は発生したというのがその1．その2、串木野には大むかし、葦の生い繁った沼沢地であったといい、こういうところをアイヌ語では「くしきの」ということ。その3、伝承として藩寺社方御修甫の猪多大明神（饒速日命＝にぎはやひのみこと）を奥州（岩手県）胆沢（いさわ）郡より、祠官入枝志摩丞の先祖が招請して五反田川を舟で溯り、浜ヶ城近くまで来た時、朽木の大木が横に伏せ、一行の行手を拒んだので、その夜は仮小屋を造り一泊し、翌朝目覚めてみると、大木は跡形もないので、一同「ふしぎのう」といったので、「くしきの」の地名となる、と。その4、『猪之日太大明神来由記』によれば、木屋の屏風岩に臥木があり、それに腰掛け、まずそこに鎮座、その後宮原に遷宮するが、その時、臥木野と名づけ、後、串木野と改めたという」と四つの説を出している。これには、改訂委員の冨宿三善・肝付進・奥田栄穂・所崎平が関わった。

出典は、『猪之日太大明神来由記』だけは書いてあるが、他の三つは書いてない。三説出していたのは、串木野史談会会誌『史談』第1号と第3号に出ているので、それを検討してみよう。

5　野元義雄翁の「串木野地名考（一）臥木野」説について

1号には、「猪之日太大明神」の「臥木野」説と「櫛御気野命」説の二つが出ている。50ページ～55ページとかなり力を入れた論文である。次に、要点になる部分を抄出してみる。

「〇串木野　この由来に就いては、次の古文書が保存されている」といって貞享五年（1688）の古文書「猪之日太大明神来由記」について説明するが、由緒ある神社だ、という方に力が入り、「地名の由来記に就いては別に説明を要しない。要は由来記の生じた神社が問題と思う」という。文書の部分を挙げてみると、次のようである。原文そのまま。（——線は筆者）

由來覺
一猪之日太大明神　御本地麻利支天
右來由往古之儀奥州膽澤郡ヨリ入枝
志摩丞先祖奉荷負當浦江御入津被遊候
木屋ノ屏風岩之臥木ニ御腰ヲ掛給其所江
木屋カケニ屏風圍江御鎮座也其所ヲ于今
木屋之屏風岩ト申也其以後宮原江御
遷宮有之其時在名ヲ臥木野ト名付
其後串木野改候由具ニ申傳候事

だいたいの意味は、「猪之日太大明神」は入枝志摩丞の先祖が奥州胆沢郡（岩手県）から背負って持ってきて、木屋の屏風岩の臥木に腰を掛け、屏風で囲ってご神体を鎮座した。後、宮原へご神体を移した。そのとき、在名（農村の地名）を串木野と改めた、というもの。

つまり、「臥木野」から「串木野」となったという言い伝えである。「木屋の屏風岩」という所なので、「木屋掛けをし」、「屏風岩」なので「屏風囲い」をしてご神体を囲った、と巧に地名を使った説明にしている。

6　串木野の地名の古い記録

続けて「串木野城」の項で、明治4～8年編纂の『薩隅日地理纂考』に「建久年中（1190～1198）に串木野三郎忠道が串木野を領す」とあり、「串木野」の名が出た最初である、としている。

そこで、建久時代に串木野三郎忠道が史料に出てくるのはいつかを正してみると、幕末だが、寛政10年（1798）午11月『古城・古戦場糺帳　扣　串木野』には「建久年簡之比より串木野三郎忠道致領地」と『薩隅日地理纂考』と同じようなことが書いてある。しかし、建久八年（1197）の『薩摩国建久図田帳』には、荒河太郎種房は出てくるが、串木野三郎忠道は出てこないし、串木野という地名も出ていない。（扣＝控。御仮屋〈役所〉で控えを作った、ということ）

そこで、建久年代に串木野という地名は、あっただろうが、確かめることはできない。

また、『串木野郷土史』163ページに入来院文書の「建久以前の薩摩人交名（きょうみょう）」として、「串木野太郎忠道」が出ているが、日本学術振興会発行の『入来文書　新訂　朝河貫一原編』253ページに「薩摩郡国人目録」に最初の「山門」が「山田」と違うが、以下はまったく同じ名前が出てくる。項目名が「建久以前の薩摩人交名」と「薩摩郡国人目録」との違いがあるので、同じものかわからないが、もしそれを同じものとして扱うと、それには年月日が書いてないし、出典を「薩隅日三州他家古城主来由記」としているところから、後年書かれた文書であろう。それで、「建久以前」とした根拠は、おそらくその文書の前後に建久年号の文書があって挟まれていたからであろう。「交名」としたのも名前が並んでいるからであろう。これ以外には「入来文書」に似たものはない。

では、史料上で最初の「串木野」が出てくるのはいつか、ということ、承久2年（1220）の頂峯院文書ではなかろうか。次に私が見た史料の中から、古い順に史料を出してみよう。

承久二年（1220）「薩摩国薩万郡内串木野村領主平忠道謹辞」頂
正応元年（1288）「薩摩国御家人串木野太郎忠行後家如阿謹厳」旧前
永仁五年（1297）「奉免薩摩郡串木野村内冠嶽両山神領田畠山野等事」頂
元亨五年（1325）「道鑑公狩巡封彊」に「串木野」旧前
文和四年（1355）「櫛木野ニテ宮方ト合戦」「櫛木野城ヲ攻メル」旧前
文和四年（1355）「道鑑所領薩摩国櫛木野城郭」旧前
文和四年（1355）「従三条泰季攻櫛木野城…櫛木野、今作串木野」旧前
応安六年（1373）「補任薩摩国串木野村内冠嶽東谷……」頂
宝徳元年（1449）「薩摩郡串木野内也…串木野村」頂

註　頂＝頂峯院文書　旧前＝旧記雑録前編一のこと。

気が付くように、文和四年のときに集中して表れる以外には「櫛木野」「櫛木野城」は使われていない。なんだか武将が「串木野」より「櫛木野」の方が重みある地名として使ったのではなかろうか。このとき以後、「串木野」と「櫛木野」との混用が始る。『頂峯院文書』や公文書には「串木野」が多いので、正統的な地名は「串木野」であり、「櫛木野」は飾りの言葉ではないだろうか。

7　串木野の地名、櫛御気野命説

さて、野元説に返って、「猪之日太大明神来由記」の「来由記」について、次のように記す。「以上は古文書の由来記（来由記のこと）を肯定し、伊多神社（猪之日太大明神の現在名）の社格の由緒深きを説いたのであるが、以下これを否定した立場に於て考察したい」つまり、「来由記」の「臥木野」説は否定して、次の説を出す。

「鹿児島県神社神名帳なる冊子を閲覧して、次の事実を発見した」として、

１　県内各町村殆んど熊野神社が鎮座ある事

２　右の祭神が何れも櫛御気野命となって居ること

この櫛御気野命（くしみきのみこと）なる神名は余り一般的でないのであるが、試みに敬称御（み）を略すると櫛気野（くしきの）命となる。串木野の名之れに出づとのヒントを得たのである。

この祭神から串木野の地名となった、ということである。長々と説明しているが、要約すると、島根県熊野大社の祭神が櫛御気野命であり、慶長十九年の古文書に櫛木野とある。出雲族が西進して、串木野へ入津し、櫛御気野命を守護神とする出雲族を基盤とした政治文化の中心となる。蘇我馬子が勧請した紀州の熊野三社が入り、後世になって紀州熊野が強力になり、櫛御気野命は影が薄くなる。神名とは関係なく櫛木野の地名のみが残存することになった。櫛木が「フシギ」であり、「臥木」に通じるので、「由来記」が創作されて支配者階級に権威づける一役をなした。神名が地名になったのは市来は市杵島姫から伊敷が伊爾色神社から、と野元翁は説く。

そこで、この説が広まった。しかし、これには誤りがいくつかある。一つは、「串木野」の地名の方が早いのであって、「櫛木野」は後であるので、「櫛御気野命」からの変化ではないこと。島根県熊野大社の祭神名は確かに「櫛御気野命」であるが、読みは「くしみけぬのみこと」であり、「くしみきのみこと」ではない。

次に、「鹿児島県神社神名帳」であるが、これは恐らく「明治廿九年五月八日　県廳神社明細帳　日置郡串木野村役場」ではないかと思われる。それには、冠岳神社の祭神に櫛御気野命が載っている。野元氏は江戸時代の冠岳の熊野三所権現には、西岳が速玉男命（はやたまおのみこと）・中岳が予母津事解男命（よもつことさかおのみこと）、東岳が伊邪那美命（いざなみのみこと）としているが、幕末の元治元年（1864）子五月「神社佛閣調帳　串木野」には、東岳熊野大権現は本宮證誠殿　本地　阿弥陀、中岳熊野大権現は本地薬師、西岳熊野権現は本地　千手観音となっている。紀州熊野本宮は家都御子神（けつみこのかみ）、新宮速玉神、那智は夫須美（ふすみ）神である。廃仏毀釈後、明治初期に各神社の祭神を変えている。恐らく国家神道との関わりであろう。そのときに、予母津事解男命の神名も中岳に入って来たし、櫛御気野命も入った。県内の熊野神社が全部櫛御気野命になったのもそのときである。それまでは、仏名であったのだ。

そこで、野元氏の櫛御気野命説は明治以降に串木野の地名が生れていたら成り立つが、そうでない限り成りたたない。

東岳神社の神が櫛御気野命に変わった、早い記録は「明治九年丙子五月　神社　社地境内反別諸木調帳　扣　串木野」である。

8　アイヌ語説

串木野を「クシ　シキネ」に分け、「クシ」は「越ゆる」、「シキネ」は「葦原」で、「葦原を越えていく所の意」と解釈し、古昔は串木野に至る途中は紘々たる葦原であったに違いない、とする。

ところが、アイヌ語の文法だが、「クシ　シキネ」なら「越える葦原」であって、「芦原を越える」は「シキネ　クシ」でなければいけない。

たとえば、「渡る川」は「クシュンナイ」といい、「クシュ（渡る）ナイ（川）」である。「葦の生えた川」は「シブ（葦）ナイ（川）」、「萩のある小川」は「シブ（萩）ウシ（多い）ナイボ（小川）」となる。アイヌ語も日本語も同じ文法である、というので、「シキネクシ」なら「葦原を越える」といえるが、反対の「クシ　シキネ」は無理であろう。また、『アイヌ語よりみた日本地名新研究』菱沼右一　昭和40年　第一書房には、「葦」も「萩」も「シブ」であるが、表記では葦＝shipki、萩＝shipと違いあるが、葦原を「シキ」というのかはっきりしない。「クシ＝kus」は「通る」２１４ページ、「シキナ＝si-kina」は「蒲（植物）」２６１ページと『萱野茂のアイヌ語辞典』三省堂とあって、「シキネ」は「ガマの原」ではなかったのだろうか。「葦原」は「キサラ＝ki-sar」２０６ページとあって、「シブ＝葦・萩」は載っていない。単純にアイヌ語で解釈してよいのか、とまどうものである。

9　矢・串で境界を定める行事から「串木の神」説

矢や串は木材が用いられたので、串と木を支配する神を「串木の神」とし、部族の支配者として推戴したのではないか。

野元翁の推論は、発展して、「串木の神」までくるが、矢と串が木で作るものであろうか。簡単なものは竹である。もちろん木串もあるが、これが「串木の神」につながるとは思えない。

10　赤生木説

「五十猛命の伝記に、新羅の曽戸茂梨に往き材樹の種を播いたが生長せず、帰りて筑紫より紀の国に播く云々」とある。「その材樹が海浜にある榕樹（赤生木）で、大きく育つと枝から空根を出し、異様な不思議な木、妙な木「フシキな木の野」となる。それから串木野（伏木野）となったと思う」との説である。

だが、串木野市内では、榕樹（赤生木）は羽島の方の暖かな土地にあり、浜ヶ城から麓の方には生えていない。

そもそも、建久時代で串木野といえば、どこを指すのか。これを考えないと、とんでもないところを串木野にしてしまう。

猪之日太大明神の来由記から考えると、浜ヶ城の屏風岩から東になる。猪之日太大明神のあたりを串木野といったので、来由記ができたのではなかろうか。田んぼがあり、大薗・小薗という畠地帯もあるので、今の生福から大薗・小薗・麓の地域が串木野の範囲になる可能性が大きい。小川亥三郎『南日本の地名』１９８ページ第一書房には「中世に支配した豪族は、上名麓の串木野城（櫛木野城）を根拠地とし、江戸時代には上名の麓地区に地頭館があった。このように中世から近世にかけて、串木野の中心は上名にあった。」としている。

11　野元地名考の五説

1　伊太神社古文書に依る臥木説
2　アイヌ語源に依る「クシシキネ」説
3　熊野神「クシシキノ」命がアイヌ語源「クシシキネ」なる説
4　熊野神「クシシキノ」命が字義通りの根拠による「串木野」命なる説
5　五十猛命による赤生木の奇木説

が、結論であるが、野元翁の想像力の豊かなことには驚くべきものがある。

12　「くしきの」とは？

①　「キノ・チノ」の焼畑説

○○木野という地名・名前を並べてみると、串木野・桑木野・久木野々・弓木野・木佐木野・桃木野などがある。桑木・弓木・桃木は、それぞれ「桑の木・弓の木・桃の木」と解してもよいであろうが、久木・木佐木は何だろう。串木野も「串木＋野」か「串＋木野」かで、解釈が分かれている。

沖永良部島の故柏常秋氏は、「串＋木野」説で、「キノ・キナ・チナ」は焼畑のことで、「クシ＝越える＋キノ＝焼畑」なので、「越える焼畑」と考えているようだ。同じく谷川健一『現代「地名」考』34ページNHKブックスでもこの説を支持し、「奄美大島の北部に赤木名（アカキナ）や秋名（アキナ）、沖永良部島の知名（チナ）、沖縄本島の屋慶名（ヤケナ）や和解名（ワドキナ）などの地名があります。鹿児島県の串木野もその例に加えてもよいでしょう」としている。

しかし、焼畑（切替畑ともいう）は何もキナ・キノなどと言わず、木場茶屋の「コバ」は焼畑を示す言葉であり、あちこちに何々木場の地名や姓があり、別に「キノ」を焼畑にしなくても「コバ」で十分なので、「串＋木野」の「木野」は焼畑だという説にこだわらなくてもよい、と思う。「コバ」以前に「キノ・チノ」が串木野の地域まで使われていた、という考証ができるとよいが。

また、五反田川が流れ、稲作地帯があり、集落が集中していただろう、猪之日太大明神あたりでは焼畑はふさわしくない。

②　「クシ＝越す」説

「クシ」の方は、鏡完二・明克『地名の語源』角川書店では、

1　「クシ・クジ＝越す」ところ、また、砂丘や小丘などの「長く連なった高まり」の地形語。
2　串や櫛の象形語。久慈・狗子・久師・櫛浜・串本・具志堅（クシケン）
3　アイヌ語の「kusi＝通過する」「川や山の向こう」ニタトル

クシナイ＝湿地の所を向こう側へ行っている川。

「クジラ」クシ・クジに「鯨」の字を当てたもの。鯨・小鯨・鯨山・鯨峠・久地楽・久白（クジラ）・久ち良・久次良・串良・楠白（クジラ）

と、クシは越し、越える意味が中心である。

海岸にあるものは浜の屈曲部にあり、「具志川」は川の屈曲部に立地する。鹿児島県の串木野市などの語義もこれと関連があるかもしれない。

以上が、鏡氏の説で、串木野は「浜の屈曲部」であるかもしれない、という。だが、猪之日太大明神を中心とする内陸部であれば、関連がないのではなかろうか。

③ 角川書店『日本地名大辞典　鹿児島県』

角川書店『日本地名大辞典　鹿児島県』では、串木野の地名考はなく、「クシ＝ kush は越す」であるとする。「クシ」は「越す」でもよいが、「木野」の解釈がないので、どうしようもない。

④ 平凡社『鹿児島県の地名　日本歴史地名大系47』

ここでは、歴史的にどのような変遷をしたかが中心で、詳しく変遷がわかるが、地名考に関することは書いていない。

13　小川亥三郎『南日本の地名』第一書房

小川氏は「串木野の中心は古くは上名地区にあって、串木野という地名も上名、つまり内陸部から起こったのではないかと推定するのである」とし、展開する。次に原文を挙げる。

鎌倉時代の古文書には串木野とあるが、南北朝時代の古文書には櫛木野とあり、慶長年間まで両方混用された。私は櫛木野が原意を伝えているものと考えている。

櫛木（くしき）は櫛ノ木（くしのき）の略であろう。櫛ノ木は別名イスノキ・ユスノキ・ユシノキ（柞木・檮木）といい、古来この木で櫛を作ったので櫛ノ木の名がある。『牧野植物図鑑』によれば、

いすのき（ゆすのき、ゆしのき）

〔日本名〕語源が不明で、これまで正しい解釈がない。この木の材をくしに作ることから、くしの木の名がある。これはユシノキと発音が似ている。

（とあって、暗にユシノキはクシノキから来たのではないかと、いっているようにみえる）

久留米市の櫛原（くしはら）は櫛ノ木原の意であるという。香川県鳴門市に櫛木（くしき）という地名があり、愛媛県喜多郡長浜町に櫛生（くしう）という地名があるが、これは櫛ノ木の生えている所という意味であろう。

文献では櫛木野より串木野の方が古く現れているが、古いからといって必ずしも原意を伝えているとはかぎらない。むしろ後世の文字から原意を採り出すことができる場合が多々ある。

串木野は櫛木野の意で、「櫛ノ木の生えている野」ということで、

植物地名ではなかろうか。
と結んでいる。私の言う櫛はツゲの木だ、との考えはみごとにはずれ、ユスの木だという。ユスなら、伊集院がもとユス院から来ている、というので、伊集院から北の方にも生えていて、上名の地勢を見る要所にユスの木が目だって生えている所があり、櫛木野といったのかもしれない。

　他に想像すれば、串木野城から猪之日太大明神のあたりに、串の木を立てて、防御した、とも考えられるが、これは戦乱の時代の先の尖った杭であって、それ以前の地名であるから、不適当である。そこで、小川説が妥当な説であろうか、と考えている。

おわりに

串木野の地名考をいくつか見てきた。

野元氏の五説、

1　伊多神社古文書の臥木説
2　アイヌ語源から「クシシキネ＝越す、葦原」説
3　熊野神「クシシキノ」命がアイヌ語源「クシシキネ」になる説
4　熊野神「クシシキノ＝櫛御気野命」命の「御」が抜けて「串木野」になる説
5　五十猛命による赤生木の「奇木」説

柏常秋説は、「木野」を「キノ＝焼畑」とし、「クシ＝越える＋キノ＝焼畑」説。

谷川健一氏も南方の「キノ＝焼畑」説を支持している。柏氏と同じ考えで「越える＋焼畑」と考えているのであろう。

鏡氏は「浜の屈曲部」説

角川『日本地名大辞典　鹿児島県』では、「クシ＝越す」説はわかるが、「キノ」の解釈がない。

小川氏は「クシキ＝櫛ノ木＋野」で「櫛ノ木の生えている野」説。

私は、小川説がちょっと説得力があるのではないか、と考えている。他に、有力な考え方が現れたら、それに従おうと思う。つまり、まだ確定的な地名考は出ていない、とみるべきであろう。

（掲載：22号＝2008）

串木野の民俗（合同例会発表記録）

鹿児島民俗学会　小　野　重　朗

そこに1枚レジメ（プリント）を用意しているので、ご覧下さい。（レジメは本文末に添付してあります）

私が「串木野の民俗」なんていうのを話すのは、実に失礼なことで、皆さんの方がよくご存じのことなんですが、私は今から30年ほど前に、県下をずっと、各町村10数部落、ずっと調べたことがある。その時、串木野も12、13調べた。だから、串木野にはあるが、よそにはないもの、よそにはあるけれども串木野にはないものが、案外よくわかっているので、串木野独特の民俗にはどんなのがあるか、というのを、話すつもりで、このレジメは書いた。全部を話すのは、ちょっと無理なので、その中の重要そうなのを話してみようと思っている。調べてみて、重要だと思ったのは、串木野には、稲作関係の民俗がいろいろある。どうして稲作関係が盛んなんだろうか、ということは、あまりよくわからないが、他の地方にはないような稲作関係の民俗が盛んである。

現在は、稲作がこんなであるので、ほとんどなくなったかと思うが、2、3のこと、稲作儀礼というのがプリントにいくつか書いてあるが、一重○がついているのは重要だなあ、と思っているもの。二重◎は、串木野またはその近所だけにしか、聞いたことがない、という行事である。

例えば「**田祈念**」というのは、プリントの上から3番目、川畑・久木野・大薗・芹ヶ野で聞いたが、他の所では皆、田植えが済むと、サノボリをやる。ところが、こちらでは（サノボリもあると思うが）「田祈念」というのをやっている。どんなにするかというと、神社またはお寺、たいがい神社に詣って、そこで神事をしてもらって、札とかご幣などをもらって、それを田んぼに立てたりする。これは、サノボリに比べれば信仰的な行事であるから、そういう点からいって、重要でないかなあ、と思う。

その次の「**田の神講**」というのは（上から4番目に書いてあるが）、「田の神講」というのは、餅を搗いて、それを食べるのが普通である。ところが、ここの「田の神講」というのは、今は見られないと思うが、私が聞いたのでは、久木野・川畑・萩元・海士泊では、プリントに絵を描いたようなものを田んぼに立てる。真ん中に竹を1本立てて、その両側にワラの長さのツトを2本ぶら下げる。1本には「**牛の舌餅**」（「牛の舌餅」というのは変だが、牛の舌のように長い餅）を入れて、一方はモミガラを入れる。そのため、モミガラの方が大きい。そういう不思議なツトを作って、竹につけて田んぼに立てて、牛のオラブ声をするのが普通。それから、子供が牛の舌餅を出して、2人で引っ張り合う。そういう行事をした。これは非常に珍しいので、どこにあるかというと、そこに書いてあるが、大浦（薩摩半島の一番南の）、加世田、その次に松元（隣の）、串木野までである。何から来たものなのか、北からだんだん来て、そこに残ったものか、よくわからない。私は南から来たもので、南から来て、串木野まで残っていると思って、珍しい「田の神講」だというふうに思う。これをやる日は、旧暦10月の亥の日である。

これもなくなったけれども、**田の神が訪れてくる**。田の神様が家を訪れてくる。私はこれを見ているが、芹ケ野・下石野・浅山・荒川浜、そういう所で、田の神様が来たという話を聞いた。私が見たのは、芹ケ野だった。いつかというと、亥の日である。亥の日の夜に、青年のシ（衆）か子供達が田の神様のカッコウをする。頭にはシキをかぶって、蓑を着てメシゲの大きなものを持ってやってきて、家の中に入り込んできて、そこで、「田の神舞」を舞う。もちろん素人なので、下手くそな「田の神舞」を舞う。そして、大きなメシゲを前に出すと、うちの人が亥の日の餅を乗せてくれる。それを貰って出ていくという、簡単なことであるが、とにかく本当に「田の神様」が家を訪れてくる、というのは、めったにない。ほかにはどこにもないもので、私としては非常に注目しているものであるが、現在では、見ることができなくなっている。私が見て、下手な写真で撮ろうと思ったら、うまく撮れなかった。夜だものだから、フラッシュがうまく焚かれずに、撮れなかった。そのあたりが終わり頃ではないだろうか。

次に、「**庭アガイ**」「庭アガイ」は皆さんご存じですね。主に、稲の収穫が終わり、ニワで脱穀が終わって、また、籾を干すのも終わって、ニワの仕事が済む、といえば、たいがい11月終わりになる。その時に、ちょっとお祝いをする。それを「庭アガイ」「ヌワアガイ」というが、これは全県ずっとある。よその状態は、最後に干したムシロをパンパン音をたてて叩く。「ムシロを叩く」、それが「庭アガイ」だよという。ここの「庭アガイ」は、たいへん珍しい。どう珍しいかというと、「庭アガイ」のご馳走を作る。新しい米でご飯を炊いて、または赤飯を炊いて、それを十五夜のような飾り物を庭に臼を出して、それから箕と枡を置き、その中にご馳走を置いて、ほかのいろいろの、ちょっとした、オカズなども出して、庭に供える。では、その時の神様は誰かいないかなあ、というと、それは、「**ニワガイドン**」とか「**ニワタロドン**」とかに上げますといって、そこに飾る。そこまでは、県下あちこちにたくさんある。

次に、それを食べさせる（食べてもらう）人がいる。どこにいるかというと、たまたまその日の夕方に、その家にやって来た人。何もそれを目的にやってきたのではない。ご馳走をもらおうと思って来たのではなくて、たまたま「ご免下さい。」といって、行商の人などが入ってくると、その人を「ニワタロドン」にして、供えたご馳走を食べてもらう。これは、やって来た人にとっては偶然である。たまたま入って来たところが、「ニワアガイ」だった。「ニワアガイ」というのは、日にちは決まっていない。年末の適当な日に、家ごとにやる。そこの所へ入り込んできた人が「どうぞ食べて下さい」と言われると、喜んで「ニワガイドンにナイモス」となるわけである。「それでは、私がニワガイドンにナイモソカイ」というて食べる。それが「ニワガイドン」

これなんかは、私から考えると、田の神というのは、何も約束して来るのではない。そういう時に、たまたまやって来る神様が本当の神様であるわけで、ありや神なんかではありやせんよ、と考えるかもしれないが、こういうものは古くからの、鹿児島なり、日本なりの神の観念をよく教えているというふうに思う。たまたまその家に通りかかってくる、通り過ぎていく神様。それが入り込んできて、ご馳走を戴いていく、ということである。これは、土川とかにもあるようだから、相当広かったのではなかろうか。しかし、山の手にはなかったのではないか、と私は考えている。

以上が稲作儀礼であるが、その次に、稲作文化というのも（変な名前だが）、串木野は、**打植祭り**が盛んである。これは誰でも知っていることであって、羽島崎の「太郎太郎祭り」とか深田の「ガウンガウン祭り」とかが有名であるが、それ以外にも、松尾にもあったし、八房神社にもあって、これも二つとも現在やっていると思う。その外に、稲荷神社という八房の近くであるが、これなんかは全く無格社である。それが、昔から打植祭りをしていて、今でもやっているそうだ。伊多神社があって、伊多の「伊」が「猪」という字を書いてあったりするが、ここも元は盛んだった、と思う。今はしない。私が調べた時には、伊多ではやったよ、というのを聞いたが、どうして伊多神社がしないのか、元から農業をする所なので、あればいいなと思う。一つの町村に打植祭りが六つもある所は他にはない。一つはなくなっているが、五つもやっているのは珍しいことである。

じゃ、ここの打植祭りの特徴というのは、何だろうか、というと、いろいろあって、例えば牛が面であるということ。大隅あたりでは面ではない。牛の模型である。牛ほどの大きさはないけれども、長さはこのくらい（1メートル）の牛の模型を使って、その模型を引いてモガを引く、ということをする。だから、牛が面であるというのは、ここの一つの特徴になる。面と模型とどちらが古い形かというと、やはり面であろう。牛の面をかぶって牛の形をして人がする。それがだんだんと変わって牛の形を彫って引っ張って回るようになった。

他の所はたいてい田植えがない。ここでは、**田植えのマネ**をちょっとする。これも全国的に見ると、田植えのマネをするのが、古くからの形ではないかな、と私は思っている。あるいは、そうでないかも知れない。ここのところは、はっきりしたことは言えない。串木野は代表的な田植えを、後で、松葉を植えるとかが特徴である。

もう一つ特徴は、羽島崎神社の**船持ち祝い**である。これは、他には、たった1か所船持ち祝いを専門にする所がある。ずっと南の（吹上町）田尻の船木神社であるが、その船木神社と羽島崎神社と二つだけである。たぶん全国的にもそうではなかろうか。打植えというのは、農業の方の2月の仕事始め、予祝である。それに対して船乗りの人達の予祝というのが船持ち祝い。この二つを同時にやるというのは、独特な仕方であって、おそらく日本に他にない、そういう予祝祭りである。ことに、船持ち祝いのところは、ものすごいお祝いをなされて、五つになった男の子の所では、今でもやっているようであるが、盛んなお祝いをして、あんなににぎやかな、ご馳走をたくさん作ってお祝いをされるもんだなあ、と、私なんか本当にびっくり。コガ焼きを作るのに、ずらっとコガ焼きの鍋を10ばかり並べて作る。びっくりするばかりである。

棒踊りがないというのも特徴である。打植祭りでは、棒踊りをする、というのが普通である。ここも川内も棒踊りはしない。なぜ棒踊りをしないのかなあ、と思うと、棒踊りは、たぶんお田植え祭りにやったのではなかろうか。お田植え祭りがここにはあったのではなかろうか。お田植え祭りが元はあって、そこで棒踊りをやっている。打植祭りでは、棒踊りをしない、というのが、普通のここの形だったのであろう。どこが違うか、というと、打植祭りというのは、神社の境内を田にして、そこを掘って種をまく。または田植えをする。いわばマネである。模擬。本当の田植えではない。本当の種まきでもない。ところが、お田植え祭りというのは、本当の田植えである。神社の田がある。その田に田植えをする。本当の田植えをする。田植えのマネではない。その時に棒踊りを踊る、というのが普通の形なので、おそらくここでは、お田植え祭りがあったのが、なくなったのではなかろうかなあ、と思う。入来なんかも現在ではお田植え祭りはまったくないが、元は三つも四つもお田植え祭りをやっていたのが、わかっている。お田植え祭りというのは、旧暦の5月1日か5月5、6日にする。時期がだいぶずれる。

打植祭りについて。打植祭りを調べて一番おもしろかったのは、例えば、八房神社の打植祭りをやる人達。野元なんかもそうだが、八房の場合は、部落の**長男の人だけで集まって、一つの組を作っている**。私が調べた時は、17、18人であった。その人達が中心になって、八房神社の打植祭りを運営していく。ところが、部落には、**次男組**という次男が集まった組もある。**三男組**というのもあって、おもしろいもんだなあ、この人達のこういうやり方というのは、古い形の神社の運営のし方というようなものではなかろうか。現在、野元の打植祭りは区ごとに責任を持ってやっているようであるが、こんな場合にする前に、**カド（門）**だった。野元にも門がたくさんあって、その門の人達が回り順番にやっていたようである。そういう点からいって打植祭りを研究するのに、「**串木野の打植祭りの社会組織的研究**」というのが必要だなあ、というふうに思っている。

それに似たのが、その次にある**ウチガミ様の田**というもの。「ウツガンサアの田」というのが、門ごとにあったらしい。それは、何反歩とあったという話を聞いた。久木野門では20戸ほどでウツガン様の田を作っている。6畝ほどあるというのが、私の聞いた時点でのありさまである。久木野門というのは、現在もちろんあって、久木野の門の名頭（ミョウトウ）ドンがウチガミ様を持っておられる。そうして、名頭ドンが、この田を管理しているものだから、その田植えを20人ほどの久木野門の名子の人達が集まって作るわけである。これを「**名頭ドンの田植え**」とか「**ウッガンサアの田植え**」とかいって、にぎやかにやっていたが、そういうめんどうなことをするということで、なくなったのであろう。いつ頃なくなったか、というのが、私には興味がある問題である。串木野で話を聞けば、「名頭ドンの田植え」というのをしょっちゅう聞くもので、何度も聞いた。そのくらい「名頭ドンの田植え」というのが盛んにやられた。「名頭ドンの田植え」というのは、実はウチガミ様についている田である。だから、名頭の田になるわけである。そういうことが行なわれたんだということを聞いている。他の所で聞いたことがない。ウッガンサアに田がついているというのは、あまり聞かない。まして、門の人達が皆で田植えをするというのは、あまり聞いていない。久木野の場合は11月18日が門全体のウッガンサアの祭り、たぶん今もやっているだろうと思う。その田んぼで上がった米があるので、ウッガン祭りをさかんにやることができたわけである。

稲作関係で、串木野の田の神。特徴は**一石双体田の神**、名前はこれでいいかわからない。一石というのは、一つの大きな石の前に2体を並べてある。その中にはもういい加減に作ったものもある。真ん丸い顔をして、それでチャチャチャッと彫ってあるのも、あちこちある。駅の向こうにもそんなのがあるけれども、そうではなくて、本格的な一石双体もたくさんある。立派なものである。しかし、古いものではない。それが特徴である。もっと古いのは別にたくさんある。1番古いのは、山を登って、神様が立っておられる。衣冠束帯をしていてシャクを持って立っている。これが1番古い。確かに、これは串木野だけにあるのではなくて、よそにもあり、よそにはもっと古いものがある。それからだんだんに変わって、そうして最後に今の一石双体田の神になった。一石双体の特徴は、男の田の神様と女の田の神サァの夫婦の田の神サァが彫ってある、ということである。これは、間違いなし。男と女なんて見ればすぐわかる。一石双体は、ここと川内市だけしかない。他には全然ない。川内市と串木野だけにあって、どうしてこれができたのかなあ、ということが我々には興味があるのだが、なかなかわからない。が、ある人は、こういう。本土には、双体の道祖神の碑があって、男女並んでいる。それがあるから、それはだいぶ古いものだから、それを、串木野や川内のような他からの連絡を盛んにやる際に取り入れられたのだろう、という説もある。が、確実にそうだとはいえない。とにかく、それ以前は、女の田の神というものはいなかった。田の神をずっと見て回ると、「これは女の田の神サァじゃっど」というて教えて下さるが、実は女として彫ったものではない。この一石双体田の神で、女を彫ったので、それから飛び出るようにして、女が独立した田の神がたくさんある。一石双体の方から、これは独立するので、といって、女の人だけが、外に出て、女の田の神になった、というものもある。

串木野は田の神が重要な所であるが、もう一つ重要なのは、プリントに写真を入れているが、いい田の神である。これは田の神としては最高のできである。二つとも。ところが、これは何の田の神かというと、家の中にある田の神である。家の中にあるので、調べにくい。私は続けて3日ほど調べにきた。車には乗れないので、バスでずっとあっち（生福）の方へ登っていくが、うまくいかなかった。3日ほどしたら、うんざりした。1軒1軒寄らなければいけない。寄っても、おられない。昼だから。見せないという人は誰もいないが、いくらなんでも、おられない所に入り込むことはできないで、結局、1日に3軒か4軒ぐらいか見せてもらったら成績はいい方。そういうのがたくさんあった中で、特に出来がよいな、と思って出したのが、この2夫婦の田の神である。上のは福薗のもの。下のは小薗のものだけれども、上と下のを見てもらうと、個性が違う。上の方の男は、エリマキをしている。これは、実は笠の緒である。シキの緒である。それで、メシゲと碗、片一方は振り錫杖を持っている。女の方は髪がオールバックになっている。きれいに彫ってある。そして、帯なんかもちゃんと締めている。下のは正常な形をしていて、向かって左側が男、シキをかぶってメシゲを持って、手には碗を持っている。向かって左は女（ちょっと女には見えないが）、髪がちゃんと彫ってある。人相もおもしろい。手に持っているホウキみたいなのは、錫杖の頭である。錫杖の頭を持って神楽なんかを舞う。錫杖鈴というか、振り錫杖とかいうものである。一方は何をもっているか、ちょっと解らない。おそらく独創的な石の彫刻家がおって、同じ人が一双の田の神を造ったのだと思う。おどろくべき力、こういう力があるのに、なぜ大きい田の神には、そんなのがないのかと、私はそれが不思議である。大きいのには、これほど像として、いいな、と思うものはあまりない。やっぱり大きいのになると、彫りにくいのだろうか、何が原因かわからない。この小さな、高さこのくらい（50、60センチ）なんですよ。これくらいの高さのものだが、立派なものである。田の神を見た中では、この2対なんかは、最高の部類に属すると、県下を見て回って、そう思っている。

これがある範囲はどこか、というと、上名。上名でも限られていて、市来の川上まであって、何体ぐらいあるか見当もつかないが、50体ぐらいあるのではなかろうか。みんな串木野の石切りさんが彫った。串木野には優秀な石切りがいたのではなかろうか。どうしてこれを彫ることになったのか。それはわからない。わからないが、私には一つの考えがある。どういうことかというと、串木野にはないが、市来の川上地方からずっと向こうにかけて、全部カセダウチというのがある。正月14日の夜に、石切り、井戸を掘る人、屋敷を開く人、いわば農業と違う仕事をする人。そういう人達が14日の晩に、2、3人一緒になって、農業をやる金持ちの家、新しい家を造った家、お嫁さんの来た家、子供が生まれた家、そういう所にお祝いに来る。この田の神を持ってお祝いに来る、ということである。私は実際に持って来たというのを（川上の）中組の何という家か書いてないが、私のカードにはちゃんと書いている。来たという。もちろん昭和35、6年のこと。石の田の神を持って、2、3人でやってきて、「お祝い申す」というて、顔は隠して蓑笠を着た、そういうカッコウをしてやってくる。これは現在、知覧などでカセダウチというのがあるが、あれと同じ。やってきて、そこへ置く。田の神を貰ったら、祝儀をはずまざるをえない。お米を1俵とか、それとお金をたくさんやった、という。おそらく、そういうことから、家の中で祭るようになって、しまいには、上手に彫るから、あの人に頼もう、と言って、直接買うという人もいたのではなかろうか。串木野の金山のそばあたりの百姓は非常にお金持ちだったようである。たいへんお金があって、農業だけではなくて、お金の入りがたくさんあったと思う。そういう人達を元にして行なわれたと思う。

シュギョウ――串木野で初めて聞いた。二十三夜というのは、外に出ている人達を二十三夜のお月様に対して拝む。正・5・9月の二十三夜の晩に月を待つと同時に、その人達のことを祭る、健康を祈る行事である。

ところが、串木野では、シュギョウといって、河内・別府で聞いているが、出征兵士の家へ主婦達が覆面、変装して踊ってやってくる。顔はわからない。必ず女の人が覆面をして何人か一緒で。二十三夜待ちをやっている家が何軒かあるので、それにやってくる。そこで、外に出ている人達の安全を祈念するような踊りを踊って回るものだった。シュギョウのためであろうか。ちょっとわからない。シュギョウというのは、初めて聞いた言葉であって、何かお気付きのことがあったら、ちょっと後でお教え下さい。

毎年、新聞に出る、**ハンザドンの祭り**というのが、旧暦5月16日。ところが、これを新聞が見つけたのは、全部子供達がツトにダンゴを入れて、川に持っていって投げるという、その写真ばかり載るし、私もそれについて書く時には、子供達が川や海の所に行って、海に投げ込む所ばかりを写真に撮り、書いてもいるが、実はこれは上名一帯では（下名では前のようにするが）元はハンザドンのツトを作って、ダゴを入れて、家のそばの木にぶら下げるものだった。それを子供達が貰って回る。だが、県下では、5月16日と限らない。いろいろな日にする。例えば、火事が起こりやすい、と言って、「火のトッ」と言って、「火のトキ」の時にやはり今のツトをして、それを子供達が貰らって回る。そういうやり方をしている。だから、上名のやり方が古くて、下名の方は、川の神様に投げて上げようというふうに変わってきたのではなかろうか。そういうふうに感ずる。なぜハンザドンというのか。これがわからない。なぜ、水神様のことを、または、ガラツパドンのことをハンザドンというのか。半左衛門の略だろうと思うが、なぜ半左衛門なのか、わからない。

「**施餓鬼**」というのが、鹿児島では非常に珍しい。ところが、串木野には施餓鬼というのをやる人が相当いる。これは、結局お寺である。真宗のお寺でなくて、臨済宗の野元の向こうの（良福寺）、そこのお寺が施餓鬼をやられる。施餓鬼というのは、お盆の前に、お盆の時には、本当のオショロ様がお出でになるが、その家で祭ってもらえないような、哀れな餓鬼がいる。仏様になりきらんで、本当のショロになりきらんで、餓鬼にしかならないような、そういう人を盆より早く、祭ってあげる、というのが特徴であって、必ずこういう旗を作る。旗といっても、色紙（七夕紙）を3種類か4種類つないで、それにお経を書いてある。それを施餓鬼のお寺には、ずらっと掛けておく。信者（信者とはいわないだろうが）、そのお寺へ詣った人達が1枚ずつ貰ってきて、自家の仏壇とか、馬屋の入り口とかに掛けてある。掛けてあるものだから、私は「これ何ですか」と言ったら、「それは施餓鬼の旗だよ」と教えてもらった。

「盆のカゲオリ」というのが、私は興味があってしようがない。どんなのか、というと、これは、萩元・海士泊。その範囲だけかな、と思うが、ニイゼロのある家、初めての盆を迎えた家の人は、なるべく外に出ない。外からは、いろいろお悔やみが来るから（外から来る人はかまわないが）、ニイゼロの家の人はなるべく外に出ない。出る時には、夜出る。または、出る時には、手拭いを頭にかぶって出る。葬式の時と同じである。葬式の人達も白い布をかぶる。あれと同じことをしてニイゼロの人が出る。これを「盆のカゲオリ」という。

「カゲオリ」という意味は、太陽のささない影に入っている。影にじっとしている、出ない、という意味。夜、出るというのは、日光がないからである。だから「カゲオリ」の「カゲ」というのは、日光の陰という意味であって、太陽の光に照らされない。太陽の光に照らされたら、なぜいけないのか、というと、これは「太陽の光（太陽様）」は、ケガレた人を好かない。で、ケガレた人をやっつけようとする。だから、初盆の人が一番汚れているわけで（葬式の人が一番汚れている、死人に接するので。その次は初盆の人）、初盆の人はなるべく太陽が照らす所に出ては、太陽の罰をかぶって、何か病気になったりする。だから、太陽の光に逢わないように陰におるんだ、と、そういう意味である。これは、葬式の時に白い布をかぶる。あれもそういう意味である。であるから、外をついて回る時だけかぶればよい。家の中に入ったら、もう脱いでいいわけである。カゲにいる時はもういい。あれ（白い布）をなんというかご存じですか。イロという。イロというのは、この色（白い色）である。色はないのに、なぜイロというのか。これはわからない。真っ白い色をイロというのだろう。真っ白も色の一種だから。

おイロ直しというのが結婚式にある。あのイロもやっぱりそうである。真っ白い着物を着たお嫁さんがその白い着物を脱いで別の着物に換えるのがおイロ直し。太陽は花嫁に、いわゆる罰を加えたりしないだろう、と思うが、お嫁さんは弱い。立場が弱い。自分の本当の家からは、いわば追い出されて、もう帰ってくるな、と出して、そして、まだ、自分の行くべき家に行ってない。その途中なんで、花嫁には支持者がいない。弱いわけで、そういう者を太陽はやっつけようとするわけ。で、太陽の光をヨケるために、イロという着物を着る。それが白ムクの着物である。それを家に入ったら、イロを直していいわけである。直す、ということが行なわれる。イロというのは、太陽が汚れたものをいやがって、それに害を加えること。そのために、イロをかぶるんだ、ということが、「盆のカゲオリ」で実によくわかる。ここで、こんなことを聞いたのは初めてであった。これは重要だなあ、と思った。

「**盆綱引き**」があるのは、島平、今もやるのではなかろうか。中途半端になったけれども、以上で終わります。

質問

東勝義（高尾野町）「米が亥の日に関係あるのは、どういうことか」

小野「わからない。亥の日はやっぱり元は米の関係ではなかった。何かの祝いの日だった、と思うが、だんだん祝いの中で、亥の日にやるようになって、餅を搗くものだから……。亥の日の古い文献というのは、自分の偉い人、目上の人に、大切なもの、農家では餅を差し上げる、というのが亥の日のことであって、何も農家の祝いということではない。それがだんだん農家の祝いになったのではなかろうか」

東「秋になってもハエがいっこう出て行かんで、亥の日の餅をカせんな（食わせないと）、へは出んたんわい、と祖父から聞かされていた」

小野「ここでも言ったでしょうか。このことを調べたことがある。そうすると、鹿児島もずっとこれがあって、宮崎まである。亥の日の餅をなめさせせんな、ハエはハッチカン、と、こういうわけである。なぜそうなるんですか、といって聞くと、こう言う。答えは、ハエというのはネェ、田植えの時にいろいろ手伝いをした。どんな手伝いをハエがしたかというと、家の留守番をした。鍋が置いてあると、その上にハエが留まって、あれは留守番をしておる。それから、子守をした。子守をしたというのは、田植えのそばに赤ん坊が寝せてある、と、その口あたりにハエが付いている。あれは子守である。子守をしたり、家の留守番をしたから、田植えの手伝いをした。だから、その田植えの結果の餅をなめないことには、絶対帰らん。なめたら安心して帰る、と、こういうわけである。どこに帰るのだろうか、という問題があるが、ハエの国があるんでしょうネ。どっかハエの国があって、五月の頃には手伝わんな、と言ってやって来て、手伝いを始めて、亥の日になると、もう、もらうものは貰ったからといって、帰って行くんでしょう。そういうものであったと思う」

加藤武二（麓）「ガールドンのダゴは、小麦の粉をイッサツの葉で包んで、蒸して、掛ける。食べた後は馬んクソと混ぜる。川に捨てる」

？「棒踊りについて、大正15年生まれ。タッネンの時に棒踊りをやって、照島神社に奉納したことを覚えている。お田植え祭はなかった。稲取りが済んで、いわゆるニワアガイというのは、あげよった。それから、田の神講は小さい餅をワラヅトに入れて、田の神様に上げた。子供の時下げた。棒踊りはお田植え祭りだけでしたのではない」

納 「二十三夜待ちの、なぜ二十三という数字に限っているか」

小野 「月のなくなるのが30日なので、その一週間前ではないかなあ、と、ちょっと思うが、あてにならない」

？ 「棒踊りは、冠岳では、お田踊りというのがあって」

小野 「それがお田植えである」

？ 「棒踊りをした後に狂言をする」

小野 「アトヤマ」

？ 「冠岳は三つの部落に分かれて、3組ずつ毎年出ていた。狂言も毎年川内の辺から服装を借りてきてやりおった」

？ 「棒踊りは6月1日にやった。キバッテ田植えを済ませた」

小野 「普通のお田植え祭りは、植える前にするのであって、所によっては、田植えが済んだ後にやる所がある。ここはそうだったんだ。6月に」

？ 「野元で、棒踊りのことをお田踊りといった」

？ 「虎取りは、棒踊りのアトヤマ」

加藤 「麓では7月15日だ。植えた後」

神薗幸太 「ガウンガウン祭りの名は、ウブスナドンの祭りが本当である。漁村の人達がガウンガウンとつけたのだ」

（掲載：6号＝1992）

串木野の民俗　　（小野先生のプリント）

1　稲作

（1）稲作儀礼

○　**ホダレ**（海士泊・土川）正月14日のカユにカヤの葉をつけ、籾殻をつけ、稲穂を作り保存。苗代種まきに立てる（串木野—国分—根占—種子島）。

○　**水口祝**（生福・大薗・河内など）苗代の田植えの時、水口にタケノコ（河内）立てて、子供達がもらって回る。

◎　**田祈念**（川畑・久木野・大薗・芹ヶ野）田植えが終わると地区で神社へ札・幣を田に立て、宴も。

◎　**田の神講**（久木野・川畑・萩元・海士泊）10月亥の日に立てる。牛の鳴きまね（大浦—加世田—松元—串木野まで）

○　**田の神来訪**（下石野・芹ヶ野・浅山・荒川浜）10月亥の日夜、青年など、蓑笠・コシキ・メシゲで入って、田の神舞をして餅をもらう。何組も。昭和初。

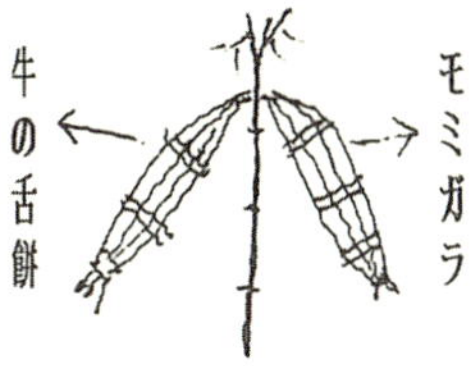

（2）稲作文化

○　**打植祭り盛ん**（羽島崎・松尾・深田・八房・稲荷・伊多神社）田打祝、松葉、田植えあり、舟持祝、棒踊りなし。

○　**内神様田、名頭ドンの田植え**　例えば久木野の久木野門は20戸ほど内神田6畝。内神の祭りは11月18日に、門全体で。

◎　**一石双体田の神、家内田の神**

2　年中行事

（1）正月行事

◎　**キチイエ**（下石野）旧12月13日、山からシイノキ伐り、表の庭に木を立て年木を飾った。

◎　**二日祝**（本浦、北浦）正月２日、船の祝。サツマイモで船作り、飾り、女・子供が船主家へ覆面無言で持参、餅をもらう。

○　**ハラメウチ**（別府・田中・野元）正月14日、花嫁をもらった家に棒を持って内から祝う。外から祝う。垣作り壊さす（本浦）。

（2）二十三夜行事

◎　**シュギョウ**（河内・別府）二十三夜待ち出征兵隊の家へ、主婦たちが覆面、変装して踊って安全を祈った。戦時中に。

（3）旧５月16日

◎　**ハンザドン＝ガールドンの苞下げ**（下石野・大薗・荒川など）ダンゴを入れた

（山より川へ）　　ツト（苞）を木戸に下げる。子供がとって回る。
　　ガールドンの苞を川・海に流す（別府・酔尾など）

（川より海へ）　　海士泊では、戸外につり、17日に海へ。

3　盆行事

○　**施餓鬼**（野元・羽島・海士泊など）旧７月３日～７日頃臨済宗など禅寺でセガキの旗を配る。青黄赤白黒。（病人などで困った時も）。

◎　**盆のカゲオリ**（萩元・海士泊）初盆の家人は盆の間昼に外出しない。出る時は手拭いを被って出る。

◎　**盆綱引**（島平）16日夜に、30ピロで中に俵を入れる。
ドントコラセッと引いて回る。

○　**流れ船・精霊の伴**（島平・本浦・羽島浜・土川）盆16日に船に乗り、灯をとぼし、海に出る。歌・三味線で過ごす。精霊の伴の方は海辺で過ごす。

4　家内にある夫婦の田の神

福薗の室内田の神

小薗の室内田の神

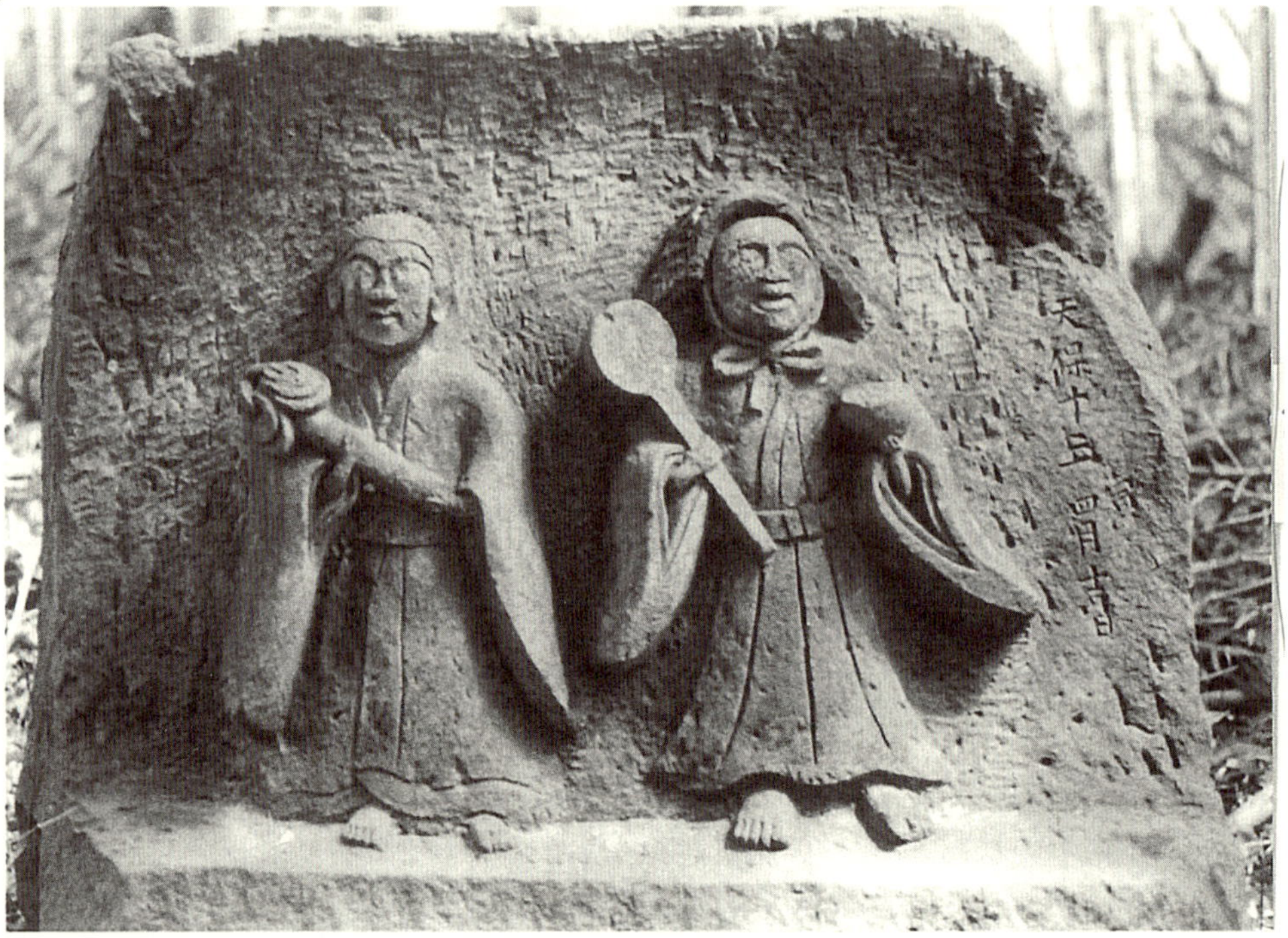

資料 【一石並立田の神石像（鏑南）】

3

信仰

天保度の一向宗取締り（『横目勤御用向覚留』から）

～刑罰はそんなに、ひどかったのか～

所崎　平

1　いわく因縁のある、奥田善行院快雄『横目勤御用向覺留』

　この冊子は１４０枚ある。善行院は明治時代の衆議院議員だった奥田栄之進氏の祖父にあたる。麓の奥田家は代々山伏の家系であり、石高は串木野郷で二番目に高い49石9斗余を持ち、大きな屋敷であった。天保5年は38歳に当たる。

　話は昭和20年の夏、敗戦直前になる。おそらく連合軍の吹上浜上陸に向けて、軍隊が麓に入っていた。「串木野の郷軍（在郷軍人）の竹槍隊が軍需品の番をさせられることがあった」（『串木野郷史資料集』「解題」から）それが奥田家の土蔵であった。土蔵に軍需品（毛布や日用品やチリ紙）が入れられ、古い長持類が外に出されていた。竹槍隊の一員であった入枝基（もとい）氏は「長持の中からこの日記を取り出して、暇つぶしに庭の木陰で読んでいた。これは面白い記録だと思って、これをノブ女史（故栄之進氏妻）からもらい受けて家に持ち帰り数年は過ぎた」（右同）この冊子は入枝氏のものとなった。彼は中学校の社会科の教師で最後は校長を勤めた。忙しかったので、市の郷土史研究会員の長老野元義雄氏に預けて、読んで欲しい、と頼んだ。

　野元氏は、読むのをもてあまし、県内でも郷土史家として名のある村野守次氏に頼んだが、彼は県内の高校長として忙しかったので、そのまま放っていた。その間に、野元氏の家が火事で全焼した。もし、野元氏の家にあったら、焼失してしまうところだった。

　入枝氏が退職後の昭和43年、この冊子を読もうと思ったが、ないかもしれないと思い、野元氏へ尋ねた。そこで、野元氏は預け先の当時、加治木高校長だった村野先生の所に出かけていって、冊子は串木野へ戻った。

　入枝氏は書き下し文を昭和44年6月～10月まで、市立図書館で、市史編集資料としての仕事をした。

　それを善行院のひ孫である奥田栄穂氏は清書をし、昭和50年3月1日、市立図書館発行の袋綴じの本として１２０部印刷した。

　入枝氏が昭和48年に亡くなり、一時、原本の行方はわからなかったが、入枝氏の家族から押入れの中にあることがわかり、図書館へ移した。

　市来郷土史編纂が始まったのが、その直後だった。この日記の中に市来関係の記事が含まれていることに気付いたが、書き下し文では使えないので、正式な解読をしようと、県の明治維新編纂所に勤めていた、徳重（旧姓久留）涼子（すずこ）さんに頼み、できあがった。だが、虫食いで引っ付いて離れない10数ページの2～3か所は読んでいなかった。

まだ、引っ付いたままの原本を維新編纂所でマイクロ撮影をしてもらった。マイクロ写真は現在の黎明館資料室に保存されているし、コピー本も存在する。

だが、引っ付いた部分も読んでみたいので、奥田栄穂氏が裏打ちを頼んだ。たいへん立派な1冊となったので、それを元に串木野古文書会で読んだ。3年かかった。途中、裏打ちの段階でページが違っているところを見つけた。

古文書会で読んだのを元に、会員であった東市来町の徳永律氏が『串木野郷土史資料集』を作った。これが今のところ、引っ付いた部分も読んで公刊（私家版）した唯一の本である。もちろん原文に忠実に解読したものである。

裏打ち本はページを入れ直して製本しなおしてもらった。ついでにコピーもした。

2 『横目勤御用向覺留』の内容

この本は、通称「横目日記」と呼んでいる。それは、善行院が横目（宗門方も含む）に任命されたときから、どのように任命後、鹿児島藩庁へ、お礼回りと称する行動をするか、どのように回ったか、などから、横目勤の間にどういう事件があったか、自分が関わった事件だけでなく、他の事件でも参考になったり興味があったりした事件は記録している。

これは、横目役を始める天保5年正月28日から、横目役が終る弘化元年（天保15年）2月27日までのまるまる10年の記録である。

1番多いのは、最初から宗門改方の係になったので、一向宗取締り関係である。

以下、項目分けしてみると、

1　経済取締り＝米穀関係が多いが、菜種油・砂糖など
2　他国船・難破船＝外国船打払令なども
3　盗難事件＝盗品は衣類・刀剣が多い
4　行方不明者や家出人探し
5　牛馬・馬追い
6　変死人（自殺・溺死・他殺）死体処理
7　災害（風水害・火災）
8　その他＝悪疫・衛生・貧民救済・狂人取扱い・密入国取締りなどと、さまざまな内容を含んでいる。

3 一向宗取締りの部分について

内容を見ると分かるように、一向宗取締りだけを書いたものではないので、それぞれの事件が、日にちが経つ順に記されている。そこで、一向宗取締りの部分は、その間にはさまっている。それで、その部分ごとに番号をつけて出している。つまり番号と番号の間に他の事件が書き込まれている。この番号は『鹿児島民俗１２５号』の原文解読と同じ番号になっている。

そこで、この一向宗取締りを含めて、書かれていることは事実で

あるかどうかであるが、間違いなく事実を書いている、と思っていい。信じていい文書である、と考えている。

ここに出しているのは、意訳である。意訳でないと分かりにくい部分がある。主語がないのが多いし、敬語の使い方で、主語を示しているのだが、読者としては非常に分かりにくい。たとえば、「折角聞合方仕候間、此段申上置候い細之儀は御差入之上可申上候」の、「聞合」はこちらから派遣した誰かが、「此段申上置」は私こと善行院が、「御差入」は藩からの奉行が、「可申上」は私が、ということだが、これを「せっかく聞合せをしたが、このことを申上げた。くわしいことはおいでの上、申し上げます」では、わかりにくいので、「わざわざ尋ねたので、このことは申上げ、奉行がお出でのとき、私から話します」ぐらいの方がよい、と思うからである。

本来は、直訳形式で敬語を入れた方が、よいかとも思ったが、今回のは敬語を抜いているところもある。

4 「横目勤御用向覚留」からわかったこと

① 鹿児島への挨拶回り

横目と宗門方の役目をお仰せつかってから、鹿児島の役所へお礼回りと誓詞の提出に回る。出かける日にちも島津8代藩主重豪の一周忌を避ける。自分の病気（足痛だろう）は郷役所へ届けていて、それを理由に一周忌を避けたことにしている。

出発は馬2頭で、自分が乗る馬と荷物を積む馬とがいる。馬子は2人。積荷には、贈物の酒と鯛と百田紙がある。酒と百田紙は自分出費で、鯛は郷の役所が出している。

酒は2升～1升2合5勺入りの小さな樽、この樽入りを直接持っていったのだろう。藩法集（列朝制度「県史料　薩摩藩法令史料集四」66ページ）では、これらの樽が常時集まるので、御納戸から樽や台を借りて（借用料を払って）出せ、という項がある。だが、御納戸に行ってないので、樽のまま上げたのであろう。

正月なので、生（なま）の鯛であったろうか。2～3日は経つので、生であっても塩漬けの鯛であろうし、または、焼いた（燻した）鯛、あるいは、乾燥させた鯛であるかもしれない。

本庁の役人に挨拶するには、まず取次役から取り次いでもらわないといけない。24日、西田町常盤の神宮司為右衛門の家に行く。役所は八つに退出するから、今の3時ごろから家に帰るようだ。暮れ前に行ったのだろうが、留守だった。それで翌朝早く家に行った。役所は9時ごろから始まるので。

次は大番頭座へ行く。そこで、宗門座へ行け、と言われ、翌日25日大目付座へ誓詞を出す。それも荒田の椛山伊織の家に行く。

同じ日、御用人座への誓詞は、荒田の鹿籠屋敷の喜入多門の家に行く。

というように、1か所にまとまった役所ではなく、それぞれの役人宅に行って処理しなければならなかった。

藩法集では、役所に詰めていて、筆頭の家老が退出しないと帰れない、と書いてあるが、実際は同じ役目の役人が複数いて、非番の場合は家にいるからだろうか。今回の場合は、すべて役所ではなく、役人宅を回っている。宗門奉行の谷村衛門七は高見馬場、書役の土橋与三次は吉野雀ヶ宮である。善行院は足痛を理由に、書役の吉野雀ヶ宮へは行かず、馬関田の人に自分の分を頼み、行ってもらい、自分は高見馬場に馬関田の人の分、2人分のお礼をして回った。効率よく回った。

わざわざ家に行ったのは、お礼の酒樽や鯛があったからかもしれない。役所では渡しにくいものであったのだろうか。

自分の用事はあまり書いてないが、一つだけ、寺社奉行と般若院への年頭祝儀（贈物）を持っていったようだ。

年頭の挨拶と贈物は郷の役人へもする。帰ってから、それを済ました。正月の下旬であってもそれはかまわない。

② 役人のこと

天保度の一向宗取締りは調所広郷の経済政策から出ていることで、主目的は、鹿児島から多額の金品が京都の本願寺へ行かないようにするためであろう。次は、民衆が大いに田畑で耕作できるよう、一向宗に熱中しないようにとの狙いではなかろうか。

今までは30年に1度の取締りが各郷に回ってくればいい、という（星野元貞『薩摩のかくれ門徒』105ページ）ゆるやかな取締りであったのが、天保度の場合は、県下一斉に始めたことに特徴がある。

そのために、藩庁の役人をかなり増員した。30年に1度ならば、一向宗改役は2～4人いれば済むであろうが、一斉となれば、郷を10か所受け持ったとしても、102外城だとしたら、ぎりぎりのところ、10人は必要となろう。2人体制だと20人はいる。

そこで、この文書の中でも、道奉行役で宗門改方をしている役人がいることになる。

文書上では、市来・串木野・隈之城・高尾野などが出てくるので、受持ち区域は市来から出水までの10数か郷、市来・串木野・樋脇・隈之城・高城・高江……なのであろうか。

③ 周知徹底の一年間

天保5年4月29日、宗門奉行以下8人が芹ヶ野へ来て、郷役7人へ御条書を聞かせた。善行院は袈裟を用意して行った。

なぜ芹ヶ野へ集合させたか。芹ヶ野は麓の仮屋から4キロ離れている。本庁役人は、次の日かなり遠くまで出かけるので、郷役に離れた地点へ呼んだのだろう。芹ヶ野金山は閉山中なので、会所兼宿は民家だったのであろう。

これは重要な会であった。

7か月後の11月24日に再度御条書を聞かせた。今回は本庁役人は7人（足軽2人として）、郷役は4人ほどで、浜町が会所兼宿泊所で新兵衛という民家である。

藩庁は、2回、御条書を読み聞かせることで、念を入れたのだろう。

④ 重点的なやり方

藩庁の方でも、従来からの積み重ねがあるので、各郷の、これと思う一向宗の重要人物を把握していたようだ。

その者たちは、どうしようもなくて、善行院が救おうにも救えない者であった。

ちなみに、善行院はある程度は藩に従っているが、これ以上は出さない、という信念を持っていたらしく、1回決まった人数以上には出していない。まして、同じ仲間の郷士から次々に出すことは極力避けていたのであろう。山伏と言う宗教者であるので、串木野の一向宗の動向はよくわかっていたのかもしれない。

どう見ても、押さえる方向で動いていたのではと思われる。

もちろん、島平の太平次という者は、鹿児島の牢屋で獄死するが、これらは藩庁から把握されていて、善行院がどうしようもない信者である。

串木野には、一向宗ではないが、「ダンナドン信仰」という本願寺と繋がってない信仰が羽島・土川・荒川にあって、この地帯はまったく調べていない。森田清美『霧島山麓の隠れ念仏と修験　念仏信仰の歴史民俗学的研究』（342ページ、岩田書院）によれば、古い信仰形態で、一向宗とは違うものだという。たとえば、死後7日目に「風立て」という死霊との交流をする、鶴や亀を供えるなど、である。経文に当たる呪は口伝えに伝えられ、意味不明のさまざまなものを含むものである。

山伏である善行院には、それらをしっかりと把握していたようで、最初から、一向宗の自訴胸替からははずしていた。

そこで、下名・上名・冠岳・別府地区だけを取り調べた。

それと、甑島を担当した。

⑤ 自訴の終り

自訴の終り以後は、当然刑罰が下る。それは自訴までは、本尊などを差出せばよい、刑罰なし、となっていたからである。

最初の天保6年3月から自訴終りの9年正月頃まで、3年近くあった。自訴の終わりは藩庁の役人の回る月日によるから、郷によっては9年正月前後で終わりとなったであろう。

だが、1回目は7年3月であり、厳重に宣言したのが9年正月ということである。

しかし、実際は、その後も、自訴をさせて、刑罰を与えたようではないので、できるだけ刑罰は避けている。それは、田畑を耕作する人数が減ることは、租税が減ることと通ずるからである。

また、天保度の飢饉以後は、罰金を払わせないように指示を出している。

だから、やみくもに一向宗者を捕らえて、刑罰を与えた、とは考えられない。

『柱ほとけの光』（45ページ）の中にも、「二度拝み・三度拝み、二度血判・三度血判があった」とあるので、自訴をして1回は刑罰なしだが、また捕まる。これが「二度拝み」、3度捕まったのは「三度拝み」といっていることから、一向宗信者は、藩庁の甘い取締りを見越して、にせの自訴をした後も、講執行をしていたので、それが摘発されて、数度の逮捕につながっているのだろう。

それで、12年閏正月19日に、天保6年の自訴で、隠していた経文を出す者は刑罰をしない、という、優遇策を出している。実際に、そういう者がいたのかはわからないが、政策としては、ゆるやかに対応していることを印象付けているのだろう。

その頃には、講頭などの家財没収や入札競売のことをしているので、庶民の感情としては、ひどいことをしていると思われる年代である。それを打ち消す意味があったのかもしれない。

だが、やみくもに、弾圧・刑罰のひどい政策を押し出していた、と見るのは間違いであろう。

⑥ 天保5年は、宗門改めを本格的に始める周知徹底の1年

善行院が天保5年正月に横目役と宗門方の係になって、1年間は「宗門改め」を徹底的に行うことの周知徹底する期間である。おそらく今までの30年に1度、郷を回ってくる取締りとは、まったく違う方法で行うことなので、1年かけてじっくりと進めようとの意図が見える。調所の意図に沿った方策が人民に抵抗なく受入れる方法としての改めであるからだ。

いちばん心配するのは、ひどい仕打ちをする役人がいたり、村が成り立たないような刑罰をすることではなかろうか。

その方法として、胸替誓詞をさせて、刑罰を行わない、ということだろう。

⑦ 天保6年は、自訴の年

天保5年、1年間、藩内の住民に隈なく宗門改めの周知徹底をしたのだろう。そのために、正月初めから、各郷の役人、特に横目役に宗門方も兼務させた。善行院が本庁へお礼回り、横目・宗門方の誓詞を出すときに、数人の各郷から出てきた役人と一緒に回っている。それで、計画は天保4年に調所が計画し、命令し、じっくりと宗門改めのことを練り上げたに違いない。

天保6年は、自訴胸替誓詞をさせた年である。宗門奉行と宗門改役の2人に書役1人・横目1人・足軽2人、6~7人態勢で、1郷1郷、順繰りに回っている。本庁役人が10組ぐらいの組で1郷に5~6日か7~8日かけて回ったのではなかろうか。大きな郷はもっと日にちをかけているだろう。その郷の胸替誓詞をする拠点は、真言宗や禅宗の大きな寺院であった。

胸替誓詞は郷士は別に取扱っている。初めに足軽からであった。百姓・浦・町人・下人・寺門前などはまとめて行った。1日に300人ほどを扱っているので、混雑したであろう。

胸替誓詞の仕方は、福昌寺末の大原山松山寺に本庁役人5人、郷役人8人がずらりと並ぶ中、

1　御条書を読む。
2　霊社一巻・起請文まで読む。
3　坊主戒を授かり、

4　一人ずつ前に出て、誓詞を書く。

という順序だが、1〜3までは全員一緒にしたのか、3の坊主戒は個別なのかはわからない。

御条書は、おそらく一向宗禁止を古くから藩の方針にしているのだから、などということを含む、藩の基本的な法を言ったのであろう。キリシタン禁制も含んでいる、と思われる。

霊社一巻は、先祖の霊に関するものであろうか。よくわからない。起請文は、一向宗を信仰しない、という文面で、それの最後の名前の欄に、自分の名前を書いて血判をするが、その前に、こういう文章だ、ということを知らせたのだろう。

坊主戒は、一向宗を抜け出すように仕向ける、呪法みたいなものではなかろうか。「戒」とは、「心身の過ちを防ぐための制禁」（『広辞苑』）とある。

1人ずつ前に出て、誓詞に男は左の薬指で、女は右薬指で名前の下に血判をする。男は名前の下に丸を書いて血判。女は名前の下にすぐ血判をして、終わりとなる。

左右の薬指で誓詞をする、というのは、起請文の文章を薬指でなぞり、連名の部分に名前を書き、血判をした、ということであろう。1人々々が1枚ずつ起請文を書いて、名前を書いて……などという、ことをしたとは思えない。300人からの起請文を綴じるとなると、随分厚くて、保存にも一覧するにも不便であるからだ。後に、この血判帳面らしいものを持参して、再度、取調べをするが、そういうときに利用することを考えて調べているのではないか。

このときは、5日間かかって、下名・上名・冠岳の胸替誓詞をした。1,544人であった。だが、その後、洩れた信者の胸替誓詞をして、1,565人が最終的な人数で、それ以上は串木野郷からは出ていない。

6年が薩摩藩内全体にわたる一斉の自訴をした年である。

7年は洩れを中心とした取調べをしたようで、自訴の記録はない。というより、7年3月7日には、「自訴は終り」だ、これからは刑罰を与えるのだ、という構え（ポーズ）を示して、早く自訴を終らせよう、という意図が見える。

⑧　講頭への刑罰―太次兵衛のこと

講頭を野放しにしていたら、また、一向宗の講執行が増えることにつながるのは、すぐわかる。それで、講頭にはきびしい対応をした。昔から名前の知れた講頭（番役とも）は最初から目をつけて鹿児島の方へ送り、拷問を含めた厳しい糾問をしたのだろう。

島平浦の太次兵衛は鹿児島下町会所角で死亡した。年齢や体力などわからない部分があるが、天保8年4月16日に鹿児島へ護送されてから2年5か月後の天保11年8月17日晩に死んだのは、やはり入牢や取調べによる拷問のようなものによるのかもしれない。浦人なので漁師である。講頭であるから、若くはないと想像されるが、漁師で鍛えた体を持っているはずである。

だが、天保8年4月16日に鹿児島へ護送されたはずだが、天保10

年7月3日にも鹿児島へ連行されている。となれば、1度は帰宅を許されているはずだ。帰された記録がないので、理由はわからない。ただ、8年に鹿児島で取り調べられた講頭は多かったであろう。調べが済んだ者で影響力のある大物でなければ、一時帰宅を許される可能性はある。太次兵衛はそういうクラスの講頭であったかもしれない。

天保10年7月3日に連行して入牢していたのであれば、1年とちょっとの間に死んだことになる。それからが本当の入牢かもしれない。8年には4人も鹿児島へ連行している。藩の租税徴収に影響のある人数である。各郷から4人集めると400人が鹿児島へ集まる。たいへんな損失につながるであろう。そこで、第一次の尋問後は一度帰宅させて、仕事に励ませ、その間、講頭としての活動が見られたり、仏や掛軸・仏具が発見されたりしたら、再び鹿児島送りとなるのであろう。

⑨ 自訴をしない郷

天保8年11月初め、すでに自訴胸替誓詞をした6年から3年に近い月日が流れているのに、まだ自訴をしてない郷があるという。具体的に、隈之城・中郷・東郷と出ている。これが本当だとすれば、簡単な図式でいうと、大昔の薩摩平氏の系列の所、後、渋谷氏支配下で、元々、反島津感情の名残りがあったのか、川内川流域の感覚からであろうか、自訴を簡単にしない郷であった。

藩全体の一向宗改め政策を5年度に徹底させたはずなのに、このような藩の政策に乗らない郷があるということは、驚くべきことである。

藩の一向宗改め政策も忠実に行う郷があるかと思えば、そうでない郷もある、ということだ。たとえば、廃仏毀釈であっても、石仏の首がことごとく打ち落とされたのだが、大口市青木あたりの道端にある石仏が全く完全な形で残っているのに驚いたことがある。藩が推し進める政策であっても完全ではない。特に、信仰に関わるものは格別なものがある。大口白木神社の観音は天草まで難を逃れたし、野田観応寺の仏像も甕の中で逃れた。川内川畔の戸田観音はそのまま残っているし、宮之城佐志の寺には内陣が残され、県文化財指定になっている。あちこち廃仏毀釈を逃れたものが残っている。

薩摩藩は廃仏毀釈を徹底したはずだが、100パーセントではない。同じように、一向宗改めも各郷の意向があり、一向宗方の役を受けた郷役人でも、一生懸命にお役に勤めた人もいれば、反対したいのだが、どうしようもなく消極的に動く郷役人もいたのであろう。中には自分が一向宗であったかもしれない郷役人だったら、いかにして自訴はもちろん、講頭を多く出さないようにする工夫をしたであろう。

串木野の善行院の対応と市来役人の対応を見ると、市来の郷役人の方が善行院より積極的であるように読み取れる。善行院は迷惑顔だが、表立って動けないので、合わせているような節がある。

郷役人には、本庁の宗門改役から「功績になる（其身勤功ニも罷成)」という餌で釣って、積極的に一向宗信者を探させようとしている。この「其身勤功ニも罷成」という言葉は、天保6年5月14日の達しで、甑島一向宗調査の協力をさせるためで、甑島の信者へ自訴をさせるために本庁の役人のあせりも見える。それほど善行院の甑島への対応がのんびりしていたからであろう。逆に、善行院の甑島の信者を守りたい、という意識が本庁役人にも感じ取れたのかもしれない。

最初の一年は、意気込み高く、張切って自訴をさせることに取組んでいる。

⑩ 自訴の達しと甑島の調査

自訴(胸替誓詞)をすることの達しは、3月14日である。本庁から鹿児島へ郷役人の主だった者を呼び付けて、達した。おそらく、各郷の主だった者の何十人かを集め(薩摩半島側とか大隅半島側、日向とかに分けて)、自訴の着手を告げただろう。

串木野では、郷士を松山寺に集めて、趣旨を徹底させた。だが、自訴は鹿児島に近い方から順に始めたのであろうから、串木野郷は5月30日から6月4日の5日間かかった。手始めは4月1日とかの4月初旬からだろう。1郷に8日かかるとすれば、郡山・伊集院・市来郷に1か月はかかる。疲れるし、そのときの大物らしき人物の検討・判断などで、その倍の時間がかかるとすれば、2か月後に串木野へ来ることになろう。

だが、串木野へ来る前に、すでに甑島の調査へかなりな時間と熱心な調査が始まる。甑島は、秘密が洩れない島らしく、6年度の調査から11年まで本庁役人が直接出かけている。11年は2月27日から3月20日までと、小1か月ほど滞在して調査している。甑島もしぶといが、本庁役人もしぶとく調査をしている。

甑島は、島外から来る船を見張っておけば、どういう人物が来たか、すぐわかる。

隠れ念仏の遺跡は「上甑島村の池平、鹿島の藺牟田、下甑手打の岩穴などがある」と塩田甚志『里村郷土誌 上巻』(401ページ)に出ている。遺跡とは洞窟のことであろう。

本庁からの善行院への調査依頼ははかばかしくなく、時日ばかり延びて、いらいらさせられるし、島平の源兵衛が講頭だと思っていたのが、別人だ、死亡したかも、とかわされて、甑島へ渡るのが6年6月5日、本庁役人は白尾・有川・高橋・足軽2人の5人であった。

一年後の7年3月9日、誰が渡ったか、主語ははっきりしないが、本庁役人の川北・有川・八代・足軽2人であろう。

次は、またも一年過ぎた8年4月15日、本庁役人の伊藤・有川・阿多(足軽も)が渡る。同じ人物は、横目の有川仲右衛門1人である。同じ人物は顔が知れているからであろうが、1人は前回、前々回の事情を知っている者がいないと、前の調査を覆すような発言があれば、糺さなければならないからだろう。

11年2月27日~3月20日まで甑島へ渡ったのは、本庁役人の上村・小久保・高橋と全く顔ぶれの違う3人が出かけていった。長い期間、全島隈なく調査したのであろう。旧暦の2、3月は波が荒く、帆船の往来には不適な季節にもかかわらず、出向いたので、三つの島を渡るには足止めもあったであろう。もちろん、串木野往復も風によっては簡単に出港できない。実質2週間調査ができただろうか。

『柱ほとけの光—薩摩のかくれ念仏』（大正9年、東本願寺別院の記念事業で出版、後昭和59年復刊、復刊委員会代表芳即正、56ページ）の「天保の法難　真宗信者の戦慄した『甑島の一向宗崩れ』」には、「天保六年（一八三五）に突発した『甑島の一向宗崩れ』といえば」で始る「法難崩れ」（56ページ）の様子は、だいたい次のようである。「役人足軽が出張して真宗信仰者の有無、本尊聖教の有無を一斉に調べたものであろう。長浜などでは、拷問によって調べ出そうとしてもどうしても調べ出すことが出来ないので、役人らは最後の窮策として民家に火を放って、そうしたすべてのものを灰燼に帰せしめ、根絶やしにしようとしたのであった」として、役人は火を放ち監視していて、一人の老婆が本尊を腰巻に巻いて出てきたのを咎めたが、腰巻に巻いたことで、難を逃れた、という話になっている。

これは『鹿児島県史　第二巻』（878ページ）にも載せられた話で、それは次のようである。

就中、天保六年の法難崩れには、広く藩内各地に亙り、下甑島の長浜では、藩吏は拷問、其の他の手段を尽すも本尊・経文・道具類を発見し得ず、遂に民家に放火し、一村を焼払って、門徒の本尊を持出すを捕へんとしたといふ。

老婆の話をカットして転載した、といえる。県史は『柱ほとけの光』を参考資料として使った。権威ある県史がこれらを載せたので、これらの話が「正史」と認められたことになったのではなかろうか？

次の橋口三郎『薩摩国甑島風土記覚書』（86ページ、1976年）も、そのまま利用している。『横目日記』の奥田善行院と改役との書類のやり取りも一部載せている。

天保六年（一八三五）の下甑島の長浜の一向宗崩れでは、宗門改役が拷問を加えて信徒の名や本尊等提出を迫ったが、信徒は頑として口を割らず、遂に改役は、村に火を放ち、本尊等を持ち出すものを信徒として逮捕する方法をとったが、唯一人として本尊を持ち出すものがないので、改役は業を煮やして村へ火を放ち一村を全部焼き払った。

塩田甚志『里村郷土誌　上巻』（400ページ、1985年）には、天保六年（一八三五）長浜において宗門改め役の拷問にもかかわらず白状しないので、全村を焼き払ったといわれ、

とある。後の方に、『横目日記』（入枝基解読）の6年の奥田善行院と改役との書類のやり取りを全文載せている。

以上だが、県史をそのまま信じている。また、『横目日記』の6年の甑島調査の部分を2人とも使っている。その他の部分を読まなかったのだろうか。その頃は全文の『横目日記』の刊行はなかったので、入枝・奥田氏の書き下し文の本によっているからだろうか。

さて、この話は史実であろうか。天保六年には、確かに役人は

渡っている。本庁の役人である。6年は自訴胸替誓詞の時期であり、善行院に甑島の二十三夜講のことを調査してくれと頼んでいる時期である。まだ、甑島の様子がわからない時期に一村を焼く、という発想はあり得そうにない。そして、7、8、11年と4度渡っているが、善行院に放火して集落一つを全滅させた、という話をしていない。本庁役人は隠したのであろうか。

天保6年のことではなくて、いちばん長く滞在した11年の話なら、時期としてもいいかとも思うが、行きも帰りも2回とも本庁役人は善行院と顔を合わせている（原文「両度共ニ得御意候事」両度とは「行きも帰りも」ということ）。話を交わしているようだが、ひどい取り扱いをしたという気配は感じられない。善行院は好奇心の強い人で、変だ、奇妙な、と思った事件は記録している。たとえば、市来の下女奉公の娘が首吊り自殺をした。調べたら腹が大きかった。不思議に思い、尋ねると、夏の暑い日、数人で米搗きのとき、裸になったら、と声を掛けるのに裸にならなかった、という。混浴の時代、数えの17歳の娘であっても裸になるのは気にすることはない。また、父のない子であっても、集落内で特別扱いせずに育てられる時代なのに、自殺、というのが不思議である事件であった。そういう事件も書き留めている。焼き捨てる書類も記録している。その善行院が長逗留の甑島から帰ってきた本庁役人から、1村放火事件を話さなかったであろうか。ひた隠しにしたであろうか。そういうことをした後で、平然としていたであろうか。そういう気配を感じさせない記述である。

また、そういうひどい取り扱いをして、あちこちの一般の信者を苦しめている例が「横目日記」には1件も出てこない。だから、この長浜という下甑島の海岸の集落で本当にあったかどうか、非常に疑わしい事件である。むしろ、こういう一般の民衆を困らせるような方法は禁止されていたのではないか、と思われる。講頭であれば、当然であるが、一村全部焼けば、その時から民衆は生活に困る。その手立てをどうするのか。藩への租税をどう吸い上げるのか。藩に損失を与える一村全部焼くという方法はできないと考えられる。藩への反感がぐっと強まる。民衆の目にさらせば、反感だけが強まるので、講頭・番役のような指導者を拷問するときは鹿児島城下に連行して見えないようにして、拷問したのではないだろうか。地方ではなかなか聞かれない。

13年11月には、「旅人の取締り」「宗門方取締り」で地方が疲弊しているので、「罰金は一切取らないように」との達しをしている。7年は凶作、8年は豊作にもかかわらず、8年冬の米価が1升84文ぐらいが9年はまた不作で11年正月には、１６０文ほど。同年7月には１２４文（徳永・横目日記91ページ）と下がってきた。だが、13年6月でも１０４文（１２３ページ）と高止まりで動いていたようで、そのために「罰金を取らない」方策を取ったのではなかろうか。

こういう配慮を考えると、一村放火は史実だったのか疑わしい。甑島里町の小川三郎氏に長浜のことを伺うと、長浜でまあまあの人に尋ねてみたが「そんたなかった」と言われた、とのこと。天保のひどい事件のことが伝えられないであろうか。

甑島には、唐船が通るときには（この頃は正式なものは年に13艘）、薩摩藩に関係ある唐船なのかははっきりしないが、唐船を警護しなければならない役目を持っている。長崎近辺までついて行く。甑島だけでなく、野間・串木野・長島などの浦浜からも出る。文化12年には総勢60隻、同13年には57隻もの舟が唐船の後を追っていったこともある。これを引き船という（『上田宜珍日記』天草町高浜から）。調所は、密貿易に力を入れている時期であるから、大事な役目を持つ、甑島の島民（特に浦浜人）を粗末に扱うとは考えられない。

では、どうして、そういう架空の話が生れたか。それは、法難はひどかった、だから一村焼くぐらい当然の話だ、となったのであろう。

串木野でも、同じような話がある。浜町の倉の二階で講執行があって、役人が何をしているか、と尋ねたら、人は誰もいない、と外で見張りをしていた人が答えたので、では、といって、丁度倉の周りに積んであった薪に火をつけて、1人残らず焼け死なせた、という話があるが、これも同じ類の話で、そんなことを役人1人の考えでできるものではない。

たった1人の講頭を逮捕するのに、いかに苦心して調査し、確かめて捕まえている記録を読めば、簡単に人を焼死させるようなことはできない。もっとも気の触れた役人ならば、別であろうが、そういう役人はすぐ更迭される。

一向宗信者の摘発に熱心な役人は藩として好ましくなく、まあまあの取締りで、手心を加える役人を藩は望んでいる。あまりに摘発して、租税が少なくなることの方が困るからである。

30年ほどに1回、各郷の一向宗信者の摘発に回る天保度以前のありさまは、藩が一向宗禁制を徹底すると、住民の半数以上の一向宗信者を捕縛しなければならず、そうなると租税が入らないという矛盾の結果、あまり効果のない摘発をしてきた、と考えていい。見せしめの摘発をしてきたのだろう。

そこで、天保度の甑島長浜の一村放火はありえない話だと、私は考えている。

島平の源兵衛が甑島に渡って講に引き入れ、講執行をした、との藩庁の指示がある。この書類は見た後、焼き捨てるようにとなっている。役所の廻文は焼き捨てて、役所には証拠はなくなった。だが、焼く前に、善行院は自分の記録には残しておいた。後々の指示と食い違いがあってはいけないので、慎重に構えているのだろう。

源兵衛については、知っているようなことを言いながら、最後は「不審は晴れた」、「名前違い」、「死亡している」などとして、結局、源兵衛のことはうやむやになってしまった。

甑島の様子は、このような時期である。6年の一村放火はありえない。それ以外の年でもあり得ないであろう。

⑪ 郷士の自訴、胸替誓詞

郷士については、甘いのではないか。善行院自身が麓に住んでいるし、当然知り合いの郷士が多くいる。郷士は人民の指導者的地位もある。それらの郷士が百姓一般と同じように一向宗改めをし、自訴をさせるには自尊心が許さない、というような気がする。

また、藩の方でも、それを認めていた部分もある。郷士だけを別に集めて達しをし、自訴、胸替誓詞をさせている。百姓一般と違わせている。結局、郷士は26人ほどで終らせている。

なかには、芹ヶ野の山下甚五郎・弟善太郎・母のように百姓へ落とされた者も出る。やはり講頭クラスは救いようがない。

郷士から百姓へ格下げして、同じ串木野で百姓をさせるのであるから、皆のさらし者で、見せしめである。だから、母は鹿屋の百姓へならされたのだろう。

弟の善太郎は13年1月に「病気で、胸替誓詞をするはずだった」とあるが、何か救済策でもあったのだろうか。

甚五郎は10年2月に郷士を追放されて入牢、9月末に百姓成りを言い渡される。10か月後に弟と母が百姓成りとなる。

郷士で百姓成りになった者は大勢いたであろう。百姓ならば租税を納める対象になるので、藩財政上にはプラスになる。次・三男のコエタンゴ侍ならば、百姓成りであっても痛みは少ないが、役持ちの上級士ならば、たいへんであった。

⑫ 他郷の逃亡者の逮捕

串木野以外の郷では、善行院も協力している。隈之城の仁左衛門、市来湊町の利兵衛の確認作業と、逮捕に至る経過はよくわかる。親類を調べ、人相と合わない、など間違いのないように慎重である。

逮捕するには、串木野と高江の役人が当たる。盗難とか殺人とかの事件であっても、1つの郷役人だけで処理するということはないので、公正を図るための藩の方針であろう。今回の逮捕もその方式通りで、面倒なことのようだが、かなり離れた郷役人と協力して逮捕した。

逮捕したら、鹿児島への護送は足軽などの郷士に頼む。「先状」というのがあって、それを見せながら隣の郷へ行き、そこで交代する、と言う方法、「郷次」に送ってゆく。串木野から市来、伊集院と引き継いで護送する。

⑬ 冠岳藤脇に本尊持ちの疑い

藤脇は藤脇姓があるので、そこら辺りであろう。これは極力揉み消している。実際はどうであるかわからない。善行院にとって冠岳は修験道の修行道場である。知り合いも多かったのかもしれない。あるいは山伏としての同行者かも。

他郷の逮捕に協力するのと、正反対のように、出さないようにしている。1，565人以外は絶対出さない、という構えが見えるような気がする。

⑭ 宗門改帳を作る

9年正月、自訴の終わりを達した後、9年の初め頃には、改帳を作って、一応の仕上げをした。2月18日には「宗門手札」の「立木摺り消し」をしているので、改帳を元に各家を回って回収した札の表面をカンナなどで削って新しくし、その上に今回の調査を元にした「宗門手札」にする。手札は戸籍がわりで、各家に保管している。もし火事にでもなったら、1番に持ち出さないと、あとでお咎め（場合によっては罰金）がある。手札の材木は杉・樫など土地にあった木で、大きさもさまざまで門柱にはめ込む名札大から7～8センチ平方ぐらいのもある。厚さもいろいろ。表面には年月日、何郷の何某、何歳、何宗などと書いてあり、下の方に焼印が押してある。船鑑札や商売の鑑札などに似ている。

⑮ 児玉理兵衛の調査

児玉理兵衛は野元氏の後継ぎで、横目役を引き継ぐ石高の高い家柄で、麓の郷士である。娘のケサチヨ（袈裟千代）が麻疹のような病気で3年も薬を飲んでいるが効き目がない。11年のある日、天草によい薬があると聞き、天草に行きたい、と願い出た。許可が下りるが、本庁の宗門方から一向宗門徒でないか、天草で一向宗と接触をしないかの調査をして報告せよ、との命令がきた。善行院は自分と同じ役目になるぐらいの人物なのだから、そういうことは一切ないと報告したであろう。それだけで終った。

11年までは、細かいところまで気にしていることがわかる。天草は一向宗（浄土真宗）地帯であるし、阿久根・出水あたりから、こっそりと船で拝みに行く者もいたからである。

鹿児島から天草へ行く者は、武士や商人なら比較的自由に行き来している。『上田宜珍日記』には、農民以外の人々がやってきたことが載っている。ことに甑島の人との交流は深く、塩辛みたいなものを持参して土産にしているぐらいである。

⑯ 再調査と終焉

10年7月に、自訴した者を集めて、もう一度尋問がある。千人を超す自訴者なので、簡単なものだろう。再調査というより、再発しないようにとの念入れであろう。11年10月にも自訴の帳面を持ってきて確認しているので、このあたりまでが最後の確認で、これから先は許さない、と言うのかと思うと、12年閏正月と6月に、胸替誓詞をすれば刑罰はしない、という緩和策をしている。

講頭の逮捕が始まるのが8年4月からで、9、10、11年とひどくなっていく。その中で、一般の自訴者の確認をし、講頭だけに絞っているのかもしれない。ひどいという情況を緩めるために自訴胸替を12年にして、最後の仏像・経文の集めをする。だいたいこの頃が大掛かりな調査や逮捕の終りに近い。

13年は残りの仕事で、14年にこれまでの一向宗改めは終ることになる。

本庁役人も郷役人もひんぱんに役替えが行われるからである。

おわりに

法難崩れ、というが、もっともひどい扱いをされたのは、講頭（番役）などの主だった人たちであろう。一般の信者は、最初から対象にしていない。それは前述したように、藩の税収が落ちないようにするためである。

では、どうして、法難崩れがひどかった、と県内全部に広まったのであろうか。それは、法難崩れの調査をしないで、各市町村の郷土史が、ひどい話を転載したからであろう。

串木野では、法難の話は聞いていない。他の町村でもあまり聞かれない。森田清美も同じようなことをいう。

もちろん、ひどい扱いをした町村もあったであろうが、天保度の場合は、講頭以外はひどい扱いはなかったであろう。そこの区別をせずに、一向宗取締りはすべてひどかった、とする立場には、この『横目日記』を読むかぎり、できない。

（掲載22号＝2008）

資料　**胸替誓詞の場面**　（句読点・ゴシックは編集者）

一未五月廿九日、宗門改役白尾金左衛門殿・横目有川仲右エ門殿・書役高橋金五郎殿、足軽弐人相付、市来湊村ゟ爰許下名村大原村江差入ニ而候所、掛役年寄谷山正左エ門・長谷場戸右エ門・組頭加藤直右エ門・横目野元杢左エ門・拙者・郡見廻児玉理兵衛・濱浦役長郷左エ門・羽嶋右同川添権右エ門、當日ゟ大原福薗之与兵衛所江出張居候。尤、組頭宮之原善右エ門江被仰付候へ共、未病気ニ而御受不相調候ニ付不参、郡見廻臼井納右エ門宿場詰ニ付不参ニ而候。**胸替誓詞**五月晦日ゟ**大原松山寺**ニ而有之。寂初**御條書**有之。夫ゟ**霊社一巻**、**起請文**迠讀、相済候而、**坊主戒**を被授、左候而壱人宛罷出、**男は左弁指**、**女は右弁指**ニ誓詞いたし、名之下ニ**血判**いたし候。男名下ニ書判之所ニは**星廻**シ置、其内ニ**血判**ニ而候。女ハ名ノ下ニ直也。所役々ニも同様席詰也。朝四ツ比ゟ相始、八ツ時分ニは三百人内外宛相済候。誓詞は足軽共ゟいたし候。

一未五月晦日ゟ六月三日迠、上名下方限并下名村濱町・嶋平浦、都而相済候。

一未六月四日、頂峯院江被差越、嶽方三百九拾弐人相済候。朝五ツ時分ゟ差越候処、七ツ時分ニは相仕舞、大鐘時分ニは下名村大原江帰宿□□之いたし候。

頂峰院の移り変り

所崎　平

はじめに

　蘇我馬子が熊野三所権現を勧請、つまり和歌山県の熊野三所権現の神を西岳・中岳・東岳に迎えた、ということは「冠嶽山鎮國寺頂峯院来由記」に載っているので、冠嶽山鎮國寺頂峯院も大昔からあるような印象がある。また、「冠嶽山之次第」にも「用明天皇の時代に馬子宿祢親王の御願所として草創した」とあるからでもある。ところが、用明天皇時代の次に出てくる年号は建久5年（1194）になってしまう。だから蘇我馬子の時代の610年頃から建久5年までのおよそ580年間については、何の記録もない。空白になっている。

「冠嶽山鎮國寺頂峯院来由記」は江戸時代の寛文9年（1669）に書かれたもので、『頂峯院文書』の中で、それ以前の年代の文書には蘇我馬子は出ていないので、「蘇我馬子の勧請」の話は後代に付け加えたものであろう。

　なぜそんな話を作るのかというと、頂峯院の歴史が古くからあるようにして、寺や神社の重みを増させるためである。これは頂峯院だけでなく、あちこちの神社仏閣でも行なわれていることであるからだ。ちょうど、家系図が立派な家柄の先祖である方が、人々を「ほほう」と思わせるにじゅうぶんだというのと同じで、つまらない人物が先祖だったら重みがない。それで桓武平氏とか藤原氏・源氏の子孫にしたら誇れるものを持つからだろう。

　それで、頂峯院は蘇我馬子の時代、574～622年からあるような錯覚になってしまう。

1　頂峯院のこと

「冠嶽山之次第」を丁寧に読んでみると、どうも今まで言われていたことと違うような気がしてくる。まず、興隆寺だが、頂峯院文書の中に1か所出てくる。それが「冠嶽山之次第」の次の部分である。

東　興隆寺　号本坊　可謂四神相應之地景
北後玄武　霊巌高聳　頂在不増不滅之水
幼童酌之習手之間　号硯水

東は東岳のことで、興隆寺が今の冠岳神社の頂峯院跡あたりにあったことがわかる。それは「北玄武」という四神の北に当たる方に「霊巌」という仙人岩のことが高くそびえていて、不増不滅の水があり、「硯水」が出てくる。現在でも言い伝えのある「硯の水」のことなので、興隆寺は冠岳神社あたりにあったことがわかる。興隆寺から頂峯院に変わった、という伝承からすると、頂峯院は西の方にあった霊山寺を引き継ぐときに、興隆寺そのものか、興隆寺を取り壊して新しく作り直したのかであろう。「冠嶽山之次第」が書かれた宝徳元年（1449）までは興隆寺が残っていた、と考えてよかろうか。

興隆寺がいつできたのかははっきりしないが、「冠嶽山之次第」以外には出てこないので、宝徳元年に近い時代にできたのではなかろうか。

誰が書いたかわからないが、貞享5年から何百年前と計算しているので、おそらく貞享5年（1688）に書かれたと思われる「冠嶽山鎮國寺頂峯院来由」には「阿子丸仙人が開いた、当院（頂峯院）は用明天皇の勅願所としてできたが、いつできたかはっきりしない。天台宗から真言宗に変わったのは京都東寺の院家法輪院が宗寿に命じたからだ」ということが書かれている。

このあたりから、頂峯院の歴史について考えだしたらしく、「阿子丸仙人」が初めて出てきたり、天台から真言に変わったのは京都東寺の命令からだ、となってきたようだ。

頂峯院文書が残っていたのだから、子細に点検すればよくわかったと思われるが、それを避けたのは、寺格を上げる考えがあったのか、とも疑われる。

2　霊山寺のこと

縁起・来由記・由来記を含めて30項目の文書中、13項目が霊山寺関係の文書である。次いで8項が熊野三所権現関係、不明1を除いた8項が頂峯院関係となり、約半数が霊山寺文書である。なぜ、こうも霊山寺関係が多いのだろう。

題名も『頂峯院文書』となっているのだから、全部頂峯院関係の文書であれば、納得いくのだが、これほど霊山寺・熊野権現関係の文書が入っていれば、霊山寺と頂峯院とは一つの寺のような感じがする。しかし、霊山寺は天台宗で頂峯院は真言宗で、まったく宗旨の違う寺である。それが違和感なく一つの寺のように感じるのは、霊山寺から頂峯院へうまく引き継がれたからであろう。

霊山寺の始まりははっきりわかっている。それは成賀上人が文治5年（1189）に中峯の霊窟（大岩戸）に草庵を作り、翌6年かに、一間四方の堂舎を建て、金色の弥陀三尊を迎えたことから始まり、10年後の承久2年（1220）に西岳の中腰に霊山寺を建てた。その時、串木野三郎平忠道が土地を寄進した。

霊山寺ができたのは承久2年であることは間違いない。

3　熊野三所権現

熊野三所権現がいつできたのかははっきりしない。寛元4年（1246）に峯権現の先達延慶に芹ヶ野など4か所を寄進しているので、この頃には存在しているのだろう。峯権現を熊野権現とみなしての話である。

蘇我馬子が用明天皇の頃、勅願所として熊野三所権現を勧請した、つまり分霊を迎えた、というのが書いてあるのは、江戸時代の寛文9年（1669）に頂峯院の僧秀盛で「冠嶽山鎮國寺頂峯院来由記」が最初である。その後の熊野権現の記録としては、

正応元年（1288）に沙弥玄久（島津家6代氏久）が権現に薩摩郡内の大牟田・数余木・鴇田々の合計三町を寄進している。ただし、沙弥玄久を島津家六代氏久にすると、氏久はまだ生まれていない。彼は嘉暦3年（1328）に生まれているからで、年号の写し間違いか、人名の間違いではなかろうか。

永仁5年（1297）に島津家4代忠宗公守護代沙弥道意から神領の田畠山野の税を免除される。

正平21年（1366）には入来院重門から数余木等2町を合戦のため寄進する。

貞治6年（1367）島津家六代氏久が冠嶽権現の宝殿（神殿）を修理する。

至徳2年（1385）総州島津家七代元久が冠嶽山社壇の宝殿造営に馬1頭を寄進。

応永14年（1407）総州島津家忠朝（伊久次男）が冠嶽山三所権現に薩摩郡天辰（川内市天辰）谷口3反歩を寄進。同じく応永19年（1412）忠朝が冠嶽権現に薩摩郡勝目迫1町をもう1度寄進しなおす。

これ以後は熊野三所権現への寄進の記録はなくなる。

寛元4年（1246）の峯権現の先達延慶への寄進からわかるように、この頃は守護や地頭を熊野三所権現へ行く時の先達職を勤めてもらうように寄進しているようで、熊野権現という神社へ寄進しているようではない。

永仁5年（1297）から島津家や入来院家が寄進を始めるが、これらは神社へ寄進している。

熊野三所権現は、和歌山県の熊野三所権現や金峰山への先達、山伏が勧請してきた神社のようで、蘇我馬子の時代までさかのぼらせることは、無理ではなかろうか。

記録から考えられることは、1200年代に熊野権現は入ったのではなかろうか、と考えられる。

4　頂峯院文書と歴代住職

頂峯院文書には、霊山寺文書・熊野権現文書・頂峯院文書と三つの文書が入っていることがわかる。なぜ三つが混在しているかであるが、次のように考えてみる。

霊山寺は頂峯院へ引き継いだのではなかろうか。歴代住職世代を見ると、この中にも霊山寺の僧侶の名前がある。8代成賀・9代栄英・10代栄海・12代栄増・14代尨瞬・16代永栄・18代栄永・20代尨全・21代歓澄と霊山寺文書に出てくる僧が九人もいる。それ以外にも通字から3・4・5代・11・13・15・17・19代もそうではないか、と思われる。通字とは、有馬家は「純」の字がよく付いているとか、平家なら「…盛」、重盛・有盛・淳盛とかいうものである。

僧侶の場合、自分の弟子に自分の名前の1字を入れていることである。たとえば、霊山寺関係では「栄」の文字が多く出てくる。9代栄英・10代栄海・11代慶栄・12代栄増・13代成栄・15代長栄・16代永栄・18代栄永・19代栄秀と9代いる。初代阿子丸仙人を除いた20代の霊山寺僧侶と思われる中では、「弘」の字を持つ僧侶は3代弘賢・5代弘淳・14代弘瞬・17代弘安・20代弘全と5代いる。これだけで14代になり、それ以外が2代傳尚・4代明賢・6代定玄・7代心澄・8代成賀・21代歓澄の6代である。

それらから考えると、3～5代、8～21代は霊山寺の僧侶ではなかろうか、ということになり、24代澄久から後が頂峯院僧侶といえる。はっきりしないのは、初代阿子丸仙人、2代、6・7代と離れて22・23代の6代である。

そのように霊山寺僧侶が先に入っていながら、この世代を頂峯院住僧世代63代としていることから、霊山寺と頂峯院とが続いている、と思わざるをえない。

頂峯院僧侶の通字は「久」で、異体字の「吹」もある。23代弘吹・24代澄吹・26代歓久・27代鏤久・28代長久・29代實久・30代可久・35代果久と23代から35代の13代中8代と頂峰院世代の初期に多く、その後「重」が32・34・37代の3人、「覺」が40代から62代まで23代中に7人、あとはいろいろである。

次に、頂峯院文書の最初の文書に、寿永2年（1183）の「成賀上人の東谷山主職」に大前（おおくま）宿祢が補任する「補任状」と、文明14年（1482）の「大法師澄久へ権律師」への藤原元長の宣旨がある。成賀上人は霊山寺の創始者、澄久は頂峰院の開祖みたいな位置にいる僧侶なので、この2人を1巻にまとめたのではなかろうか。最も大事な開祖としての位置付けであろう。これらからも霊山寺と頂峰院が一続きにつながっていることを示しているみたいである。

熊野権現文書が頂峯院文書に入るのは、次のようである。

正応元年文書に「冠嶽別当御坊」宛の寄進状がある。

「別当御坊」とあるように、権現のいろいろな事務は頂峯院の別当が担当していたのであろう。別当寺ではないかもしれないが、別当寺的役割を頂峯院が受け持っているような感じである。

それで、文書も頂峯院文書の中に入り込んでいるのだろう。

45世亮裔（りょうちょう）の墓石には第45世と彫り付けている。亮裔がどう計算して45世としたのかはわからない。承久2年（1220）から歓澄の宝徳3年（1449）まで約２３０年間に、住僧世代が正しく書かれていることを信頼して、14代あるので、14代では一代が約16年になる。蘇我馬子の時代を６１０年として、１２２０年から６１０年前となり、約２３０年間で14代なら６１０年で35代前ぐらいが蘇我時代になる。それがたったの7代しかない。

阿子丸仙人を除いた2代から23代までを全部霊山寺の僧侶として、それも承久2年（1220）から文明の頃、一応１４７０年として、２５０年間を霊山寺の僧侶の一代の年間を出してみると、11年間余となる。

五味克夫先生が霊山寺の僧侶は永栄と栄永は同じ人で、世代も入れ替わる、という説を出しているので、一代減らすと12年間ぐらいになる。

麓の良福寺の住僧世代は江戸初期からなので、条件は違うが、建立から約290年で23代。一代12～13年となる。住僧世代の世代間は長生きしたかしないかで勤める期間が長くなったり短くなったりなので、平均年間はあまり長くならない。短い僧は2年間しかない。一般の系図では一世代30年で計算するが、それが通じない世界である。それにしても610年で7代の住僧しかいないのは、一代87年間ほどの住持だったということで、これまた信じられない数字である。

この住僧世代からしても、蘇我馬子の時代までさかのぼれるとは思われない。

亮裔が墓石に第45世と彫り付けたのは、自分で何番目の住持なのか知りたかったからで、何らかの反省があって、勇気をふるって45世と決めたのであろう。

「当寺中興　法印亮裔　正徳2年没」ともう一つの墓石にあるので、亮裔は元禄時代には振るわなかった頂峯院を隆盛に持っていった大僧侶だったのだろう。

『三国名勝図会』には全有を40代としている。どうして40代にしたのか、根拠はわからない。このあたりから、何代目にあたるのか、考え始めたのだろう。墓石に代数を彫り込んだのは、亮裔以外には「53世成与」と「56世快阿」・「58世覚恩」の3人がいる。

5　阿子丸仙人

どう読むかはわからないが、音読みすると「あしまる仙人」となる。「阿子」とは「阿弥陀の弟子」であろう。「丸」は人名に付ける「麿」が変わったもので、「牛若丸」などと使う。しかし、人名も平安末なら子供の名前である。それ以前ならば「麿」がつく。天武～文武（673～706）の柿本「人麿」、平安初期（758～812）の坂上「田村麿」など。だから、「丸」が付くのは平安末のことなので、「阿子丸」という名前からすると、蘇我馬子の時代の飛鳥時代（～626）はもっと時代が古いので、阿子丸仙人という名前は平安末の新しい名付けではなかろうか。

「仙人」が付くのは、人目を引くからだろうか。

「仙人」とは「世俗を離れて山や森林などに住み、神変自在の術がある人」と広辞苑にある。「仙人」が付くのは妥当であろう。

とにかく「丸」が付く、というのが、後代に付けた証拠のような気がする。

6　三寺と一社の創建時期

文書上で最も古い年代になるのは、蘇我馬子の用明天皇の時代(610)で、その次は、あっという間に寿永2年(1183)8月の成賀上人東谷山主職補任状に飛んでしまう。次が文治5年(1189)に成賀上人が中岳の大岩戸に草庵を作り、翌年の頃に一間四方の堂舎を建立し、金色阿弥陀三尊を迎える。建久5年(1194)に古寺跡あたりに坊舎が並んでいる、と続く。

記録が色濃く残っているのは寿永以降であり、それ以前のことは、何も記録がないことから、あまり信頼できないのではなかろうか。まして蘇我馬子の時代はもっと信頼できないのではなかろうか。

冠嶽山の出発は、霊山寺から、とした方がよいのではないか、とさえ思われる。

前述したように、霊山寺は承久2年(1220)である。

次に、熊野三所権現が寛元4年(1246)の直前、霊山寺の成立後に現れる。

『頂峰院文書』の最初の部分は霊山寺関係の文書が並んでいる。1番目は成賀上人の東谷山職補任状で、次に大法師澄久の宣旨が来るが、これだけが頂峯院関係で、それ以外は霊山寺と熊野権現関係の文書である。霊山寺の文書の中に熊野権現の文書が間に挟まれているので、霊山寺と熊野権現とは関わりの深いものがあることを示しているようである。

興隆寺については、霊山寺の文書が終わって、次に頂峯院関係の文書が続くのだが、その最初の文書の「冠嶽山之次第」に初めて、一つだけ出てくる。興隆寺が現れるのは宝徳元年(1449)より前であることは確かであるが、どれほどさかのぼれるかはわからない。ただ、興隆寺についての説明の部分に「明徳以来、山の名が上がり現れ」とあるので、1390～94年頃には隆盛になったことがわかる。南北朝の終わり頃であるので、南北朝の戦乱の時期に熊野権現と並行して、戦乱に勝つための祈祷などを行なってきたことも考えられるので、南北朝初期に興隆寺はできたのかもしれない。もっと考証する必要がある。

興隆寺の宗旨は最初から真言宗であったのだろう。熊野権現の別当寺的なものだったのかもしれない。霊山寺が受け持っていた部分を肩代わりしたとも考えられる。和歌山熊野三所権現と真言宗高野山が思い浮かばれる。

とにかく興隆寺は隆盛になってきた。南北朝を過ぎてくると島津家の力が大きくなってくる。冠嶽山は島津家の寄進が多くなり、島津家の庇護している真言宗寺院、大乗院が藩の仏閣の中心になってくるが、島津家の要請があって、霊山寺の天台宗から真言宗の頂峯院へと変わらされたのではなかろうか。変わった理由は京都にある東寺法輪院からの命令のように書かれているが、それだけではあるまい。

霊山寺から頂峯院へ引き継がれたのは、24代宗寿法印で澄久ともいう僧侶の時からのようだが、はっきりいつというのはわからない。

宗寿法印の名が出てくるのは、文明14年（1482）で、島津家11代太守忠昌が冠岳を訪れた。この時忠昌は16歳である。ここらあたりから が頂峯院の始まりであろう。22代永仙、次の23代払吹のあたりが本当に霊山寺僧侶なのか頂峯院僧侶なのか文書上に出てこないのではっきりしないが、頂峯院の僧侶は24代澄、宗寿法印のことだ、となっている。

文明14年（1482）の大法師澄久へ権律師へ補任する藤原元長の文書は、成賀上人と並んで最初に出されている文書なのだが、果たして澄久と宗寿法印とが同一人物なのかは疑わしい。

宗寿法印は4年前の文明11年（1478）に島津家11代忠昌と桂庵禅師を迎えている。年齢は72歳である。宗寿法印の法印の位は最高位を示している。律師は、3番目の位であり、権律師はその下である。法師はまたその下である。権律師の澄久と宗寿の法印とでは、位が全然合わない。宗寿は84歳で亡くなっていることまで書かれる高僧であるが、澄吹については、最初の権律師への補任状以外に文書はない。

後代、澄吹と宗寿とが同一人物として扱っているが、それは時代が重なっているからであり、宗寿の法印の位と澄久の権律師の位からすれば、まったく別人としか思わざるをえない。

しかし、その頃に頂峯院へ引き継がれているのだから、文明11年の直前が頂峯院の創立となるのだろう。それはまた、霊山寺の終わりを示していることになる。

以後、熊野権現と頂峯院とは並行して明治2年の廃仏毀釈の時、頂峯院だけがなくなり、熊野三所権現もあやふやで、西岳神社・中岳神社・冠岳神社と名前が変わってしまう。

7　熊野三所権現の祭神

今は冠岳神社というが、廃仏毀釈後は東嶽神社といわれた。廃仏毀釈前の東嶽権現の祭神は、なんと仏像で、本尊は阿弥陀仏であった。それが廃仏毀釈後、櫛御気野命（くしみけぬのみこと）に変わる。なぜ櫛御気野命に変わったのか、一つは国の方針で、仏像が祭神であってはならないから、もう一つは、県内の熊野神社の多くも櫛御気野命と変わっているので、県内の神道指導者の知恵かもしれない。

しかし、櫛御気野命は島根県の熊野大社の祭神であり、和歌山の熊野三所権現の祭神ではなかった。それでおかしくなった。

串木野の地名は、この櫛御気野命から出た、とする説を野元義雄大先輩が言い出したからである。

櫛御気野命を「くしみきのみこと」の「くしみきの」の「み」をはぶくと「くしきの」となったのだ、ということであった。しかし、後にはアイヌ語の「クシシキネ」、つまり「葦原を越える」意味から「くしきの」へ変わった。そして「櫛御気野命」の名が生じた、と『史談3号』「地名考(3)」に書いている。これが『串木野市史』に採用されて、地名「串木野」は冠岳神社の祭神「櫛御気野命」から出たのだ、となってしまった。

これは、廃仏毀釈までは、本尊阿弥陀仏であったことが忘れられていることから出てきたことで、「櫛御気野命」は串木野の地名とはまったく関係ないことがわかろう。

中岳神社は廃仏毀釈後、豫津事解男命と変わっている。以前は薬師であった。西岳神社は千手観音であった。東嶽熊野権現は本宮證誠殿・本尊阿弥陀となっている。本宮證誠殿というのは、和歌山の熊野本宮にある證誠殿のことで、そこに主神の家都御子神（けつみこのかみ）を祭っている。中岳神社や西岳神社が新宮の速玉神や那智の夫須美神を祭らなかったのかはなぞだが、霊山寺や興隆寺・頂峰院という修験道色の強い、天台・真言のお寺が管理していたので、東・中・西岳神社の本尊が仏像となったのかもしれない。

8　頂峯院の移り変わり

文明の頃からは島津家の庇護が加わって頂峰院は隆盛に向かうが、江戸時代初期にはあまり盛んではなさそうである。寛永20年（1643）には、東岳・中岳から末社まで再興することがあり、正保4年（1847）には西岳・大岩戸・白山等、官庫の米銭で営むことになっているので、藩が祭費や堂社の修理などを行なうようになったのであろう。

延宝6年（1678）、西岳が火災で堂宇伽藍を消失する。

宝暦11年（1760）、頂峯院の伽藍を一夜で消失。

明治2年（1869）、廃仏毀釈で頂峯院は廃寺となる。そして、東嶽神社と変わる。

これが頂峯院の簡単な移り変わりであるが、理解できない事例が二つある。

一つは、嘉永3年（1850）、頂峯院と麓にある良福寺は廃寺になった、と『鹿児島県地誌』に書いていることである。出典がわからないので、なぜ『鹿児島県地誌』がこういうことを載せたのか、不思議に思う。なぜなら、麓の奥田清次郎の日記、慶応四年（1868）7月16日の項に「一　今日冠嶽頂峯院へ位牌参りとして差越候」という記事があるからである。これは頂峯院がなければ位牌参りはできないことなので、この時には頂峯院がある証拠である。また、冠岳コミニユティーセンターの東側の灌漑用水池の水神碑に「□地　熊野神社　旧別当寺頂峯院給地而　被廃寺号　以賜所士族……開闢新田　于時庚午春二月……」とあり、廃仏毀釈後、頂峯院の土地を郷士が貰い受けて水田に開墾し、用水池を作ったことが書いている。庚午春2月は明治3年2月のことで、これは廃仏毀釈後になるので、嘉永3年に廃寺になったとは思われない。

二つめは、冠岳小学校の沿革史に「明治12年、頂峯院の廃堂を譲り受け、鳥井原に校舎を建て冠岳小学校と改称した」ことが書かれている。明治12年まで頂峯院の堂社があったのか、廃仏毀釈の時に全部壊されなかったのだろうか、という疑問である。しかし、学校の沿革史に書かれていることだから、真実なのであろう。これもなぞである。

廃仏毀釈があったために、わからないこと、疑問点に思うことがたくさん出てくるのが、頂峯院の歴史である。

（掲載：15号＝2001）

頂峯院跡の手水鉢

資料【頂峯院の痕跡】　頂峯院の礎石の標示（高さ40センチ・縦横50×30センチ程）

宗寿のこと ～真言宗頂峯院を開山した～

所崎　平

1　成賀聖人と澄久のこと

最近までは、宗寿と権律師澄久が同一人物として扱われていた。権律師澄久から鎮国寺頂峯院が始まった、これは間違いないであろう。しかし、宗寿と同一人物であることには賛同できない。二人は全く別個の僧である。それは「2　澄久と宗寿のこと」で述べよう。

澄久が頂峯院の初代の僧であることは、頂峯院文書の最初の巻物に、霊山寺初代の成賀聖人と並んでいることからもわかろう。

巻物は今はない。巻物にしたのは、寛政2年（1790）である。斉宣公がご覧になって「重要なものだ」とか何とか言ったので、巻物にして保存することにしたのだろう。斉宣が巻物にしたのではない。頂峯院の時代であったから、頂峯院が巻物にした、と思われる。その頃の言い伝えでは、成賀聖人は霊山寺を興した初代の僧、澄久は頂峯院の初代の僧と伝わっていたのだ。だから、この初代同士の2人を一緒にして巻物にした、と考えている。巻物は、つまり巻物の原本は現存しないが、写本『頂峯院文書』に「右二通一巻」とある。

この2枚が一つの巻物である、と注釈がついているのだ。また、元治元年（1864）『神社仏閣調帳』をまとめるために、頂峯院の最後の僧「快道」が提出したと思われる資料がある。それには「右弐通壱軸寛政二年　斉宣公被遊御覧表具御改有之候」とあるからである。つまり、幕末まで、初代頂峯院の僧は澄久である、という言い伝えは続いていたとみるべきである。だから、この2人が霊山寺と頂峯院の初代という意識があって、一緒の巻物にしたのだ。

ちなみに、巻物は14通・9通の2軸と「法華法師品之一品」と巻物は4軸あったようだ。これらはすべて斉宣公の命令によるのだろう。

2　澄久と宗寿のこと

ところが、昭和になって、澄久と宗寿が同一人物のように扱われている。『串木野郷土史』121ページでは「24代澄吽（宗寿）」とし、115・117ページには「頂峯院24代住職の宗寿」・「頂峯院に24代住職の宗寿」のように「24代住職」としている。「24代住職」を宗寿としているが、宗寿が住職ではなく、澄久が住職のはずである。宗寿は天台から真言へ変える事務をしているのではと思われる。

さて、澄吽の「吽」は久の異体字なので「久」と同じ。だから澄久と澄吽は同じ人物である。

しかし、「24代澄吽（宗寿）」の書き方からは、24代は澄吽であり、別名を宗寿といっていることになる。しかし、前述したとおり、宗寿は権僧正であり、澄吽は大法師から権律師に上がったばかりである。これは、頂峯院の開祖となるために、藤原元長の宣旨で位が上がったのだと思われる。藤原元長は京都の公卿ではなかろうか。つまり、東寺と関係のある公卿か院家の関係者であろう。ひょっとすると、この藤原元長は宗寿の出元の家の誰かであろう。

宗寿は院家(いんげ)とある。院家というのは、広辞苑によると、「①貴族の子弟の出家入寺した者。②特に、院家①の止住する子院の称。門跡(もんぜき)とともに特権を許された寺格」とある。門跡には三つ意味が書いてあるが、ここでは「皇子・貴族などの住する特定の寺の称。また、その寺の住職。宇多天皇が出家して仁和寺に入ったのに始まり、室町時代には寺格を表す語となり、……」が当たるであろう。つまり、門跡は天皇系統、院家は貴族系統が多いようである。貴族とは近衛家・藤原家・京極家などの名ある家である。

『串木野郷土史』142ページ「冠嶽山鎮國寺頂峯院来由」に「勅洛陽東寺院家法輪院**僧正**宗寿為真言開山自爾以降至貞享五戊辰歳七百四十二年也」とあり、また元治元年(1864)『神社仏閣調帳』に「西嶽社棟札写」の次に「元来天台宗にて開山阿子丸親王と中候二十二代ばかりも右家相続　京都法輪院**権僧正**宗寿勅任にて真言宗中興開山」(同392ページ)とある。前者は、洛陽つまり京都の東寺の院家の寺の法輪院僧正宗寿を勅使として真言宗を開山させる。以降、貞享5年から742年たっている、との意味。後者も似ているが、権僧正とあり、勅使として任務を果たす、中興開山した、という。両方の大きな違いは、「**僧正**」の位と「**権僧正**」の位である。

宗寿は院家であり、宗寿の時に真言宗を開山した、という言い伝えが貞享5年(1688)から幕末まで伝わっていた。これが正確な伝承である、といえる。決して澄吽が真言宗の開山ではなく、澄吽は開山後の初代の僧である、といった方がよいであろう。

3　宗寿は天台宗を真言宗に変えるために来た

文明10年(1478)と同11年に宗寿が冠岳にいたことは間違いない。それは、桂庵が冠岳を訪れた年であり、そのことは桂庵の作品集『島陰漁唱』に出ているからである。つまり、有名な「徐福」を折り込んだ漢詩を桂庵が作り、そのお返しに宗寿も漢詩を作っていて、それも『島陰漁唱』に入っているからだ。

宗寿は真言宗に変えるために東寺から派遣されてきたのであろう。その真言宗に変える指令を出したのは誰であろう。これは、守護の島津家11代忠昌であったのではなかろうか。忠昌は寛正4年(1462)5月3日生で、文明10年では、まだ満16歳である。まだ少年のような忠昌にそんな考えがあったのかは知らぬが、忠昌は父立久が亡くなるまで子供の時から、現在の東市来町(当時は市来郷)の禅宗の龍雲寺の小僧であった。文明8年(1476)「龍雲寺の師匠玉洞と宗寿の勧めで、島津の国家老伊地知左衛門尉重貞と相談、桂庵を薩摩に招こうとしたが、鹿児島に兵乱があって、8年も9年もだめで、10年に果たされた」『串木野郷土史』115ページとあるので、文明8年には宗寿は冠岳に来ていた。忠昌は満14歳である。

桂庵は京都南禅寺から、明（みん）に8年間留学していた学僧で、朱子学を学んでいた。それで薩摩に朱子学が広まることになる。それは別として、忠昌が宗教には知識があったことだけは間違いない。それがどうして真言宗に傾いたのかはなぞである。

霧島神宮の別当寺の華林寺も文明18年かに天台宗から真言宗に変わっている。これも忠昌が関与している。冠岳だけでなく、霧島華林寺も天台から真言に改宗したことは、何を意味するのだろう。のちのち薩摩藩では真言宗の大乗院が大きくなるが、これらとも関連があるのかもしれない。大乗院の歴史も一見する必要がありそうだ。

守護忠昌が関与できたのは、その頃までに、冠岳山の霊山寺も熊野権現も島津家の庇護に入っていたからだろう。戦国時代になって、冠岳山は敵国降伏に力のある社寺であったのだろう。串木野三郎以来寄進があるが、戦国時代では入来院家は1回、島津氏があと全部というほど、寄進をしている。しかし、これは、江戸時代、記録のために藩へ出した文書「頂峯院文書」なので、島津に関係ある文書を選んで出している可能性もある。「頂峯院文書」以外の文書が残っていないので、島津氏以外の寄進があったかもしれないが、今では探りようがない。しかし、「頂峯院文書」からは、島津家が大檀越であり、忠昌が冠岳にやって来れるのも大庇護者であるから、としか思えない。天台から真言に変えるのも、真言系山伏との関連かもしれない。

さて、宗寿と桂庵とは宗派が禅宗と真言宗と違うのだが、同じ京都で東寺と南禅寺とは直線で5～6キロ離れているのだろうか。桂庵は名を馳せていたのであろうから、宗寿は彼の名前は知っていた。桂院家という貴族の出、藤原氏であったので、知識階級であった。桂庵は自分を招いてくれた宗寿にお礼のために冠岳にやってきた。だが、話相手としては気が許せたのではなかろうか。それで、2回冠岳を訪れることになったのだろう。宗寿の漢詩は五つか六つ『島陰漁唱』に載っている。

4　南禅寺と東寺のこと

南禅寺は「京都五山の上（最上位）」という寺である。京都五山というのは、臨済宗の五大寺、つまり大きな寺、由緒ある寺ということであろうか。至徳3年（1386）に足利義満が決めたもので、天竜寺・相国寺・建仁寺・東福寺・万寿寺の五寺で、その上位にあるのが南禅寺ということになる。つまり南禅寺が1番位の高い寺であった。現在は琵琶湖疏水の橋が境内の端を通っているが、明治になってからは五山の上の南禅寺であっても、境内に疏水を通さざるを得なかったようだ。

東寺は空海、つまり弘法大師が整備してから現在に近い伽藍配置になってきた。時代は弘仁14年（823）である。

院家が入っている塔頭（たっちゅう）（支院）は宝輪院をはじめ、たくさんあった。現在の九条通りから南大門を入って、右に五重塔、中央に金堂・講堂・食堂を過ぎて、左に西院（弘法大師が住んでいた堂）の一画があり、宝物館のあたりから後の方に院家のいる塔頭寺院があった。宝輪院は現在観智院のある東側、宝厳院・覚王院・その横に宝輪院があった。江戸時代までで、その後はなくなって、現在は洛南会館の新しい現代的な建物があって、溝川を挟んで北側に当たる。観智院には、宮本武蔵が書いたふすま絵がある。墨で鷲を2羽書いている。観智院はそのまま残っている。古風を保つ立派な塔頭寺院である。宝輪院の前は法輪院ともいわれていたようだ。

宝輪院の位置に近い洛南会館から南を見ると、真ん前に五重塔が見えるので、宗寿はいつも五重塔を眺めて暮らしていたのではないか、と思った。

嵐山渡月橋を渡ったところに法輪寺という寺がある。「和銅6年（713）行基の創建で、真言宗である。日本三虚空蔵の一つで、嵯峨の虚空蔵と言われ、十三参りといって、旧暦3月13日に13歳の少年少女が虚空蔵へ参り、知恵と福徳を授かる。渡月橋を渡るとき後ろを振り返ると、授かった知恵がなくなる」（『京都逍遥』日本通信教育連盟）という。

念のため、東寺学芸員新見さんに尋ねると、同じ真言宗でも東寺とはまったく関係ない寺である、とのことであった。宝輪院（法輪院）は東寺の頭塔寺院であることは間違いない。

5　東寺の宗寿関連の文書

東寺には「百合（ひゃくごう）文書」という文書がある。約2万点あるそうだ。それらは京都府立資料館に活字本と原本の影印本（マイクロコピー版）がある。宗寿で検索するとパソコンでたちどころに、どこに入っているかがわかる。30点出てくるが、宗寿が主人公で出てくるのはそんなにない。

宝輪院で出しても17点出てくる。が、宗寿検索と重なっているのもあるので、実際は少なくなる。

府立資料館の『紀要8』の富田氏の論文「中世東寺の寺院組織と文書授受の構造」を見ると、２６１ページに「宗寿は（称号）文安四（1447）年四月一六日～延徳二（1490）年七月二九日（没）」とある。『串木野郷土史』１１９ページには「最後の詩は、住職宗寿が近作のつつじの詩を桂庵におくった時、これにこたえて、桂庵が宗寿におくったもので延徳二年（1490）の作であります。宗寿はこの年の八月一八日なくなりました」とあり、年代は合っているが月日は少しずれがある。

「東寺諸職補任（寺務・凡僧別当・別当代・執事・年預）」の表二（前同富田論文）を見ると、宝輪院宗寿の名前が出てくるのは、「十八口方」という役に文安5年（1448）から、翌年の宝徳元年（1449）「鎮守八幡宮方」の役からずっと続いて、文明7年（1475）には「廿一口方」「寂勝光院方」「宝荘厳院方」の三つの役をしていた。それから、8～10年までは空役で、文明11年（1479）に「寂勝光院方」の役に付いている。つまり宗寿は文明7年か8年かに冠岳に来ていて、桂庵と会った後の文明11年には東寺へ帰っていると考えてよいであろう。ただし、11年は11月4日に桂庵と会っているので、その年の初めには東寺に復帰することがわかっていたので、役を貰っていたのかもしれない。冠岳にいた時期は文明8～11年までの2、3年間で、帰ってから3年後の文明14年（1482）に大法師澄久に権律師への任命状を出して、宗寿の任務は終わったのではなかろうか。

6　宗寿は権僧正

『串木野郷土史』142ページ「冠嶽山鎮國寺頂峯院来由」に「勅洛陽東寺院家法輪院**僧正**宗寿為真言開山」と、宗寿は「僧正」の位と記しているが、それ以外はすべて権僧正である。『神社仏閣調帳』には、1か所「京都法輪院**権僧正**宗寿　勅任にて真言宗中興開山」（『串木野郷土史』392ページ）、『快道提出資料』に2か所「京都法輪院**権僧正**宗寿　勅任にて真言宗中興開山」（『串木野郷史資料集』197ページ）、「真言中興開山宗寿**権僧正**勅任　是ヨリ成真言奇」（同204ページ）である。

東寺百合文書や『紀要』によれば、文明13年2月5日の「東寺供僧職事融寿大僧都所譲与融章大法師也（供僧職を融寿大僧都から融章大法師へ譲る）」の文書の署名に「権僧正宗寿」とあり、亡くなる直前の延徳2年正月11日の文書「奉寄進　東寺西院田地之事（弘法を祭る西院へ田地を寄進する）」にも「権僧正宗寿」とあり、その間ずっと権僧正であるので、冠岳にいた頃の文明8年あたりから「権僧正」の位にあったのではないか、と思われる。それで、「僧正」の位でなく、一つ下の位の「権僧正」の方がよい。

7　宗寿関連の文書

宗寿についての文書を百合文書から三つだけ上げてみよう。

1　**立申起請文事**　就石田庄年貢催促之事　真光院参申時　去年之
未進四千疋之由　慥申入候也　非過儀弐ツ也　更以不申入候
次第二度内之令肯事　是又可被成下也　異見不申入候　竹薗蔵
為御訴被成下者也　為此ホ肯偽申事候者　奉始伊勢天照大神
日本国中大小神祇　殊当寺鎮守八幡大菩薩　高祖大師　御照覧
可奉仰候　仍起請文如件
　長禄弐年九月三日　　宗寿（花押）

2　**請申**　就仁和寺伝法会条々子細事　一於伝法会者非衆中一同之
参勤者　縦雖彼成　令肯向後不可致出仕事　一右於及于伝法会
闕怠者不可致執行并奉行事　一向後雖為何事於衆中之訴訟存疎
略不可有忽緒就中対此衆依滓於左右一切存遺恨不可残意趣事
右条々雖為一事令違越者可蒙　伽藍三宝　両部諸尊　八大高祖
八幡大菩薩　御罰者也　仍請文状如件
　長禄三年二月五日　宗寿（花押）仁□（花押）

3　**寺務職之事**髄心院門跡宣下候　為両寺御存知之令啓候也　恐惶

謹言
四月十一日　宗寿
年頭御坊

これらの文書を通じて、宗寿が東寺で活躍していることがわかる。1の起請文は石田庄の年貢を催促するものだが、起請文であるので、嘘いつわりないことを神や弘法大師に誓っている。2は仁和寺伝法会（でんぽうえ）のことだが、伝法会とは「諸寺で仏法を弘く伝えていくため、所依の経綸を講論する法会。一般には高野山・東寺など真言宗大寺のものを指す」（広辞苑）とあり、仁和寺は真言宗御室派の総本山で、門跡寺院の首位にある寺である。参加することで何事かもめたのか、してはいけないことを書いているようだが、よく内容が飲み込めないため、わからない。また、解読もまちがっているのだろう。3の文書は寺務職を髄心院門跡にさせる書類なのだろう。年頭御坊に宛てているが、年頭御坊がわからないので、内容は不消化でよくわからない。

だが、これらの文書などから、宗寿が並みの人ではなく、ある程度の責任ある役についていることがわかる。今から500年以上前の人であるが、この宗寿が冠岳にやってきた宗寿と同一の人物であることがわかろう。相当な位にいたから、桂庵も2度も冠岳へやってきて、宗寿と漢詩のやり取りをし、また、歓談をしたのであろう。桂庵も宗寿を相当の教養のある人として認め、話が通じる人であったからこそ2度も訪れたのだ、と思われる。

8　法輪院からの法華法師品の一品

霊山寺の時代の建武4年（1337）3月21日の日付で、人王97代光明院の宸翰が東寺法輪院から下されたようだ（『串木野郷史資料集』200ページ）。それが法華法師品の一品であるが、どういうものか不明。南北朝の始まる頃に、東寺法輪院と霊山寺とがつながりがあったのだろうか。

東寺は高野山などと関わりが深い寺で、霊山寺の天台宗と真言宗の東寺との違いがあるのに、東寺法輪から法華法師品の一品がなぜ送られてくるのか。光明天皇は北朝の2代目の天皇である。宸翰とは天子の直筆の文書であるから、法華法師品は文書なのだ。これを斉宣公が寛政二年に巻物にさせているので、1枚か2枚かのごく短い文書であろう。これは写本に原文が出ていないので、確かめようがない。霊山寺と東寺法輪院との関係がよくわからないものである。

おわりに

東寺には宝物館があり、学芸員も5、6人いるし、百合文書という膨大な資料があって、500年以上前の宗寿のことを調べ出せるが、南禅寺の方は、宝物館や資料館の存在もよくわからず、学芸員がいるのかもわからず、桂庵のことを尋ねることもできなかった。桂庵の記録があれば、もっと違った面を見ることができたであろう。

真言宗寺院では伝法会などで、絶えず学僧が活動していたという伝統があったので、文書資料も残り、密教としての真言宗が伝えられていったのかもしれない。禅宗寺院と真言宗寺院とでは大きな違いがあるのだ、と思った。

とにかく、宗寿のことがずいぶんわかってきたので、宗寿が私には身近になってきた。

参考資料

『百合文書』（京都府立資料館）

『東寺の建造物─古建築からのメッセージ』編集・発行東寺（教王護国寺）宝物館1997年版

東寺宝物館学芸員新見康子さんから宗寿と宝輪院についての百合目録からの検索やいろいろなことを教わりました。深謝します。

（掲載：17号＝2003）

追記

天台宗から真言宗へ変わったのは、忠昌が深くかかわっていると思われる。それは、真言山伏が色々な面で、忠昌に有用であったからではないか、と思うようになった。

忠昌の時代は戦乱真っ最中である。渋谷氏や肝付氏とはもちろん、戦い、山伏の呪詛を頼んでいる。山伏は戦いの上での跳梁、宣伝や前哨戦、実際の戦い方までかかわったのではなかろうか。まだ、想像の域を出ないが、検証する必要がある。

真言宗への関わりが多くなってきたので、山伏が修行の場としている、天台宗寺院の霊山寺（りょうぜんじ）を頂峯院（ちょうぼういん）とし、宗派を真言宗へ変えたのではなかろうか。

他の氏族を統一すると、島津氏同族内の戦乱になる。日新公の爺さんの島津久逸とも大隅で争うが、そういう同族内の争いに疲れて、忠昌は自殺する。最後はかわいそうな生涯である。

現在、残っているのは龍雲寺（りゅううんじ）の跡だ、といわれる小さな場所。元東市来町役場を東に数百メートル行ったところで、墓所が広く残っている。太守島津立久や忠昌の様子をうかがい知れるものは何一つない。

多分、桂庵や場合によっては宗寿もやって来たかも知れない。

（所崎　平）

資料 【宗寿が関係した京都の史跡】

右：東寺五重塔
宗寿はいつも見ていたであろう。

左：法輪院は現在の洛南会館のところにあった。
ここからまっすぐ南を見ると東寺五重塔が見える。

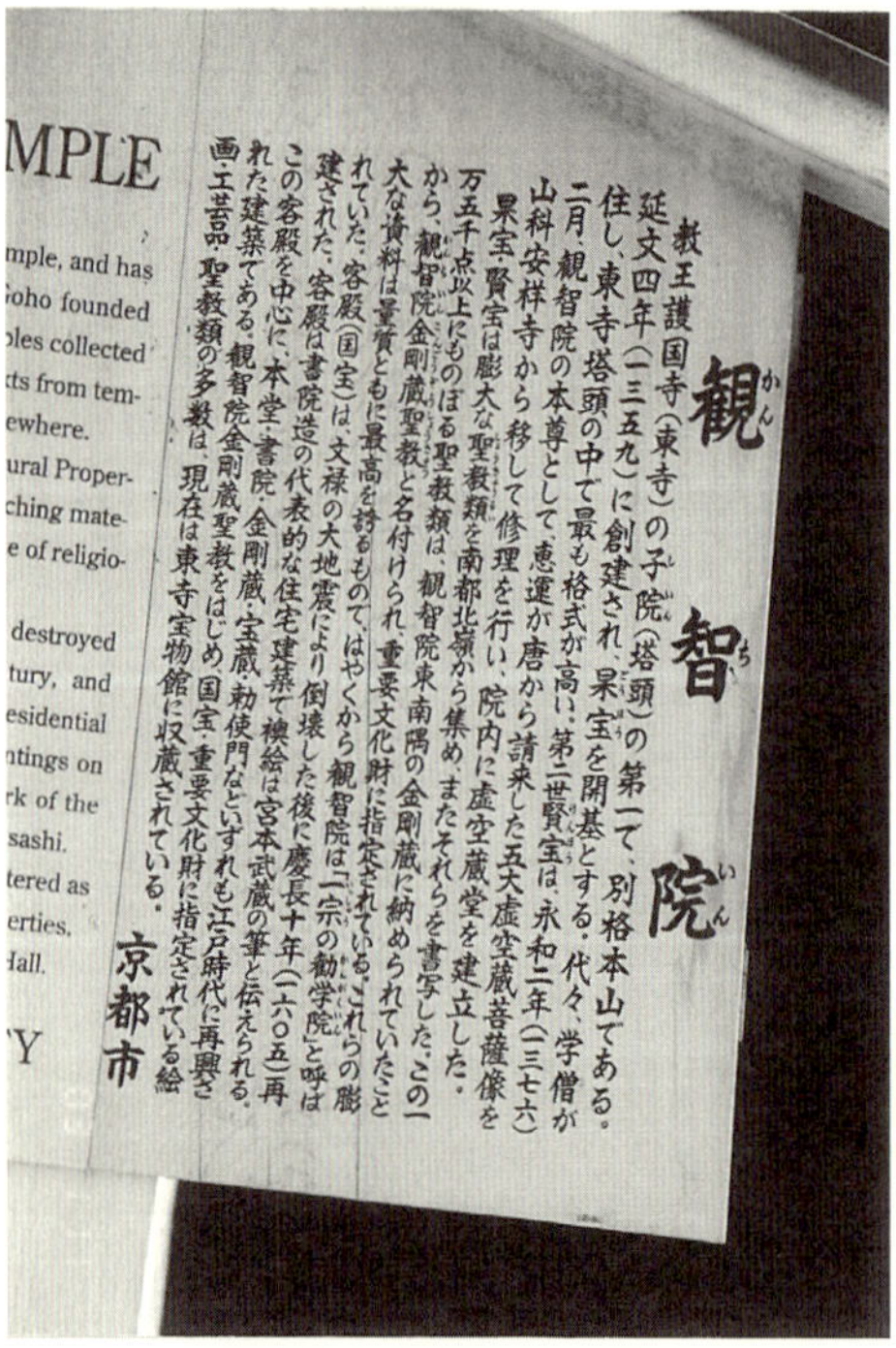

観知院（塔頭）の説明
ふすまに宮本武蔵の鷲の絵がある。

観知院の門
この右側に宗寿のいた法輪院があった。

4 戦争・災害

「戦後50年私の体験」～座談会～

（第一回）串木野の戦災

平成7年9月10日　郷土史研究会9月例会にて

司会　坂口武夫　皆さん、50年を丸々経験された方、あるいは途中の方、いらっしゃいまして、いろいろな思い出があるでしょうが、どういうふうに分類していくか難しい訳であります。衣食住とかの分類の仕方があるのでしょうが、皆さんが体験された中で、これくらいは残して置きたいというものを主眼にして、話して頂けばと思います。後から編集する時に、何か判らない事が沢山出てくるので、なるだけ簡単明瞭にお願い致します。再度言いますが、これは後のために残したいという事を主眼において、堅苦しい事は抜きにしまして、4時半まで、よろしくお願いします。なるべく、1人の人の発言が済んでから、次にして頂きたいと思います。録音を採っておりますと、同時に発言して頂くと判り難くなります。そういうことをお汲み取り頂きまして、よろしくお願いします。

会長　所崎　平　出来るだけ、串木野の戦災の事を聞きたいと思うし、それを中心にしたいと思っております。と言いますのも、『串木野郷土史』或いは『補遺編』の方であっても、串木野の戦災がぼやけて、はっきりしません。このままでゆくと、串木野市がどんな戦災にあったかはっきりしないままで終わってしまうのではないか、という恐れがあります。本当は、話したくない、いまいましい、憎たらしいことでいやなんだけど、と思いの方がおられるかもしれませんが、そこを、今話さないと後世に残せないのではなかろうか、という危惧感から、是非今日は皆さんに話して貰いたいと思うのです。現在のところ、戦争体験が出版されたものは、この前、『**八月の星空**』（終戦50周年記念　戦争体験集　生活協同組合　コープかごしま　串木野・日置ブロック）というので、有川さんと飯田さんという方と、もう1人、串木野でないところも書いてありますが、こんなものが少しあるだけです。他の郷土史の方、垂水の方では市史編纂委員会で、きちんとまとめてあります。これは市内の全員に原稿募集されて、まとめたものです。高尾野の郷土史研究会も、『あれから五十年』というタイトルで、すでに5月か6月に作っています。これは高尾野の戦災だけでなくて、引き揚げから何から全部ひっくるめて『五十年前の思い出』という事を中心にしております。小原正夫さんの方からお借りした、今井一男さんの日記を読んでみますと、大体8月9日頃から機銃掃射でやられたのが、何人か居るような事が書いてあります。8月9日から13日まで、そういった感じがするのです。

小原正夫　それじゃ、私はこの『**今井一男日記**』につきまして、紹介します。実は春日町公民館が沿革史を編纂する際に、資料を集めた時、この『今井一男日記』が手に入り。非常に貴重だな、と思って、沿革史の第二章に抜粋したのでした。それを今日コピーして持って参りました。次にこの作者がどんな方か紹介しましょう。今井一男氏は、戦時中、病気に罹（かか）られて、そして郷里の自分の家に帰ってこられて、病気療養中に、自分の家で空襲にあわれました。この方は、病気が思わしくなく、すでに死を覚悟しておられたのです。両親や従兄弟の方が疎開するように勧められたのですが、頑としてその家に踏みとどまって、勧めに応じなかったのです。如何に怖い空襲でも怯えずに、冷静な眼で空襲の状態を観察され、日記に描写しておられます。非常に貴重なものではなかろうかと思って、今日持って参りました。

所崎　平　これは非常に貴重な資料だと思います。……出来るだけ、全員の体験を話してもらいたいので、1人3分位ずつ、みんな話してもらって、その後で言い残した、思い出した事を話すとか、そんな具合にしてもらいたいと思います。

東　又男　飛行機の半田製作所に、学徒動員で行っていましたが、上級学校に進学して、上級学校の動員先にいるようにということで、丁度（空襲）1週間前に半田から帰ってきました。上川内まで来たら、川内が爆撃されて鉄道が不通でしたので、上川内（駅）で降りて、今の川内高校の前あたりが爆弾が落ちて大きな穴があいていて、そこを通ってずっと歩いて帰ってきました。帰って来た時は、島平のあたりはまだどうもなかったのですが、ちょうど帰った翌日から、家の前には親父たちが避難できるように、防空壕を一応掘ってあったのですが、籾などを（家から）出した方がいいということになって、そういった食料を入れる防空壕を（今の私が家を建てている所が畑だったので）、そこに間口1間奥行き2間位のを掘る様に、ということで掘っている時に、島平の焼夷弾攻撃があって、ちょうど壕を掘っているそのそばに落ちたのですが、幸い不発で、もうどうして逃げたかわかりません。内徳先生の家のある森山の方に走って逃げて、かんのかわ（神之川＝酔之尾川）に昔は竹やカヤ（茅）が生えていて、その川の中に入り込み隠れていて、攻撃が終わってから、今の警察署前のあたりは県道でタコツボが掘ってあり（今井一男日記によると「退避に備えて直径1メートル、深さ1・5メートルの蛸壷壕を道路両側に20メートル間隔交互に掘る」とある）、タコツボに入りながら照島小学校の方に逃げました。その時は、物凄く燃えていて、今の田中呉服店ですが、私たちは小さい頃、カイモンドンと言っていましたが、そこの蔵が残っていたのですが、夜になったら周辺の熱で爆発して、燃え上がったようになっていました。一応鎮火してから、今の日高カマボコ側の通り（オバタン坂）ですね、そこを上に上がって行ったら、道路脇の所に防空壕があって、佐井さんのお母さんが入っておられた。そして防空壕からはい上がろうとしている。髪の毛が燃えて、そのままの形でいらっしゃったのを覚えております。「死んでいるのですね?」はい。焼け死んでいるのです。だけれど、髪の形はきれいに残っていたのを覚えています。動員から帰って来て、1週間目にこう言った話があったのです。あの時、焼夷弾が落ちて防空壕を掘っていて、破裂していれば、今の僕は現在無かったのです。8月何日の事かはっきり覚えておりません（今井一男日記によれば「昭和20年8月12日、午前8時敵機来襲、待避信号がなかった、と思うと、音もなく敵機の急降下、今まで残っていた平江・大原・駅、散在している森に対して機銃と共に焼夷弾を投下」とある）。

小松博明（58歳、西浜町144）8歳の時、小学2年の時が終戦です。記憶はといえば、とにかく腹が減って何も無かったです。衣食足りて礼節を知るですが……。荒川の方に疎開しました。家は建てたばかりの家でしたが。平瀬さん（町長）が、アメリカが攻めて来っで、疎開せよ、疎開せよと言うので、新潟という部落でしたが、疎開して、逃げました。荒川に疎開していて、串木野の大空襲の時は、はっきりと覚えております。荒川の川から見ました。川で泳いでいたのですが……。「わが家は燃えちょっど」とおふくろが言ったのを鮮明に覚えております。真っ赤に燃えていました。昼でしたが、とにかく真っ赤に焼けていました。町全体が。焼け終わってから、また、おふくろと帰ったのですが、とにかく何もありませんでした。我が家はどこじゃろか、わかりませんでした。戦争は負けたらいけないと、つくづく思いました。勝たねばならないと思いました。アメリカの飛行機と日本の飛行機を下から見ながら、何も勝負になるような飛行機は日本にはないと思いました。いつだったかはっきり覚えておりませんが、大空襲の前に漁協の倉庫が焼けたのを、覚えております。その頃、私は平瀬に貝掘りに行っていましたが、アメリカの飛行機が何百も飛んでいるのを見ました。それに比べて日本の飛行機は小さくて、撃墜されたのを沢山見ておりますが、その機体はまだ平瀬の前に、今の外港の沖合にあるのではなかろうか、と思います。串木野は財源が無か、財源が無かと言うが、その飛行機を引き揚げて売ったなら、金になると思う事がたまにあります。知覧が、外国から零戦（ゼロセン）（零〔れい〕式艦上戦闘機）を買いたい、1億円で買いたいという記事を1回見たことがありますが、沖合に落ちた飛行機は、零戦ではなかったろうかと思っております。その当時は、とにかく腹が減って飯を食えなかった。カライモとイワシで、串木野のイワシで助けてもらったという記憶です。住まいも、焼け野原にバラックを建てて生活した。着る物も何もなかった。そしてまた、医者が居なくて胃痙攣を起こした時、大変苦しんだ記憶があります。（昭和20年7月27日「今井一男日記」……暫くすると奇妙な唸りと共に戦闘機が眼前2、30メートルに迫るや否や、盛んに機銃掃射を浴びせる。幸い我が頭上だったので被害はまぬかれたが、頭上で射た弾は海岸の魚会社（現在の漁協）続きの油罐を射抜いたらしい。黒煙を吐いて今燃え続けているとのこと。最初の機銃掃射だっただけに町民の驚きは大きかったようだ。田に働く人も道具もそこそこに逃げ帰った者が多かった。壕の必要性が痛感せられる）

小原正夫（69歳　春日町）私は病弱で勤労動員には行かず、兵歴は理科系学校で召集免除でして、兵隊には行かず、周囲の人々から非国民と後ろ指さされるのではなかろうか、と1人案じておりました。いつでしたか、一番下の弟（当時5歳）の顔色が真っ青になり、全身をわなわな震わせながら帰ってきました。よく聴くと、アメリカの飛行機が超低空でやって来たので、防空壕に退避しょうとした途端、身を掠める位のところに機関銃の弾が5、6発作裂？したのだそうです。私はその時は家（社宅）の中で、畳の上に思わず、伏せていました（今井一男日記によると、この日は昭和20年7月27日ではなかろうか、と思われます）。こんなことがあってから、父の勤務していた三井鉱山の幹部の人は、社宅に住んでいる人々は、早く安全な所へ退避した方がいいと考えられたのでしょう、西山の坑内に疎開しました。割に広い場所があり、そこに板を敷きつめて、数10家族が寝泊まりしておりました。町の空襲の模様は、全然わかりませんでした。時々口コミで情報が入る程度でした。広島の事などは、何百トンという爆弾が落ちて、全滅だそうだ、というものでした。原子爆弾とは言っていませんでした。ある日、鉱石運搬のための電車路に、数10枚の印刷物がばらまかれておりました。その1枚を拾いあげて、読んでみますと、ポツダム宣言の条文が書かれてありました。アメリカの飛行機からばらまかれた宣伝ビラ（伝単）でした。私達はかねて、アメリカ軍が本土に上陸したら、そこの住民は無惨に殺される位に想像していたのですが、そのポツダム宣言の内容ははっきり覚えておりませんが、平和な解決がなされるような意味のことが書かれてありました。こんなふうに実行されてもいいのではなかろうか、とその時ひそかに思っていました。これより前、鹿児島市の大空襲の時だったと思いますが、通学で西鹿児島駅に降り立った時、実に異様な匂いがするのです。それは死体の焼ける匂いでした。焼け落ちた街の中を通って学校にたどりつくと（鉄筋建物だったので焼け残っていました）、下駄箱のある土間に、人が寝ころんで休んでいるのです。人の話を聞くと、死体でした。死体が収容されていたのでした。まだ引き取り手のない、その家族は必死で探し回っているであろう、などと想像すれば実にやるせない思いでした。このやるせない思いは50年たったいまでも消すことはできません。

小原俊幸　私は、終戦の時は中学2年でした。汽車は通らんし、学校には行けないので、殆ど毎日自分の家で、農作業をしていました。8月8日の日は、今のテレビ塔のちょっと下の所に畑があり、そこに粟まきに行っていました。そしたら沖の方で米軍の偵察機がずっと回っていました。「こんちょしなら、粟どま蒔かなならんど」ちゅうこてなりました。9日の朝は、住吉町の大豆畑にゆきました。家を出たのはまだ朝真っ暗なうちで、夜が明けた時は、もう大豆をみんな車に積んでいました。父が「空襲警報がでたら、わや牛を引いて戻れ」と言っていました。警報がでたのは9時頃でした。私は大豆を牛車一杯積んで、今の3号線を駅下を通って野元の方に帰りました。帰り着いたのは10時か10時半頃でした。牛を厩に繋いでいたら、11時頃親父が弟達3人を連れて帰って来ました。「わや、豆を干さんか」庭一杯に干していたら、11時か11時半頃空襲がありました。自分の家の防空壕に入っていました。あっちこっちが燃える様子だったので、ちょっと出てみると、私の直ぐ下に一つ焼夷弾が落ちていて、また上の方にも何発か落ちて燃え上がり、あたり一面、火の海でした。うちは母屋が茅葺きで、茅葺きのところにちょろちょろ火が上がっていたので、ムシロを濡らしてそれを消していたら、また空襲が始まりました。茅葺きの屋根の殆どてっぺんから、町の方を見ていました。ロッキード（米軍の双胴体の飛行機）が突っ込んでゆくんです。そしたら白い花がパッと広がる、油脂焼夷弾に落下傘が付いていて、それがパッと開いてサラサラサラッと落ちてゆき、落ちた途端に火がパッと広がるんです。パッと広がったら、その両脇がだんだん燃え広がってゆくのです。五反田川のこっちですから、本浦方面ですね。そういった形で街がどんどん燃え始めるんですね。自分の家を見たところが、自分の家も、もう燃え始めているんですね。すぐ屋根から降りて、前の晩にいろんなものを入れていたものを、ごそごそ引き出しにかかりました。当時は集落でタバコを作っていて、うちののは早……だから全部タバコを掛けてあって、中へ入って、この家の中のものを外に運び出すと、ハタハタとタバコが燃えながら落ちて来て、落ちた所でまた燃え始める、という状態で、もう途中であきらめました。うちの厩は昭和17年に建てたやつで、まだ新しいものでした。そこの2階に足踏みの脱穀機があるのを考えつき、親父と2人でダッダッダッと引っ張りだし、それを2階から落とした瞬間、厩の中に入っていた藁に火がパッとついて、逃げだすのがあと少し遅かったら、火の中に巻き込まれて焼け死んだのではなかろうか、という記憶があります。野元は、ちょうど私の家のあの線から北側は殆ど焼けました。南側は殆ど焼けておりません。川沿いの方は。私の家から見ると、野元公民館の後ろが2、3軒向こうに風呂屋がありましたが、あの辺りが少し、それから平江は殆ど焼けておりません。町の方は大部焼けていました。焼け跡を見ると、水をかけないので、焼けほうだいに焼けて、きれいに焼けて何も残っておりませんでした。それから12日は、南側の川沿いの所、平江も大部分焼けました。我が家が焼けたものだから、深田の方に疎開しました。近くの大きな松の木に登って見ていました。町の方はぼんぼん燃えているのです。そうしているうちに、10時頃でしたか、平江の八おじさんたちが夫婦とも**焼き殺された**、と聞いたのです。私の親父と従兄弟同志だったので、親父は早速下りていったのです。中薗組の隣の小原　一さんの所に、八おじ夫婦と、天龍丸の社長の弟、そこの親戚の人合計6人が死んでいました。野元でも8月9日5人死んでいます。久保建設の所に土手があり、そして厩の土台石があり、この間は機銃掃射は受けないというので、そこに居たのです。ところがそこに焼夷弾が落ちたのです。どうしようもなかったのです。平江の八おじさんたちも、この形でした。それから焼夷弾の直撃を受けた若い女の方の話なども聞いております。今井さんのこの日記の中に、7月27日に串木野の空襲の事が、漁協の空襲の事が書いてありますが、市役所に入って援護関係の仕事をして知ったのですが、この前後、この日だったと思いますが、当時串木野に進駐していた軍隊が、町長に要請して**漁協の小舟**で、**食料の魚採り**をやらせたそうです。その舟に乗っていた1人の方は、機銃弾で即死され、もう1人の方は足を負傷され、重傷にもかかわらず、舟を操作して帰港され、病院で切断の手術をされたということです。当時は麻酔が出来なくて、そのまま切断術を受けられたそうです。串木野でもいろいろな犠牲者があったのですね。私の知っている空襲などの話はこれで終わります。

梅北不可止　私は川内中学に行く時、確か朝でしたか、荒川の川を羽島側から渡って進んで、串木野の町を見下ろすあたりで、**空襲**があって、その時はさかんに双発の飛行機がパッパッと焼夷弾でしょう、それがパッと広がって。しばらく私もそばの草むらに隠れていて、敵機が通り過ぎてから串木野の町に入ってみたら、町はかなり燃えていました。町へ入ってから、確か敵機はまた来たと思いますが。野元のうちの入口の海のそばでしたか、ものかげに隠れていました。また双発の爆撃機が来て、乗組員が見えるくらい低く飛んで来ました。地面にうつぶせになっていたのですが、その時急にカチャーンと大きな、何か落ちる音がして、これで1巻の終わりと思っていましたが、暫く経ってもどうもないので見回したら、大きな、長さ3メートル、直径1メートルの、大きなガソリンタンクみたいなものが、10メートル位離れた所に落ちていて、ベタベタした臭い物がそばに飛び散っていました。とにかく、学校に行って、帰りがけに寄ってみましたら、串木野の町は殆ど焼けていました。腹が減っていたので、串木野の町のとあるところに行きましたら、ちょうどカボチャが家の垣根に植えてあり、カボチャが丸焼けになっていたので、それを食ったことを覚えております。時間的には一緒だったかどうか覚えておりませんが、串木野駅を降りて海岸の方へ100メートル位来た所で、ロッキード双胴戦闘機が1、2機来まして、駅に向かって機銃掃射をしました。私は燃え残った石垣の所に身を伏せていました。その時上からカラカラと降ってくるのを見ました。敵機が過ぎ去ってから、何を落としたか見てみましたら、カラの薬莢、弾頭のついた不発のものが、沢山1列になって落ちていました。それを記念に持ち帰って、当分の間家に置いていたことを覚えております。私は川内中学の寄宿舎に居りました。もちろん寄宿舎は焼けましたけど。近くの人絹工場に**アメリカの爆撃機が**、**電線に引っ掛かり**、**落ちた**ので見に行ったら、確かに焼け跡に残骸があり、アメリカの乗務員は真っ裸で、首の無い胴体が三つか四つありました。日本の兵隊が切って持っていったと言っていました。傍には、敵兵の持っていた身分証明書や英文で書いたいろんな作戦の計画書、人の話では家族の写真といっておりましたが、こんなものなどが散らばっていました。それは兵隊が持っていったと言っていました。その書類などをちょっと持って帰った事を覚えております。戦争の記憶で、敵兵を直接見たというのもそういったところですが、もちろん戦争中は捕虜などは、トラックで運ばれているのを大阪の方で見ましたが、敵の飛行機が落ちて首のない死体をじかに見たのは唯一のものでした。当時は**出水の高射砲陣地を造り**に行きましたが、それも一生懸命腹を減らし、急な坂を登り下りし、モッコで土を運びましたが、一応完成はせず戦争は終わったと思います。戦争が終わって、2、3日経ってから、戦争が終わったことを知ったのですが、その時はほっとしたような、変な気持ちでした。

柏木　亘　戦局が悪化し、兵隊は普通20歳で行くのですが、私の時から19歳ということで、現役入隊いたしました。昭和20年1月でしたが、配属されたのが、**東満国境守備隊**でした。8月9日ソ連参戦とありますが、8月8日の夜から戦闘しました。8月8日の晩から国境線を牡丹江（ぼたんこう）に下がって来た時、まだ日本人の居留民が多く、1時間も早く退避させるということで、組織的な抵抗をしました。8月15日が終戦といいますが、わからずに8月23日、終戦をしました。武装解除を8月末に受け、その後西へ西へと15日間走り続け、シベリヤへ行きました。シベリヤで足掛け**3年間捕虜生活**を過ごしました。シベリヤでは夏は白夜、冬は4時間ぐらいしか昼はなく、北極星は（日本では斜め北方向にあるが）真上にあるという北極の近くで、地図ではカムチャッカ半島の根元と同じという、考えただけでも全く寒そうな、実際零下50度、酷いときは零下70度位が2日位ありましたが、その極寒の地で、飢えと寒さで死んだ人が沢山あった中で、戦争でも死なず帰ってこれました。召集された年取った方はたいがい死なれました。私が19歳から22歳と、体力があったればこそ生きられた、と思っております。復員局からの調査で、私の部隊は4000人の中、無事帰還したのが2000人足らずでした。今流に考えると、成人式はシベリヤの捕虜収容所でした。毎年8月15日は戦争の体験を思い出しております。

前野敏夫　私は昭和14年に海軍に行きました。私の体験で一番忘れられないのが、**ミッドウェイ海戦**です。私はミッドウェイ海戦の敗残兵です。その時の戦友を探してもなかなかいません。ハルナ（榛名）に6年1か月乗っていました。それから1年位サボウ船の旗艦に乗って沖縄輸送をして、宝島のところでやられて、それから那覇から漁船に拾われて、枕崎に行き、佐賀に帰り、相之浦（あいのうら）海兵軍で補充兵の指導班長をしていた時に終戦になりました。その時同級生が居て一緒に帰ってきました。ミッドウェイはその朝、加賀・赤城・飛竜・……、昔からの優秀母艦が1日にしてやられたのでした。4杯（隻）とも発着甲板に爆弾をくらって、航空母艦は甲板に爆弾を被弾すれば、飛行機の発着は出来ません。それから反転に移ったのです。その時の戦艦は私は榛名で、霧島と2杯でした。その時の司令官は南雲中将でした。反転して内地に向かいました。B29の1～5波の攻撃が納まった時、航空母艦に生き残った焼けただれた飛行機を収容したのです。私はその時短艇員としてボートを操ったのでした。駆逐艦の船倉から焼けただれたのを引き出して戦艦に移しました。航空燃料を積んでいますから、全部加賀・赤城・

飛竜………、総員あげて誘爆したのです。こうして、日本連合艦隊はおしまいでした。ハワイの真珠湾では勝った勝ったでしたが、ミツドウェイでは、まるまるやられていました。それからトラック島に結集していたのですが、如何せん航空母艦がいないのです。……という航空母艦が来るのを待っていましたが、来ないので、戦争は出来ませんでした。そんな時、山本五十六元帥の巡視がありましたが、私は元帥から感謝状を貰っております。元帥は、初めて見ましたが、背の低い人でした。それから間もなく元帥は戦死されました。最初宣戦布告を受けたのは、台湾のバコウを出て夜中だったです。その時イギリスの東洋艦隊、プリンスオブウェルズ等来ましたからね。艦砲射撃で撃ち込めば、全部白旗が挙がっておったです。その時は勝った勝ったで帰ったのですが、それから前述べましたミッドウェイ海戦で、残念ながら負け戦だったのでした。一応鹿児島に帰りましたが、沖縄輸送に従事して2回めに、魚雷に被弾、宝島に避難し、大島の漁船に拾われて、佐賀に帰り補充兵の教育をやらされている中に、終戦になり帰ってきました。私には兄弟4人、兵隊に行き、2人は海軍、2人は陸軍、4人とも帰って来ました。

坂元英太郎　終戦当時、私は**復員軍人**でした。北海道に居ました。早速串木野に帰ってきました。門司に着いた時の話では串木野は大丈夫との事でしたが、川内に来たら、串木野は全滅だということでした。上川内駅で降りて、歩いて川内駅に行き、川内駅から汽車に乗り串木野に帰って来ました。予想に反して、串木野は全滅でした。2、500戸焼けたということでした。

奥田貞三郎　私は串木野の空襲の時は、満州に居ました。**共産党の赤新聞**が出る頃でした。赤新聞に串木野の災害の事が出ていました。他の所は気付かなかったのですが、その初めて見た災害、串木野の災害は大きかったんだなあ、と思いました。こちらに帰ってから、家内の母に聞いたのですが、イノシシと言っていた10円札の裏は何もなくて、表だけあって、それがひらひらと落ちて来たので、拾って読んでみると、『日本は日（火）の国、神（紙）の国、7、8月は灰の国』と書いてあったそうです。敗戦を予想していました、と母が言っていたのを覚えております。

小原俊幸　私は昭和27年に市役所に入りました。最初の仕事は**戦没者名簿・遺族援護**の関係でした。その中に貴重なものがありました。**在郷軍人名簿・壮丁者名簿・現役兵名簿**でした。用が済んだら、こんだ博物館行きだと思っていました。この名簿は市役所別館が焼けた時に、それも焼けてしまいました。戦没者名簿の中には戦死者と軍属者で死んだ方のものがあり、串木野では軍属で行かれた方が多く、大部分は漁船で行かれた人でした。その分も福祉課に保管してありますが、完全なものではなく、肝腎なものは焼けて無くなっていました。大変貴重なものを焼いたんだなあと思いました。その後引揚者援護法ができて、その仕事をしていました。ソ満国境の消息がなかなか判らず、最終的に恩給関係もありましたので、5人の人の消息が判らないまま、死亡公報を出してもらった事があった。こんな苦い体験がありました。兵隊に行ったことはなかったが、戦後処理の問題として、戦争が如何に人間の一生を狂わすものであるか、そんな内容を、仕事を通じて判った次第です。

神薗幸太　日本は四季に恵まれた国です。ところが支那大陸では、旱（ひでり）が2、3年続くかと思えば、大洪水で一面泥水になってしまう年もあります。それが少々の土地でなく、大変広範囲にわたっています。私たちが北支に兵隊で行った時のことです。そこは串木野と同じくらいの人口3万人の土地でした。その土地では2、3年も雨がなく、川はからから涸れていました。われわれはウロの船舶隊だから、**輸送警備**で行った訳で、川に水がなくて船が動かせなく仕事がないのです。だからそこから上海の方に、小発動艇の教育に行きました。北支の涸れた川の所では、住民の人が、殆ど爪が無いのです。血走っているのです。何故そんなになったかというと、畑のマカヤの根を掘ってすわぶったり、柳の芽をつんむしって食べたりしていました。旱魃（かんばつ）で食べ物がなくて、そんなものを吸ったり、食べたりしていたからです。私たちは3か月位駐屯していたのですが、兵隊に身を売って、ニギリメシと1発交換する女性も何人かいました。そんなに食糧事情が大変だったのです。それらの主人はちゅうと、日本軍の**糧秣運搬**に引き出されて2、3年は帰ってこない家庭が多いでした。水も無く、食糧も無いので、その3万人くらいの町で、毎日死ぬんです。多い時は30人くらいだったそうです。私達が居た時は7、8人死んでいて、それを中国兵が後始末をしていました。6、70歳くらいのお年寄りは我々が洗濯して水を捨てると、その水を飲んでいました。そんな惨めな土地でした。惨めな中国の状態を見ているのですが、我々日本は今減反減反でやってゆくが、もしもいくら金があっても、アメリカじゃっても中国みたいな大洪水・旱魃があって、食糧がなければ、日本にいくら金があっても、やってくれませんよね。そのことを考えれば、恐ろしいものだなあと、戦争というものでそんな体験を致しました。私は串木野の戦時中の惨めさは、敗戦後帰ってきましたのでわかりませんが、鹿児島湾に投錨した時見たのですが、鹿児島市は何も無いですよ。あるものは高島屋・山形屋・城山、そして周辺の緑の山々があるだけでした。殆ど**ガレキ（瓦礫）**なのです。今になってから、いろいろ話があるが、五橋――あれは一つも落ちていなかった。どうしてアメリカがあれを落とさなかったのだろうか。それが今、鹿児島はそれこそ団地は住宅ということで、一昨年の災害があったのだと思います。土地が緑を無くしたら、大変だなあ、と感じました。そして戦争そのものも、（私は菓子屋にいて菓子の職人でしたが）次男、三男は早く召集令状が来るのだ。だから炭鉱・金山に行けば召集が来ないといって、そこに行く。その時、そんなことが判れば、我々は軍法会議に回されて、やられているのですよ。私も非国民でした。鯛生金山に行きました。そして戦地に行って将校の話を聞いて、軍国というのはそんなものかなあと、思いました。その将校は「天皇は戦争には反対だったのだ。軍部のほうでねじあげたのだ」と言っていました。今はまた塩硝の匂いが振り返ってくる様な時代ですから、串木野の焼け野原は21年に帰って見ましたが、２度とあんな事があってはならないということを、今後言い伝えてゆかねばなりません。

竹中武夫　灰床さんからは、昭和18年から終戦までの、大体海上での話がありましたが、私はよそに出た事はなく、戦時中のある時期は垂水に居ました。昭和18年灰床さんがおっしゃった徴用船で出てゆかれたのと一緒ですが、漁船が軍用で徴用されるので、我々建築大工も**木造船を造れ**ということで、第１期生として木造船の建造にたずさわったわけです。串木野市が空襲を受けた時、８月９日でしたか、もう空襲がひどくて、工場にいても仕事はろくに出来ないし、工員は何もしないのです。私も家に帰ってきている時、火立ヶ岡を飛行機が旋回したかと思うと直ぐ引き返して、もう弾を撃っていました。あの弾がどこへいったのかと思う。焼け残った所を撃っているのだろう。被害者が出てきて、どうにも助けられない人は（私の同級生が在郷軍人をしていた関係で、医者を連れて現場を回ったところが）、医者はもう、どうにも手がつけられなくて、注射をされた。その被災者は何時間も経たないうちに、息を引き取られた、とその在郷軍人は話しておりました（私が確認したのでなくて、人から聞いた話です）。**終戦の時**、丁度家に帰っていましたが、中新の伸一さんが（この人は私と同級生で、私と一緒に山中に疎開していました）、12時のラジオを聞いて（立派なラジオを持っておられた）、「お前たちゃ、みんな戦争は終わったっじゃっど、出ていけ！　おや（俺は）もどっど（戻るぞ）。仕事をするんだ」と言って帰ってゆかれた。今になって考えてみると、中新商店をあれだけ事業拡大してやるだけの力があったのは、既にその時から先見の明があったんだなあと、つくづく思います。

羽月貞世　私は昭和14年召集を受けて、45聯隊に入隊し、その後、**中支の漢口の警備隊**に行ったことがあります。その時に、前線の１個分隊21名が派遣されて警備についたわけですが、隊長も、そんなにせんでもいい、戦争を構えんでもいい、とゆうていました。普通は戦争のことを言われますが、その時はその土地の人々と親切に、どっちも交際をしておりました。その時確か２６００年祭の時、各軍隊で祝賀会があったと思いますが、…。

小原俊幸　昭和21～22年の頃のことです。当時串木野から川内に通学する人々は、冬はマントを着て通学していました。食料については、厳しい規制があったようで、一般の人はイワシを持って売りに行けなかったのです。そこで通学する人がマントの下にイワシを隠して、運んでいました。川内中学の生徒は上川内で下車していたのですが、川内で下車する生徒もいました。最初はなぜだろうか不審に思っていたのですが、実は宮之城線で来る人達と、串木野の人達が打ち合わせて、イワシと米を物々交換していたのです。イワシ１貫と米１升と交換していたようです。串木野の人達は行く時はイワシを、帰る時は米を持って帰って来ました。そんなことをして、闇物資を串木野に運んだということが、現実の問題だったのです。食料難がいかに人間の知恵を絞らせたか、一つの例であります。私は農家だったからそんな苦労はありませんでしたが、同級生の島平・本浦の人から（イワシを）持たされた記憶があります。串木野ならではの経済交流ではなかったろうか、と思います。

加藤（養命酒研究所所長）　昭和16年1月生まれ、4歳で終戦を迎えました。生まれは島原市から10キロ北の、有明町です。大牟田空襲で、太陽が昇ってゆくような、大きな火事場という印象が、強烈なものとして残っております。有明海越しに大牟田があります。空中戦でB29が有明海に墜落してゆくのを見たこともあります。終戦直後、米軍が私の村に来ることがありました。私の所に寄って、父が尋ねて来たGHQ（進駐軍）と話を取り交わしているのを、ものの影から見ていたのですが、旧制中学を出ただけで、それ以上進学しなかった人だけれども、昔の人は出来るなあと、ちゃんと英会話ができるんだから実力があるんだなあ、と思いをずっとしながら大きくなってゆくのですが。戦中派という言葉がありますが、今の先輩の方達の話を伺いますと、いい時代に生かさして頂いたなあ、という思いがしているのですが、なんとなくちょっとした戦争の所をかいくぐったなあ、かすったなあという思いがしております。勿論食糧的には余り不自由はしなかったのですが。ちょうど私の所で、村の配給を預かったことがありますが、缶詰が沢山あって配っていたようです。何か腐敗していたかなんかわかりませんが、中止があって、そのギュウカン（牛缶）あたりを沢山食べる機会がありました。アメリカ軍などはこんないいものを食べていたのかなあ、と子供ながら思ったことがありました。丁度経済成長の頃に生きてくるという事になるのですが、子供の頃の写真を見ますと、昭和22年の小学への入学ですが、1年ごとに服装が良くなってゆくというような事で、すごい変化が終戦直後の5年位はあったのだなあとの思いをしております。それから今、先輩の方が天皇ではなくて、母親なんだなあという話がありましたが、私はちょうどこの2月に母親を亡くした（大正3年生まれ）のですが、父親を亡くした時よりも、母親を亡くした時のショック、思いが、母親は大きいなあ、影響が大きいなあ、男がどんな逆立ちしてもかなわないもんだなあ、という思いが致しております。丁度おふくろの世代が皆さんの身分でしょうけど。大変な時代を背負いながら、子供を育ててくれたんだあ、という思いがしまして2時間半ぐらい話を伺っておりました。戦争の事が風化されてゆく。50年の中でそんな事が出てくるのではないか。出掛けにテレビで『中学生日記』の中でおばあさんと孫のやりとりがあります。おばあさんは、「戦争のことは話したくない」というのです。中学校で生徒に、戦争のことをレポートしてこいという宿題が出るのです。おばあさんは戦争の事は話したくない、という。ここまで見て飛び出してきたのですが、そんなことでは、戦争のことは風化されてゆくのではないか、と思いました。戦後の人々は平和とか、戦争とか、生きるという言葉とか、食糧という言葉とか、こんな言葉に対しては当たり前論くらいが出てきやすいですね。そういう意味で、今日みたいな方で、聞き語りというか、語りべと言うか、風化させない様な事でいつもいつもないといけないのではなかろうか、と思います。そういう意味では、若い人達の中にもっといろんな話、こういう事、あたりまえでなくて、昭和の初めから戦争に向かって行くでしょうけど、昭和20年8月15日がある訳でしょうけど、大変な復興をしながら現在の日本があり、串木野市があるということを、語り伝えてゆかなければならないのではないでしょうか。

三善喜一郎　私は戦争経験の無い男です。今日の南日本新聞の社説に「戦後50年新たな出発をめざせ」という題で出ていました。今日の懇談会について、戦争経験という話からしますと、五体健全で思想堅固な日本男子であったと思いますが、戦争、軍隊の経験は持っておりません。三八銃（三八式歩兵銃）の重さを知りません。物資が配給で、並んだ経験を持っておりません。食糧難で、ひもじかったという経験も持っておりません。それは私の経歴的な問題もありましょうが。皆さんは、核の怖さ、戦争の愚かさ、平和の訴えというものを戦争の体験として、持っておられるでしょうが、私は21歳から31歳まで（31歳の時、満州から帰ってきましたが）、ソ満国境の第一線の場所で、我が青春の盛んな時に、戦争を国境線で眺めてきた、という体験は持っています。負けた時、私達同僚の中で話したことは、今度の大東亜戦争が正しい聖戦であったかどうかは、あの当時私達が批判出来ないが、まあ50年くらいしたら後々の歴史家が批判するだろうと話して、友と別れた記憶はあります。実際この戦争そのものについては、その歴史を知る私たちが判断すべきではないか、と思います。そういった意味で今日の懇談会が持たれた訳ですが、皆さん、このことをどのように評価されるか、いろいろあります。今政治的に問題となっている慰安婦の問題、それからいろいろ戦時補償の問題などあります。現職の若い時に、ずっと日記に書いておりましたが、引き揚げの時全部置いてきました。書いたのは引き揚げてきてから、ちょくちょく時事を論じたものを記録して自分では持っていますが、考えてみますと、串木野の戦時下の問題、島平の状態というようなものも、さっき読んで頂いた記録とか、そんなもので分かっておりますが、島平の事については、川畑ミツオさんが『**我が人生**』というものを書いておられるが、島平の戦争の状態などを、日記をもとにして著わしておられるので、それを読んでわかっております。問題は私たちの時代、ここにおられる同僚の皆さんと共に考えなければならないのは、教育にあったと、富国強兵とか、当時のいろんな『兵隊さんよ有り難う』とか、こういう歌、世の流れによって、それぞれ戦争の体験は持っておられるでしょうが、戦争に対してもっと反省し、どうなければならないと、私たちがどのように子供に伝えてゆかねばならないかという観点に立った懇談でなければならないと思います。先程、小原君が串木野は割りかた戦災は少なかったのではなかろうか、と言っていましたが、「逃げろ、疎開せよ」といったのは、やはり政治の指導だったと思います。その当時の町長さん、平瀬さんですが、その平瀬さんがある日私に言われたことがあって、忘れることの出来ない言葉があります。「串木野で残ったのは青蓮が丘のカライモだけじゃ」と。戦災復興で釘がなかったのを、国分から釘を持って来られた、というようなことなど、政治的指導があったから、えてして、さっき串木野の戦災状況、被害状況について徴用船、死んだ人等の話も出ましたが、これは串木野の戦災の一つの反省として、市町村、戦災都市の中で串木野はほんとに酷かったのか、まして吹上浜に上陸するのだと、目星をつけられた串木野として、どんな被害の程度であったか、まあこう言う事なども、広い意味で私たちの手で検証せねばならないのではなかろうかと思います。今日のこの懇談の中から、ほんとうに私たちが、串木野が終戦にやられた戦闘のありかたも知りましたし、また、戦後五回中国に行ってきしたが、ほんとにこの戦争が正しい戦争であったのか、アジアの平和のために開放の戦争であったのか、そういったものを深く、私は私の立場なりで見てゆきたい。また、皆さんの今日の体験を聞いて、そういうものもまとめられたいものだと思っております。

実はここに出されている「戦後50年私の体験」という皆さんの体験は、どっちかというと、敗戦時直前、終戦時直後の短い間の模様が語られた様ですが、今日の社説にあったように「新たな出発を目指して」私たちはこの会を通じて考えてゆくべきだということを、最後につくづくと感じました。

司会　坂口武夫　時間がそろそろ参りました。いろいろ貴重なものを話していただきました。まだ残っているところがかなりありますが。そんなものがありましたら、図書館の事務室に原稿用紙がありますす。それに書いて出していただけば幸いです。気の付いたこと、話したい事、話たくないことなどおありでしょうが、小さいメモでもよろしいです。次の世代に伝えることは我々の務めであると思います。よろしくお願いします。

会長　所崎　平　それぞれの体験は貴重なものでした。それをいっぱいお聞きしました。まだ一言も話してない方、また、今日語り尽くせなかった方も、沢山書いてください。特集号に載せたいと思います。最後に、私、今年の夏に盧溝橋から南京に行ったのですが、日本の加害者側の立場が抜けている。盧溝橋でも毒を混ぜたメリケン粉を配って、何人も殺したと聞いて、びっくりしました。こんなのもきちんと残していないと、やがて風化でなくて抹殺されてゆく。これはいい事ではない、と思いました。こういう事も是非後代に残していきたいと思います。

（第2回）戦中・戦後
平成7年12月10日　郷土史研究会12月例会にて

会長　所崎　平　先日の会（9月例会）では、時間が足りずに、他のいろいろな事を抜かしておりますから、昭和20年を前後として6年間くらいを中心に、もう1度してみたら、また変わった見方も出来るのではなかろうか。それから特に女の方が少なかったので、女の方も出てもらいたいと思っております。今日は中津留けい子さんのいろんなお話もお伺いしたいと思っております。

　理事会で話し合った内容等をそこに書いてありますが、最初に**唐船塚の監視哨**のことを**中村清造さん**から、それから**兵事係の話**を**萩原省吾さん**から話をしてもらって、それに関することどもを皆で聞いて、いろいろ我々の知らない事がたくさんあると思いますので、詳しくお願いしたいと思います。また北海道部隊というのが串木野に居たというのを聞き、くわしいことが判っていないのではなかろうか、と言うことがあったりしたので、北海道部隊のことについて、話を聞いた方がいいのではなかろうか。あるいは、疎開の状況、教育・食料事情、そんなものもいろいろあるのではなかろうかと思ったので、今日もう1回開くことになりました。是非いろいろな話を聞かせてください。

司会　長家喜代志　最初は中村さんの方からお願いします。戦時中、唐船塚に監視哨がありました。その時に所長をしておられた島平の中村さんに話してもらい、また空襲の事をいろいろご承知だろうと思います。その話などを聞き、2番めは、萩原さんに、当時は役場にお勤めでございまして、そこで兵事関係をしておられ、**役場の機構**、**召集令状**とか、いろんな通知などを、いつもなさっておられた方でありますので、その辺の実情などをお聞きしたいと思います。

右：唐船塚監視哨の中村清造さん
左：兵事係だった萩原省吾さん

その後でおふた方に対する皆さんの質問等を、お受けしたいと思います。なにしろ80歳のご年配でございまして、声が小そうございますので、静かにお聞きください

中村清造　一番最初ですね、**聴音壕**の話をしましょう。３メートル×３メートルの穴を掘った。掘るということは、我々には大変な作業でした。警察の部長さんから証明を貰って、三井からダイナマイトを貰ってきました。そして、カバン（下番）のシ（人）が４人、６人いましたから交代しますね。発破をかけて下番のシぃ掘ってもらった。直径３メートル深さ３メートルというのはとても出来ない。掘ることは掘るが、それから先は、とても出来ない。石積みぃなったら、とても我々にはできません。警防課に石屋さんを頼んでもらい、石屋さんは設計どおり、きれいに積んでくれた。その後は県営の築港の所長の許しがあれば、セメントはいくらでもやってくれると言うので、副哨長を責任者にして、セメントを３俵貰ってきて、石屋さんに積んでもらった後は、我々が塗ったのです。

その時、哨員が朝、交代のために大原を通ってきおったら、「中村さんにこれを渡してくれ」と紙を渡してくれました。「なんじゃろか」と思って開けてみたら、その中には昭和13年９月13日の知事表彰状が入っていた。この表彰状は、誰が５年間持っていたのだろうか。猫が３匹じゃれている額をもらって、その額を前に置いて、あそこに飾るのがよかな、と言っていたら、外で「気を付け」と声がするのです。「なんじゃろか、朝早よから」と外に出てみたらベタ金族（勲章をたくさんつけている軍人）がそこにおったんです。「17番串木野、異常ありません」と報告したら、ずっと目を見ておいやったが、「夕べ太平洋から敵機が大集団で本土に向かって来たという情報が入ったので、夕べは緊急会議を開いた。だから電話でするよりもやって来た方が良いと言う事で」「何時に来られたか」と尋ねたら、「５時に出てきた」ということでした。それからどうしようかと思って、先ず聴音壕を、さっき掘った穴を見せたのです。それを見て「よかとができちょんな」と、いうようなことでした。いつもは、壕には２人入るべきなのを、１人入っているのです。「異常ないか」と言えば、「異常なし」と言う。そうしおったや、急に「東、爆音……」びっくりした訳です。それでも立哨台で「東、爆音」と情報を送りますので、それからいろいろ話しおったら、通信で「小型１機、高度２００、進行方向、南」と言って情報を報じたので、メガネでずーと２人して見おったや、訂正情報で「小型１機」と言うようなふうで出てきたので、「いけんなっどかぃ」と聞いていたら、脱去情報で「南へ行った」と言う情報が入ったので、やれやれと思って家へ入ってきて、中村哨長の部屋へ入れ、障子を開けたら、今賞状を飾ったばかりのを見て、「中村さん、こんなのは本部に連絡してもらわんな」と言う。けれどもこれは、今朝貰ったばかりのもので、どこからどうして来たのか判らなかったのです。

そうしおった所、立哨台で「南、大型１機」という情報が入り、何じゃろかいと思っていたところ、「方向転換した」「P・B２Y」「大

型飛行艇1機」という情報が入った。その情報を入れたら、本部から「何をしているか」と言うことで、「大きな爆音と一緒に上に舞い上がって、それからポトッと落ちるような状態。何をしているか判らない、遠いから。エンジンをかけずに上がり、それからしばらくしてから海の方にパシャッと落ちる」といった、繰り返しです。「東に進行しているけれども、それは一つも進まずに、同じ所でやっているだけです」と言ったら、本部から「それは水深を計っているのだ」と言うことでした。先のようなことを3回程してから、やがて東から大きな爆音を立てて南へ去ってゆきました。「南へ去る」と報告しました。……

南の方を見れば、市来の海岸が見えるのです。その市来の海岸の東の方に、今市来中学校の運動場になっておりますが、昔は競馬場になっておりました。その競馬場の所から南へずっと松林があり、西の方の果てには、砂の丘になっているのです。そこへ**狐火**（もれん火）がとってもきれいなのです。三つ出て、二つ出て、四つ出て、全部消えて、また四つ出て、全部消えて、それを見ていれば目が覚めるようにきれいなのです。きれいな日もあれば、濁った日もあるのです。その晩もそういうふうで、狐火を見ようやといって見ておったら、西の方に**点滅灯**が見えたのです。「西の方に点滅灯が見えた情報をせ」ちゅうて、……陸上には、国道の突き当たりの白石焼酎屋の2階。警察に情報を送って。「あそこに点滅がある」と。陸上は白石天狗堂の上。警察でそこを探してくれといって、それから海〇〇本部？に連絡しました。「点滅信号がある」と連絡しましたら、……としては、数を沢山言わなければ聞いてくれないのです。……は何をしているか。何をしているかちゅうても、点滅信号が出てきて、それを聞いてから説明するのだ。じれったくて、長いものだから、読んでくれ、といったから、「A・I・O・P・E……」久多島を①として白石を②として、この1里を……2里はこれだけ……。それから暫く待って、向こう（本部）から「何をしているのか」と。こちらは信号を見て（解読して）、文字を書いて、こういう訳ですけど（と報告するが）、（本部で）待っている人は待っきれん訳ですね。（こちらは）点滅を見ている時間があるもんだから、我々は、そう感じないけれども、聞いている方は請求するのです。まだかまだかと言うのです。そげん急にわかるものではありません。向こうが性急になってきたので、その次を言った。「OKINOSHIMA……」そうする中に警戒警報が発令されて、それと同時に、その点滅信号がピシャッと消えたわけです。その時、皆寄って今まで読んだのを続けてみて、情報を送ったのです。「今大体、A・I・O・P……」と。今度は、向こうから「アメリカで使ってない言葉が入っている。これはお前たちの所で作ったのではないか？」「そんな馬鹿な暇はありません。向こうが打ったのを、こちらで読んだだけです」「それはお前たちで、何か作ったのではないか？」「いや作らない」「アメリカで使わない言葉があるというのは、そんならどうしたことなのか」「モールスを送っている人がアメリカ人ではなくて、日本人だったらどうするのですか。日本人だったら、こちらでとったこと、全部言っただけのことは通用しますか。そうでなければアメリカで使えない言葉を、誰がやりますか?」いろいろやり取りし合ったけど、埒が明かないものだから、かかりあわずに、そのままで置いた訳です。

本部からもう一回読んでくれといってきたので、もう一回読んだ訳です。(それでも納得されなかったので)聴音機を一人、立哨も一人、あとはお茶でも飲んで寝ようかといって寝ていたら、寝たばっかりの所を起こされました。「憲兵が来ておっど」といって起こされました。起きて出てみたら、夕べの状況をいろいろ聞かれて、その時のことを説明していたら、今度は現場に行こうということになって、憲兵と二人で自転車で市来に行くことになった。夕べ情報を市来警察署に連絡してあるから、何とかあるだろうと思って警察に問い合わせたところ。「監視哨から、久多島にモールス信号がある。それに白石天狗堂の上にモールス信号があったから……」とだけで、申し送りも何もない。何ら得るところがなかったので、直接行くことになった。現場に行けば、農家で何もない。(いろいろ検討して探してみても)何もなく、収穫が無かったので、警察に寄って、その旨報告した。夕べから寝ずに一生懸命頑張ったのだが、全く収穫がなくてがっかりした。

我々の**監視哨の仕事**は、見たり聞いたりするのが仕事で、**見て報告、聞いて報告**するのが仕事だから……。

監視哨の所在は、ちゃんと敵には分かっているので、**機銃掃射は毎日の事**、朝から機銃掃射を受ける。余りにもひどいときは、立哨台から降りたりする。急降下がひどいときは、機関銃の弾がずっと走って通って、木の葉はハサミで切ったようにきれいでした。逃げることは出来ませんでしたから。我々は見て報告し、聞いて報告せねばなりませんので、穴にでも逃げる事は出来ません。初めから終わりまで休む事は出来ません。

丁度夕方の一時期、何も見えない一瞬の時期がありますが、照島神社の上から、何も音がしなくて、真っ黒いかたまりが降りてきた。真っ黒いが海の光で少し赤みがありますね。それをずっと見ていたら、それは**九七(きゅうなな)戦**だ。九七戦がバチャンと海に落ちたのです。見えなくなったのですが。「九七戦が来た」と情報は送った訳ですが、落ちたことは何と報告すればいいか、落ちたは落ちたですから、可哀相なことをしたね、ということを吟味していたら、市来の警察から電話で、「あの九七戦は助かった」と電話があった。「どうして助かったのですか」と言ったら、「燃料が無くて、降りる場所を探して低空できて、照島海岸に砂地があったので、突っ込んで来て、走ることが出来なくて引っ繰り返った。夕方で自警団の連中がいたので集まって、スコップで掘ったのです。掘れば海水が出てくる。バケツで水を汲んで、何時間か経ったのでしょう。操縦士は掘り出して元気で助かった」ということを教えてもらって、皆大変喜びました。

二十三夜のお祭りに行き、その帰りの話です。とっても凄い雨で、帰るのを2時頃まで待っていましたが（二十三夜の月は2時頃です）、それでも凄い雨は止まず、「泊まってゆけ」と言われたのですが、泊まれば、今頃は哨員が寝らずに待っていると考えたら、泊まる気にはなれなかった。ズボンをくくって、傘をさして、自転車で帰ることにしました。自転車をこいでゆくと、どこからか何か後ろから付いて来るような感じがするのです。後ろを見ようとしても、怖くて見やならんのです。そして、花牟礼どんの所へ来たら、音がするのです。ペチャペチャッと音がするのです。犬なら足が軽いからベタッとする音がしない。犬ならすなおな音がするんです。この音はベチャベチャ何か濡れたゾーリをくっつけるような音がする。何じゃろかと思って行きおったけど、今夜監視哨に上がろごたなか、今日は戻ろかぃち思ったが、鳴戸（料亭）の所まで行ったが、今日監視哨に上がらなかったとなれば、一生の哀れなりと思って気張って上がっていって、浜田ん馬場を登り、走れば走るほど音が激しくする。ようやく国道まで出れば、国道は広いから何となくよくなったと思って自転車をこげば、こげばこぐほど音は激しくなる。こら何ぢゃろかい。後ろを見ようと思ったが、こう見ることができないものです。

唐船塚のところから中に入れば、「カチャッ」と**信号がおりる**のです。見てみれば、青になっている。青になって気持ちの悪かもんじゃなあ。なんで青い、いつもなっとじゃろかぃ、とずっと考えてみると、二十三夜の時、隣のおじさんが「中村さん、……なんか意地悪しやせんか」「いいや、そげな事はなか。そいでもあたぃが唐船塚ぃ入れば、いつも信号が『カチャッ』ちゅうて青ぃないが、あれはどういう訳でしょうかなぁ」「おまんな、よかとこぃ気が付いた。唐船塚の踏切と言うところは、自殺のメッカで、自殺する人は多い。自殺したあとは、骨は皆持ってゆくが、坊さんでも雇って、霊を持っていったためしはない。あそこには**霊**がいつも溜まっているから、あんたが一番手近な人であるから、カチャッと青になして、一時でもあんたをそこに置いて、優しい言葉でも聞いて、また、水でも飲ましてもらったらということがある。そこでガチャッと信号が下がる」ということを二十三夜の所でいっかっしゃった（教えてくれた）でや。「うんにゃこりゃしもた、聞かんなよかった」尻から妙なふんとが、ベタッベタッついて来っでしょう。変なこち（事）なったけど、ここまで来たやいたて。まあそんうちに自転車を降りてから、あっちこっち見てから、「ほんのこてあげん言いやったなあ、ここにはかわいそうな人がおいやっとじゃなあ、もっと辛抱してくいやんせ、頑張ってくいやんせなぁ」そしこ言うて自転車小屋まで自転車をおっしゃって（押して）、西の方に向かって小便をして、小便をすればじっと気持ちが落ち着くんです。

落ち着いてから登って行けば、中間に1間ばっかぃ空いている所があるんです。そこから見れば照島神社が見えるんです。そこから坂を上がれば、一番左に**白い目が光る**のです。白い目が二つ、それがにらめっこをして、いつまでもにらめっこをして、こっちが負けたら終わりなのです。時間をかけてもいいから、それをつぶさんことには。向こうが目をパチパチさせる。それから勝つ訳です。そこを通って行けば、右手の方に来るやつは、太いけれども下の方だから見張りがきける。目が光っていて、向こうから目をパチパチとなる時まで頑張り通せば目をつぶる。3番目んとがややこしい。それが、きびしい目をしていますが、時間をかけて根気強く頑張って、とうとう頑張り通して、やがて目をパチャパチャさせて、今度も勝った。ちょっと言い忘れたが、ニラメッコして頑張り通している間中、奇妙な音がするんです。どんな音かと言えば、空気をいっぱい入れたタイヤのチュウブを針で刺した時の「シュウーッ」という音です。ニラメッコの勝負に勝つと、向こうは目をパチャパチャさせるのだが、その後に実に異様な匂いがするのです。その妙な匂いの中を登って行くのです。今度は4番目、これは……の道路であるから、それは簡単にゆきます。

そこから上がって左に曲がれば、監視哨から「おやっとさん、大変でしたな」と立哨が言う。「汽車が来るか」「いや、来ません」「ポイントが青ぃなったっじゃが、汽車は来んか」「おぃが尻から何か来やせんけね」「なぃかくっど、おまんさあ、あん角から見ちょっど」「ぢゃっどがなあ。なぃか、よう見ちょってくれよ」「どの付近から来たっな」「おぃが、気い付いたのが花牟礼どんの付近から。そん先から来ちょったかわからんけど」「おまんな、ひょっとしたら、おまんが祝いになったそこで、おまんが出て来っとお、待つちょったっぢゃっど」「妙なこと言うな。おぃは気ぃ付かんたっど。まあ、そうしちょってくれ。おや中ぃ入っで」洋服どん着替えてお茶どん飲んで、あんまり力を入れて……。お茶を飲んで、気象通報がきておったので、それを見て、……今夜雨が降っで、半分休もや、半分して休んで。朝起きたや、そこへ夕べの哨者が中に入ったや、いっきあとから付いて来おった。こん犬な人が飼うちょった犬ぢゃっど。目をみたや、この目は優しい目をしちょっどね。普通の犬とは違ごちょぃよな気がすっどね。そん頃『のらくろ伍長』という漫画があったが、そん犬には『ペソ』という名をつけた。『ペソ』はずっとずっとおったんですよ。私たちが出れば階段の所まで来ますけど、それからあとは来ません。そうして、空襲の最中の飛行機がだんだんやって来た時、そん時いつの間にか居なくなったのです。いつも毎日毎日ですけど、空襲がありますから、そのつど我々は見て報告するのが商売ですから、遊ぶことが出来ません。音を聞いて見ることですから。そればっかりに神経は過敏になっております。そんな毎日を送って来た訳です。

空襲が来た時、「爆撃機・偵察機・戦闘機・艦上機一斉にいろいろゴチャゴチャやって来る時は、日本な負けよね」と言っていました。全く空襲の時はその通りでしたよ。クモの巣をつついたように爆撃機がこっちに来れば、戦闘機はあっちに、空は飛行機だらけ、ガチャガチャやってきました。一番ひどいのは、爆撃機の落下傘の二つついた爆弾で、斜めに走ってきて、これが一つは役場の２階の上に真っ直ぐに落ちてくるのです。本当に上手でした。全く狂わんように、真っ直ぐに落ちてきました。ほれぼれするほどでした。それが願船寺の左の方にその落下傘が、横からきました。きれいな花火です。昼間だったからあれほどだったが、夜だったらまだまだだったと思います。一瞬にして火の海になったのです。それから監視哨の下の小学校がきれいに焼夷弾でやられました。それから鉄道の信号機もやられました。

島平で一番初めに（爆撃機が）来たのが入江せいじタンコ屋のおぃやっ。爆弾が落ちてきました。黄燐弾が来ました。冠岳に疎開しちょいやった……爆弾がきた。ばあちゃんが防空壕の上に四つんばいになったまま、ひからびちょいやったど、そのまま。防空壕の中には子供が３人引っ繰り返っていました。一番初めに当たったところが一番きつかったですね。逃げた人は焼けた。逃げずにいた人は助かっている。家に黄燐弾がついたところは箒で落とし、それに水をかけて消す。疎開せよちゅうて、箪笥・長持ちなどを畑に出した人は機銃掃射で全部火事。我が家は焼けるわ、畑は火事、わざわざ焼けるために外に出したようなものでした。平瀬さんが言われた訳だが、内に置けば焼けるから疎開せよと。焼けるために外に出したようなものでした。

空襲の時期がちょうど朝ご飯の時でした。ご飯を食べずに逃げているのです。唐船塚から見れば、森山ん山に逃げて来た人は、森山ん山からこぼれる様に人数が多いのです。「あそこはいけんかせんないかん」と思っていました。

監視哨には、**婦人会から慰問**が来るのです。カボチャ・ジャガイモの煮つけなどを、婦人会の人が毎日１回慰問に持ってくるのです。空襲の時は中尾の婦人会が、空襲の最中によくあそこまで来やった。ジャガイモのふかしたのやら、ないかを持ってきて、そこへ中ぃほいくでいたて（放りこんでいって）、「怪我をしやんな」など言うてやったや、いつどこへ逃げていっきやったかわからん。機銃掃射で……。ジャガイモを食う気ぃならず、大火事を見て逃げまどっているのを見て、上からメガホンで逃げるな逃げるなと言うても、監視哨ではぜんぜん通信がきかないのです。電話線が切れているのです。**監視哨から全部応援**に行ったのです。畳を持ち出したりしていたが、手のつけようが無いのです。「おまんたちゃ、ひもじゅなったなぁ」「うん、ひもじゅなった」「ご飯なだぃか仕掛けていったもんじゃ」、火を焚きつけてあり、誰がたっつけたかわからないが、蓋をとったらご飯は出来ているでしょう。「たもろや」といっても食べようとする人は１人もいないのです。ご飯はにぎり飯にして箱に詰め、ジャガイモなども詰めて。森山ん山に持って行って、「皆さんご飯を食べない人は、ここにあるから食べてください」と。

それからスコップを持って行って、須賀に渡って、落下傘が海岸に落ちていて、それを引き揚げようとした。落下傘を引き揚げるなんて、なんちゅうこっな、馬鹿なち思って。それから須賀橋を渡り、オバタン坂を上がり、通りがならんですよ道路は、木が倒れたりして燃えているから。行かならじ、ちゃんと見取って……。あたぃが行けば皆がやって来るから、そげんして1番最初に爆弾が落ちた所ぃ行ってみたや、ばあちゃんが防空壕に四つんばいになったまま、ひからびて、かんかんなっちょいやった。どうにかしようかと思ったが、それだけにかかりあっておれないので、廻って行った。我が家へ行ってみたや、あたぃげ（家）はいけんも（どうも）なっちょらんじゃった。あん（兄）さんどま2人おって、「おいどんが消したっじゃっど」と言っていた。階段を上がって行たてみたや、階段の所に藁をかぶったもんがあいもんじゃっで見てみたや、**爆弾**でした。爆弾が藁をかぶったままでした。「先をさわらんようにしやぃな、先をさわれば爆発すっど、落とせばおしまいじゃっど、あんたにそいだけのことはゆうちょって」と言って唐船塚に帰りました。兄達もかたげて（担いで）海の中に持って行って、捨てたらしいです。そん時はそんな力があったもんですね。

我々も、どこをどうやって来たかわからんけど、人助けどころじゃなくて、自分を守ることが精一杯でした。

司会　長家喜代志　萩原さんは、昭和17年から昭和20年11月末まで役場勤めをされています。**兵事係**でした。当時の役場の事情を話してもらい、また、兵事係はどんな仕事であって、その内容などについて話してもらいたいと思います。空襲などについても話して頂けばと思っております。

萩原省吾　長家さんが来られて、郷土の戦前・戦後の事について、話してみてくれということでしたので、来ました。皆さん、ほとんど顔なじみの方が多いですね。私は、実際に体験したものしか話すことは出来ません。また、話上手でもありません。

昭和17年中から20年12月31日まで、田尻町長と平瀬町長の2代に仕えたわけです。**串木野の人口**は、昭和20年が**26,790名**でした。市制当時（昭和25年）が**33,880名**です。串木野の発展ということに不満はありませんが、行政なり市会議員が、「何もします。かにもします」と言われるが、ただ言うだけで、何か先細りの感じがするのです。同じ昭和25年に市制が発足した谷山は、人口10何万になっております。発展する要素が、何か地形的なものがあるかもしれませんが、言うだけでなく、実行の方の段階で改革の青写真みたいなものが、行政面で肝腎ではなかろうか。昔から政治は人なりという言葉があるが、市政も会社も団体も同じ、人だと思うのです。人を得て実行が伴なわなければ、絵に書いた餅だと思うのです。優秀な人材が生まれなければ、頭数が増えただけではどうにもなりません。

さて、先にも申しました様に、私は事実しか話すことは出来ません。以下当時の記録を話します。

私が兵事課に入った時は、課長が大薗の梶田六次郎先生（私の小学校時の恩師）でした。係長さんが坂下トヨシさんで、その下で仕事させて頂きました。その時の役場の職員は84名いました。3分の

1が男、3分の2が女子でした。ほとんどの人がそうでしたが、私は仕事を三つ宛がわれました。**動員の係と軍馬の係**（軍馬召集の係）そしてその当時、日本全国に**在郷軍人会**があり、外郭団体でありましたが、それを委託されていました。名簿が1、063名で、その名簿を持っていました。以上の三つを担当していました。労働時間も何もありません、兵事課には。召集令状が来るのは夕方なのです。退庁後なのです。召集令状そのものも、串木野で人選したものではないのです。第6師団から連隊区司令部へ行き、連隊区司令部から警察（市来に警察署がありました）を通じて、そこの動員の係の方が召集令状（赤紙）を持って来るのです。

それこそ夕方から、冠岳・土川、あるいは羽島・荒川方面に必ず絶対に行かないと、渡した時間と印鑑を貰って、召集令状を配っておったのです。私は軍馬の方の係なので土川・冠岳などには荷馬車馬を借りて、赤紙を配った記憶があります。生福・島平には自転車でゆきました。そしてまた、**荷馬車馬にも赤紙を配った**という思い出もあります。軍馬というのが、ほとんど全部荷馬車馬なのです。軍馬籍に入っているのです。それに召集令状が来るのです。伊敷の練兵場に2回行きました。その馬に随行して行くのです、名簿を持って。第1回は80何頭でしたか、夕方6時から馬主が引っ張って、あくる朝8時、伊敷練兵場で全部渡すのです。その時の馬の相場が700円から1、000円で、それを軍が買い上げるのが、半分値です。モットキバレとか、高くしてくれとか、言えないのです。絶対的なのです。平身低頭……。

浪花節ではないけれど、「塩原太助の愛馬の別れ」がありましたね。友達の馬主の奥さんが、馬の首にすがって、馬を渡す時は涙でしたよ。馬もそれこそ頭を下げているのです。なるほど人馬一体、愛馬の別れというのがあったなあ、とつくづく感じました。奥さんが手塩にかけた馬と別れる事が。

馬は1頭も帰ってこなかったのですよ。徴発船（発動機船）は何隻か帰ってきていますね。これも山口県の柳井ですか、あれに船舶部隊がありましたから。ここの発動機船は全部輸送船でした、食料・弾薬の。それが全部途中で台湾沖から南方方面でやられていますね。

だから戦争は考えてみますと、我々日本人も平和的な何を考えなければ、戦争の繰り返しではなかろうかと思います。沖縄の大田知事がいろいろ頑張っておられるが、今アメリカが沖縄に基地を造るが、どこと戦争するのだろうかと、不安を感じます。戦争が始まれば、また、沖縄は第2の大東亜戦争になりましょう。先ず軍事基地を叩くかして。また、大東亜戦争の二の舞を沖縄が受けるのではなかろうかと、不安に思っております。実際戦争は兵隊だけが戦争するのではありません。

本土決戦は昭和19年から激戦になって来ました。役場でも兵事係は町長室の隣りで、機銃を3発受けております、空襲前に。グラマンから機銃掃射を受けております。人には被害はなかったけれども、兵事係の所のガラス窓を破っています。そんな内容をみてみると、戦争は兵隊だけでなくて、本土決戦となれば、四つの島（北海道・本州・四国・九州）でどういうつもりで戦争したのだろうかと思う。海軍の意見と陸軍の意見の相違があり、海軍は短期決戦で終われと言い、陸軍は大和魂とかなんとか東条さんが言っていたが、それが敗因ではなかったろうかと言われています。

串木野では昭和20年8月9日と12日に**空襲**を受けております。その時、平瀬町長が、串木野町の医師会を召集して、医師団を分散して被害状況を調べさせた。私は花牟礼武夫先生に随行して、駅前から春日町を通って、汐見町から平江・野元方面を見てこいということであった。その時、今の樋口製材所の西側の所に、あぐらをかいて休んでいた時だったですが、駅下の石蔵の農業倉庫で、麦の配給を受けて帰る途中の人のようでしたが、その時機銃掃射があり、その人が右大腿部かち左ももに貫通銃創を受けました。そのまま花牟礼先生は「おじさんは出血したのだ」と言っておられて、それから先生は注射を打ってあげられた。後で聞いたら、「むずかしい、あれは駄目でした」と言われました。それから春日町に四角な石碑がありましたね。あそこに味噌樽がありまして、女の人が（その人は荒川の人で）味噌を取りにいって帰りに、丁度その時、3機編隊で駅の方から海岸の方に突っ込んできて、その時機銃掃射でまっぽしやられ、こめかみから頭蓋骨がぱっと取れているのです。即死でした。私も田んぼに伏せながら声をかけて「伏せなさい、伏せなさい」と言っても立つたままだったので、ポンとやられた。戦争というものが、本土決戦になったら生き残れないですよ。実際見ているから。**串木野の戦災**というものは、**9日は午前9時50分**に来ています。**12日が7時50分**です。戦艦から全部飛行機が来ています。敗戦も15日遅かったなあ、一週間早かったら串木野は戦災は受けなかったのにと思いました。

この前アメリカの何で、「2週間遅れたら、アメリカ艦隊が薩摩半島の海岸線を全部、敵前上陸のため、爆撃をするんだ」という記事を見ましたから、戦災でよかったなあ、と思っております。艦砲射撃で宮崎の海岸線と薩摩半島の海岸線は標的になっていた、というあたりも載っていました。だから戦災でよかったなあと思っております。

その時の**戸数が5、738戸**、**戦災を受けた**のが**2、328戸、45・7%の被害**を被っております。国道3号線から西の方は9日と12日に全部やられています。残った所は光神免（こじんめん）、平江、酔之尾、残った所を2回目やっております。3号線から東の方は、被害は無いのです。海岸線は全部受けております。**油脂焼夷弾と機銃掃射**を受けております。黒煙で、昼間の青空は真っ黒、太陽はだいだい色に見えました。戦争は怖いなあ、と肌で感じました。言い伝えるならば、事実を教えてやらなければならないなあ、と思いました。平江でオカさん所、親子4人防空壕で、浜町でマゴシさんという人が親子3人、こっちの壕の中で亡くなっておられました。今の私の通りのマルイの角に本田薬局の本田栄助さんという人は、「おれは弾には当らんぞ。」といって疎開せずにおられたが、そのまま即死でした。そういう悲劇を見ておりますので、事実をそのまま肌で感じたことを発表しておきます。

在郷軍人は戦時中に入らない平時は、45歳で終わるのです（45歳まで兵籍があるのです）。戦時体制に入ってから55歳までで、10年延びたのです。15歳から20歳までは志願兵です。串良の少年航空隊（志願兵）に、30人連れて行きました。丁度その時、海岸の浜田澱粉の浜田タケオという方が、海軍少尉で賄いの方がおられて、引率して行った時驚かれました。「来たか」と言っておられました。少年航空隊で生きて帰った人は1人もいません。鹿屋の航空隊にも、20何人引率して行きました。1人も帰って来ておりません。

戦争というもは、政府の方々、タカ派の方々がもっと考えてくれなければいけないと、つくづく思います。

当時役場で男の人で残っていたのは、84人中20人おったのですが、今ではたった6人しかおりません。女の人は若かったから、30人位です。そんな状況です。

その頃**三井の坑内夫**として**召集された朝鮮人が３００人**でしょうか。**２００人**でしたか、昭和19年末ごろから20年頃まで。今のゴールドパークのところが飯場で、坑内夫として召集されてきておられました。その方々の戸籍を作らなければならず、役場の職員は全部戸籍簿、名簿作りでしたよ。そんな時代もあったのです。あんなに居た人が、終戦の時は1人もいなくなったのです。

一本釣りのおじさんたちが、沖合で、羽島崎で、終戦前はその**小型舟に機銃掃射**をするのです。逃げ場が無いのです。坂口さんという人がおられたが、舟上で大腿部を撃たれて、救急で帰ってこられたですよ。敵機が来ても（こちらから）弾1発も撃たない、無防備でしたよ。おっぽん（大久保の）山に**対空高射砲**がありましたよねえ。中村さん。それに野元の松山あたりでしたか。

軍の被服・兵器廠が三井の穴（坑内）の中に、だいぶ軍隊の物を持ってきていましたね。

北海道部隊が薩摩半島枕崎・野間池方面から北上して来て、終戦で溝辺で解散。郷土部隊　**セキ（関）部隊**がありました。それは高尾野で解隊しました。そのとき軍馬の払い下げをしてもらいに行きました。馬主の人皆に、溝辺の山の中に馬が繋いであって、40なん頭、馬主に半分値で、名簿を調べてあげました。

串木野の戦災復興では、**平瀬町長は偉かった**と思う。敬服しております。革新系で批判されておられましたが、この方ほど立派な人はいなかった。郷土部隊から北海道部隊、名古屋部隊などから、その軍需品の払い下げを、串木野から全部イワシを持っていって、向こうの軍隊の軍馬・食料品・被服・軍靴などを、全部平瀬町長が持ってきて、他の市町村にあげるのです。市来の町長（富永町長）から聞きました。「あんな偉い人はいない」と。また「あれだけ活躍する人はいませんよ」と他の町村長が言っておりました。終戦後、町長は尾立医院の所が町長の下宿先でしたから、あそこの表の方を開放して、いろんなものを町民に払い下げておりました。あんな立派な仕事をした人はいないでしょう。

町民が戦災を受けて、家は焼けたけれども、家財道具は焼けておりません。終戦の前、1月、2月から串木野はやられるぞと。鹿児島もやられたから、串木野もやられるから、ということで、**家財道具だけは疎開せよ**、と夜を徹して、手車とかリヤカーで、入来・祁答院などに疎開しておりました。平瀬町長は先見の明があったと思います。

司会　長家喜代志　2人から戦争について、我々の知らないことについて教えて頂きました。みなさん方の質問があったら。

三善善一郎　中村さんにお願いします。監視哨長が串木野は空襲警報とか解除の命令はしたのか、あるいは軍司令官が監視哨長になって鳴らしたのか、どこで鳴らしたのか。

中村清造　……。「交代がいないから、いっきゃんな」そん時行った人達がみんな死んでいるんです。大東亜戦争で私たちと一緒に行った人が帰ってきて、2回目の召集で死んでいるのです。そん時私にも来たのだが、忙しいからといって止められました。1年位したらまた来ました。「交代がいたら、いたてよかど」と言ったら、「交代がおらんから、行くな」と止められ、2回とも行かなかった。あたぃ達に来るのは大隊本部から来るのです。

○○　串木野沖で落ちたのは何機くらいいましたか。

△△　羽島崎で友軍機が1機落ちています。敵機は落ちていません。私の記憶では。

○○　終戦後、いろんな弾などを海に捨てた。そんなことは。

□□　当時、日本軍の残っていた弾を捨てに、青年団が残っていた発動機船でやったわけです。ところが、捨てに行く途中で、当時釘がなかったので、釘が欲しいものだから、箱の釘を抜いて（抜いた釘はポケットに入れて）、箱を開けて中の弾を捨てながら沖に行ったのです。石油備蓄工事の時、掘ったら弾が出たと言う記事がありましたね。当時地金として非常に薬莢の値がよかったので、たまには薬莢を持ち帰る人もいたらしい。火薬を出し、信管をはずして、大きい迫撃砲の薬莢だったと思いますが、そんなものを記念になるのではなかろうかと思って、持ち帰った人もおったということです。

○○　赤紙はどこに、誰に、どれだけ渡していましたか。

萩原省吾　**召集令状**が出たのが、**6、738名**。これだけ召集されています、15歳から55歳まで。兵役にある人は全部召集されています。在郷軍人そのものは**1、063名**、これは名簿で扱っておりました。赤紙の配付は累計したとき**6、738名**。終戦までは戦死者に対して**町葬**がありましたが、終戦後は町葬はありませんでした。

△△　萩原さんは、兵役関係はどんなだったのですか。

萩原省吾　私は召集令状はきましたが、「軍務に耐えず」というところで、ありませんでした。病気あがりでしたから。私は第2補充兵で第1乙種だったから（徴兵検査の時）、第1乙と第2乙は在郷軍人会で連隊区指令から来て、軍事教練をさせるのです。丙種合格は兵役はなかったのです。この人々は戦時体制になってから召集令状がきました。45歳までで兵役がのがれるのを、戦時体制に入ってから10年延期して、55歳まで延ばされたのです。その中で、海軍士官で、今夜の12時で兵役満了という人が、その朝の10時に海軍に召集され、戦死された人がいました。

○○　中村さんに。監視哨の人員は何名で、待遇は。また兵役関係の話が出ましたが、私の居た満洲では、兵役関係者には召集は来ないことになっていたが、そのへんがここでもあったのではないか。中村さんの問題も重要ポストであったので、大事な職であるから軍の方で認めてくれたのでは、という問題があるのですか。そのへんはどうなのですか。

中村清造　召集はきますよ。

萩原省吾　戦時用員で届けなければ、召集が来ていた。

司会　長家喜代志　北海道部隊のことで、奥田さんの家に何か関係があるらしいので、話して頂けないでしょうか。

奥田栄穂　確か北海道部隊だったと思いますが、終戦の六月頃だったと記憶しております。私の家だけでなく、近所の馬場カツどん（加藤家）とか、長どんとか、広い家に**町役場が疎開**していました。南方神社にも。私の家は、表の12畳の間、畳をはきあげて、テーブルを並べて事務を執っておりました。幾組かに別れて、疎開していました。表はそうでしたが、書院の間は北海道部隊だったと思います。将校の方が5～6人、10人くらいだったでしょうか。8畳・8畳・書院の間がありますから、そこに生活していて、そして一般の兵の人々はすぐ前が城山（じょうのやま）ですから城山（しろやま）に、数えはしなかったが、１００人くらいはおられたのではないでしょうか。そして庭の前には石蔵の2階建てがありましたから、そこをある程度片付けて、電信兵と聞きましたが、そんな人たちが石蔵にも籠っておりました。

空襲が激しくなった頃、うちの中2階に白壁がありますから、そこに**墨で迷彩**を施して、その跡が屋根の下だけ、まだ消えずに迷彩の跡が残っております。幸い麓へんは殆ど空襲がなかったので、被害を受けておりません。確か**護路（ごろ）部隊**と聞いておりました。**ネン（稔）部隊**という名も耳にまだ残っております。終戦後間もなく、出て行かれたのでした。

城山の中は、一番人間に必要なのは炊事場とお便所ですね。そのお便所が3尺くらいの幅の穴を2間くらい掘ってあるのです。そこへまたがってやりおったわけです。今もはっきり2か所ほどお便所の跡が残っております。

その時おられた兵隊さんが、昭和59年7月22日にうちに訪ねて来られたのです、突然。確か三重県の人でした。あとでお手紙くださいましたが、佐藤三男さんという方で、当時20歳の新兵で、私はこの山に籠っていました。今度家族をつれて、日向路を旅行したついでに、懐かしくなり車を走らせて来たということでした。残念ながら私は留守の日で、家内が面会してびっくりしておりました。余りにも不思議なめぐり合わせでしたので、私は「39年ぶりに訪れた珍客」という題で投書しましたら、7月31日の南日本新聞のひろば欄にそれが載りました。ちょっと読ませていただきます。

『つい先日、三重県から佐藤さんという60歳位の方が家族同伴で来訪された。昭和20年の夏、戦局不利となり、当時敵機の来襲が迫る頃であった。拙宅の表座敷には、町役場の或る課が疎開して机を並べて執務し、書院の間には部隊の将校数人が起居、一般の兵隊は門前の城山に駐屯していた。その年の梅雨はなかなか明けずに、山中での生活はさぞや苦難の連続であったろう。佐藤さんはその時一介の新兵としてあられたという。今夏、お家族揃って日向路ご旅行の途次わざわざ当地へ車を廻して、苦難の、しかし、今は懐かし思い出の土地を訪ねて来られたという。奥さんや3人の子供さんに当時の事を話し、感激ひとしおの様子であられた。当時この地方にきたのは護路（ごろ）部隊と言ったようである。あれから39年たった今日、その勇士の1人の遠方からの来訪を受けようとは。誠に感激の珍客であった。』

このように投書しております。その時の写真（奥さんと共に）も貼り、保存しております。

その他、私の思い出では、旭小学校に居た時の、最初の教え子、昭和11年の4年生でしたが。田中茂幸という子、あの踏切のそばの田中どんの息子で、あれが甲種予科練に行って、そして**昭和20年4月17日、出水の航空隊から沖縄に出撃して戦死**したのです。私は、ちょうどその日に、彼の母上や弟妹と一緒に面会に行き、面会した時はもう飛行機に乗って出撃する直前でした。それを見送った事。

もう一つは、その同級生の田中規恵（のりやす）という子が一中から七高へ行き、長崎へ勤労動員に行って、その時**原爆**でやられました。幸い抜け出して串木野へ帰ってきて、8月15日に私を訪ねて来て、終戦詔勅を一緒に聞いたのでした。「先生、あと15年たったら、必ずこの仕返しをしよう。」と言って、非常に残念がっておりました。その子は間もなく病気になって、8月末には死んだのです。これが白血病でした。私は特攻と原爆による2人の教え子の死、これが一番印象に残っております。

（掲載：10号＝1996）

串木野戦災復興事業を顧みて

田中武熊

はじめに

戦災で串木野町の中心部の大部分を失った。串木野駅のホームから海岸側を眺めると、恵比須が丘の墓場が何の遮（さえぎ）るものなく近々と見えた。一面焼け野が原であった。

昭和21年4月から戦災復興計画がなされて新しい串木野の町へと変わってゆく。その技術者として田中武熊氏は招聘された。田中武熊氏は野元出身で、土木畑で鹿児島県庁・大分県庁に勤め、新港を造る時は、市が相談してアドバイスをもらっていた。長崎の諫早水害の時、長崎県庁に呼ばれて、水害による都市計画事業に従事、退職後、長崎県住宅供給公社・同じ長崎の大洋技術開発㈱に。以来亡くなるまで長崎に住んでいた。明治44年生、平成5年に亡くなった。享年82歳であった。気骨のある人物であったようだ。

以下、田中氏の回顧談を掲載することにしよう。

文中、句読点が少なかったので、読みやすいように適当に句読点を入れ、また、年月日など漢数字を算用数字にし、「略（ほぼ）・然（しか）し」など漢字も少しは変えた。（所崎）

まえがき

串木野市が昭和55年10月1日市制施行30周年を迎えたこのとき、町の中心地域が灰燼（かいじん）に帰した当時の姿を思い浮べ、その復興都市計画事業が終戦直後から企画され、国の機関としての鹿児島県知事が施行することになり、昭和21年4月その施行機関が設置されて、復興事業が強力に進められ、市制施行の昭和25年10月1日には街も漸（ようや）く都市的形態を整え、市という名称を冠するに値する街ができ上がったのでありますが、その街造りの責任者であった私が、当時を振り返って記憶として心に深く刻み込まれていることを纏（まと）めておくことも必要であり、かつ又後世の方々にも伝えることが私に課せられた責務でもあるように思い、標題のような思い出の記を書いてみることにしました。この拙文に目を通して頂く方に、当時のことをいくらかでもご理解頂ければ幸甚（こうじん）の極（きわ）みというものです。

昭和55年10月4日

串木野市は、大東亜戦争の終戦を迎える直前、即ち昭和20年8月9日と12日の2日に亘り、米軍の大空襲を受け、国鉄鹿児島本線から西方海岸に至る市街地の全域と島平の中心市街地と野平地域の一部を含む広範に亘る市街地が灰燼に帰したのであった。

戦後、政府は逸（いち）早く復興計画の方針を定め、全国の戦災都市の復興を図ることになったが、鹿児島県は鹿児島市・川内市を初め、八つの町が復興事業を施行することになった。

鹿児島市と川内市は市長施行であったが、串木野の外、七つの町は知事施行ということで発足したのである。

串木野のことについて具体的に述べると、都市計画法（旧法）第三条による内閣総理大臣の決定があったという戦災復興院の告示が昭和21年5月4日になされている。その告示の内容を掲記すると、次の通りである。

戦災復興院告示第22号

串木野復興都市計画街路及ビ土地区画整理左ノ通リ内閣総理大臣ノ決定ガアッタ　其ノ関係図面ハ鹿児島県庁及ビ串木野町役場ニ備ヘ置イテ縦覧ニ供スル

昭和21年5月4日

戦災復興院総裁　阿部　美樹志

串木野の戦争による被災状況についてみると、

戦災戸数　2千342戸

被災面積　42万坪

右のうち復興事業区域に含まれる数は、

戦災戸数　2千131戸

被災面積　49万7千300坪

復興区域面積は焼失区域の周辺の一部を含めているため被災面積より大きくなっている。

以上は陸における被災状況であるが、串木野の場合は漁船も又大きな損害を被（こうむ）っているのである。即ち戦前から遠洋漁業に活躍していた発動機船の大形漁船（20トン以上）の150隻余りが戦争のために徴用され、終戦後帰ってきた船は僅かに3隻という惨胆（さんたん）たるもので、多数の漁船とその乗組員を失い、串木野漁協の打撃の大きかったことを、漁協の組合長から聞かされたもので、戦争の悲劇を身に染（し）みて感じたものである。

戦災都市が立ち直るための復興事業を進めるには、一般法では不足するところが多く、従って昭和21年9月11日に「特別都市計画法」が公布されて、この法律第一条に特別都市計画事業は国の機関としての知事、即ち行政庁が施行することに定められたので、法律的にも整備され、強力に進めることになったのである。

この事業の早期完成が市民生活を豊かにする基礎であることを考えるとき、その責任の誠に大きいものがあることを感じたものである。

このような意気込みで取り組んでいる職員の気持ちを殺（そ）ぐ要素として、衣食住の不足に加えて、戦後のインフレの渦中（かちゅう）にあった日本経済の混乱があった。その一例を挙（あ）ぐれば、国が指示する単価より日々支払う賃金の方が高いという状況で、大工1日40円の指示単価に対して、支払い賃金は50円、石工40円が55

円、人夫賃30円が40円といった有様で、工事施行には大変な苦労をしたものである。政府からは道路も型だけ造って延長を延ばすように指示がなされ、道路側溝の如きもコンクリート側溝は止めて、戦災地に散逸する石材を使用して側溝を造るか、石材の無い場合は素掘側溝でやれという指示である。串木野のように高低のある街での道路に素掘側溝というのは維持するのに極めて困難なものであったが、国の指示とあれば止むを得ない。この事は、市民の皆さんに大変迷惑をかけることになったものである。

このようにインフレの昂進（こうしん）が沈静するところを知らない日本経済に対し、ＧＨＱは「経済安定9原則」なるものを、昭和23年12月18日発表、政府に対し緊縮財政を要請し、国民に対しても、より一層の耐乏生活が強いられることになった。こうしたことから復興事業も予定工期を大きく延長しなければならないことになったのである。

1　串木野戦災復興事務所長としての赴任

串木野の町が灰燼に化した姿を眺めたのは復員した日、串木野駅から西方を見て海岸まで一望できる戦災の有様を見たときで、戦いの厳しさを改めて知らされ、驚きかつ失望した。昭和20年11月11日のことであった。

21年1月早々、加治木町の復興計画をたてる任務を帯びて、加治木町に赴任した私は、被災した加治木町の中心部の測量から地形図作成、復興計画の一切を完了させ、いよいよ戦災復興院（現在の建設省に当る）へ認可申請をしようとする頃であった。所用で県庁に行くと土木部長から呼ばれ、「田中君、串木野へ行ってくれないか」と言われた。それは、4月の初め頃ではなかったかと思う。このとき私は「串木野は生れ故郷であり、仕事がやりにくい。それだけはお許し下さい」と答えた。部長も「そうか」と言われたので、この話はこれで消えたものと思い、加治木の復興計画のこれからの進め方について腐心していたのであるが、県庁に出かけて部長と顔を合わせる度「君、串木野に行ってくれないか。串木野の町長がどうしても君に来てほしいと言われるのだ。考えてくれよ」と言われる。その都度お断りしていたのだが、再三再四相談を受ければ、断ることもできなくなるのが人情というもの。「それ程部長が言われるならまいりましょう」と返事をしたのである。

それにしても串木野の町長がなぜ自分を指名したのか。復員して役場にその届出のために出かけたとき、役場庁舎が焼けたため、役場前の民家に町長が頑張っておられて、町政の指揮をとられていたが、そのときお目にかかり、復員した旨の挨拶をした折、たまたま上水道計画のことで、役場職員と話をしておられたので、技術家としてその会話の中に言葉を挟んだところ。「君は技術家か。それなら明日五反田川の上流取水地点を調査に行くから君も一緒に見てくれないか」と要請されたのであるが、辞退して引き下がったのが、名声高い（このことは後になって判明した）平瀬町長との出会いであるが、この事が私を指名されたことに結びついているのだろうと思っているのであるが、真実は未だに不明である。

このような経過を辿って串木野戦災復興事務所長として発令されたのが4月30日付で、赴任したのが昭和21年5月中旬である。

赴任してみると、事務所は焼け爛（ただ）れた役場庁舎の一階に木製の古い机や椅子で、10数名の職員が仕事と取り組んでいたが、何れも外地からの引揚者か内地に居て戦災を受けた身の上の者ばかりで、その服装からみても、又顔色にしても生気に乏しいものが感じられて、聊（いささ）か淋しい思いをしたが、その所長自らも四六時中軍服に軍靴という姿で勤務したのだから、職員のことを兎や角言えたものではない。

10余名の職員の身分はと言えば、町の嘱託職員であって、県職員というのは所長1人という誠に変梃（へんてこ）な組合せである。このような職員構成も、戦後間もなく戦災復興に取り組んだ草創（そうそう）の間のことで、止むを得ないもので、遠からず県の職員に発令されることになっていたので、それ程気にする必要のないことであった。

戦災復興事業を円滑に進めることは、先ず、関係町民の、この事業に対する理解を深めることにある。それには役場の職員に十分理解して貰わなければならないと考え、週に1回朝礼を利用して、事業の内容について説明をすることにした。その為かどうかはわからないが、やがて所長は串木野町戦災復興課長の辞令を受けることになった。このときは、平瀬町長から橋口町長に代わっていたが、勿論（もちろん）この課長職は無給課長である。

職員は串木野町出身者が半分程度で、その他の者は鹿児島市・伊集院町・市来町から汽車通勤者であった。終戦の年は米作も不作だったようで、国の政策として保有米を認めず、すべて供出させ、農家も米の配給を受けることになっていた程で、十分な米食にあり付けないというのが実態であった。従って職員の昼食の中味もまちまちで、多くの者がカライモで空腹を満たしながら仕事をするというのが毎日の姿であった。

又、当時は日本国中の国民の大半が買い出しのために動いている状態にあったのであるが、町外からの通勤職員の殆どが買い出しをするという姿が見られた。その実態にふれてみると、朝出勤時に空のリュックを持参し、昼食時に買い出しに出かけ、リュックいっぱいカボチャやキャベツの野菜類を詰めて、又当時串木野は鰯の豊漁が続いたためにいっぱい詰めたリュックの外に、鰯まで買い求めて持ち帰って来るのである。勤務時間を守って、午後1時までに帰って来ればよいのだが、時間を過ぎて帰って来る。時には2時も過ぎて帰って来る者もいるという始末で、目に余るものがあった。とうとう役場の職員から問題にされた。復興事務所の職員は仕事に来ているのか、買い出しに来ているのか、わからぬ、この状態を続けて貰っては困るということで、職員組合から町長にその苦情が伝えられる結果となった。

所長としても、職員のそうした買い出しの実態を知らないわけでは無く、時々注意もしていたのであるが、当時の職員の月給はインフレ昂進の中で、月の生活費の3分の1にも満たないものであることを知っているだけに、注意する言葉にも厳しさが足りなかった。町長から呼ばれて、役場職員からの申し出について話があり、時間内買い出しだけは自粛するように配慮してほしい、との申し入れを受けた。当然の申し入れであり、返す言葉もなかったことを、今も忘れない。そこで、早速職員を集めて、事の次第を説明して、時間内買い出しを厳に慎むように注意したのであるが、中に特に目立って所長の注意を守らない職員がいたので、所長の指示が守れないなら辞めろと言い渡した。ところが、その職員は私に向かって「貴殿が私に辞めろという権限があるのか」と反発してきたので「所長は復興事業を予定通り遂行する責任がある。それには職員が一致協力するところがなければ責任が果たせない。因（よ）って調和を乱す君の行為は職務専念の義務を完（まっと）うしていない者と判断するから辞めなさい、と言えるのだ」その権限が与えられている旨を話したところ、その職員は辞表を出して、あっさり辞めて仕舞（しま）った。後味のよいものではなかったが、それから数年後、彼が鹿児島市内に自転車販売店をもち、立派な店長となっており、それとも知らず店の前を通りかかった私を呼び止めて、お茶を飲んでほしい、と言われたときは、驚きもし、彼が私から辞めろ、と言われた事に対し、心中自分の非を理解していたことを知り、永年の心の曇りが晴れて、さわやかな気持ちでお茶を戴き、握手をして別れたことは、語り草として折にふれては、この話をしているのであるが、忘れ得ない復興事業の一齣（ひとこま）である。焼け爛（ただ）れた事務所の一隅でのことである。

2　復興事務所について

串木野町の庁舎は昭和2年に新築された鉄筋コンクリート2階建の当時としては瀟洒（しょうしゃ）な建物であったが、戦災のために1、2階共に焼け爛れたままで、役場の事務は周囲に建てられた木造バラック1階建の中で執（と）らされており、町長は役場前の民家を住家とし、その住家で町長としての執務をされるという有様で、復興は急務中の急ということであるにも拘（かかわ）らず、我々の事務所まで手が回らぬということだったと思う。止むなく焼けた1階の1室を整理して使用することになっていたものである。

市民生活にも戦後の混乱から漸く立ち直りの様相が見えだした21年の秋頃には、焼けたコンクリート建の庁舎も手入れがなされ、1階に町長室も整備され、復興事務所も整備された2階に移って事務をとることになった。事務所らしい雰囲気の中に、復興計画と取り組む職員の姿勢にも張りが見られた。この2階での執務は半年位ではなかったかと思うが、庁舎の前面左側に串木野警察の木造建があったが、警察が他に移ったことによって、警察の跡の建物を2分して、表の方に復興事務所、裏側に町の土木課が入ったのである。

この事務所が復興事業がほぼ完成するまで使用されたのであった。ここに移ったのが昭和22年春のころだったと思うが、定かでない。復興事務所がここに納まったことによって、コンクリート建の庁舎もすべて町行政の行われるところとなり、町役場も漸く安定した姿になったようである。

事務所は安住の地を得たが、事業遂行の間にはいろいろなことがあった。次に思い出すままに述べてみることにする。

3　所長は戦争賛成か反対かとの質問

安住の事務所を得て、所長以下全職員が精力的に復興事業と取り組んでいるある日のこと、歳の頃30歳位と思われる一人の青年が訪れてきた。所長室で相対して椅子についたこの青年は開口一番「所長は、戦争に賛成か反対か」と質問を浴びせてきた。余りに突飛な質問に、この青年の頭を疑ったが「君今の世に戦争を好む者がいるだろうか」と問い返すと、彼曰く「自分は共産党員である。所長は戦争は反対と言うが、それならいつでも滑走路に使えるような広い道路をなぜ造るのか」と言う。これは又突飛(とっぴ)な言葉である。そこで現に計画し築造されている広さの道路を飛行機の滑走路と考えることが、むしろ滑稽で串木野の将来を考えて、又自動車の流れを考えに入れて決められた幅員であって、決して広い道路幅員とは言えないと縷々（るる）説明して「君のような物の考え方は、私には通じない」と言ったところ、理解したのか、しなかったのかわからないままに立ち去って行った。この青年が串木野出身者で無かったことだけは確かである。

4　道路が広過ぎる、多過ぎる

市内一部の人たちが事務所に見えて、計画図を見せてほしい。時には貸してほしいと要望されることが始まった。このような内容で見える人は殆ど同じ人であるし、見えたときの言葉遣いから、復興計画に不満を持っての行動であることが推察できた。計画図を貸与することはお断わりしたが、事務所で見て頂くことについては積極的に協力し、質問に対しても懇切丁寧に対応した。この人たちの話がしっこいので、何かあると感じて、市内一部有識者の動きを見ていると、復興計画に不満であるとして、この計画を覆（くつがえ）すという意図ではなく、市内有志間の反目の現れとして、復興計画に難癖をつけているものであることが、朧（おぼろ）げながら掴（つかむ）むことができた。

反発している有志の顔ぶれをみると、戦前町の有志として自他共に認められた人々が参加していることも判明してきた。要するに、復興計画に積極的に参加している識者と、それに乗り遅れたと言うか、自ら乗るだけの知識の持ち合わせがなくなった人々と言っていいのか、或いは世の常として、激動期にはよくあることだが、時代の変遷を理解できない者の不満組と見ることが適切かとも思うが、何れにしてもこの不満組が一体となって反発していることが、日を経るに従って、はっきりしてきた。

この反発される根拠は何かと言えば、どうしてこんな広い道路が必要なのか、どうしてこんなに沢山の道路を設けなければならないのか、又特に個人攻撃的な内容として、あの道路はなぜあそこを通すのか、この道路はなぜここで止めたのか、ということが反発組の言い分であった。

こうした市内の動きをみて取った私は、町長に進言して彼等と話す会を持つように段取りをしてほしいと要請した。町長も、私の進言を入れて日時を決めて、反対組に所長の説明を聞く会を持つことになった。この日の会合がどのような結末になるものかと見守る顔、心配する顔が交錯している中に、遂にその日は来た。

時の町議会議長は、その朝心配して、私の部屋に来られて「田中、大丈夫か」と言葉をかけられた。「心配することはない」と言うと、安堵した顔で出て行かれたが、このことは、私を取り巻く周囲の人が当日のことをどれ程心配されていたか、という現れであると思った。

いよいよ開会の時刻が近づくと、反対派の人と見られる人達が、三々五々と集まって来て、定刻には100人位は集まったであろう。庁舎2階に設けられた会場の椅子いっぱいになった。町の理事者側としては、町長以下、町の幹部、議会議長以下多数の議員の顔も見えて開会された。私は演壇に上がって計画図を展げて復興計画の概要説明を行い、それから参会者の質問を受けた。会場全面の椅子には、反対者の主な人たちの顔が見られる。質問には発言の順序が予め定められていた模様で、その1番手は弁舌最も爽やかなA氏から始まった。反対派の首謀者と見られる幹部が、私の答えの終わるのを待っては次々と質問を浴びせてきたが、理論的に、又技術的なことを踏まえて計画されていることについての説明であるから、質問に答えるに何ら窮することはない。質疑を繰り返しているうちに、後部椅子にいた者がぽっぽっ席を立って出て行く者が目についてきた。そのとき、今日の会合は自分が勝ったと思った。やがて質問も出尽くしたのではなかろうかと思われる頃になって、最初の質問者A氏立って大声を上げて曰く、「所長、今日は貴殿の説明で、計画の内容がよくわかった。しっかりやってくれ」と賛成の言葉が飛び出して、この会合は終わった。「今後共よろしくご支援を願います」と言って壇上を下りたのは、開会から2時間を過ぎていた。

この会合があった後も、首謀者の一部には鬱憤（うっぷん）を抱いていろいろな動きがあり、事業遂行に困難を来たしたことが多かったが、集団としての反対的動きは終止符を打つ結果となった。

5　都心ロータリーと周辺の土地利用

市街地を2分するように、串木野小学校より海岸に通ずる道路のほぼ中間点に、直径30メートルのロータリーが設置されているが、この地点は幹線道路が5本交差しているために、将来の自動車交通量を推定して、自動車交通流を円滑に処理するロータリー交差方式を選び、一面に於いては中央島を美化して、都市美を醸（かも）し出すことをねらいとしたのであるが、このロータリー周辺の土地利用については、警察・郵便局・電報電話局・銀行・農協などの官公庁街にしようと計画したのであったが、今日の土地利用の状況は計画とは聊（いささ）か異なった方向に進んでいるようである。

6　中尾のウッガンサアの老樹について

都心ロータリーを起点として、島平方面に通ずる幹線道路が中尾の町中を横切る所に、数百年の年輪を重ねたと思われる老木が鬱蒼（うっそう）と枝を広げている、今日の姿は道路建設当時とさ程変わっていないようである。道路はこの老木を挟んで分離されているが、この老木の下にウッガンサアが祀られて、市の文化財として、その謂（いわ）れを書いた標札が建ててある。当初の道路計画では分離する計画ではなかったのであったが、いよいよ道路工事にかかることになって、地元の人に「この木を伐り倒してほしい」と頼んだところ、だれも伐る人がいない。そこでその理由を聞くと「この木を伐ればたたる」ということであった。仕方なくそのまま存置することに計画を変更して、今日見るような分離道路にしたもので、思い出深い老樹であるが、当時このウッガンサアについては全然記憶がない。只、恐ろしい樹で誰も手をつけようとしなかったことだけが、いつも思い出として浮かんでくるのである。

道路のことで、ウッガンサア道路につづいて書き留めておきたい道路が2本ある。その1本は都心ロータリーから駅方面に通ずる幅員15メートルの道路で桜通りと呼ばれている道路のことである。水田地帯に計画されたこの道路が完成されたのが昭和24年2月のことで、私は、この道路の並木に桜の木を植えることを提唱し、所員や町当局も賛意を表されたので、鹿児島市郊外の吉野から目通7～8センチ、高さ2・5メートル位の桜の幼木を買ってきて、この道路の両側歩道に植樹したのであった。翌25年春から毎年桜の花が眺められるようになった。誰言うとなく桜通りと呼ばれるようになったもので、今日でもその名で呼ばれているのは嬉しいものである。

もう一本の道路は、今日の市役所の横を走って海岸に通じている昭和通のことであるが、大原町から畑の中を突っ走って、御倉山を切り開いて、串木野港の商船埠頭に通ずるこの道路は、御倉山が官有保安林であったために、保安林の解除と国有地の払い下げ手続きに約1か年の歳月を要し、昭和24年3月8日、森幸太郎農林大臣の許可が下りて、樹齢数百年の老松10数本が処理されるのを待って工事にかかったのであるが、大事に管理されてきた老松が伐り倒されるのを見たときは、都市計画事業の威力を強く感じたものだった。

ここに述べた2本の道路は、全然道路の無い所に計画された道路であるが、今日利用度の高い道路となっていることは、計画が適正であったことを考えて、心温まる思いである。

7　本浦の墓地移転と跡地利用について

戦災復興事業施行区域内には、大小の墓地が点在していたが、本浦の墓地は最大のもので、この墓地を地域外に移転して、その跡地を地区公園として計画したのである。

墓地の移転先は酔之尾の木原地域に定め、木原墓地と銘打って墓地の設計を終り、移転計画をたて墓碑所有者との話し合いをもって、協力を求めたところ、移転についいては抵抗のあった記憶はない。むしろ、移転後の跡地利用について、本浦の有志から本浦地区の各自の所有宅地が小さい上に、建物が密集していることから、墓地の跡地を宅地として利用することに変更し、本浦地区の宅地をここに換地して、ゆとりある本浦地区の街造りをなすべし、という声が持ち上がり、段々と強力な意見として固まってきた。

本浦地区の街造りについて、このような強い意向のあることについては理解できないわけではない。それはこの事業では、宅地の最小面積を30坪と決めたのであるが、本浦地区では、これを25坪としたのである。それでもなお窮屈（きゅうくつ）な住宅地であったからである。因（ちなみ）に、本浦地区における小地積の宅地筆数を拾ってみると、25坪以下の宅地が、総筆数８２２筆の中に５０２筆と極めて多く、そのことが軒を接してぎっしりと住宅が建て込むことになったのである。又、それ程本浦地区の復興建築は速く建ったのである。

しかしながら、この公園は地域の中核的公園であり、しかも密集地区の中心に位置していることから、公園としての本来の使命の外に、一朝有事の際の避難場所としても絶対に他に転用すべきでないことを強く心に決め、固まってきた意見について、施行者としての考え方を浸透させなければならない。時の漁協組合長や関係の町会議員の理解を求めるために、最大の努力を払ったことを忘れることはできない。大分怒られたものであるが、串木野生まれの所長という者の苦境を味わされたことの一つである。今日この苦労した墓地の跡地が立派に公園として整備されている園内に立ったとき、感無量のものを覚えたものです。それが今日見る讃岐公園である。

8　国鉄鹿児島本線の複線電化を考えた串木野駅前広場計画について

戦禍から免れた駅舎はしばらくの間、昔のままの駅舎で営業が続けられることになるが、復興計画を立案するに当って、当然のことながら駅舎の近代化ということを考えることになる。将来の国鉄について考えたとき、当然のこととして複線電化ということを基本として、駅舎の計画を考えてみたのである。

従来の駅舎から国道3号線に至る道路の勾配はやや急勾配であったので、道路構造基準による所定の勾配にするため、将来又駅舎に偉容をもたせるために駅舎の前に階段を設けることにしたものである。駅前広場計画を始め、国鉄沿線の道路計画、広場の階段工事の位置等すべて国鉄当局と事前協議の上決定して施行したものであるが、駅舎の改築や複線電化については国鉄当局も約束は避けて、具体的発言はなかったが、我々は、将来必ずその時機が到来することを考え、鉄道用地外の施設は予定通り実施したのであった。階段工事は鉄道用地内にあることから、復興事業の予算では実施できないために、町費を支出して貰ったのである。

当時、私が考えた将来の駅舎と駅前広場の構想は、次の写真の通りであった。

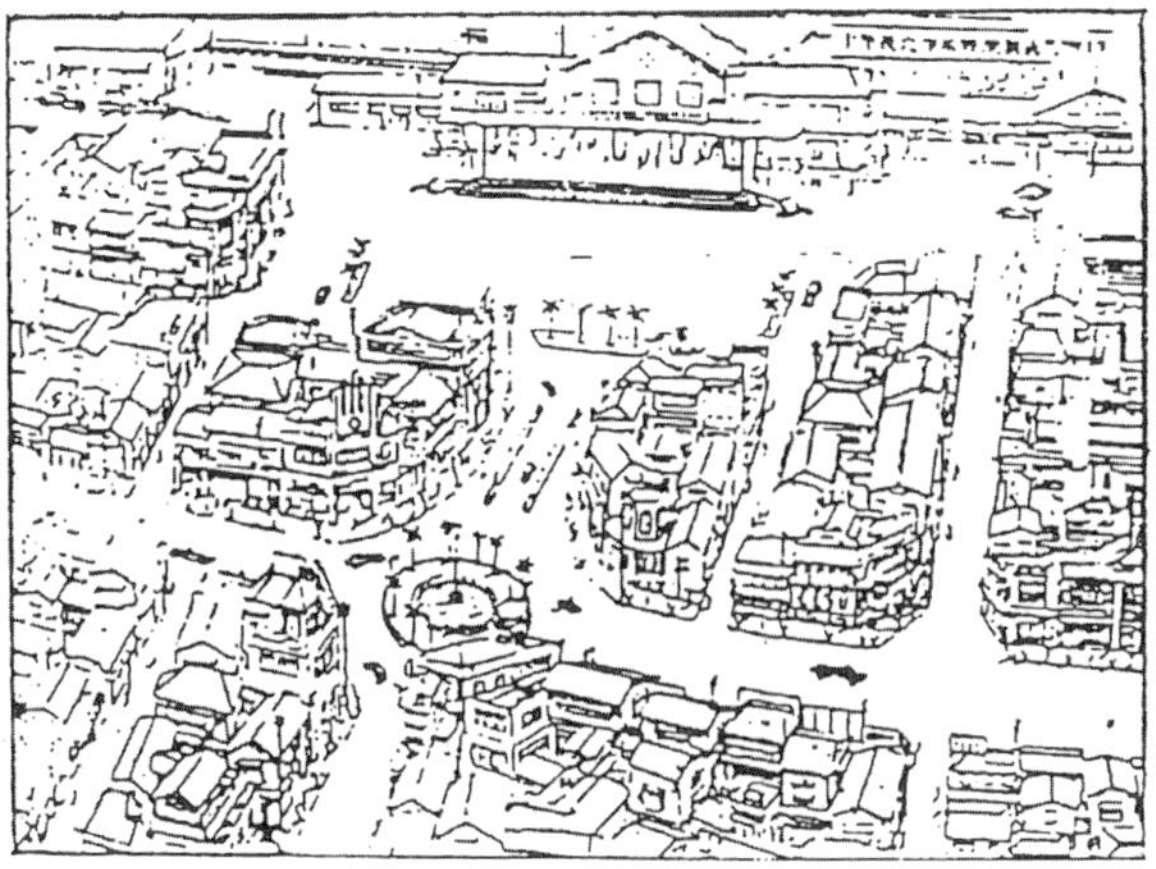

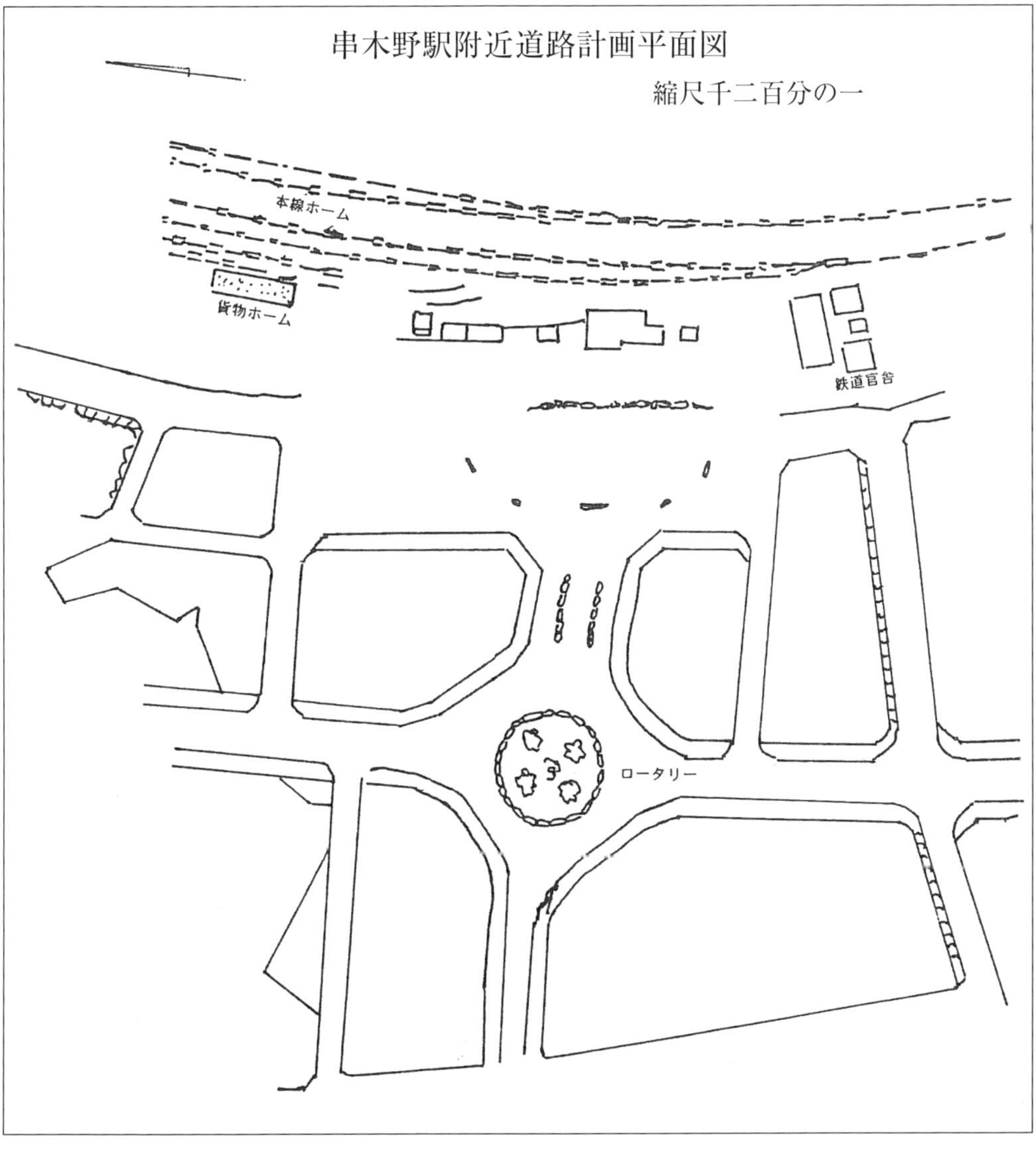

9　串木野港の外港計画について

串木野の都市計画を立案するに当って、港を考慮の中から外すことはできない。勿論復興事業は港湾区域には及ばないので、立ち入って具体的な話はできない立場にあった。しかし将来の串木野はどうあるべきかについて考えるとき、どうしても串木野港の現状を知り、将来の港湾計画を考えなければならない。当時私は、串木野港は商港と漁港を同一港域において、その機能を与えることを基本において、現在の港の外に長崎鼻と平瀬を活用した港湾計画を立案し、これを外港計画と銘打って公表したものである。今日その図面が手許にないのが残念であるが、その頃町は五反田川の平江橋・野元橋の下流河口を北港という名で計画をし、港湾計画の大家鮫島工学博士の現地視察を乞い、診断を求めたことがある。博士の結論は、河口港計画について種々の条件を前提に、計画の妥当性を述べておられたが、終戦直後の日本経済はこのような小型の計画にならざるを得なかったもので、それでも実現を見なかったのであった。私の計画した外港計画も、町が計画した北港計画も計画のみに終わったのであるが、日本経済の実態から考えて、止むを得ない結果だと考えている。今日串木野港が商港・漁港という二つの機能を持つ港としては狭隘（きょうあい）となり、港の分離案を取り、新港計画が実現しつつあることをみるとき、当時立案した外港計画も的を外していたものではなかったと思う。

10　串木野に隣接する樋脇町民に海を与えよ

日本三大漁港の一つとして数えられている串木野港は、この港は漁港としてのみで利用される港ではない。将来必ず商港としての機能を持つ港としても生まれ変わることを考え、かつ又、白砂青松・風光明媚な海岸線を持つ串木野の海岸を海を持たない奥地、樋脇・市比野方面の人たちに、この港を、この海岸線を活用させる施策を県行政の上でも是非取り上げるべきであるし、一面串木野と樋脇・市比野方面との生活必需物質の交流が当然なければならない。

それには、両町の一体性ができる施策を考える必要がある。それは旧態のまま放置されている道路を整備することが急務であるとして、県道串木野～市比野線の改修整備を強く訴えたのであった。この点について町長初め町議会も賛意を表されたのであるが、一向に実現の兆（きざ）しが見えなかったのである。その後もこの道路が顧みられなかったのは、昭和27年の道路法の改正がなされたとき、この路線が主要地方道の枠に入らず、一般県道として位置づけられたところに、その原因があったように思われるのである。今日ではこの道路の改良整備は殆ど完成したように聞くが、串木野市が主体となって進めている西薩定住圏構想の中には串木野市と樋脇町を一体化しようという理念が基本になっている筈だし、それならば両地域を短時間で結ぶ思い切った道路計画をたてて、一日も速くその実現を図ることを提言するものである。

11　復興計画と野平地区開発について

復興計画は当初に述べた通り、戦災による焼失区域を中心として都市を近代化するという基本方針であるために、串木野小学校近傍の一部が含まれているが、国鉄鹿児島本線より海岸までの消失区域と島平地区の市街地を加えた範囲に限定され、五反田川を越えて復興区域に入れることはできなかったのである。しかしながら、中心地区の計画を立案する場合どうしても周辺を含めた区域に亘って、将来の都市像を考えることになる。野平地区も当然中心部と一体として都市像の中に含まれることになる。

これを道路について述べると、中心市街地区に用のない車は市街地に入れないこととし、羽島・荒川方面から中心部に向かう自動車で市街地に用のない車は、野元から直接国道へ結ぶ平江中央線を計画し、島平を起点として市街地の中心部をほぼ南北に貫き、平江橋・野元橋を経て、野元集落の北側で平江中央線と結ぶ道路と、都心ロータリーを起点として塩田のほぼ中央を南北に縦貫して平江集落の幸新橋に出て平江中央線に結ぶ道路の二路線をもって野平地区の道路の幹線網とし、又土地利用計画について言えば、塩田の大部分と三井の下の地区を準工業地域とし、平江中央線を中心とする平江集落北側の水田、畑の地域を住居地域とすることにして、計画をたてたのであったが、今日の串木野都市計画街路網を見ても、又用途地域も僅かの変更はあるものの殆ど当時の構想と同じである。

又野元海岸に沿う保安林の中に介在する野元墓地については、本浦の墓地移転計画と平行して移転することを考え、移転先を愛宕山の東方平山地域から梅越地域を候補地として現地踏査をし、移転計画を立てたのであるが、野平地区が復興区域外であったために町費をもって移転しなければならないために、当時の町の経済状態では手の出る筈がない。町長は、意欲は示されたものの、実行に移ることはなかったのである。

12　復興事業に代議士先生の介入

どんな事業にもよくある例であるが、この復興事業にも代議士先生の介入が始まったのである。串木野の海産加工産業として、戦後の混乱の中から逸早く立ち直り、市内有力産業の一つであるこの種産業の県内組織の会長の地位にあるということで、その先生、県の土木部長を初め、復興課の県幹部、それに私まで顔を出さなければならぬことになったのであるが、県の幹部と一緒に先生の自宅を訪問したときは、一方的に己の言うことを聞け、という姿勢である。こちらがその指示内容では解決することの困難性を説明すると、国会議員という威力を発揮される始末で、ほとほと困ったことがある。

その後、先生は県の土木部長に注文をつけては、私の方にも又話があるということを数回繰り返しておられたが、いよいよ現地串木野に乗り込んで、当の組合長宅でお会いすることになった。土木部長と約束されたことは何とか実現したのだから、それ以上の無理な申し入れは聞き入れることはできない。当の組合長、先生が同席のため居丈高な態度で私に追ってくる始末である。できないものはできないと、条理を尽くして説明する私に対し、先生もここでは無理な話はされず、「君何とか考えてみることはできないかね」という程度でお別れしたのであったが、東京へ帰られて私あて先生の直筆の手紙が届いたその内容はいろいろと書いてあったが、最後に「花も実もある解決をしてくれ」と書いてあった。組合長とのことは、それから2か年位放っておいたところ、最後には本人から詫びを申し出てきて、計画通り処理したことは忘れることのできない思い出の一つである。

13　土地区画整理委員会構成の委員さんについて

戦災復興事業が道路網の整備と併せて宅地の利用増進と生活環境をよくすることをねらいとした、特別都市計画法に基づいて施行する土地区画整理であり、法律の定めるところにより施行されたものであるが、この事業遂行に大きく寄与されたのが土地区画整理委員会（今日の法律では土地区画整理審議会という）の委員の皆さんである。

委員会は土地区画整理を施行するための機関として設置されたもので、宅地地積の適正規模及び借地地積の適正規模を定める場合、宅地の換地に関する事項並びに減価補償金の配分を決定する等のことについて、施行者の諮問（しもん）について審議することが本務であるが、串木野の場合は建物移転の補償についての判定や個人間の紛争処理、事業遂行に対する関係者の対応が進まない場合の斡旋等、多岐に亘ってお骨折りを願ったのであるが、日夜を分かたず誠心誠意事に当って頂いたことを忘れてはならない。14名の委員さんも今日では山中英二さんを除き、皆故人となられているが、ここにそのお名前を掲げてご冥福をお祈りしながら、この思い出の記を終わらせて頂きます。

土地区画整理委員会委員のご氏名

区　分	委員　氏名	区　分	委員　氏名
委員長	花牟礼武夫	委員長代理	藤川　武久
委　員	佐多　竹一	委　員	野元　義雄
〃	岡田　清	〃	宇都　親寿
〃	上新　梅蔵	〃	大薗　盛高
〃	上原　秩	〃	早崎佐太郎
〃	西村　清	〃	乗添　三善
〃	上浮口新助	〃	山中　英二

註　この記録の中で、面積の単位を当時採用されていた「坪」で表示したことをご諒承ください。

（掲載：16号＝2002）

ルース台風（昭和26年10月14日）の被災状況

～串木野編～

安藤義明　編

―串木野の漁業の未来を変えた―

昭和26年10月14日、晩7時ごろルース台風は串木野を直撃した。その日は静かな日で、直撃する台風が来るとは誰も思っていなかった。そこに突然、台風が上陸した。台風の目に入っていた。

1　所崎平（満15歳）の記憶

海岸から1キロほど離れている我が家では、玄関の戸や雨戸が吹き飛ばされるのではないか、という勢いで、大風が吹きまくった。時間はそう長くはない。ぱたっと風が止まった。外をうかがうと、月が出ていた。あとでわかったが、台風の目に入ったのだった。そして、吹き戻しがあったが、それは大した風ではなかった。

翌日かその次の日、港を見に行った。魚揚げ場の岸壁上部の石積みには少し凸凹があって、台風の影響だと思った。東側の隅は砂が溜まっていたが、その東側（今の中新カマボコ店の前）の石垣は崩れていた。そこから北側の道を行くと青いペンキを船体に塗った船（船体10メートルほどだったか）が道のど真ん中に座っていた。船がここまで流れたんだ、とびっくりした。

私の父は引揚者で作った厚生組合の組合長で、夏は塩田で塩作り、冬はイワシ刺し網漁の網だけを持っていて、それをイワシ船に貸してイワシ漁をした。私は真冬のイワシ漁があるときは、午後7～8時ごろにエビスが丘の墓場を横切って岸壁まで行って、船から岸へ網を引く。岸壁の端に稲を掛けるような竹竿を渡して、その上に網を乗せて、網を手繰りながらイワシをはずして行く。たいていは、頭を突っ込んでいるが、エラが網の目に引っ掛かると、なかなかはずれないものであった。真冬のイワシはずしは、手がかじかんで冷たかった。イワシはずしの後ろで、時たま七輪を持ってきて、はずしたばかりのイワシを焼いていた。焼き立てのイワシは実にうまかった。イワシは頭を網に突っ込んでバタバタして、筋肉を柔らかくしているから、はずすころが食べごろになっているのではないか、と思った。そのころのイワシは大きくて、30センチほどあった。そのイワシがだんだん近海で獲れなくなって、天草近くまで行った。私は午前3時ごろ船の帰りを待っていた。そのころは、事務所ができていて、狭いながら畳の部屋があり、そこで仮眠をとり、待っていた。事務所は、甑島通いの事務所（現海上保安船「とから」が停泊する前）の斜め前にあった。それが、ルース台風のため、屋根だけが残って、周りの壁はなくなっていた。国民金融金庫からの借金が24万円とかに膨れ上がっていたが、差し押さえが来ても差し押さえる物がなくて、その借金はどうなったものか、私は聞いていない。それ以後、漁業との関わりも塩田も専売のためなくなり、電灯料の集金人になって、その後は暮らすことになる。

2　赤崎岩城氏（満17歳）の記憶

ルース台風が来ることはラジオで知り（船長などが）、東市来の江口港から串木野小瀬港に避難するためにサバ一本釣りの船（10トン未満）を回した。江口港も神之川の河口も避難港にはならないので、小瀬港へ来た。船番はカシキの赤崎氏（昭和9年4月1日生、当時、満17歳）がなった。碇は船首に2つ、船尾に2つで固定して、夕食は弁当か自分で船上で焚いて済ました。静かな夜だった。台風が来る気配もなかった。ところが、静かな海が突然時化てきて、危険を感じた。長崎鼻寄りにあった三角の石油タンクが倒れて、重油が海に流れ、海から道路、陸地も油まみれで、船の上も油ですべり、手すりにつかまって歩く状態だった。重たい分厚い長靴をはいて歩くのは大変だった。船長室にいたが、どのように過ごしたかは覚えていない。松風がゴウゴウ唸って、怖いものであった。翌朝、見渡すと油色であった。マグロ船が1艘沈んでいた。他にも沈んだ船がいた。

翌日、安全になったとき、船長・機関長が来て、船を江口港へ戻した。

3　林次夫氏（16歳）の手紙（下書き）

拝啓、朝夕冷えこむやうになって参りました。

皆様、ルース台風の被害はありませんでしたか?

こちらの様子をお知らせします。

家族には異常はなかったですが家と船が少し壊れました。

14日の朝、台風接近のため父と船を野元の避難港に廻して行きびしょぬれになって帰ってきました。

夕方5時ごろ台風が来るとのラジオ放送があり、台風対策をしていると4時頃になると風が吹いてきて、5時頃になると強風は一段と強くなり、家に松岡や松山の人達が避難して来られ、家も2、3回揺れました。

夜、ごはんを食べて横になっていると、潟の美代子や津多子・正子達が「大水だ、火事だ」と泣きさわいできたので、びっくりして、「どこが火事か」と聞くと、「漁業会が」と云ったので、本当だろうかと思って墓場に上って見ると、火事ではなく、自動車の炭火の粉が、散っているのを見ているのでした。

7時頃、大水で家が倒れたとか、水にながされたとか云われるので、父と美代子の家（本浦西）へ行って見ると、漁業会の前あたりは膝より上に水が流れており、思うように歩く事が出来ず、又、油が流れたり、家のこわれた板などで、進めず、着いて見ると、畳まで水が来ており、夜具や店の商品や色々の品物を整理するなど目の回る忙しさでした。正子の家（本浦西）は、光男兄さんと信夫兄さんはマグロ漁に出漁中で、両親が着の身着のまゝでにげてこられ、家具もそのまゝとのことでしたので、父と家を見に行こうとしたけれど、ガレキ等で進めず、ようやくたどり着き、父が国一兄さんの

郵便はがき

料金受取人払郵便

鹿児島東局
承認
300

差出有効期間
2027年2月
4日まで

有効期限が
切れましたら
切手を貼って
お出し下さい

892-8790

168

鹿児島市下田町二九二―一

図書出版
南方新社 行

ふりがな 氏　名		年齢　　歳
住　所	郵便番号　　―	
Eメール		
職業又は 学校名		電話(自宅・職場) (　　)
購入書店名 (所在地)		購入日　　月　　日

書名　（　　　　　　　　　　　　　　　　）愛読者カード

本書についてのご感想をおきかせください。また、今後の企画についてのご意見もおきかせください。

本書購入の動機（○で囲んでください）

A　新聞・雑誌で　（紙・誌名　　　　　　　　　　　）

B　書店で　C　人にすすめられて　D　ダイレクトメールで

E　その他　（　　　　　　　　　　　　　　　　　　）

購読されている新聞，雑誌名

新聞　（　　　　　　　　）　雑誌　（　　　　　　　　）

直接購読申込欄

本状でご注文くださいますと、郵便振替用紙と注文書籍をお送りします。内容確認の後、代金を振り込んでください。（送料は無料）		
書名		冊
書名		冊
書名		冊
書名		冊

位牌と写真を持ってくるのが精一杯でした。

この手紙の下書きは「本浦東部落会の記録簿」（会誌25号掲載）の最後の余白に書かれていたものである。書き主は、ヨマ屋の林次夫さん（昭和10年3月26日生）である。神戸の兄へ出す下書きである。林宅はヨマ＝マグロ漁で枝縄の一部として使うもので針をくくったワイヤーと道縄との間に使う麻縄（セキナワ）を扱っていた。何斤の麻が来た、甑島に送った、との記録がこの帳面の最後の空きページに書き込まれている。父の林爲市さんが集落の代表だったので、「記録簿」を預っていたようだ。

林次夫氏（76歳）に尋ねると、いろいろわかってきた。

この下書きには、避難をして逃げ込んでくる。「大水だ、火事だ」と泣きながらやってくる。この美代子さんは父の長兄の娘、正子さんは次兄の娘で従妹に当たる。火事は漁業会というので、今の漁協である。昭和19年に串木野本浦漁業組合を串木野漁業会として、当時町長であった平瀬実武氏が会長になっている。昭和24年8月、串木野漁協が創立され、翌25年8月、串木野漁業協同組合長に松元明人氏が選ばれた。ルース台風の昭和26年では「漁業会」ではなく、「漁協」というところを「漁業会」と慣れている呼び方でいったのであろう。

それで、墓に登って海側をみる。エビスが丘の墓は市制前には、大規模な墓であった。市制になると、墓が住宅地付近にあるのはいけない、という法律により、撤去し、大部分は海中に投棄した、その墓に上って見ると、確かに火の粉が見える。それは、自動車の炭の火の粉が散っているのであった。まだ、木炭自動車のトラックの時代で、ガス発生機の火の粉が飛び散っていたのであった。美代子さんの家（林酒店）に行ってみようと出かけると、水は膝より上までであり、油が浮いていたり、家が壊れて、畳や壁板が流れてくる。海水は畳の上まで上がっている。夜具も商品も海水でやられているので、地面の焼酎瓶などを畳の上に移動しているところで、大忙しだった。翌日は溝の中に、油が溜まっていた。

カマボコ屋の中新商店は壊れて、店の前に缶詰などがいっぱい散らばっていた。

正子の兄の光男兄も信男兄もマグロ船に乗って出漁中。

漁協の裏手には、小さな家が多かった。空襲の後のバラックのような家が多かったので、家は壊れた。住人は波が来る前に避難していたので、死人は1人もいなかった。

最後に、父が国一兄さんの写真だけ（でなく位牌も）持ってきた、というのは、ほんとは仏壇ごと持ってきたかったのだろうが、一番大事なものを取り出してきた、ということだろう。

災害後、町が建てた家があり、それは「町の家」と言われていた。

4　佐多久氏（満15歳）の記憶

ルース台風が来たとき、佐多氏の持ち伝馬船が島平屋敷港内を流れていた。父上が「伝馬船を取ってこい」といって、佐多氏（満15歳）

の体に綱を巻いて、父上は岸壁堤防から綱の端を握っていた。佐多氏は泳いで伝馬船を追いかけていくが、ふと状態が変なので、後ろを振り向いて見ると、父上は波にさらわれ、堤防から下に落ちて大ケガをしていた。それで、伝馬船を取るのを止めた。伝馬船は港入口付近のマグロ船に当たって、こなごなに壊れた。

佐多氏の地面は屋敷港の所まであったが、大部分は大波が土をさらって、岩がむきだしで、海になってしまった。家も流されてしまった。今は高い所に移っている。

5　上村静好氏（満15歳）の記憶

その日は、旧暦9月14日の妙円寺詣りであったので、伊集院に行って、帰りに汽車で帰ろうとしたら、台風の風速が30メートルを越えたので、汽車は出ない。先輩は歩いて帰ろうと言うが、途中にどんなことがあるかわからない。それより汽車の方が安全だから、と言って翌朝午前2時過ぎに汽車が来たので、それに乗って帰った。

江口の海岸は潮が上って、大変だった、と言う。

6　岳釜公民館で、左記の諸氏にルース台風の記憶を聴く

（平成23年6月17日）

中村静吉氏（大12生、漁労長・汽船船長）
上新秀夫氏（大13生、漁労長、汽船船長）
西　　巌氏（大14生、親子ラジオ業）
潟村幸夫氏（昭8生、通信士、漁労長、興洋水産）
上新正雄氏（昭9生、通信士、漁労長）
上新幸子氏（当時17才）
上中イクコ氏（昭10生）

（1）中村氏の話

ルース台風の前日10月13日に松栄丸（39トン、12名乗組）は串木野港を出港して、五島大瀬崎に14日午前10時頃着いたので、オカズにするため、小鯛をたくさん釣り、済州島に向けて走る。漁場までは60マイル（約１００キロ）、10時間かかる。その途中大瀬崎の西方でカジキ釣り用の餌にするサバを釣っているとウネリが大きくなり、これは台風だ、と判断し、全速力で五島列島の玉之浦へ向かった。台風情報は短波ラジオで聞いた。翌朝５、６時頃視界が悪くなり、船の前面を照らすライトを点け、全員が甲板に出て、大波が来ると「エベス様、エベス様」と大声で無事を祈る。船は速度を落とし、波を越えるときに、全速に入れる。それの繰返しであった。大波が来るときに、全速で向うと波の中に突っ込んでしまうので、速度を遅くし、波頭から全速で抜ける。このときは、碇は流さなかった。船中には海水が入って来るので、機関室から排水した。機関長は園田敬造氏だった。松栄丸は古い船で、小瀬港に沈んでいて、船底に穴が開いていたのを修理したものだった。

明くる朝、島影を見たので、どこか見当をつけると、島原半島の南端にある樺島であることがわかったので、玉之浦港へ向かった。

玉之浦港に避難していた串木野の船（20艘ほど）の間では、我々松栄丸は遭難したと思われていた。それで、玉之浦港へ入ると、大歓迎で「万歳、万歳」と各船の船長以下皆が迎えてくれた。

一方、串木野は台風被害が大きく全滅だとの情報が伝えられ全船帰った。帰港すると海岸は全滅だった。着岸できないので、港の中に碇を入れた。自宅は恵比須ケ丘公園の西側下にあったので被害はなかった。

汽船問屋・中新が全滅だった。

(2) 上新（秀）氏の話

小瀬の港に避難した。ドックに上がっていた船が波で引き込まれ、小瀬港の西側堤防を越えて港の中へ流されてきた。（三角の重油タンクが倒れ、重油が漏れて油が浮いていたことは気が付かなかった）

14日夜、兄が浦和在住だったので、そこまで行こうと中新商店まで来ると、腰まで海水に浸かったので、勘場の高い方へ登っていって、山づたいに歩き、傾斜を降りて、兄の家に行くと床下が海水で浸かっていた。少しいて、家に帰った。夜明けには海水は引いていた。漁協玄関の向かい側の家まで波が来ていた。我家には水は来なかった。

(3) 西氏の話

郵便局の通りに家があった。庭のバケツが浮いて気が付いた。重油には気が付かず。1、2艘の船が流されて通った。アクイ日見ると、油タンク・大久保醤油などなくなっていた。海水は畳の上まできた。下水にはまって、消防の人が顎まで浸かっていた。

(4) 上新（幸）氏の話

西家と上新家とは近く。当時17歳で修学旅行で帰ってきた日だった。夜、寝ているところを起こされた。玄関には海水が押し寄せていたので、縁側から飛び降りて逃げた。誰か溝にヘッタ（落ちた）人もいた。本浦東の浄宝寺の近くの親戚に逃げた。

五反田川の方から潮が来た。消防団も来た。明くる日、汐がひいてからタバコやソツ（焼酎）などを拾う人がいた。近所周辺の家が流され、くっついていた。

(5) 上新（正）氏の話

40トンの船で甑島瀬上に避難した。自分はカシキ（賄い）だった。船には無線設備はなく、陸に上がっても連絡はできなかった。傍に第51大洋丸がいて、無線設備があったのか本浦が大変だという話を聞いた。串木野に帰ると、西浜町の自宅は、重油が畳の上40センチぐらいまで黒くなっていた。それを落とすのが大変だった。畳も真っ黒だったので、捨てた。この家は建てて2～3年しか経っていない新しい家だった。

市場の後はカマツッパ（野球ができる広場）でマグロの縄を染める大きな釜が2つあった。柿渋で染めた。それをカッチ染めと言った。干場があった。

(6) 潟村氏の話

玉之浦に20隻ぐらい串木野の船が避難していた。2隻ぐらいが無線設備を持っていた。串木野の被害を聞き「あきらめのみ」「働く気がせん」などといっていた。

「イチ、ニ、サン」で一列に並んで串木野へ向かった。１１０マイル（約１７０キロ）を13～15時間かかった。西浜町の魚市場はコンクリートがえぐられ屋根は波打ち、岸壁は壊れていた。

当時は五島列島の西で、カジキ・サメ・サバを捕った。男女群島や済州島付近にも行った。

被災後、何百人かの青年団員が活動した。自分は下から2番目（2番ギシ）であった。

小瀬の港の中に、ドックに上っていた船が、風と波で堤防を乗り越えてきて、隅っこに流されていた。山形屋の木造船であった。この山形屋の船は30～40トンのマグロ船で船底の砂を青年団員がスコップで掘って、船を外に出した。小瀬港は今は深いが、当時は干潮になると一部浜が出て溝があった。

三角のタンクは倒れていたが、油は気が付かなかった。

串木野港も干潮になると、半分ぐらいは砂っぱになった。

市場から北側一帯には1メートル強の深い側溝があった。

現在の場所に建っていた家には、1メートルぐらいの高さに、油の黒い印が付いていた。

(7) 上中氏の話

家は浜町郵便局とエビス神社、本浦配給所近くで、玄関は海に向き、反対の北側に上げ戸があった。祖父は病気で寝ていた。玄関は汐で出ていけず、北側の上げ戸を開けて逃げた。汐は私の胸あたりまであり「お前は泳がないか」といわれた。祖父は近くの傷痍軍人の叔父が背負って逃げた。3月に生まれた弟もいた。

位牌を持って逃げた。岳釜の叔母の所に寝泊まりした。タンスの上まで潮が来て、引出しは明かず、下着などを引き出せなかった。トイレが汚れていた。消防隊が消毒した。

戦後の話だが船ドマイ（船泊り）をした。甲板に寝ていると、潮が引き、斜めになって、ゴロゴロ転がった。家は、父の叔父が三井にいて、丈夫な家を作った。

(8) 橋之口会員の話

平江の愛甲どんの精米所があって、そこに多くの船が突っ込んでいた。我が家は膝ぐらいまで潮が上がり、牛を連れて逃げた。

故南竹櫻二氏の船が精米所に突っ込んだと同奥さんから聞いた。（安藤氏）

宮下にも潮が上った。

(9) 安藤会員の話

（市場の直ぐ後に居た義姉の話として）

家は、潮で一部土台石からずれた。元に戻すのに業者が忙しく、順番がこず、日数がかかった。

油などで汚れた着物を野元のオコン川で何日も洗った。

(10) その他

モレ水（貰い水）をした。井戸は少なかった。水は甕に入れた。

ドラム缶の風呂だった。上中家には井戸があった。割と浅く、塩気があった。1~2年ごとに井戸浚えをした。

ルース台風当時の家はない。平木葺きやトタン葺きが多かった。

39トンは自動車と同じで、税金が高くなる。39トンでもトイレはなく、船尾に一人が入るカバーをつけて、下は海へそのまま落ちる。操業日数は20日~1か月。

潟村氏＝漁場に行くとき、死体があれば、「帰ってくるまで待っとってくれ」と言えば、帰りにちゃんと残っている、と聞いた。

中村氏＝平瀬に向かって捜索した。防波堤沿いに行ったら、沈んでいたので、戸板に乗せて帰った。

潟村氏＝カシキが終るのは、新しいカシキが乗船して来るまで。当時は船の煮炊きは薪を焚く。

北陸の八戸・気仙沼・宮古などに行って操業した。それは、鹿児島では8~10月までは台風が多くて、操業ができないので、この時期は台風を避けて北陸へ行った。スルメイカ・サバを釣って餌とし、マグロを釣った。漁協の出張所があった。大きい船は行かなかった。

李承晩ラインがあり、拘束された。

イネ売りどん（ボテふり）は米と交換した。コデンヒボカシ・サバンヒボカシも売った。

串木野ではエッガネ・ホウボウ（ホボ）・…などが獲れた。

売り手は貨車に乗って、トタン製の四角い箱に魚を入れて担っていく。

イワシを網からはずすのを「ザコハズシ」と言った。

イワシは肥やしにした。

今は、燃料が高く、魚がいない。

瀬渡し船は地元の人はしていない。

安藤会員＝福岡県糸島の柴田延三郎という人がイワシとりに来ていた。長く年賀状をくださった。

上中氏＝徴用船は、青島に行った。古江から荷物を運んだ。

潟村氏＝沿岸警備船はレイテで沈没。機関銃がブリッジについていた。兵隊も沿岸警備をしていた。

7　枇榔会員の話

羽島の映画館（興芸館）が流された。漁協前の小屋も流された。

8　田畑誠一市長の話

ルース台風後、ラムネが散らばっており、ガラス玉がしっかり付いているので、大丈夫だといって、飲んだ。

映画館があり、一般映画は禁止されていたが、「四十七士」の映画があり、これは歴史だから、いいはずだ、と理屈を付けて2人で見に行った。防空頭巾を被って行った。先生が見張っていたのだろう、翌日、映画を見た者は手を挙げ、と言われたので、堂々と手を挙げた。何と言われて叱られたかはわからないが、叱られた。

9　中村安男氏（昭5年生）の記憶

当時はマゴシロの第2和丸に乗っていた。和丸は広島県宇部のモトヤマ鉄工の船を借りてきて、福田さん（後の福田水産）が親方代理で動かしていた、ほかに5号和丸もいた。

ルース台風が来る前日に漁協に水揚し台風が来るということで朝の内に小瀬港に入れた。当時、小瀬港は入り口が浅く大型船は満潮時でなければ入れなかった。

夕方、今夜は台風が来るというので午後6時ごろ夕食を食べた。潟山鉄工の下の岸壁は汐がガンブガンブきていた。かねてはそこまではこない。潟山の下には水産試験場があった。

今夜は風が強くなると全員集合がかかるかもしれないと思い船に泊ることにした。小瀬港にゆくと水産試験船の人たちも一緒になったので伝馬船に乗せてもらった。船には既にカシキ（賄い）の池水君がきていた。ロープはオモテから1番、トモから1番とっていた。

夜がへったら（夜になったら）風が強く吹いてきた。そして小瀬ドックに上がっていた山形屋の幸竜丸が流されてきて小瀬港の西側堤防に当っているのが電灯の明りで見えていた。我々はブリッヂに居た。しばらくすると船は横（堤防と並行）になっていたが次にはその堤防を越えてきた。船同士が当り合い、同時に避難していた機帆船から女の叫び声がした。幸竜丸はしばらくするとズンベッタ（沈没した）。

小瀬港の避難船は二重、三重と繋いでいたが船同士ガンガンと当り始めた。このまま船に居ると危ないと判断し2人とも下船することにした。自船の伝馬船で私が艪をこぎ北側の丸い石積みの堤防に降りた。降りたら消防団がきていた。待機していたのだろう。

高潮が起きたその瞬間はわからなかったが、この時点ではすでに押し寄せたあとだったのだろうと思う。夜の8時～9時頃が風が強かった。小瀬の家々がどこまで浸水したかは夜でもあったし見ていない。その後は浦和の自家（潟山鉄工の東側）に向ったが、船町～新町の道路上には串木野造船所、岡下造船所の大小の材木が散らばっていたが、通れないほどではなかった。流れ川は橋《ご》は浸かってはいなかったが、汐はいっぱいだった。家近く行くと、父が心配そうに家の前に立っていた。浸水は床下までで、家族は現在の御倉町の須納瀬設備工業所に避難した。11時頃だっただろうか、本浦西の親方代理（福田）宅の傍まで行った。あの大きな家がゲッガッテ（潰れて）いた。他にも何軒もの家が壊れていた。小瀬の三角石油のタンクが倒れてはいたが、小瀬港の油のことは記憶がない。浦和辺りは油は流れてきていない。

小瀬港北側堤防沿いは、汐が引くと砂浜となり、一本つり船はここで船タデ（船底を焼き、水分や貝殻を取る）を行っていた。

10　山田輯氏（昭10年生）の記憶

その当時は串木野造船所前の道路を隔てた東側に住んでいた。小瀬港に面した家並みで、一番南側の家（現、佐藤宅）の東隣に西林丸（西田水産）の小屋があった。そこの岸壁が波で崩れて、その小屋が壊れた。そのほかは、小さな崩れもあった。現在の寺田石油の油タンクの設置場所に同じような油タンクがあった。そのタンクに松ノ木が突き刺さっているのを見た。そこから漏れた油が小瀬港の西側堤防を越えて飛んできた。山は松の木が風で倒されヨシテだった。

当時は、中学3年生になると修養青年として小瀬青年団活動もした。そのころ電話は西林丸（西田水産）にだけしかなく、青年団の指示で電話番をした。変わったことがあれば小瀬公民館へ伝えにこいと言われた。小瀬の避難場所は公民館だった。小瀬の海岸沿いは昔のままで、上の通りは遅れて都市計画で整備された。

11　中尾義夫氏（昭元年生）の記憶

私はその頃は漁船に乗りカジキ獲りから帰港していた。丁度、ルース台風が来る前日に串木野に水揚して、その日に船はドックに上げた。ヨノイモテさめ（夕方に）雨がきた。ドックの船に泊るつもりだった。

船頭は木屋の前潟氏だった。船頭が「台風が来るので、もうちょっと上の方に船を上げてくれ」とドック側に云ったが、大丈夫と聞き入れてくれなかった。それで船のオモテから碇を下ろした。

結局、船はその場で横に倒れ、船腹が船台に刺さったようになっていた。船の修理には1～2か月かかった。船主は佐賀伊万里で、串木野の中馬氏が動かし、第3万栄丸（30トン強）だった。他に5号もいた。船主は炭鉱、造船を営んでいたので、伊万里から技術者が来て修理した。

当時、私の実家は塩田川水門の南側にあった。付近一帯も高潮が上がった。私の家はタタミまでは浸からない床下浸水だった。イカ取い伝馬が2隻流れてきて、家に当らないようにと防いだ。イカ取い伝馬は我が家の西側に繋いでいた。当時、造船所があり、岸壁は崩してあった。土手には造船所の大きな材木を置いてあった。

丸二丸（波村石油）の油タンクは小瀬にもあった。

兄が魚揚場の裏側に住んでいたが家は壊れ、木屋部落に移転した。魚揚場の東側に故南新サトシ氏の小さな店があったが壊れた（現、興南鉄工を営んでいる方の父）。

ドックへ行くときは御倉山を通って行き来した。

12　中尾藤夫氏（大14年生）の記憶

強風で家の平木が飛ばされた。浸水はタタミすれすれの床下だった。

13　汾陽氏（平江）の記憶

当時は川幅も狭く、川沿いの道も家より一段低くかったが、家屋への海水の侵入はなかった。我が家の傍に1軒、その先（東側）に1軒、またその先1軒の家があった。

14　小原会員（昭7年生）の記憶

当日はよか天気で弟とたんぼに出ていた。昼飯後小屋に寝ていた。覚えると雨風が吹き、カマスをかぶって家に戻った。

薄暗くなる頃、家が無くなったと、泣きながら人が走ってきた。当時青年団に入っており、公民館の火の見やぐらに登って、非常呼集し青年団員を集めた。

その頃の川沿いの土地は、全世帯もう一段低かった。家が壊れたのは川下の出水さんだった。隣の後庵さんも壊れたと思うが定かでない。汐で運ばれてきた船が、出水さん方も押しのけて壊していた。他にも何隻かの船が流されてきていたので、家々に当らないようにみんなで押し出した。

後で聞いた話だが、出水さんの家に突っ込んだ船は、小瀬の波止場に繋いであった29トン型の、使っていない船だったそうです。

汐がきたのは私の家の下の3文字までだった。川沿いの家は全部床上一寸まで浸かる。現在の道路は殆んどが川で当時より30センチ以上高くなっている。

平江も今の浜田板金前の避難港にいた船が全部陸に上がった。オコン川の汐入橋の下あたりまで船がいた。平江橋から野元橋の間に、おそらく70～80隻、田んぼまで入れると約１００隻余りが陸に上がっていた。

川は満潮時で1メートルぐらいで、満潮時には野元橋の平江側直下にある水門を閉めていた。閉めないと海水が逆流した。塩田川も同様だった。

27年2月から役所に入り、福祉におり、救助の中心にいた。

役所に入る前復旧の仕事にかかわった。西浜町の全部の家々が1メートル50センチ位の高さのところに油の形が残っていた。各溝には油が溜まっていた。本浦西のガレキなどを、愛宕山の後ろがわの、現在備蓄のトンネルがある付近の海に捨てに行った。

野元の愛宕山の下付近に汐炊きをする人たちが住んでいた。その中のクリヤマモモジさんが行方不明になった。終戦後は深田神社にいた。その頃は幾組かの人が神社にいた。終戦後は船上生活する人たちもいた。

15　木原正己氏（昭3年生）の記憶

当時私は森水産加工場に勤めていた。事務所を5つぐらいの部屋にしきり、共同生活をしていた。工場の西側には汐止め堤防（約1メートル50センチの防波堤）があった。その日の夕方（17時頃）社長が「ウカゼが今度はくるぞ、外に出て波をよく見とけ、女子は避難せ」と云われた。外はワザイカ（ひどい）海鳴りがしていた。波がしらが岸壁より3～4メートル高く見えた。

最初の波は市場の方から来た。あとから波止場側からきた。

最初に煙突が壊れた。つぎに工場もバリバリと壊れた。家族全員一緒にクジラ坂の寺田食堂に避難した。逃げる途中側溝から汐があふれて来た。みんな濡れていたので寒かった。

着の身着のままだったので、何か一つでもと様子見に戻ったが、林酒店のところで汐が腰まであり、ガレキが多くて先に行けなかった。油や汚物のニオイがひどかった。3～4時間したら汐がひいた。あとで気づいたが直径1メートル大の石が3個、工場の壁を破って入っていた。

防波堤が壊れなかったので工場のものは海側に流れずに残っていた。使える状態ではなかった。

毛布、衣類など支援物資ももらった。1週間くらいはにぎり飯などお世話になった。

森水産加工は当時はフカヒレを専門にやっていた。そのあとアジ、サバの開きなどを作った。またクジラや製塩もやった。

森さんは長崎出身だった。

16　竹中正義氏（大15年生）の記憶

当時は第7大栄丸の通信士として漁船に乗っており、丁度串木野に帰港していた。家はクジラ坂の昇り口で40センチぐらいの浸水だった。汐が繰り返しきて、家の土台石下の砂を洗い流すので、友人と瓦かけをもって来て砂止めをした。

市場東側のうしろに置いてあった船形をした油タンクが汐で流されて、林酒店の前で横になって道路をふさいでいた。

その頃、船に無線設備を持っていたのは私が乗船していた第7大栄丸、鏡進丸（平里守氏）、中川海運の大洋丸、山田フサオ氏及び小松シゲオ氏が通信士を務める船、川辺の船2隻（枕崎の通信士）の7隻だった。陸と船との連絡は枕崎漁業無線局を経由して行っていた。ルース台風による串木野の惨状を、自船から自分が各船あてに打電した。この打電が自発的であったのか、船主組合または漁協からの依頼によるものか覚えていない。

17　原口栄美子氏（23歳）の記憶

ルース台風時は、海水が自分の家の前の通りまできたが、家の中までは入らなかった。トイレには海水が流れ込んだ。

18　上新ミチ子氏（中学1年）の記憶

みそ樽の上に畳をあげて、弟や妹たちをその上にのせていた。祖母と2人で、必死に戸を内側から押していたことを記憶している。そのうち浜崎の叔父が来て、弟妹達をカラッテ（背負って）もらって叔父宅に避難した。浸水は床下程度だった。

家の下はすぐ五反田川岸で、道路の砂が深くえぐられていた。

19　竹中氏（新生町）

床下浸水だった。入り口まで。岡下造船所と道路向かいだった。隣の瀬戸さん宅の前には、大きな丸太が流されてきていた。

20　上原氏（新生町）の記憶

床下浸水だった。

21　馬越学氏（昭17年生）の記憶

父に抱かれて御倉山に逃げ、中尾町に避難した。タタミも浸かった。

22　上夷和男氏（昭12年生）の記憶

ながれ川からの水で床下まできた。おくらん山に逃げた。山すそまで水があった。

23　土手もり子氏（中2年）の記憶

汐が腰くらいまできた。弟をつれて春日町の川添医院へ行った。家に戻ると、テンマ船が家のところに流されて来ていた。

24　今村一則氏（昭15年生）の記憶

夕食も済んで就寝中を起こされ、騒ぎの中、土間に下りたら水の中だった。漁協事務所わきで膝くらいまでの海水の中を急ぎ、浄宝寺下の馬車屋の上り坂に着いた時はホッとしたことを覚えている。

その晩は母の実家に厄介になり、翌日現地で見たのは床上20センチくらいのところに油交じりの浸水痕と、東側に1メートル強押し流された自宅と魚揚場裏の野球場に打ち上げられた鉄製の貨物船でした。船は民家の目前にせまっていた。小6の私には巨大タンカーに見えた。

野球場の防波堤（西側）よりにあった製氷会社、醤油会社、いりこ、フカヒレ製造所も無残な有様でした。これらの会社群と防波堤間の舗装路もコンクリートがはがれて、砂地が見える凄まじさでした。

親類に何日ぐらいお世話になったのか定かではありませんが学校が始まり、授業前に真新しい教科書、文房具を支給配布して貰った時の嬉しさは鮮明に覚えています。

25　松元麟太郎氏（昭16年生）の記憶

（当時の様子を見たり、聞いた話として語ってもらった）

須賀集落は各家ごとに石垣で囲み家を守っていた。当時は遠浅が長く続いており、家を出ると直ぐ砂浜で、学校から帰ると、先輩達と手製のボールで野球や相撲、センダイシキなどして遊んだ。

須賀は部落の真ん中を東西に小さな道が通っている。この道の南側の家々は汐によって全戸が壊され流された。実家はその真ん中の道より北側だったので流失を逃れた。しかし、漁具の倉庫は南側にあったのですべて流され、漁具の一部がシッタッ川や黒瀬まで流れていった。家の前には一本釣りの帆船が流されてきていた。

屋敷の徐福記念碑の西側に佐多の家があった。回船問屋をしていたらしい。

祖父が付き合いがあったので七トコイにも行った。佐多にチケ（使い）を言われると弟と先を競って行った。佐多はソツ、酒、塩など扱っていたので、それらのビン類がこの付近まで流れてきていた。

ルース台風以降、須賀の人たちも田中や島平上、塩屋町へ移った。聞いた話だが、高潮が上がる前は汐が一時的に引き、そのあと照島どんをこえてきたと言っていた。そのとき照島の松群は波でもっていかれたそうだ。

26　屋敷の塚田つり具店の奥さんの記憶

カヤを張って赤ちゃんを寝せていた。波が3回くらい家に入ってきた。東側の家々は敷地が高くなっており、避難するように勧められたので階段を上がって避難した。自宅の前の2階建ての家が波で流されて行くのを見た。

27　田中一夫氏（昭16年生）の記憶

家は屋敷港から石川山の子ども公園への坂を上りはじめた右側辺りにあった。屋敷港の西側堤防に繋いであった福盛丸（機関の整備中）がロープが切れ港の中をぐるぐると回り、砂浜に波で打ち寄せられた。避難は迫田（宝栄丸）に逃げた。

現在の小屋商店前に船が流されていた。

28　松元初子氏（当時19歳）の記憶

台風がくるその日は須賀集落内の親戚で葬式があり母達は手伝いだった。暗くなってから帰ってきて膝まで海水に浸かったことを聞いた。その後一時して、海側の2軒の親戚の人達が波がきたといって私の家にきた。私の家は集落の中心部より少し東よりの海側から2軒目で、北側は墓地だった。それから何らかの連絡があったのか、ここでは危ないということで、北側の揚げ戸を妹が破り、墓場に出た。外は雨風はなく、月が照っていた。親戚の人達も一緒に照島小学校に避難した。他にも多くの避難者がいた。

朝方、家見に戻ると、土間の品々が倒れ、海側の戸が破られていたが、家は建っていた。海側の家はみな壊れ、海岸に面した家々は大抵流失していた。

朝は婦人会らしき方々の炊き出しがあった。2～3日したら親戚や地域の人達が後片付けをしてくれた。父は松栄丸で出漁中で、2～3日後に帰ってきた。

須賀で家を流された多くの人達が、田中、島平上に移り住んだ。

29　竹元会員の聞き書きと記憶

（1）池畑光一氏（当時中学3年生）

私の家は現在の島平第一漁業生産組合事務所の少し東側で、遠浅の浜を隔てて海に面していた。他にも海沿いに多くの家が建っていた。その日は集落内で葬式があった。夜は親戚の子ども達は松元の家に預けられていた。隣にいた大人たちが、道路に水が溢れていると気づき、子ども達を連れにきた。墓地を通って、照島小学校に避難した。家は高波で縁が壊れ、家が傾いた。縁先には伝馬船や臼が流れてきた。須賀橋の田中集落側のところの店が壊れ、商品と思われる野球ボールを多く拾った。

母（竹元さんの）の話では、13戸ぐらいは流されたのではないかと聞いた。

（2）A氏

須賀集落の中心には須賀橋から墓地に抜ける道があった。その道の中間あたりに新川店があり、私はおばあちゃんと妹と新川店に避難した。ほかにも2～3家族がいた。母は夜働いていて、須賀橋が流されたことを聞き、墓地回りで私達をつれに来て、歩いて仕事先へ避難した。家は新川店の2軒目ぐらい東側で、敷地がすこし高い地形になっていたので、汐の影響は全くなかった。しかし道路には竹木や桶などが流れており、危ないからと云って、おばあちゃんが脇に寄せた。台風の後、ノミが異常発生して大変だった。

（3）竹元会員、お母さん

私の家は、現須賀橋のすぐ上流に架かる通用橋（須賀側）あたりの川沿いにあった。避難する時は川と反対の南側の1メートルぐらいの石垣を、姉の背中にのって上がり、母達と照島小学校へ行った。しかし多くの人がいたので、懇意にしていた酔之尾の精米所に移った。須賀の川沿いの家々は、床下浸水だった、と母から聞いた。またタタミを乾した記憶もあるが、ルース台風のときであったか定かでないとも聞いた。家の床下は高く、そこで鬼ごっこなどして遊んだ記憶がある。

母は、須賀の海側に面した家屋の流失は、13戸くらいだったのではないかといった。他にも聞いてみたが同じだった。この時流された人達の多くが、島平上に移転した。

台風などの時は、漁師の人達は田中の川に船を入れた。ルース台風のときも多くの船が避難し、田中部落の川沿いの路上に上がった。現在の池ノ上ストア辺りまで流された船もいたことを聞いた。

私の家は川沿いだったので、兄は家の中から魚を釣ったり、溺れそうになった人を飛び込んで助けたこともあった。また汐が多い時は、川で野菜や汚れ物など洗ったりもした。

今回先輩のみなさんから当時の様子などを教えてもらったが、みなさんが島平の西側に照島どんがあって助かった、と言っておられた。

（4）市野久子さん（90歳代）

大鳥居北側の崎下手の交差点付近は、海側、屋敷、川からの水や汐の流れ込みで、川の様相だった。交差点から屋敷に至る路上にも、船が打ち上がっていた。家は南海漁業の東側で倒壊はしなかった。

30　羽根田成功氏（昭16年生）の記憶

私の家は海岸と同じ高さのところにあり、海側に面し、北側は県道下で、高い土手になっていた。家は高波で土手側に押しつぶされたが、家族と牛2頭（親子）は東側の高いところのにあった親戚に避難した。

当時、荒川浜（あらこんはま）の県道（43号）沿いの海側には、私の家を含めて10数戸の家があったと思う。海岸には石を積み上げてできた堤防があった。堤防は連続したものではなく、各家から浜への通路のためか、所々切れていた。ルース台風では高波で公民館や多くの家が流失し、4戸ぐらいが残った。また、堤防の東側の少し高くなった所にあった大きな松の木も、根こそぎ持っていかれた。一方、県道より北側は、荒川橋（旧）のそばにあった牛小屋が流され、そこの川上の田んぼには海水が流れ込んだ。幸い人命には被害はなかった。

荒川橋を渡って羽島に向うと、すぐ右に大きくカーブする手前のがけ下は畑だったが、高波で土が流失した。（ずこそん鼻）

余談だが、県道沿いの北側に、シエガイ山がある。先輩の塩屋ナオイチさんが元気な頃語ってくれた。昔、はやり病でたくさんの死者がでた時、ここの山にあつめて埋められたと聞いた。

31　濵本健一氏（21歳）の記憶

当時、私は羽島松尾にあった澱粉工場、薩摩農産工業（株）に勤めていた。その日は社用で朝から川内に出かけなければならなかった。丁度会社の4トントラックが、入来農協にカライモ積みに行くと言うので、便乗させてもらった。途中、川内の田崎町で降り、帰りも乗せてくれるよう頼んで別れた。その日は昼から湿気をおびた雲が低くたちこめ、車はライトをつけないと走れない日和だった。

入来からのトラックの帰りが遅れるとのことだったので、私は林田バスで先に帰った。バスは横須の停留所どまりで、農協前から松尾の会社まで歩いた。一方、入来からカライモを満載したトラックは、夕方羽島街道を走行中に、台風下の高波の直撃を受け、人夫2人はかろうじて助かったが、運転手及び助手が行方不明になるという、痛ましい事故となった。

事故の模様については、助かった人夫の1人が、山づたいに会社に通報してわかった。（以下通報者の話も交えながら）

事故の発生は夕方4～5時頃だったと思われる。場所は荒川橋を渡り、羽島に向うとすぐに大きく右にカーブする鼻にさしかかる。この鼻から羽島よりに約200メートルの地点で、山側は急勾配の崖である、1回目の波が来た時、車は木炭車のため火が消え、エンジンが止った。助手はエンジンを再起動させるため、火を熾（おこ）すなどしていると、次の波が来た。人夫はその波で体は潟にもっていかれたが、次の波で押し上げられ陸に上がった。大きな波は3～4回きたらしい。人夫の1人は荒川の方に後戻り、1人は山側の崖を必死でよじ登り、山越えして会社に通報してくれた。

事故の通報を受けて、動員を掛け、捜索に向ったときには、月が煌々（こうこう）と照っていた。海は大荒れの様子ではなく、白浜の潟づたいに捜索しながら現場付近まで歩いて行った。車は3～4メートル位上の方に押し上げられていた。また付近一帯には、流されたカライモ等が散乱していた。

夜を徹しての捜索、及び10日間位の捜索をつづけたが、２人を発見することはできなかった。

32　浜松盛雄氏（昭３年生）の記憶
（父や奥さんから聞いた話として）


その当時、私は浜田水産の共進丸に乗船し、済州島近海のさば漁に出漁していた。ルース台風の時は五島の荒川港に避難していて、台風の通過後、串木野に帰港した。羽島港は堤防が壊れていたので港外に錨泊した。私の家は父が魚屋をやっており、漁協と反対側の港側に突き出た形で建っていた。他にも同じような造りで、國生魚屋、オノハラ下駄屋、坂下雑貨屋があったが、４軒とも高波で流失した。

また、平身橋から羽島港への道路沿いには、一本釣の小船が多く打ち上げられ、同時に横須に至る海沿いの道路上にも、船や大小の石が多く打ち上がっていた。

33　山根孝明氏（昭10年生）の記憶

当時、私たちの家は横須橋を渡って羽島よりにちょっと行った場所に、海側へ突き出たようにあった。同じような造りでもう１軒あった。海側は玉石が一面に広がっていて、満潮時でも床下まで潮がくることはなかった。

ルース台風の晩は、道路を隔てて少し奥まった大きな家に避難した。風が強かったので、みんなで戸を支えたりしていた。波が来た時は戸板につかまり、山手の方に流されていた。もちろん自分たちの家も流失した。付近には船が家に飛び込んでいたところもあった。

34　山村　年氏（昭２年生）の記憶

横須集落を通る当時の県道は、海浜との段差が低く、どこからでも飛び降りられるような状態だった。したがって、海沿いに面した家々は、高波による被害を受け、殆んどが半壊状態だった。私の家と隣りは半壊以上の被害で、市から家屋の貸与があった。一時、農協の倉庫に仮住まいしした。

35　出口正己氏（26歳）の記憶

当時、マルハ大洋のあさひ丸に乗ることになり、串木野造船所で船の修繕中だった。この船は奄美大島で座礁した船だった。その日は一連の修繕を終えたので、少しの燃料を積み沖に出て、試運転をすませ、小瀬港に入れた。港は大小の船が数珠つなぎでいっぱいだった。その頃までは大した時化でもなく、夕方にはカシキ（賄い夫）を船番に残して羽島に帰るつもりだった。

それからどれくらいの時間がたったのか、皆で飯を食べていると、船が揺れるので外に出てみると、波が小瀬の堤防を越える状態だった。私達が小瀬港に入れた時は最後だったので、港の入り口だった。

それからトモは伝馬船で錨を2本打ち、オモテは堤防にロープをとった。時間とともに風も強まり、船も大きく揺れた。そうこうするうちに、トモ綱が隣の船との摩擦で切れて、船は港の外に押しだされる形になったので、オモテのロープも切断した。船は波風に押されて串木野造船所のドック（上架）用の船台に衝突寸前まで流されたが、間一髪で船のエンジンが始動した。それからは串木野港内を何回となくくるくる廻った。氷会社の前あたりになると、船が海底につかえ、波止場側を回る時は、大きな波が来ると、波止場は見えなくなり、生きた心地はしなかった。なにしろ燃油を多くつんでいなかったので、エンジンの停止が大変心配だった。一時は中新商店下の砂浜に座礁させることを語ったりした。何時だったのか、台風の目に入ったのか、風がとれ星が晴れてきたので、旋回を止め錨をうち、時間をまった。しばらくすると風向が変わり、風も強くなってきたので、錨を上げ燃油を気にしながら、また港内を回り続けた。辺りが白けはじめると、ガレキ、木造の小屋やドラム缶など、多数流れていた。夜が明けてから、魚市場周辺の大被害を目の当たりにし、驚いた。

私の家は現愛木町で、羽島の平身川口と漁協との中間付近にあり、海側から奥の方に3軒目だった。高波が上がった時は前記のとおりだったので、現場はみていないが、家々の周りに積んであった石垣はくずれていた。波の進入はあったかもしれないが、家は壊れてはいなかったと思う。私の家は海水の流れ込みは無かった。父の1本釣りの船も羽島港に繋いであったが、横須の現牧野医院付近に打ち上げられていた。

36　萩原氏の記憶

当時、当時羽島中学校の南側に住んでいた。家は壊れなかったが、屋根にぱらぱらと石が飛んでくる音がして恐かった。

当時の南日本新聞に見る串木野市関係の被害報道

(1)　昭和26年10月15日（月）朝刊

串木野市の被害大

14日午後6時半ごろ串木野市本浦港、島平港両地区一帯に高さ10m以上の高潮が引き続いて起こり、浸水、流失、倒壊家屋続出、付近約1千戸の住民は胸まで潮水に浸かって避難、死傷者数名の見込みで全市を挙げて救助に努めた。午後8時現在の被害状況。

1　串木野港、甑島汽船問屋福岩商店、兼子、波村両石油店付近および小瀬集落西田松太郎氏宅付近一帯、住家浸水家屋倒壊多数。
2　五反田川下流、塩田、平江橋付近胸まで。
3　島平港、須賀集落漁協、佐多市会議員宅付近浸水家屋、流失倒壊多数。
4　島平川橋流失、同付近船舶流失多数。
5　串木野市、市来町境の八房川国道の橋損壊、別府付近住家浸水多数。

6　本浦集落一帯、胸まで浸水し家屋船舶流失多数、死傷者もある模様だが、暗夜のため詳細は不明。付近は避難する住民で混乱を極め、惨憺たる状況であり、全市挙げて救助作業に従事している。このほか神岡鉱山住宅倒壊1戸、道路、河川、堤防決壊、水陸稲の被害も甚大と推定される。なお電話、電燈全部途絶、暗夜のため被害の詳細はわからないが、なお拡大の見込み。

(2) 昭和26年10月16日(火) 朝刊

流失家屋105戸　護岸も滅茶苦茶　串木野の被害

14日夕刻から押し寄せたルース台風の被害は、串木野市始まって以来の大災害で、同市海岸沿いの集落千数百戸と船舶、石油タンク、港湾施設、農作物、道路などの損害は10億円を下がるまいとみられている。これらの受災者は家財道具を運び出すイトマもなく、一面ドロ海と化した破壊家屋の前で、しばらくボウゼン自失のありさまであった。串木野、島平、羽島、土川、各港の護岸は高潮のためメチャクチャにたたきのめされ、粉砕されたコンクリートの残がい、石油タンク、海から押し上げられた船舶、倒壊家屋のタタミ、そのほか家財道具の破片の山が折り重なって、悲惨なありさまを呈している。串木野市災害救助隊本部発表の午後4時現在の被害状況はつぎのとおり(略)。

=串木野支局発=

串木野市のルース台風の被害

昭和26年10月14日18時、枕崎の西方30キロの海上を通過した台風は、19時20分頃、完全に本市をその中心圏に巻き込みました。このころは大潮時に加え、串木野港の満潮時19時12分の直後で、沖合いからの風向きは南南西で、台風の中心圏という最悪の条件下にありました。そのため臨海4地区(本浦・島平・羽島・その他)37集落は、あっという間にこの気象津波に襲われ、すべての臨海施設を失い、家屋は流失・倒壊の大悲惨事態となりました。当時(14日20時)市の最低気圧は948ミリバールで、南南西の烈風下にあったのです。沖合いの三角波の瞬間的波高は10メートルに近く、港内での波高も3・8メートルに達し、瞬間風速は最高60メートルでした。

被害状況

死者　5名　行方不明者　4名　重軽傷者　234名

(被害種目)	金額(千円)	(被害種目)	金額(千円)
家屋	36、599	漁船	152、210
家財商品、他	196、073	港湾、陸上施設	136、908
宅地	36、200	都市計画、街路施設	21、910
農作物、他	118、000	公共建物、他	41、208
港湾、道路	250、442		
河川(公共土木)			
漁具	122、312		
		計	1、441、976

罹災世帯人員

（区　分）	（世　帯）	（人　員）	（学　童）
流　失・全　壊	５４９	２、４１６	５５６
半壊・床上浸水	４９４	２、３２０	５０１

非住家の災害

全壊　１３０棟　流失９１棟　半壊　５５７棟

避難収容状況

（本浦地区）

願船寺２８５　浄宝寺２６６　市公民館２３６

本浦公民館83　小瀬公民館68　授産所31　良福寺34

（島平地区）

無量寺１２６　照小３３４　照島公民館58　福田宅30

上原宅24

（羽島、荒川、土川）

荒川民家63　羽島小４１６　白浜公民館83　羽島民家２２２

土川民家65

参考資料

『串木野郷土史　補遺改訂版』串木野市教育委員会

記事・写真等提供

『南日本新聞』南日本新聞社

福岩宏基氏提供

高潮の浸水状況（ア～ヱ、１～７の地点は、添付の地図参照）

平江　ア、平江（節政）、一段下の道路まで　家屋への浸水なし

イ、橋之口会員宅（橋之口商店東付近）膝くらいまで

野元　ウ、高潮最奥浸入地点

エ、野元橋より下流、川沿い一帯床上、最川下家屋倒壊

汐見町　オ、汐の浸入なし

カ、腰まで、タタミすれすれ

キ、床下

京町　ク、平木が浮いていた

北浜町　ケ、タタミすれすれ床下

コ、畳までは浸からない床下

サ、家周りに置いたベラが流れた丈

シ、床下

ス、膝半下

セ、床下

本浜町　ソ、膝くらい

タ、腰位いまで　――（新潟）

本浜町　チ、40センチ位

ツ、床下　　　――（木屋）

西浜町　テ、小原氏知人の話　胸付近
ト、タタミ上
ナ、タタミ上
ニ、床上20センチ
ヌ、タタミ上40センチ
ネ、ふすま半分の高さ
ノ、胸辺り

港町　ハ、家の1m位のところに　油のあと

浦和町　ヒ、上新氏体測　腰まで
フ、床下
ヘ、床下
ホ、床下
マ、御倉山すそまで
ミ、床下　ながれ川からの浸水御倉山すそまで

新生町　ム、床下
メ、タタミ上
モ、畳まで
ヤ、床下
ヰ、床下
ユ、床下

小瀬町　ヱ、自宅床下浸水、真ん中の通りまで冠水、山手側は浸水なし

西島平町　1、小屋商店前に船流れ来る
2、東側高地に避難、自宅前の2階建て流失
3、波で自宅倒壊、大きな石飛び込む、周辺も倒壊
4、自宅を含め一帯倒壊、警察署周辺、金子病院南側一帯田んぼ冠水

東島平町　5、池ノ上ストアー北側道路沿いにドラム缶流れる、酔之尾川口沿い　床上
6、須賀の海側家屋一帯流失
7、須賀の川沿い床下浸水

以下、※被災状況の写真（8枚）
※地図に被災調査状況を書き込んだもの（1枚）

（掲載：26号＝2012）

右側に傾きかかった家。その前に洗濯の干し物が下がっている。
服装は立派なもの。(福岩宏基氏所蔵)

被災生活の様子。被災後何日目だろうか。当時の日用品が見える。(福岩宏基氏所蔵)

西側（左）から魚市場を望む。（福岩宏基氏所蔵）

魚市場の北側（左）一帯。大きな船が上がっている。（福岩宏基氏所蔵）

現在の漁協製氷部前、砕氷搭の土台がえぐられている。
そこから中新かまぼこ店側を望む。（福岩宏基氏所蔵）

漁協製氷搭の北側（上）から中新かまぼこを望む。ここの東側に潟山鉄工所があった。
岸壁にハシケらしい舟が見える。（福岩宏基氏所蔵）

甑島航路の汽船問屋（福岩商店）
仮営業所。
被災後何日から始めたのだろうか。
（福岩宏基氏所蔵）

汽船問屋（福岩商店）の仮営業所及び隣接する被災家屋。たばこ屋の印旗が見える。
中央後ろに翠海荘と思われる「旅館」を表示した家が見える。（福岩宏基氏所蔵）

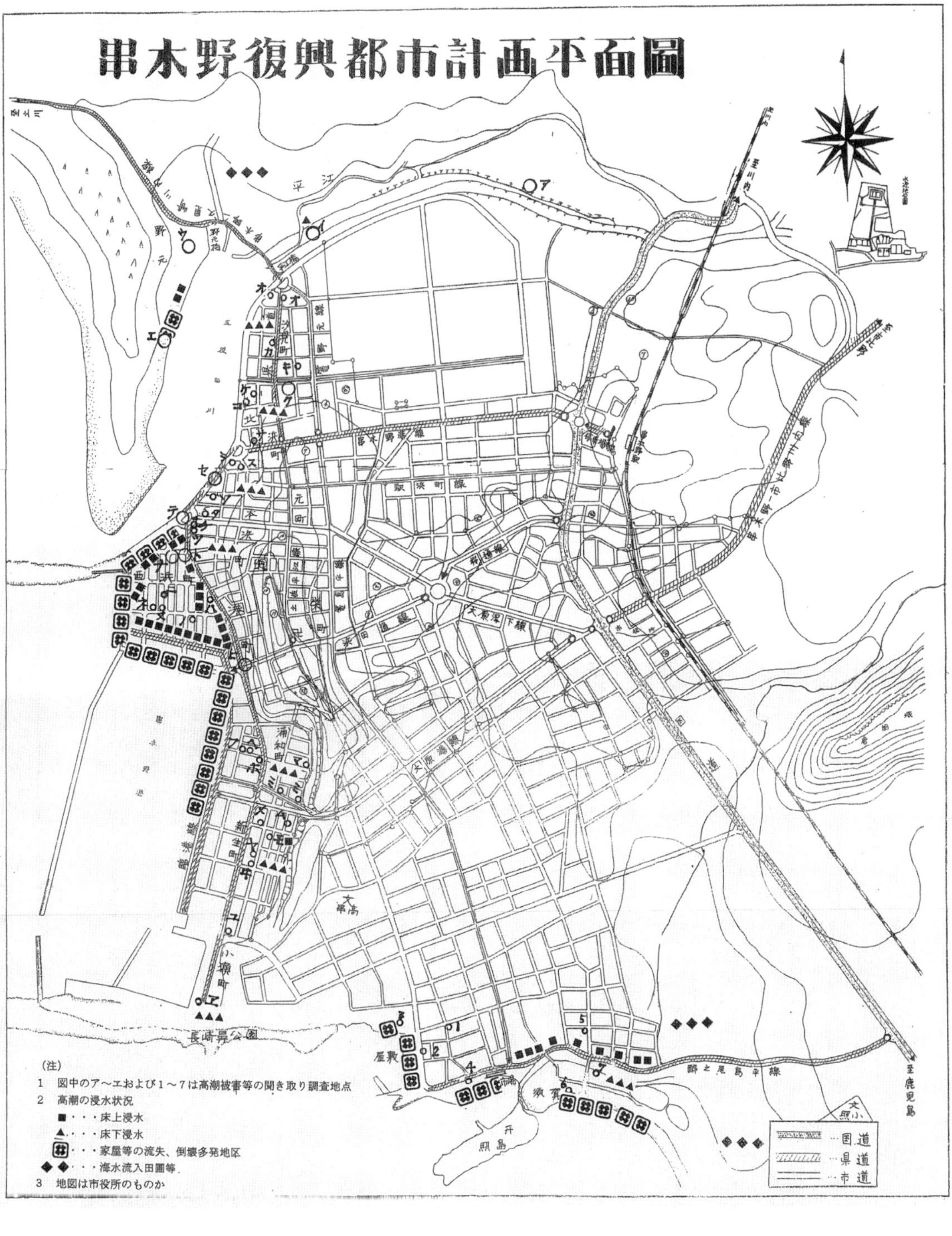

地図（串木野復興都市計画平面図＝市役所のものか）に被災調査状況を書き込んだもの

1　図中のア～エおよび1～7は高潮被害等の聞き取り地点

2　高潮の浸水状況：■…床上浸水、▲…床下浸水、…家屋等の流失、倒壊多発地区
◆◆…海水流入田圃等

（地図中に記載の（注）に同じ）

串木野大水害—46（よんろく）水害を聞く

石堂　次美・橋之口　篤實・所﨑　平　編

はじめに

昭和46年8月4日、台風19号に伴ってきた豪雨は、まったくすさまじいものであった。

串木野ダム付近では、日雨量537ミリ、午後6時から午後7時までの1時間に実に108ミリもの雨量を観測した（平成5年8月6日の8・6水害のとき、姶良郡溝辺町では1時間に104ミリ、郡山町で99・5ミリ降った）。

五反田川水系といわず、金山川水系、酔尾川水系、大六野川水系に至るまで、実に17の石橋が跡形もなくなるほどの大豪雨で、ダムの下流といわず、上流まで惨憺たる状況を呈した。

浅山の上水道水源池も水没、給水が全面中止。市街地では国道3号線の坂元橋（現在の五反田橋）と堤防が決壊、満潮とかち合い、春日町・曙町・桜町・汐見町・北浜町一帯、麓の一部が泥海となる。

死者8名、重軽傷者25名、家屋全壊41戸、半壊43戸、床上浸水615戸、床下浸水947戸、田の流失および埋没142ヘクタール、冠水268ヘクタール、畑の流失171ヘクタール、道路の決壊968か所、河川337か所にも及んだ。

被害総額は約30億円。当時の市の年間予算が14億円なので、串木野市はかつて経験したことのない大災害であった。

付1　豪雨水害までの昭和46年の出来事

・2月　塚田新一　第7代串木野市長　就任

・6月　冠岳に串木野ダム完成

・そして、8月　台風19号による最大の豪雨水害

付2　五反田川周辺の過去の水害

・天保9年（1938）　五反田川で稀有の大洪水の記録

（串木野郷土史）

・明治18年4月29日に増水。同年6月19日に増水。同年同月26日に大洪水、床上浸水・田畑・塩田・川土手が崩れた。田植えが済んだばかりで、もう一度植え直すが、植えられないほど荒れた田もあり、苗を手に入れるのに大変だった、という被害甚大の洪水に見舞われている。また、9月13日に大風雨で建物倒壊があちこちにあり、1年に4回の災害があった。

（『入来定穀日記』から）

このように、過去にも洪水による被害はたびたびあったようだ。さて、今回はどのような様子であったのかを、33年前の記憶を呼び起こしてもらい、関係者に話を聞いたので、ここに記録として載せることにした。また、「婦人会報」など記録類からも、取り上げた。

1　井手迫正昭氏（昭和19年11月4日生）生福消防分団員

昭和46年8月4日、台風19号が串木野市へ上陸の連絡があった。井手迫正昭氏は生福の農協に勤務していて、プロパン配達の仕事をしていた。宿直当番で、戸締りをした。

夕方から風が強くなり、4日に警報発令が出され、消防団員の方にも連絡があり、生福農協を警戒本部として集まった。夜中の3時ごろ台風の目に当たり、その前後から風が強くなり、一夜を明かした。

5日朝も風が強かったが、解散して自宅に帰る。生福には被害はなかった。5日朝食をして、農協に仕事に行く。また、19号の大雨警報が発令。仕事ができず4時に仕事を終えた。雨が降り出し、川内が水に浸かるといつも聞いていたので、隈之城あたりの水害状況を見にエツオと軽トラで行った。国道3号線も水に浸かり、川内駅前の警察署前から引き返してきた。金山峠では自動車のワイパーが拭いきれないほどの雨が降った。帰ってきたら、串木野の方は全域が大雨に見舞われ、岡元氏宅の後ろに同級生の森薗勝義の家があり、荷物を出していたので、家具の持ち出しの加勢をした。最近ブルドーザーで作っていたミカン山の上が崩れてきたのだ。

家具を出す加勢をしていたら、消防団の招集サイレンが鳴ったので出かけた。そして、分団長の浅井イサオ氏と2人で、ダムに行くことになった。井手迫氏は消防車の運転手であった。

途中、生福郵便局前の橋は欄干まで水が来ていたので、人が通らないように竹で柵をして、ダムに上がっていった。ダムはオーバーフローに1メートルないぐらいまで迫っていた。決壊寸前で、放水の連絡を消防本部に取った。ダムから下りてきて、福薗～河内線をたどった。下の大きな橋が流され（坂下の石橋＝堤橋）のアーチの上まで水がきていて、消防車は渡れず、引き返して、松元分団長に下りてもらって、危ないかどうか、橋の手前で合図をしてもらい、消防車は渡った。渡った後、橋は流されて、壊れて、生野側とは連絡が取れなくなった。

ダムから西岳橋→山神橋→堤橋（坂下の石橋、ここは水が橋上に来ていて渡れず）と来た。

坂下の堤の西屋勝己宅（精米所）他7軒が床上浸水で、1メートル50センチほど、フスマの中ほどまで水が上がっていた。精米所に籾を出す加勢に行った人が、そのまま取り残されているということが、消防団に連絡があったため、すぐに行った。私は農協にロープを取りに戻り、生野ミキオ氏と私と2人で救助することになった。人家も田んぼも水に浸かっているので、ロープを精米所に投げて、西屋家の庭にあった柿の木（ボンタンか）にロープの端をキビッて（結んで）もらって、手前の、こちらは団員がつかみ、ミキオ氏と私は別な短いロープで輪を作り自分の体を結んで、渡っていった。精米所まで。水も量があり、ある程度強かったが、どうにか行った。最初、加勢に来ていた堤義弘がいるはずだ、と連絡があった。その前に、人がおるかどうか確かめるために「オーイ」と声をかけてから行った。

　だが、堤義弘氏は流されていなかった。実際に助けた人は堤孝一氏であった。約20分ぐらいかかった。義弘氏がいないことに気づいて、あたりを探したが見つけられず、水に流されたんだと思って、仕方なく農協に帰り、自分はぞっぷり濡れていたので、妹の所で風呂に入り、衣服を着替えていたら、西岳の川崎昇家（やうち〔家内〕でアンさん〔兄さん〕と言っていた）に水が流れ（土石流で）子供が行方不明と聞いた。橋がない、と聞いたために農協に行ったが、まだ、橋が残っているとのこと。大六野の有川ミソ屋前の橋が残っていた。団員はすぐ西岳に向かった。大六野の団員の堂薗ケンゾウ氏と先に行き、向井氏宅（パン屋の所）の上で、そこから先は行けなかった。向井氏宅でうめいていたゆり子を戸板の上に乗せてきたので、そこから車に乗せて、上石野公民館にも土砂崩れがあって、西トミヨシの車に乗せ換えて、坂下の元の旧道、大薗へ上がる所、坂下の上は県道も両方から崩れて行けず、木之下タケヒデ氏の庭を通って、上の畑に上がって、森園建設から原（はい）に上がって、カラ芋の畝を踏んで、大薗で、内堀で待って、その子を市の消防員へ渡した。内堀の所に救急車が待っていたために、生野サキッさんと2人で抱きかかえながら、運んで行った。雨が顔に当たると、うめくので、「きばれよ、きばれよ」と言いながら運んだ。花牟礼病院まで私もついていき、すぐ引き返し、まだ、ケガ人は残っていたので、病院から帰って来て、今度は、川崎昇兄さんと子供がきたので、見送って、農協まで消防車で走った。一度で見つかるのではなく、見つかったら運び見つかったら運び運びした。消防車は大薗までしか来れなかった。昇氏の奥さんのトミ子さんを運んだ。一応あちこち行って、一晩中して、ようやく夜が明けた。消防団員は農協で朝食後（何を食ったか覚えていない）、団員4人残って、死体発見のため、西岳に団員は登り、私は運転手なので下で待っていた。次から次へと死体が発見され、子供4人とも死体で発見された。死亡は6人になった。最初のゆり子（小学2～3年生）もむなしく花牟礼病院で亡くなった。次は奥さんのトミ子（助かった）、そして子供4人は土の中から死体で発見された。私は運転手なので、下で待っていたので、だれがどういう状態で見つかったかは全然わからない。

　上石野の公民館に、無残な姿の5人の子供が並べられ、夕方、箱に移された。そして、井手迫家の後ろが元家だったので、ヒロミ兄宅に遺体を持ってきた。場所は西岳の下、阿弥陀どんに行く開拓団でブロイラーもしていた。そこの公民館も崩れた。自宅はどうもないので、自宅におれば、被害に合わなかった。

　6日、消防団員は、精米所で流された堤義弘氏の遺体探しになった。プロパン配達をして、親戚なので11時に川崎家の葬式に行って、火葬場まで行った。川崎商店の隣りの東どんのシノブ（消防団員）に見つかったかを聞きに行った。その日は、義弘を探しに海まで行ったが見つからなかった。

　7日、今日は私も堤義弘の死体探しに団員20名と野元から羽島まで行く。1時ごろ、川内の漁協の漁船が1人の死体を発見したとの通告があって、親類が確認に行った。義弘であることがはっきりしたと連絡があって、4時ごろ死体を車で運んで来られた。団員は挨拶をして解散。一段落して、川を見て回った。

被害

死者＝川崎昇宅のゆう子・ゆり子・和則・四郎。博・堤　義弘の6人。

橋＝河良橋・堤橋・生福橋・下石野橋・三反田橋・上石野橋2か所等主な道路の橋、8か所。全部石橋。

崖崩れ＝数えきれない。

家の全壊＝池田清一・平石敬次・生野忠三・坂口栄助・坂口宇助・堤孝一・石野一実・吉村実・木之下敬三・吉井幸雄・森薗勝義　等。その他、はっきりわからない。

家半壊＝数多し。

浸水＝芹ヶ野行夫・西屋勝己・吉村広志・吉村岩吉・池田善吉・池田利夫・池田州義家が一番下で、川んツイ（そば）。

3時間孤立状態。花川で1人死ぬ。

消防分団＝冠岳・生福・旭・荒川・羽島・中央・本浦・照島・川上・湊・川北・川南。

昔は市来役場分団があったが去年（平成25年）になくなった。

2　谷口二夫氏（昭和8年1月12日生）中央分団員（大原町）

昭和46年8月6日午前8時、水害が起こり、消防本部（現在の市商工会の斜め前）から中央分団全員に集合の要請があった。中央分団車庫2階でみんなと話し合い、2つに分かれて活動することになった。32名いたが来ていたのは全員ではなく、10数名であった。

1班は生駒勇分団長、2班は大久保一男副団長の2人が指揮を取ることになった。谷口二夫は1班で、消防車の運転をした。出動してすぐ迎産婦人科から急要請が無線で入り、行ってみたら玄関入口まで大水が膝ぐらいまで来ていて、昨日出産した女性4名を団員が背負って、公園あたりまで、非難した。そこからは身内が引き取りに来ただろう。みなさんは大変喜んでくれた。迎産婦人科は桜町公園の近くにあった。その後、すぐに、上名の小薗公民館と人家の裏の土手が崩れたとの無線連絡があった。分団長専属の無線があった。現場へ急行し、団員全員で土砂を取り除いた。家や人命には何もなく、土砂を除く作業が終わるころ、今度は薩摩山の潟永早苗宅の裏山が崩れて、家を押し倒された、と無線が入り、小薗の公民館から現場へ進行中、無線で生福の坂下集落で、人を助けに行った本人が大水に流され、行方不明になった。生福分団が現場に行く、とのこと（堤義弘氏のこと）だった。

続いて無線で、潟山集落の人が逃げ遅れて、屋根の上で両手を振って助けを求めているので、イカダを組んで迎え（助け）に行くとの連絡があった。

潟山集落は、現在の市農協（Aコープ）の所と思う。無線が使用できて、全ての連絡が取れて、活動がスムーズにできている、と思った。

薩摩山の潟永早苗家の現場へ到着したところ（まだ国道の坂元橋は崩れていなかったので、橋を渡って行った）、自宅と牛舎が、裏山が崩れて押し倒されていた。高校1年生の女の子と牛1頭が流され、牛は頭だけ出していて、放水をして、すぐ助けることができたが、女子高生は行方不明で、家に閉じ込められている、というので、水で洗い流す方法しかない。消防自動車中央分団「たつまき号」で放水することに決めた。有江正人機械員と谷口二夫で放水を始めた。機械員は器械を操作するので車のそばにいる。確かホースは8本か9本くらい使ったと思っている。30分ぐらいしたら、有江機械員は現場へ行くから谷口へ操作を頼む、と言って、車を離れた。谷口は1人で放水操作をしていたが、燃料メーターを見たら少なくなっていたので、すぐ無線で連絡し、燃料を補給してもらった。谷口が中央分団に入団して、初めて燃料補給をした。約1時間30分ぐらい、家の中を水で洗い流した。やっと女子高生を発見して、団員全員で合掌した。

潟永宅現場に到着してからの作業は約2時間30分ぐらいかかったと思う。ホースを撤収し、その他を片づけて帰ることになり、時間は分からないが、三井下の国道3号線坂元橋が流されて帰ることができず、消防自動車は薩摩山の現場に置いて、無線で、小型の「すいせい号」に迎えに来てもらい、麓の方へ回って中央分団車庫に帰った。大型の消防自動車は麓の橋を渡れなかったから。

2班と合流して、話し合ったところ、駅下のあけぼの旅館入口までと市口の田中洋服店まで水が上がったとのことだった。驚いた。また、汐見町公民館全部が床上浸水して、満薗木材の丸太が人家や道路まで流れてきて、大騒ぎがあったらしい、と聞いて、びっくりした。同じころ、杉の丸太が海の上にも流れて行ったとの話もあり、考えてみれば、大雨と防災ダムの放流、満潮と重なったのかと思う。今日の夕方、中央分団は全員解散したが、時間がいつかはわからない。

8月7日午前8時過ぎ、谷口は中央分団「たつまき号」を薩摩山現場へ取りに行ったが、三井下の国道3号線の坂元橋が流されているので、渡れず、川内方面の隈之城から荒川の勝利山・草良へ回り、荒川浜→野元→本町を通り、中央分団倉庫まで帰ってきた。お盆前で、車が多く、前に進むことができず、約2時間かかった。

車庫に着いたら、生駒勇分団長以下団員は、行方不明者（堤義弘氏）を探しに出ていた。途中で引き揚げてきて、全員合流して、昼食は分団長宅、いこまラーメンで食べて、その後、また、2班に別れて捜索活動をすることになった。1班は本浦から荒川浜→白浜→羽島方面へ。2班は照島→市来→江口浜→吹上方面へ歩いて、波打ち際を探し回ったが、日没までには堤義弘氏を発見できなかった。8月7日の夕方で行方不明者の捜索は終わることになった。

串木野市の消防団は、中央・照島・本浦・羽島・荒川・生福・旭・冠岳の8分団あり、水害に出勤したと思うが、活動についてはよく分からない。

水害で行方不明者（堤義弘氏）は2名、8月8日午前10時ごろ、久見崎海岸で発見された、との連絡があった。

水害に遭って使えなくなった畳などを捨てる場所は石を取った大きなホッ（穴）があって、そこに捨てた。

昭和46年の水害の新聞は市の図書館にはない。

付3 谷口氏は昭和35年、数え29歳で中央分団に入る。平成4年～平成16年、4期8年（分団長、12年まで）、市全体（団本部）の副団長（4年間）。

春と秋はハッピを着る。夏・冬は着ない。腹当（はらあて）があった。今はない。雨靴が普通。釘が通らないから。今は長靴に変わっている。トビグチは鎮火状態のとき、トビグチで起こしてみる。

機械員は酒を飲んではダメである。慰労会のときなど、万が一の時は交代する。

放水のときは、機械員が指示する。水道と自然水のときでは違う。自然水の時は真空にする。水道の時は水源池が圧力を高くする（一般家庭へ水が行くように）一度にホースを4本出す。運転席から下りて、外からメーターを見る。3～5キロに設定する。5キロで送ると、筒の先を持てない。2人で持っている時は、5キロに上げる。ホースを3つに折ると、水が逆流する。山火事の時は、10キロでも逆流する時があり、ホースが破れる。

燃料補給は、1時間以上放水したら、燃料切れで、燃料がなくなるぞ、と注意する。

水がなくなると、水道管が破れる。

命令は聞く。そういう訓練は、消防学校で受講する。3回行なった。指示は、現場責任者が中心であるが、本部からの命令もある。

3 松下兵衛氏（昭和12年9月4日生）・田代氏（昭和15年6月6日生） 役場職員（冠岳出身）

8月5日に台風が来て、その夜から朝にかけて大雨が降った。役場職員は一晩中役所に詰めていた。このころの役場は、今の郵便局の南隣りにあった。防災対策委員会を解こうというとき、溝が見るうちに上がってきた。本当に上がってきた。（高い場所の）町でこうだから、冠岳では大変だ、と思うが、帰る暇がない。私は照島に住んでいた。塩田・春日町が水没。32～33歳の人が応援に行く。畳をはずす、荷物を上げる、など。夏の暑い日、水道は止まっていて、こっちに車（自動車か）はなく、動けない。土木課の人が「お前の家はやられているのでは」と言われたが、役所の職員は自分の家どころではない。

15日の盆の日、休暇をもらい、墓参りに行こう、と自転車で行く。朝早く出て、岩下・宇都を回り、久木野の自宅へ帰り着いたのは、真っ暗になっていた。田んぼや道路がダメになっている。私は市職員だったので、みなから「助けっくれ」と拝まれた。それで「4～5年で元に戻る」と言った。墓参りどころではなかった。

ここの下の田は石の川原になっていた。五反田川の石垣が壊れて、低い田は全部やられている(石が入ったり、泥が入ったりであった)。田に石ころがいっぱいあった（盆に帰ってきた時）。

石橋である岩下橋と八牟礼橋は残った。宇都橋を始め、いろいろの石橋や木橋・コンクリート橋などが壊れた（宇都橋は昭和60年ごろ、中水流アキオ氏が設計して、後に石橋として作り直した）。定穀橋は木の橋で、中央部は残っていたが両端が壊れた。

洪水は「ダムのせいだ」との噂が立った。塩田のシ（衆）が「人災だ」と言った。市議会でも出された。それで、県が写真を撮った。議員のシ（衆）をバスでダムに連れて行った。札付橋はあったので、……。五反田川の上流部にも災害があったので、ダムのせいではないことになった。

水源池や坂元橋（国道、今は五反田橋となっている）もやられた。それで、上流は幅を広げ、ましてや、堰堤（えんてい）ができたから、今は洪水はなくなった。

昭和46年8月5日から6～7年たって修理した。しかし、完全に修理ができたのは、それから20年ぐらいかかっている。

宇都橋が壊れ、宇都集落は孤立して、林道を利用して野下へ回って本道へ出た。今はその道を広げて使っている。林道事業で広げたのであろう。ここだけの話だが、東北が3年ぐらいで復旧するはずがない。

後から聞いた話だが、地鳴りがして、井上家に泥が入ってきた。ギッシ(崖)の下だったから。久木野はその1軒だけが被害にあった。井上家は3軒ある。それ以降、田んぼになり、耕作できない。平成13～14年ごろ圃場整備事業で耕作できるようになった。

あちこち鉄砲水が出た。花川の上、大平イッセイの父は木戸に土砂が来たので、それを除こうとして死んだ。胡麻段と花川は石ころだらけだった。

冠岳小学校の校庭の真ん中には排水溝があり、雨が降るたびにホゲていた(50～60センチほどの穴はちょこちょこあった)。46（よんろく）水害のときは大ホゲができた。直径5メートルほどだったが、すぐ児童が埋めた。

田んぼの石ころは、直径60～70センチほどもあり、人手では除かれず、重機で除いた。だが、測量をするとき、畦が残っていたり、石垣が残っていたので、それで境界を決めたが、はっきりしないところは、この辺が自分の区域だと話し合って、田や畑の境目を決めた。

小学校の運動会は、3年目にやっとできた。運動会の前に、地区大会のバレーがあり、かねては生福に負けていたが、今回は「勝て」といって、ボールを最後まで拾い、ついに生福を倒して優勝した。それで、運動会で優勝パレードをして、マイクで「災害は復旧できる」と放送したら、地区民は大喜びだった。当時小学生は40人ぐらいだった。

8・6水害のときは、田んぼなどに水が上がっただけで（岩下のところだけ）で被害は少なかった。堤橋の上まで水がきた。

4　松野幸雄氏　役場職員（冠岳出身）

15時45分ごろ、庁内勤務中、教育委員会から電話があり、生冠中学校校舎北側の土手が崩れている、冠岳小学校校庭に大きな穴があいて、雨水が流れ込んでいる、との連絡を学校長から受け、現地を調査してくれとの依頼があった。上司にその旨を伝え、16時ごろ市役所を出発。生冠中学校の北側の現場を調査した。延長25メートル、高さ3メートルの土手が崩れ落ちていた。

17時過ぎ、冠岳小学校に着き、調べてみると、西側裏山のシラスが落ち、正門の西側15メートル、南側の高い石垣先端より12メートルを中心に直径5メートルの大穴があき、昔の暗渠に流れ込んでいた。これ以上、雨水を流し込んだら石垣が崩れ、危険なことになるので、数人の消防団員の応援をもらって、応急対策として、周りに土盛りを作り、水が流れ込まないようにした。

18時ごろ、上空の雨雲が真っ黒になり、しばらくすると大粒の雨がたたきつけ、ものすごい豪雨になり、約1時間降り続いた。日没後から冠岳連山の中腹から、鉄砲水が流れ、各地で崖崩れや河川の堤防が決壊、農地も流失し、橋梁も次々流失した。

夕暮れの19時40分ごろ、近所の親戚の人が来て、隣りの家は床下を水が流れている。ご主人もまだ家に帰っていないので、今探している、と話しているときだった。突然、私の家に畑の土砂が屋根の上まで崩れ落ちてきた。長さ18メートル・高さ5メートル、約300立方メートルの土砂で、玄関・勝手口は出入りができず、縁側から外に出て、裏の市道にようやく出られた。不明と騒がれたご主人は農協支所に行ったはず、と聞いていたので、農協へ出かけたが、途中の県道も崖崩れでやっと歩いて行ったら、ご主人がおられて、安心した。

冠岳小学校の大穴が気がかりで、八牟礼橋を歩いて渡ろうとしたが、橋の上の周りは水があふれていて、すごい音で流れており、今にも橋が壊れるのではないかと、怖くなって渡ることができず、冠岳小学校には行けなかった。その夜は、私の一家は親戚の家に避難して、一夜を明かした。

6日朝は、電灯・電話は不通。県道は通行不能。市役所への連絡もできない。

松下県道から西岳・中岳・東岳を見ると、8合目付近から鉄砲水が噴き出した跡が、赤土をむき出しにして、土石流の傷跡が間近に見えた。

久木野集落から歩いて調査した。井ノ上山の西の崖下にあった住家1棟と非住家2棟が全壊。人身事故はなし。谷の宇都では崖崩れで住家1戸全壊、1戸半壊、道路も決壊して、出入りできない。大六野川上流の久木野集落では堤防が数か所決壊、川沿いの水田は土砂ですっかり埋没。松下集落は崖崩れで、住家半壊1戸、雑牟田水田に土砂が入り埋没。西岳・中岳の鉄砲水による土石流で、谷間の水田を押し流して全滅。川畑集落は5日夜、自宅裏山の水を除いている最中、大平友市氏が崩れてきた土砂の下敷きになり、必死の救出作業もむなしく死亡。他にも土砂崩れが数か所あったが、なんといっても花川流域の被害はすさまじく、水田であったかどうかも分からないほど、巨石がゴロゴロ転がり、門前の田んぼまで及んでいる。胡麻段でも水田流出、床上浸水1戸であった。岩下集落は市道への崩土があり、住宅の全半壊があったが、負傷者はなかった。宇都へ出かけようとして驚いた。定穀橋はポツンと見えるが、橋の両側の道路は跡形もない。宇都集落は孤立状態で踏み込めない。宇都集落への仮設道路の復旧が何よりも先決の状態だった。

県道・市道ともに各所の崖崩れのため通行不能で、市内の建設業者全員の協力のもと、ショベルカー・ダンプカーを繰り出して、それでもやっと通行できるようになるまでには、数日を要した。

復旧工事のために、市内の建設業者は大型の重機・バックホー・ショベルなどを購入に踏み切り、復旧のピッチは上がった。

（『くしきの』2号から。抄録）

5　宮地貞治氏（昭和7年10月22日生）中学校教師（麓出身）

我が家は「勢毛（せげ）ん宮地（みやっ）どん」と言われていた。県体中学バレー大会があったので、甑島の里中学校女子バレー部12名を引率して、監督とまとめ役宮地氏が帰りの船に間に合わず、麓の家に泊まることにした。予算がなかったし、叔父の長家が誰もいず、泊まってもよいとの許可があったので、夏だし、布団はそんなにいらないので、泊まることになる。食事は自分たちで、そこら辺りにある野菜（白菜）や里芋などを持ってきて、醤油・ミソなど使い、米は自分宅から運び、女子生徒たちが自分で作り、食べた。

食事が終わり、反省をし、教師2人は玄関口で話をし、その後、昼間の疲れでぐっすり寝た。生徒もぐっすり寝て目が覚めなかった。朝、吉武民子さんが声を掛けてきた。「水（みっ）がくっど（来るよ）」とどなっていた。自分は「つかえねが（支障はない）」と思って、外に出てみたら、畑は水だった。スッ（小路）の道へ行くと、3メートルほど崩れて、埋まっていた。踏み越えようとしたら、足がズブッと入った。引き返し、甑島行きの船が出るか心配だったので、電話をすると、「出る」ということだった。バスが来るかどうか、準備をして、タクシーを3台頼んで時間内に来るというので、サクイガ坂を登る前、水が引く時だったのであろう、ウナギや魚がピチャピチャして、いっぱいいたので、捕まえていたが、それどころでない。サクイガ坂も崩れていて、どうにか袴田の上の方へ出ることができた。袴田十文字のところでタクシーに乗り、港へ行った。港は今とは違い、串木野冷蔵のところである。

船はまず手打港回りで、里に着くのは夕方であった。今と違い、高速船はいなかったので、時間がかかった。

後で聞くと、電柱に3メートルほどまで水がきた、長秀久氏は屋根に登っていた、畑を扱うと、塩で手が荒れる、などであった。

麓の自宅からの港までの経路は、まず、麓公民館の前に出て、サクイガ坂を登り、袴田に出て、十文字からタクシーに乗り、串木野中学校の前、串木野小学校の前を通り、鉄道跨線橋から大原十文字に出て、現市役所の北をかすめ、真っ直ぐ串木野高校の南を通り、小瀬に出て、港に至る、道筋である。

6 内徳市司氏　浜ヶ城

天候がおかしくなったので、内徳市司氏と友人の外薗光義氏が養鰻場に様子を見に行った。4時半か5時ごろになると、大粒の雨が降って来て、土砂降りとなった。近くが見えず、暗くなってきたので、家への浸水が始まるのを心配して、光義氏の奥さんを光義氏の実家へ避難させた。そして、一旦、浜ヶ城へ帰るが、ふと、東塩田になる潟山集落の親戚を思い出して、すぐ行くと、集落6戸の全戸に膝上まで浸水のあることを知らせる。5戸は避難先の国道3号線沿いの澱粉工場に行ったが、1戸だけは避難に応ぜず、自宅の2階に避難した。だが、どんどん増水し、ついに屋根の上に登り、両手を振って救助を求めたので、消防の無線で連絡し、イカダを組んで、救助した。潟山集落の避難を終わって、帰宅しようとしたときには、国道の坂元橋が決壊して渡れなかったので、浜ヶ城踏切から鉄橋を渡って、帰宅した。

7 汐見町地区の46水害

汐見町は五反田川の最下流域である。いっぺんに水流が押し寄せ、短時間で引いて行った。だが、他の地域とは、また様相が違ったところもある。男性7人・女性1人から聞く。

上地シゲモリ氏　夕方6時ごろ、堤防が切れたが、洪水が来るとは思っていない。それで、他家の畳を上げていたが（20代の青年だったので）、外に出たら、車のマフラーのところまで、水が来ている。満薗製材所の丸太が流れてきて、手が付けられない。平江橋の上を小舟を引っ張ってきた。誰が小舟を汐見町に持ってきたかわからない。自分の家が心配になった。建てて2年である。

西一夫氏　家は自動車学校の西側。沖縄定期航路に乗っていたが、女房から「家が浸かった」と聞いた。……

親子4人（1、3歳）は屋根の上にいた。青壮年部がゴムボートを持ってきた。流れが速いので、「乗らん」と言って、そのボートは生駒家に持って行った。生駒家ではボートがひっくり返った。水がゆるくなって、野元の親戚に行った。家は畳の上1メートル20～30センチ上がった。舟はプラスティックの四角な船だった。

平地　氏　昼間、天草屋に勤めていたが、川内が危ない。3時か4時にもう仕事を止めてよいが、ということで、仕事を止め、串木野へ向かった。社長が隈之城まで自動車で迎えに来た。純心高校の前はへソまできていた。

ただごとでないが、と青壮年が10数人集まって、巡回して、5～

6時の頃、帰ってきた。ジワジワ水が上がってきた。畳を上げる段取りをして、食台の上に乗せ、テレビもダメで、胸まで水が来て、倉庫まで泳いで行って、ハシゴを持ってきて、屋根に乗せて、ゴムボートを待っていた。流された人が豚小屋の柱に抱きついていたので、救助された。中薗……だった。舟に乗せるのも大変で、満薗久雄の所の水が大変。中薗……の所もえぐられた。堤防が切れて、水が強い。あと3メートルのところで流されなかった。後で、親と平江公民館に行った。

潟山フク子氏　平江橋の近くに家があった。ダムの水を流す、という放送があった。夕方6時ごろ。台風は雨台風であった。満潮であって、川を見に行き、大変になる、と思って、平江橋を渡って、後ろを振り返った時には、水が来ていた。家は浸かっていない。舟を連れてきた。

毎日が大変だった。日赤からの品物が届いて、集落に入って、服や品物を配っていた。タンコ屋は浸かっていない。前日生まれた豚の子が……。豚小屋の床をえぐって、コンクリがひっと出ていた。家は浸かっていないので、(婦人会?)の会計をしていたが、(品物を?)配った。公民館の掃除をした。浜町から応援に来てくれて、畳を出したりした。今屋さんたちが加勢に来た。

外薗ツトム氏　当時21歳、晩、8時前?、ないかチャプチャプして音がするので、外に出てみたら、水が溜っている。靴を履いている間に、すぐ、水は膝まできた。孫2人、妻と4人で、ボートに乗って、平江の中薗ヒロイチ氏も乗っていて、彼は滑り落ちて、電柱に抱きついて助かった。郷之原さん(肥えた人)をシイ(尻)を上げて乗せて、カオル氏に「乗らんや」と言ったが、机にフトンや畳を乗せ、動かなかった。とっこくだが?　足が着かなかった。

堤防が切れ、水が上がり、着替えをもらって、……いっぺなって、波が止まった。8時前、真っ暗。

堤防が切れたとじゃ、と考えた。8~8時半の間。

古市ユタカ氏　彦根にいて、水害を受けたらしい、と聞いた。琵琶湖が溢れて大変だった。

家は建てたばかりで、寝たきりのオジさんがいた。2階に上がった。舟があちこちから来た。流木が引っかかって水が上がってきた。水が引いたらドブが溜って、消防車が来て洗い流した。ダムの放流で堤防が決壊した、は聞いている。

畳屋をされていた方　22歳の時、青壮年に入っていて、平江橋でサイレンが鳴った。「ウミッツ(大水)が出っ」というので、平江橋を見に行った。見て、すぐ家に帰って、ゾーリを上げていた。ピチャピチャした。2階のワラ小屋に上がって、隣りに自分の部屋があって、宮内カオルさんに、我が家にいれば、大丈夫というので、2階に来た。水の上がるのが早く、どんどん上がってくる。ピタッと止まったときは、嬉しかった。

屋根からシベンをした。

足が不自由の女の人が電柱に上がっていて、テンマンコ(小舟)

で助けた。

車2台は水に浸かった。

入院して、買ってきて、怒られて、修理に出せ、……。

自衛隊・日赤が来て、水がなかったので、水をポリ容器でもらった。一家で2つ。タンスが水で膨張して開かない。親戚が来て、開けて、オコン川で洗った。

毛布が1枚ずつ配布された。自衛隊・日赤の来るのは早かった。

みんなから 台風が過ぎホッとした。

白波が立って流れてきた。ニシムタの所の堤防が決壊。引くのも早かった。風呂屋のあった所が決壊。満留の風呂屋。

材木が家に突っ込んだ。満薗製材所の材木。土手さんの玄関に……から豚が泳いでくるのを捕まえて、洗った。豚は200頭以上いたであろう。多くが海に流れた。海岸に死体があった。（アサヒは30頭など多く飼っている家もあった。餌＝ブタンハンメは町からもらってきて食わせたので、生き残った豚には餌はあった）。子を孕（はら）んでいる豚は2階に上げた。消防署は豚の死骸を見に回った。

父は肥えタンゴにぶらさがって助かった。

3か所の養鰻業のウナギが逃げたので、海岸ではウナギ釣りが大勢いたそうだが、後始末で忙しかったので、そういうことは全く知らなかった。

集落外の人々は、汐見町に来て、町が臭いと言ったが、住んでいる我々は慣れているせいか、わからなかった。

ゴミなどの後始末は、だいたい1週間で、仕事に出たのはそのころからである。

飲み水はタンク車で、自宅にある井戸水は洗い物に使った。井戸水で家を洗った。

道に溜めているゴミは市の方で取りに来た。床下の消毒は2～3回した。

テレビは洗って干したら大丈夫、使えた。自動車も洗ったら使えた。洗わずにキーをかけ使うと、ダメになる。

自分は当時、どこに泊まったか覚えていない。

川の拡張工事は翌年の47年に始まった。（橋口篤実）

肌着・洋服は着替えた。ゴザとか毛布はもらった。炊き出しは婦人会がした。朝食にジャムパンがあった。

満薗家と岩下家の家が傾いた。

ケガ人や死人は出なかった。近所の男衆のいない家の畳上げをした。

正月には、普通の生活に戻った。

市が利子なしの無償で、10万円を貸し出した。5年据え置きだったので、商人はみな借りた。借らんな損じゃ、で、借りた。税金は安くはならなかった。

何年か前（10年以内）、地盤を上げる話があって、測量をした。個人で上げると、市が70%ぐらい補助がある、という。

46水害後、2回水が上がった。

8　川上の46水害

川上生活改善センターで。味噌作りの合間に尋ねたので、じゅうぶんではない。

有川・淵脇さん他4人　有川家には、しばしば水が上がっていた。46水害のときは、軒下まで。有川さんは在所（実家）にお産でいなかった。ヒ（日）がはれる前に戻った。

川上小学校も1メートルほど上がった。

昭和50年ごろダムができて、川幅を広げてから、水が上がることはなくなった。

9『語りつたえて』「特集　台風十九号の惨事を省みて」から略出

①　冠岳久木野　井上　ひろ子

夕方6時半ごろ、高い裏山が崩れて、ものすごい地響きと同時に一度に家はペシャンコにつぶされた。私たち一家は、すぐ前の母の隠居に避難して、夕食を食べている時だった。恐怖の一夜が明け、改めて、状況を見たとき、言葉もなくただ呆然とするばかり。それからの苦労は言い尽くされないほど、身も心も疲れ果て、生きる望みも絶たれたような気持ちに何度も何度もなった。日が経つにつれやっと自分自身を取り戻した。

早速駆けつけてくださった親類や集落の方々、市役所や学校関係の方々の暖かい慰問や激励の言葉、物心両面からの心温まるご援助は涙がこぼれるほどうれしいものでした。

②汐見町　江崎　幸子

青壮年、消防署の方々が警戒に当たっていた。突然、大量の泥水が出て、どうすることもできず、屋根の上で助けを求める叫び声、ロープと救命ボートが到着するまでの叱正、怒声、罵声の交錯、老人世帯の多い集落であったが一人の犠牲者も出なかった。

水の引くのを待って、片づけにかかったけれど、どこから手を付けてよいやら。家財道具から食料まで使用不能。水道・電気はストップ、食料もなく、途方に暮れた。翌朝の食事のしたくもできないで困った。そのとき、助けてくれたのが婦人会で、三度三度のおにぎり、うれしかった。

災害救助法の適用で、罹災者に衣類や必需品も届き、さらに日赤や各地から救助物資も送り届けてもらった。

③春日町婦人会

当時の会長の森さんの記録簿に「取るものも取りあえず、ただ婦人会の重要な書類一包を持って逃げました」と記している。

大半の家が床上1メートル以上も浸水し、衣類はもちろん、台所用品、家具、寝具など全く使い物にならず、その上、断水状態が続き、食事の用意をしようにも、どうにもならなかった。いち早く、市婦人会が炊き出しを行い、翌朝から各集落に配達してくれた。各戸、人数分のオニギリをいただいた。その他、寝具・衣類・日用必需品など女性でないと気づかないところまで心を配っていただいた。特にタオルをいただいたときは、すぐフキンにした。その白さが目にしみるほどうれしいことだった。

付3　炊き出しの状況・救支援活動などの写真

	朝食	昼食	夕食
6日	2、400人分	1、600人分	1、500人分
	本町　米60キログラム	照島　米210キログラム	羽島　米240キログラム
	市口　〃60キログラム	本浦　〃40キログラム	
	大原　〃60キログラム		
	桜町　〃60キログラム		
	本浦　〃75キログラム		
	浜町　〃45キログラム		
7日	パン（全世帯）	2、200人分	1、600人分
		大原　米60キログラム	照島　米180キログラム
		桜町　〃60キログラム	桜町　〃30キログラム
		栄町　〃60キログラム	市口　〃20キログラム
		本町　〃60キログラム	
		野元　〃60キログラム	
8日	パン（全世帯）	2、000人分	1、800人分
		荒川　米70キログラム	照島　米150キログラム
		大原　〃60キログラム	栄町　〃60キログラム
		本町　〃50キログラム	大原　〃60キログラム
		浜町　〃50キログラム	
		本浦　〃60キログラム	

【弁当を配る】

【傾いた家—
—北浜町、中尾家】

【衣料品の配布。
夏なので毛布を配れ
ば夜をしのげたであ
ろう】

【給水。汐見町にて。
鹿児島市の消防車や
自衛隊の給水車が
やってきた】

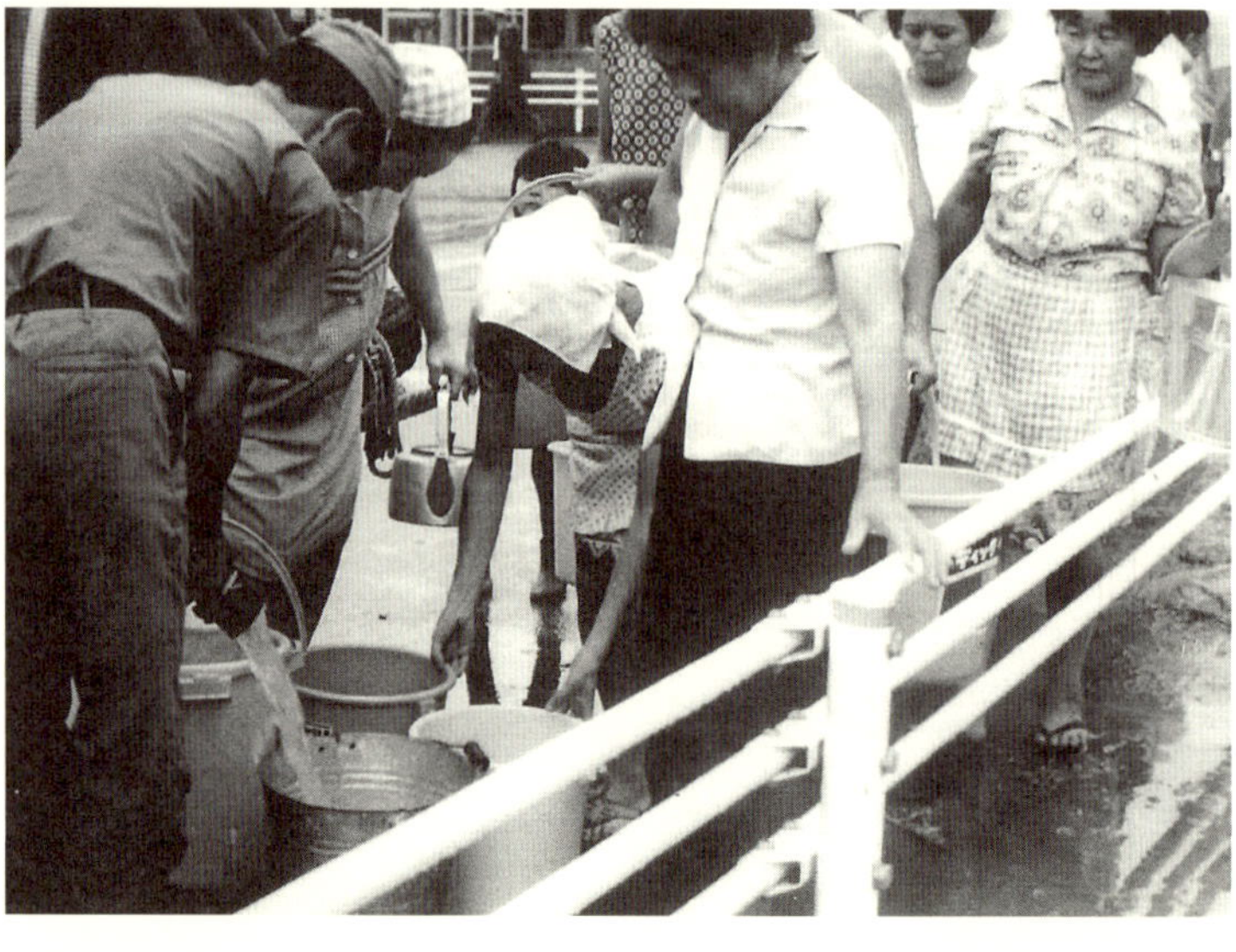

【弁当を配っている。市の方と婦人会で配った】

付４　五反田川災害助成関連事業竣工記念碑

所在地　下名　三井（三井金山事務所の南側の五反田川の堤防）

A石碑の大きさ　高約78センチメートル、横幅約115センチメートル、厚さ約20センチメートル

B基壇の大きさ　高約80センチメートル、横幅約138センチメートル、厚さ約58センチメートル

石碑正面の刻字　五反田川　災害助成関連事業　竣工記念碑

鹿児島県知事　金丸三郎

石碑裏面の刻字　本河川は昭和四十六年八月五日台風十九号により未曾有の大災害を受け此れが復旧にあたり災害助成関連事業の適用を受け施行されたもので県市地権者施工業者等協力し早期完成をみたものである。

工事概要

総事業費　11億5千104万2千円

工事延長　7、167メートル

買収面積　8万8958平方メートル

橋梁掛替　7基　可動堰　3基

着工　昭和46年8月

竣工　昭和50年3月

基壇の刻字

県関係者　土木部長　日高又弘、

河川課長　御供田　交　島内正治（他30名略）

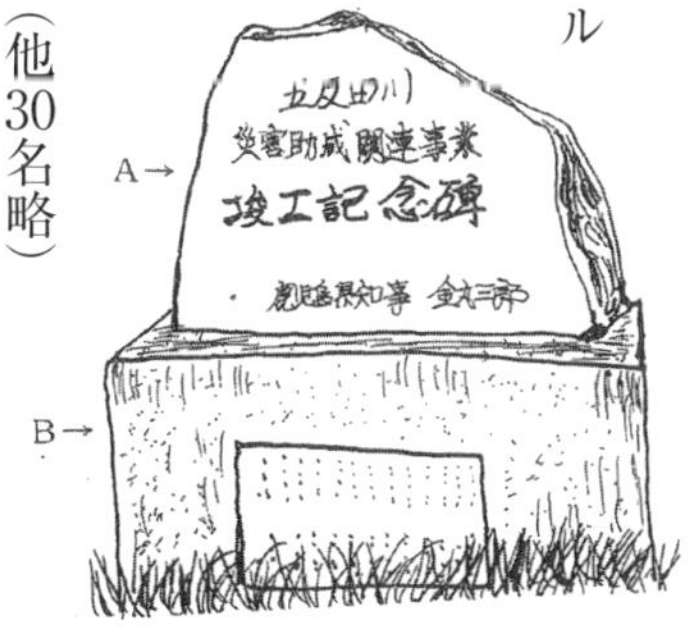

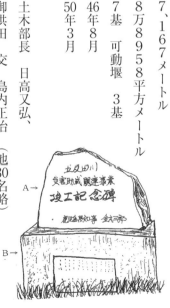

付５　被災地付近の地図（引用の写真は、五反田川災害復興工事の末期に撮影されたもの）

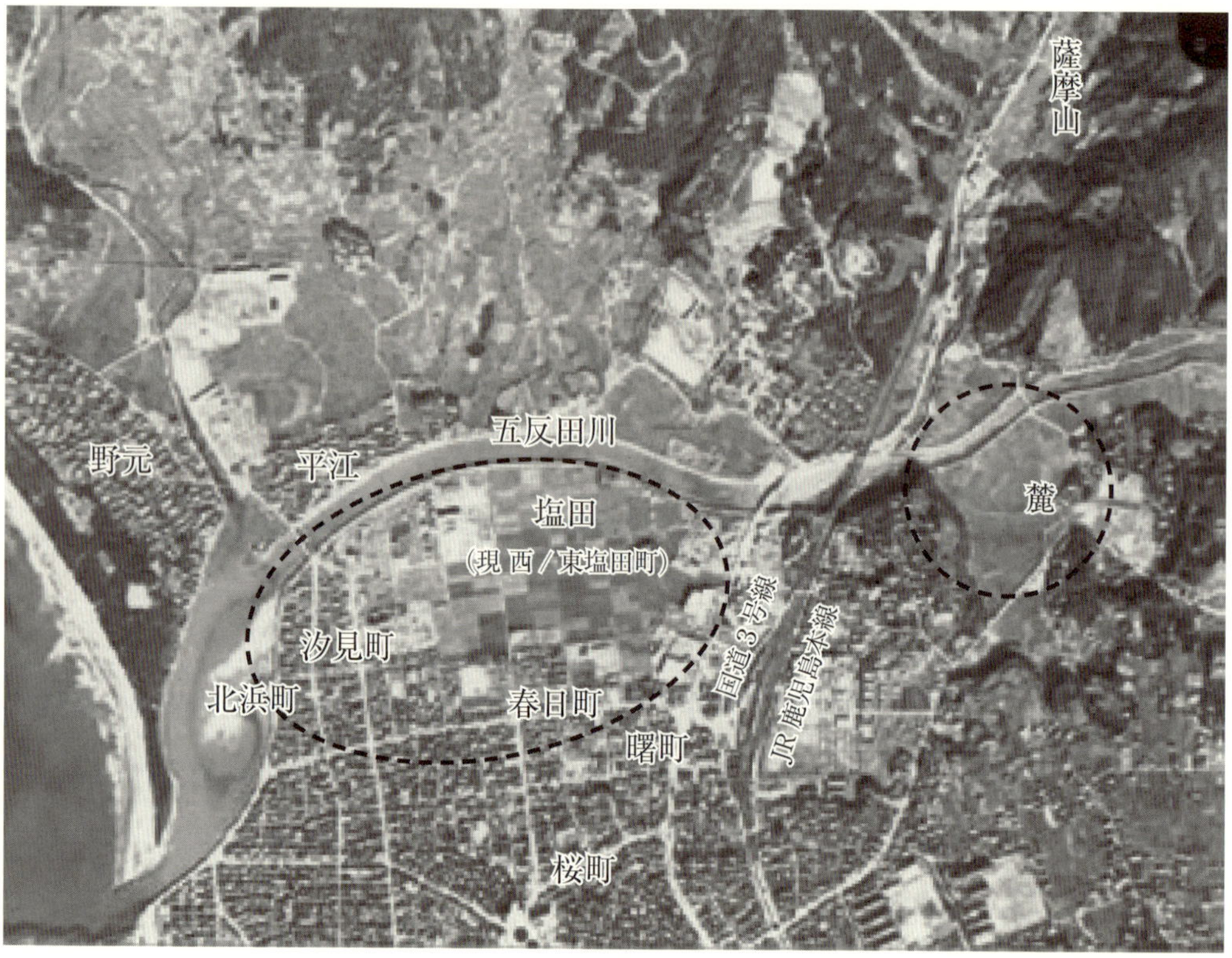

（1974（昭和 49）/10 航空写真：国土地理院 HP から引用）

：床下・床上浸水地域、塩田では軒先まで水が来た家屋もあったという。
人的被害：冠岳１名、西岳５名、坂下１名、薩摩山１名の８名が土砂と水流により死亡。

（掲載：28・29号＝2014・2015）

あとがき　～ちょっとないしょの話も～

郷土の風土・文化が満載と前述しましたが、じつは、祭りに関するものを、ほとんど選んでいません。

「太郎太郎祭り」・「市来湊祇園祭」・「川上踊」・「虫追踊」・「羽島太鼓踊り」「七夕踊」等々、上げたらきりがないのに………。

なぜかと言うと、私達の郷土史研究会も協力して、いちき串木野市で、『郷土史料集Ⅰ』が昨年、出版されました。その内容が「民話・祭り編」なのです。重複してはいけないと思い、割愛させてもらいました。ただ残念なことにこの本は非売品です。市内の小中学校・地区公民館や市図書館にはおいてありますので、こちらで見ていただければ幸いです。

また、市来地域の内容がやや少なかったと思いませんでしたか。それは、平成17年の旧市来町と旧串木野市が合併するまでは、串木野地域の研究会として活動してきたため、市来地域の資料が潤沢ではなかったためです。今回努力して探してはみたのですが………残念ながらでした。

今回の編集作業は、今年（平成28年）1月に4名で開始しました。資金がないため、できる事はすべて自分達で、を目標に、まずこれまでの会誌の中から選定を開始、抑えるべきページ数を決め作業を行ったのですが、あれもこれもで、目標量を軽く超えてしまいました。また、ほとんど電子データとして残っていませんでしたので、市販の読取ソフトを使って、電子化すると共に、30年間・多くの方々が投稿された原稿ですので、一定の基準に合わせる作業を進めつつ、通常の郷土史研究会活動（例会・30号の編集・市主催のさのまつりへの出演準備　等々）や、出版社との費用の相談、資金集めも平行しておこない、1年がかりで今回の発刊にこぎつけることができました。

これも多くの関係者のご協力・ご支援があってのたまものですので、紙面をお借りして感謝とお礼を、厚く申し上げます。

ひとえに多くの方にふるさとのことを知って、また明日へつなげていただければとの思いから。

平成28（2016）年12月

編集委員　いちき串木野市郷土史研究会

所崎　平・石堂　次美

安藤　義明・祐下　和美

いちき串木野市郷土史研究会

＜目的＞

いちき串木野市に関する郷土史料の収集および研究に務め、あわせて、地域文化の向上に寄与する。

＜沿革＞

昭和51（1976）年４月　　串木野市手掘り史談会発足
昭和61（1986）年４月　　串木野市手掘り史談会を発展的に解消し、串木野郷土史研究会として新たに発足
平成26（2014）年４月　　旧市来町・串木野市の合併に伴い、いちき串木野市郷土史研究会に改名

＜事業＞

研究発表
史跡探訪会（市内外研修--史跡・古文書等の調査等）
会誌発行（１回/年）
市主催行事への参画（文化祭への出展　等）

いちき串木野風土記

平成28年12月3日　第1刷発行

編　集　いちき串木野市郷土史研究会
発行者　向原祥隆
発行所　株式会社南方新社
〒八九二―〇八七三
鹿児島市下田町二九二―一
電話〇九九―二四八―五四五五
振替口座〇二〇七〇―三―二七九二九

印刷・製本　株式会社朝日印刷
定価はカバーに印刷しています
乱丁・落丁はお取替えします
ISBN978-4-86124-355-4 C0039